国家自然科学基金重点项目(项目编号:51638004)成果

Theory and Method of Collaborative Planning of Urban Generalized Hub and Multi-mode Transportation Network

城市广义枢纽与多模式交通网络协同规划理论与方法

陈 峻 刘志远 裴玉龙 等 著

人民交通出版社股份有限公司
北京

内 容 提 要

本书围绕"交通强国"国家战略对综合交通一体化性能提升的目标要求,定位城市综合交通"多方式出行需求、多模式网络供给"的发展趋势,针对现状轨道网、地面公交网、道路网等缺乏高效衔接、协同服务交通需求的能力受制约等问题,系统阐述了广义枢纽与多模式交通网络协同规划的理论与方法,并给出了在南京市实证应用的案例。

本书可供交通运输工程学科及交通工程、交通运输等专业研究生和本科生参考使用,也可为交通规划与设计、管理与控制、智能交通等专业领域的技术人员提供参考。

图书在版编目(CIP)数据

城市广义枢纽与多模式交通网络协同规划理论与方法/陈峻,刘志远,裴玉龙著. — 北京：人民交通出版社股份有限公司,2022.8

ISBN 978-7-114-17888-7

Ⅰ.①城… Ⅱ.①陈… ②刘… ③裴… Ⅲ.①城市交通网—交通规划 x 研究 Ⅳ.①U491.1

中国版本图书馆 CIP 数据核字(2022)第 102348 号

Chengshi Guangyi Shuniu yu Duomoshi Jiaotong Wangluo Xietong Guihua Lilun yu Fangfa

书　　名：城市广义枢纽与多模式交通网络协同规划理论与方法
著 作 者：陈　峻　刘志远　裴玉龙　等
责任编辑：李　晴
责任校对：赵媛媛
责任印制：张　凯
出版发行：人民交通出版社股份有限公司
地　　址：(100011)北京市朝阳区安定门外外馆斜街 3 号
网　　址：http://www.ccpcl.com.cn
销售电话：(010)59757973
总 经 销：人民交通出版社股份有限公司发行部
经　　销：各地新华书店
印　　刷：北京武英文博科技有限公司
开　　本：787×1092　1/16
印　　张：23.25
字　　数：560 千
版　　次：2022 年 8 月　第 1 版
印　　次：2022 年 8 月　第 1 次印刷
书　　号：ISBN 978-7-114-17888-7
定　　价：98.00 元

(有印刷、装订质量问题的图书,由本公司负责调换)

前　言

当前，我国城市交通的需求与供给具有明显的动态演变特征：一方面，出行方式结构正经历着由慢行交通主导向"以机动化为主、多方式并存"的转变；另一方面，城市交通供给也经历着由单一道路交通网络向由"道路网络、轨道网络和地面公交网络"构成的多模式交通网络发展的阶段。"多方式出行需求和多模式网络供给"已经成为我国城市综合交通发展的主要趋势。然而，由于各种交通网络之间缺乏高效衔接和协同，服务多样化出行需求和复杂交通流运行、转换的潜在能力没有充分发挥，如何协调各种交通系统，提升其满足出行需求的效能，已经成为城市综合交通规划必须承担的责任和迫切需要解决的问题，也是"交通强国"国家战略对综合交通一体化性能提升的目标要求。

本书以城市综合交通一体化为核心，提出广义交通枢纽的概念，将其定义为"服务城市多种出行方式转换和多模式网络衔接的交通节点"：交通需求层面，能够发挥"个体交通-公共交通"以及"公共交通-公共交通"的组合出行优势，服务个体出行效率的提升和交通系统方式结构的优化；交通供给层面，当轨道、小汽车等某类交通网络服务能力不足时，能够有效衔接其他网络，实现综合交通系统整体效能的最大化。将广义交通枢纽和由"轨道交通网络-地面公交网络-道路网络"共同构成的多模式交通网络进行协同规划，可提升综合交通系统的整体运输能力，提高满足多样化出行需求的能力，缓解城市交通拥堵，优化出行方式结构，促进综合交通资源整体效能发挥和集约化发展。

本书由东南大学陈峻教授组织研究团队编著，东南大学刘志远教授、东北林业大学裴玉龙教授等合作编写，东南大学王炜教授、李豪杰教授、张国强副教授、蔡先华教授、华雪东老师和王卫副教授等参与了编写工作。全书共12章，主要内容（编写分工）如下。

第1章：绪论(陈峻)。

第2章：城市多模式交通网络与广义枢纽的供给特征（裴玉龙、叶娇等）。

第3章：城市多模式交通组合出行需求特性数据获取（李豪杰、陈峻等）。

第4章：城市多模式交通组合出行需求效用分析建模（吴炜光、叶娇、陈峻等）。

第5章：多模式交通网络供需逐日动态演化机理分析（刘志远等）。

第6章：多模式交通网络广义方式划分/交通分配模型（蔡逸飞、刘志远等）。

第7章：基于广义枢纽协同优化的多模式网络一体化资源配置方法（蔡逸飞、陈峻等）。

第8章：轨道站点出入口与周边道路交通资源配置优化（张国强、裴玉龙等）。

第9章：城市轨道交通站点共享单车设施布局配置方法（郝俊等）。

第10章：城市多模式网络机动车换乘设施布局优化与配置方法（刘月等）。

第 11 章：城市地面快速与常规公交资源配置优化方法（杨琦、陈峻等）。

第 12 章：城市多模式交通网络协同规划的技术流程设计与实证分析（王炜、华雪东等）。

本书的完成还得益于与很多单位和同行专家的交流与探讨。感谢国家自然科学基金重点项目"基于广义交通枢纽的城市多模式交通网络协同规划理论与方法"（项目编号：51638004）的资助；感谢南京城市与交通规划设计研究院、华设设计集团有限公司、南京紫东现代综合交通实验室等单位在基础数据与内容研究等方面的支持；感谢王炜教授、晏克非教授的指导和支持，以及陈学武教授、王亦兵等专家的帮助；感谢东南大学交通运输工程学科各位同事的关心和帮助，以及课题组蔡逸飞、张楚、叶娇、郝俊、刘亚超、刘月、岳一帆、刘宇航、张子硕、何英剑等学生的努力。写作本书时，团队参考了国内外大量文献，这里谨向文献作者表示敬意！

由于作者水平有限，书中难免存在不足之处，敬请读者批评指正。作者邮箱：chenjun@seu.edu.cn。

陈　峻

2022 年 2 月于东南大学交通学院

目　　录

第1章	绪论	1
1.1	研究背景及意义	1
1.2	研究现状综述	2
1.3	城市多模式交通网络一体化综述	5
1.4	本书主要内容及编写说明	13
	本章参考文献	14
第2章	城市多模式交通网络与广义枢纽的供给特征	20
2.1	城市多模式交通网络的技术特征	20
2.2	城市广义交通枢纽的技术特征	25
2.3	城市多模式交通网络竞合特征	38
2.4	城市多模式交通网络模型构建	44
	本章参考文献	51
第3章	城市多模式交通组合出行需求特性数据获取	53
3.1	组合出行特性分析	53
3.2	基于 RP 和 SP 的组合出行需求数据获取方法	61
3.3	基于多源数据的组合出行特征获取方法	70
	本章参考文献	84
第4章	城市多模式交通组合出行需求效用分析建模	86
4.1	组合出行效用多项 Logit 模型	86
4.2	组合出行效用巢式 Logit 模型	94
4.3	单一方式向组合出行转换的阈值研究	109
	本章参考文献	126
第5章	多模式交通网络供需逐日动态演化机理分析	128
5.1	交通网络逐日动态演化概述	128
5.2	逐日动态交通分配模型	129
5.3	基于仿真优化的参数校正方法	133
5.4	算例分析	139
	本章参考文献	143
第6章	多模式交通网络广义方式划分/交通分配模型	145
6.1	多模式交通网络均衡分析	145
6.2	多模式交通网络中的均衡	146

6.3 最优化条件	147
6.4 多模式交通网络的构建	149
6.5 各路段阻抗函数	150
6.6 巢式 Logit 方式划分函数	151
6.7 考虑方式选择和模式选择的统一模型	154
6.8 混合 K 最短路算法	157
6.9 混合 MSA 算法	159
6.10 算例分析	160
6.11 模型应用	166
本章参考文献	169

第7章 基于广义枢纽协同优化的多模式网络一体化资源配置方法 171

7.1 广义枢纽协同优化分析	171
7.2 数学表达式	172
7.3 算法框架	176
7.4 初始化算子	177
7.5 交叉算子	179
7.6 变异算子	180
7.7 修复算子	181
7.8 多样性控制机制以及种群数目控制	184
7.9 算例分析	186
7.10 实际网络结果分析	192
本章参考文献	195

第8章 轨道站点出入口与周边道路交通资源配置优化 197

8.1 轨道站点出入口设施功能定位及布设情况分析	197
8.2 轨道站点出入口行人过街设施优化	204
8.3 公交站点与轨道站点出入口衔接优化	209
8.4 轨道站点出入口路段公交站点的合理布设	215
8.5 实例分析	226
本章参考文献	230

第9章 城市轨道交通站点共享单车设施布局配置方法 231

9.1 基于换乘骑行特性的轨道站点分类	231
9.2 换乘共享单车影响区分析	236
9.3 换乘区共享单车设施布局配置	244
9.4 实例分析	253
本章参考文献	258

第 10 章	城市多模式网络机动车换乘设施布局优化与配置方法	260
10.1	机动车停车换乘特性分析	260
10.2	机动车停车换乘设施选址整体架构及空间分析	269
10.3	机动车停车换乘设施多目标选址优化模型	277
10.4	停车换乘设施布局方法与算例分析	284
	本章参考文献	294
第 11 章	城市地面快速与常规公交资源配置优化方法	296
11.1	快速公交与常规公交专用道共享特性分析	296
11.2	专用道共享分析模型	310
11.3	专用道共享阈值确定方法及算例分析	322
	本章参考文献	336
第 12 章	城市多模式交通网络协同规划的技术流程设计与实证分析	337
12.1	城市综合交通规划流程	337
12.2	广义枢纽与多模式网络协同规划设计流程	342
12.3	多模式交通网络仿真环境构建	346
12.4	典型城市应用与实证案例分析	354
	本章参考文献	364

第1章 绪 论

1.1 研究背景及意义

现阶段,我国城市交通的需求与供给具有明显的动态演变特征:一方面,在快速城镇化的带动下,城市人口高度集聚,城市规模不断拓展,交通需求总量、平均出行距离与时间增长趋势显著,很多城市的交通结构正经历着由慢行交通主导向以机动化为主、多方式并存的转变;另一方面,为满足居民出行的多样化需求,城市交通供给也经历着由单一道路交通网络向由道路网络、轨道网络和地面公交网络构成的多模式交通网络发展的阶段。多方式出行需求和多模式网络供给已经成为我国城市综合交通发展的主要趋势。

近年来,国家投入大量资金和资源进行城市交通基础设施的建设,多模式网络初具规模。然而,设施总量的增加一方面被动适应了交通需求总量的增长,另一方面却引发了出行方式的不合理转移,如小汽车出行快速增长、公交出行比例下降等,使得交通拥堵在各种网络间不断往复迁移,很多城市出现交通设施越建越多,拥堵以及安全、环境问题却越来越突出的现象。其中一个主要原因是:各种交通网络缺乏高效衔接和协同,服务多样化出行需求和复杂交通流运行、转换的潜在能力没有充分发挥,难以主动引导出行方式结构的优化。未来的城市发展将更加注重内在品质的全面提升,交通系统也面临着由侧重提高基础设施供给总量向"绿色、集约、智能"精细化发展的重大转变,因此,如何面向城市交通出行方式与供给结构的演变,协调和提升交通系统服务于出行需求的效能,已经成为城市综合交通规划必须承担的责任和迫切需要解决的问题。

城市综合交通系统由道路网络(机动车与慢行交通)、公共交通(含轨道交通和常规地面公交等)、枢纽、停车设施等多个子系统构成,各系统在用地资源占用和运输服务特性等方面侧重点不同,是一个既相互联系又相互独立的统一体。其中:①轨道交通网络用地资源相对独立,通过站点衔接其他交通方式;②道路交通网络综合服务社会机动车、常规地面公交和慢行交通等出行方式,在有限资源供给条件下,各方式存在竞争(路权分配)与合作(枢纽换乘)的特性;③枢纽节点则承担着城市对外交通及城市多种出行方式(个体交通-公共交通、公共交通系统间)衔接与转换的功能,是协调各种交通网络资源并发挥组合运行效能的关键设施。

传统交通枢纽定位为城市交通与城际交通的多种交通方式衔接点,具有较明显的对外交通服务属性,对于缓解城市内部常态性交通拥堵的能力相对较弱。因此,本研究提出广义交通枢纽概念,将其定义为:服务城市多种出行方式转换和多模式网络衔接的交通节点。广义交通枢纽的主要特征为:交通需求层面,能够发挥"个体交通-公共交通"及"公共交通-公共交通"的组合出行优势,服务个体出行效率的提升和交通系统方式结构的优化;交通供给层面,当轨道交通、小汽车等某类交通网络服务能力不足时,能够有效衔接其他网络,实现综合交通系统整体效能的最大化。将广义交通枢纽和由轨道交通网络、地面公交网络、道路网络共同构成的多模式交通网络进行协同规划，有助于提升综合交通系统的整体运输能力，提高多样化出行需求的合理性，对于缓解城市交通拥堵、优化出行方式结构、促进综合交通资源整体效能发挥和集约化发展具有重要意义。广义交通枢纽衔接多模式网络的城市综合交通系统架构示意如图 1-1 所示。

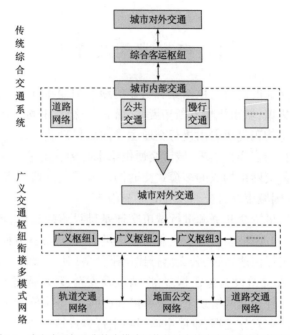

图 1-1　广义交通枢纽衔接多模式网络的城市综合交通系统架构示意图

1.2　研究现状综述

大城市综合交通系统的构建与交通出行方式构成及交通网络的布局密切相关[1-2]。随着城市规模、出行需求总量和出行距离的增加，越来越多的城市意识到仅靠单一道路网络无法解决日益严重的交通问题，转而通过轨道网、地面公交网、慢行网等多模式交通网络的构建来缓解交通压力，以提供更加高效、舒适的出行服务[3]。例如，美国国会通过的一项五年 3050 亿美元交通法案中，城市与区域多模式客、货运交通系统研究是主要支持领域之一[4]。然而，多模式综合交通系统在网络供给性能、出行行为决策、交通需求与供给平衡以及资源协同规划配置等方面也表现出更高的复杂性，相关领域的研究受到了学者的广泛关注，多模式交通体系规划逐渐成为研究的潮流与方向[5-7]。

城市多模式交通网络的基本组成包括轨道网和道路交通网络，其中：轨道交通网络作为城市骨干公共交通，为长距离、大运量客流提供服务；道路交通网络按照服务不同出行方式的侧重，又演化出机动车路网、地面公交网络、慢行交通网络等供给结构，不同网络供给模式在时空资源消耗、交通运行阻抗、网络容量与服务水平等方面表现出不同的技术特征。道路网络作为其他交通网络的底层架构与基础网络，国际上对于道路网络的特性研究始于 20 世纪 40 年代，已经形成了一套较为完整的体系,在道路网容量与规模、道路网系统结构与级配、通行能力与服务水平等方面都有较成熟的研究成果[8-12]。国内对于道路网络的特性研究起步虽然晚于国外,但在慢行交通网络性能等方面的研究结论更符合我国的实际情况[13-14]。在地面公交网络和轨道交通网络的层面,线网的结构特性与客流服务能力是研究的重点,很多学者运用复杂网络理论对各种公交网络的小世界特性、度分布特性、鲁棒性等进行了研究[15-17]。此外,与道路通行能力类比,研究者提出了轨道交通网络、公交网络的承载力与运输能力的概念,研究建立了公交承载力与服务水平以及公交线网间的关系模型[18-20]。但是总体而言,单一模式、以小汽车为主导的交通性能研究成果更加成熟,对多模式网络内各子网的动态连接特征研究相对薄弱,由此引发的轨道交通网络与道路交通网络的互动问题[21]、轨道交通网络与地面公交网络的衔接和换乘问题[22-23]及三者间的竞合特性问题亟待解决。随着网络研究的深入,人们发现交通枢纽节点的布局会影响居民的出行行为及各种交通网络的运行特征[24-25],并围绕停车换乘和公交换乘开展了大量研究工作,在换乘客流均衡性分析、枢纽节点布局与站点优化设计、无缝换乘与衔接方面形成了很多成果[26-27],但是研究对象偏重综合客运枢纽以及轨道站点设施功能优化,以及枢纽内部设施(如通道、楼梯、站点等)的服务水平,缺乏不同类型枢纽与多模式网络之间的协同供给特性及一体化供给性能的分析手段。

城市综合交通系统的多模式供给增加了居民出行决策的复杂性,而出行行为分析又是综合交通规划中需求预测的基础环节,国内外相关研究主要采用集计和非集计两种方法。集计方法将个体的交通活动按交通小区进行统计处理、分析,基于"四阶段法"的交通需求预测模型至今仍然在交通规划研究中占据主导地位[28],但是上述方法无法实现基于枢纽节点设置而形成的组合交通行为的分析,难以准确反映个人出行行为的微观变化。非集计方法逐渐成为该领域的另一主要研究手段,很多学者以此为基础,从行为分析角度来解释出行的发生和决策影响因素[29-30],建立了基于个体属性、出行目的、出行距离等方面影响的交通方式选择模型[31-32]。20世纪90年代开始,基于活动链和组合出行的出行行为分析逐渐成为研究的热点,研究者定义了各种活动模式特征,采用嵌套Logit模型、聚类分析和结构方程式等方法进行定量研究[33-36]。该方面主要依靠大量数据的调查与分析进行相关参数标定工作。但以往的交通调查多着眼于小汽车出行,一些调查涉及公交出行,而多模式出行则常常被忽略,数据收集方面亟须改善[37],对多模式网络-枢纽环境下各种组合出行效用的系统性研究明显不足。近年来,一些研究者对多模式出行行为进行了研究,文献[38]通过分析香港的出行数据发现在大都市区多方式出行较为普遍,出行者在一次出行当中常会经历3~4次换乘,同时描述了多模式公交网络中出行者可能的换乘种类。文献[39]着重研究有小汽车或公交两种选择的多模式出行者,分析了个人属性、公交使用及区位间的关系。文献[40]分析了多方式交通网络中出行者从起点到终点的全路径选择行为,发现出行者的换乘行为受到舒适度、步行时间、等待时间、交通方式、服务频率等因素影响。上述研究缺乏交通总体需求和个体出行行为协调关系的建立,面向交通规划欠缺对宏观出行分布、方式选择进行修正的方法,精度和有效性方面均有待加强。

交通分配是进行综合交通系统需求与供给平衡状态分析的重要手段。常用的"四阶段法"对于多模式交通分配的处理是将出行行为划分为各种交通方式,进而分配到相应的网络中,这种方法相对成熟,已经完成了一些规划决策支持软件开发,但是同样无法实现对组合交通方式出行的状态分析。后续的研究将组合模型用于多模式客流分配,运用混合均衡数学规划模型、变分不等式模型、Nested Logit 模型等分析出行者的路径选择、方式选择及换乘选择问题[41-44],虽然交通网络均衡模型及理论的研究已取得了很多进展,但研究对象大多仍然停留在单一网络和简单多模式网络上的机动车流,难以揭示多种出行方式在交通枢纽及网络上的时空状态演变规律和交互作用机理。多模式交通网络环境下的出行行为和交通供给的相互作用是一个自学习、自适应和自组织的过程,出行者根据前一天出行经验调整下一天的出行方式(如模式、时间或路径等),在所有出行者自适应出行选择的集结驱动下,网络交通流从非均衡态迈向均衡态的演化过程可以用"逐日(day to day)"动态模型来描述。传统静态(确定和随机)交通分配模型集中考察系统的终极均衡状态,难以揭示多模式交通网间的客流转移特性,而"逐日"动态模型则偏重于均衡演化过程的"暂态"变化和网络流波动。现阶段国际上有代表性的逐日动态模型包括单纯重力模型、比例切换调节模型、网络试错过程、映射动态系统、演化动态系统等[45-48]。评价逐日动态模型的一个重要指标在于模型动态是否能演进并收敛于用户均衡态,文献[49]借助 Lyapunov 函数分析了连续时间逐日动态模型的稳定性,文献[50]结合不同出行感知模式考察了离散时间逐日动态模型的稳定性,文献[51]利用非线性系统分叉理论证明,模型参数发生改变时,可能存在趋向不同吸引子的演化轨迹,因此围绕均衡点的稳定性并非必然成立。通过逐日动态模型分析多模式网络交通流态势演化和均衡趋势,进而改进建立多模式综合交通系统分配理论方法,是本项研究的重点之一。

城市综合交通系统优化的主要任务是在交通需求预测分析基础上寻求在一定的约束条件下最优的交通规划与设计方案。该方面涉及的主要研究领域包括交通网络设计、交通设施配置与布局优化及重要节点设计优化与评价等。早期的交通系统优化主要寻求效率最大化的交通规划与设计方案,近年来,综合考虑效率、资源与环境的多目标系统优化问题成为研究热点[52]。随着城市交通系统多模式、多层次的发展趋势,如何充分发挥各种交通资源的服务效能逐渐成为交通规划与设计的理论研究和工程应用的核心问题,一些学者开始研究考虑多模式交通结构的综合交通系统优化[53]。英国学者研究了多模式交通网络的效率问题,研究结果表明:随着城市多模式交通网络规模的增长和复杂程度的增加,在不同的交通模式之间进行协调变得越来越困难[54]。加拿大学者应用多目标优化方法对交通网络之间的共生关系进行理论构建,并应用该理论分析与评价公共交通系统和自行车共享系统之间的相互依赖关系[55]。新加坡学者对私人机动车交通和公共交通换乘系统开展了理论分析,研究成果有助于枢纽换乘系统的资源优化[56]。纽约市在设计韦伯斯特大道的快速公交设施时对多种交通模式进行协调和平衡,同时考虑公交车的运行、机动车的运行和行人的步行空间的协同[57]。城市综合交通枢纽的研究是另一个研究热点,不少学者将线性规划、混合整数规划等方面的理论方法应用于交通枢纽的选址布局和参数确定[28],但大部分成果以城市对外交通的方式衔接为重点,且枢纽布局与城市交通网络的规划相对独立,缺乏有机、动态的反馈衔接研究。我国学者在多模式交通系统的网络结构设计、规划理论及面向多方式出行的道路资源协调配置等方面也取得了有意义的研究成果[58-60],对于城市多模式交通网络的协同优化有着积极的推动作用,但这些研究主要存在以下局限性:①研究范围相对狭窄,如针对某个交通走廊或者轨道交通的换乘枢纽开展研究,没有从更宏观的视野进行全局优化;②由于缺乏多类型枢纽与多模式网络一体化供需分析的基础理论支持,协同优化的整体效能难以充分发挥。

总体而言,现阶段面向轨道交通、道路交通、常规地面公交等专门性规划的理论方法研究已经逐渐成熟,但是各种相对独立的理论体系在应用于多类型枢纽和多模式网络环境下的综合交通系统分析中存在很多局限和缺陷;多模式交通系统已经成为研究的热点,但是如何深刻认识广义交通枢纽对于促进多模式网络间的协同效能,解析交通系统一体化供给性能、交通出行的复杂性决策以及相互之间的作用关系,进而建立交通设施资源的协同配置优化方法,仍然是城市综合交通规划面对的关键问题,需要开展系统性研究。

1.3 城市多模式交通网络一体化综述

1.3.1 多模式交通网络一体化内涵

一体化通常指将系统中的各组成部分有机地结合起来,使得整个系统能够更高效地运行。而城市多模式交通网络一体化也可以套用该概念,即认为是从政策、运营以及物理的层面,将由不同子网络所构成的物理网络、不同种类的用户、不同的运营商以及政府机构有机地整合,从而以最小的社会环境费用满足所有的交通需求。Hull[61]将交通一体化分为了8个等级(表1-1),认为等级8的物理及运营层面的一体化是最容易实现的,而从等级1至等级8,实现的难度也将逐渐降低。

交通一体化的等级　　　　　　　　　　表1-1

等级	一体化内容	含义
1	政策的整合	政策的提出应该认识到土地利用、经济、环境、可持续性和社会目标(如健康、教育、负担能力和包容性)之间的相互依存关系。其应兼顾财政、监管和其他措施(包括软性措施)之间的均衡
2	政策部门的整合	通过土地利用和运输规划系统之间更高层面的整合和协调,对运输、基础设施、城市发展和环境保护等系统进行综合管理
3	行政整合	形成跨部门的有效沟通机制,以确保交通一体化政策在跨行政区时能够得到有效实施
4	环境问题的整合	将不同出行方式和基础设施的建设对环境的影响纳入决策的制定过程中
5	社会目标的整合	为不同社会群体提供公平的出行服务,平均地分配交通资源并关注对弱势交通出行者的保障
6	与市场需求的整合	通过提供安全、高效、紧密的交通系统以满足经济发展所需的出行活动
7	出行方式的整合	通过制定统一的法规、定价、评估标准和预算制定手段,将步行、自行车、常规公交、轨道交通、小汽车和飞机等不同出行模式的管理进行整合
8	物理层面与运营层面的整合	对不同子网运营单位在票制、时刻表、换乘方面进行整合。例如,通过票制整合允许用户能够在出行过程中采用任意出行方式;通过提升换乘服务水平和对应的设施向用户提供更便捷的多方式出行服务

可以将各等级归类为政策一体化及物理网络一体化。在政策一体化中包含了两个维度:垂直维度上为从国家层面至各地方政府的政策实施需要得到统一且积极响应;水平维度上为同一等级不同职能的政府单位应该形成良好的沟通机制,建立跨部门的协调合作关系。在制定一体化政策时,需要兼顾经济、环境、社会公平等多方面的问题,引导构建能够同时协调不同出行方式的政府机构,使其能够在同一系统内对不同出行方式建立统一的法规、定价以及评估

标准。最后，在政策一体化的支撑下，通过协调多模式网络的线路、枢纽布局、票制、时刻表等手段，实现物理网络和运营的一体化。Givoni等[62]对交通一体化做了如下的总结，即：以提升社会净效益为目标，将交通系统中的规划和运输元素通过跨模式、部门、运营商和机构统一到一起的组织过程。这也是如今多数学者认同的交通一体化定义。

而物理层面的网络一体化包含了两个层面：首先是单一子网的一体化（如轨道、公交网络），更高层面则包含了所有子网的一体化（如轨道与公交网的一体化），也即多模式网络一体化。不同子网的一体化通常会涉及多模式（multimodal）或者多式联运（intermodal），通常是指将人或物在一次出行中采用超过一种的出行方式从起点运输到终点。为了更全面地进行定义，欧盟[63]又提出了联合模式（co-modality）的概念，其定义为高效地使用网络中的多种出行方式中的一种或者其中的某些组合，以实现交通资源的最优以及可持续的使用。根据不同的整合对象，其一般由需要整合的子网络类别所区分，国内的部分研究根据其整合的对象对物理层面的一体化作了定义，见表1-2。

根据整合对象不同的物理网络一体化定义　　　表1-2

来源	应用对象	定　义
贺东[64]	轨道交通	"一体化客运轨道交通运输体系是指通过科学统一的规划、设计、建设和运营，从而形成分工合理、衔接有序、资源共享、组织合理、有利发展的一种客运轨道交通模式。"
戴帅[65]	公交	"一体化的公共交通是通过对公共交通系统的技术、管理、政策、信息以及配套设施等各方面的整合，促进公交系统内部各交通方式间的共享与整合，从而提高公交系统的服务水平和运营效率，形成一个高效、可靠和协调的城市公共交通体系。"
崔智涛[66]	公路	"区域公路交通一体化就是把经济区域内的公路交通资源交通设施、交通工具、交通信息进行统一规划、统一管理、统一组织，充分发挥公路交通的优势，打破行政界线、部门界线、地域界线，以达到区域内公路交通系统的整体优化，以便最充分地利用交通资源和最好地满足所有的交通需求。"
李桂桂[67]	市域铁路与城市轨道交通	"市域铁路与城市轨道交通一体化运营体系是指通过统一科学规划、设计、建设及运营，从而在市域铁路系统与城市轨道交通系统之间形成衔接有序、分工合理、资源共享的一种交通运营模式。"
张杰林[68]	快速轨道交通和常规公交	"通过对快速轨道交通和常规公交这两种公共交通方式技术、线路、管理、政策、配套设施的整合，实现两种公共交通方式在网络结构与运能资源上的共享、合作与互补，从而提高整个公共交通系统的服务水平和运营效率。"

由于本书进行的多模式网络一体化的整合对象包含了整个城市交通网络中的所有子网，类似于上表中对物理网络一体化的定义，本书将城市多模式交通网络一体化定义为通过科学统一的规划、设计、建设和运营手段，实现城市各交通方式在网络结构和运能资源上的分工合理、衔接有序以及资源共享，从而实现网络资源的充分利用。

1.3.2　多模式交通网络一体化的经验总结

交通一体化作为一项交通政策已经提出了相当长的时间，但由于该政策从提出到实施并观测到效果，往往需要数十年的时间。我国的交通一体化研究尚处于起步阶段，没有足够的工程经验以供参考。即使在国外，多数能够观测到结果的交通一体化政策效果都不甚理想，本节将回顾国外在实施交通一体化时的经验，从政策、物理以及技术3个层面理解该政策。

1998 年英国政府颁布了名为 *A New Deal for Transport: Better for Everyone* 的交通白皮书[69],也被称作交通一体化十年计划。该白皮书倡导建立由各交通部门组成的一体化交通委员会,旨在增加公共交通使用并减少小汽车的出行。但在十年之后,并未出现明显的小汽车向公共交通的客流转移。而在 2001 年欧盟交通白皮书中同样多次提到了一体化,并提出了多式联运(intermodality)和互用性(interoperability,指各交通基础设施或网络之间的兼容)的概念[70],其同样期望通过整合交通系统来实现方式的转移,但同样没有很好的结果,"即使在投入更多的设施后,多模式网络仍然和以前一样松散且只关注单方式出行"[71]。在 Hull[61]的一体化整合等级结构中,实际上只有第 7 层和第 8 层即方式的整合以及物理与运营层面的整合这些能够落地的项目才是真正在推行并能够部分实现的,而其他政策层面的整合却少有成果。在总结交通一体化政策失败的原因时,一些案例提供了经验以供参考。

1) 英国交通法案的案例:市场竞争机制的失效——从集权到放权再到集权

(1) 1985 年交通法案

20 世纪 90 年代,英国政府意识到国有机构在进行交通一体化时的失效,认为国有机构并不是唯一能够实现交通一体化的部门,希望对公共交通放松管制,以市场机制促进交通一体化。在市场机制下,如果消费者需要一个整合的多模式网络,那么通过各种出行方式的竞争,将会淘汰掉不必要的出行方式并整合相对应的设施,最终提供给用户一个一体化的多模式网络[72]。因此,英国政府开始开放公共交通市场。1983 年,英国公共交通 92% 的行驶里程数以及 97% 的乘客载运量都由国有公司运营。为了引入市场机制,政府将国有公共交通公司拆分为较小的实体,并将其投放市场出售以转为股份制公司,同时拆除低客流线路以降低成本,而私人运营商则会在高需求地点提供公共交通服务。该法案试运行时效果良好,有效降低了成本,使得 1985 年交通法案正式实施并做出了以下改革:

①废除了许可证体系,任何能够保证一定服务质量的私人公司及运营商,都能够自由提供公共交通服务。

②允许运营商不考虑线路覆盖度的问题,在具有吸引力的线路上自由竞争。

③在私人运营商不愿意提供服务的低需求地区建立竞争性招标制度,并由政府提供补助。

④运营商需要为特殊用户提供免费服务,服务费用由政府进行补贴。

⑤对反竞争行为施加了严格的制裁手段,避免各运营商之间合谋形成垄断。

⑥中央政府的权利保持不变,并要求地方政府根据中央设置的国家层面的目标报告当地的公共交通质量,剥夺了地方政府完全委托给私人公司的权利。

通过引入市场经济、绩效管理以及私人企业的管理手段对公共交通线路的确有一定程度的提升。但是,中央政府制定战略层面目标,而将战术和实际实施层面的工作委托给地方政府和私人企业,这样的改革使得三者之间的协调比起以往更加困难[73]。而 1985 年交通法案的改革也最终导致了政府和私人企业权责的不平衡。在高需求以及高补助以外的地区,市场机制无法提供更好的服务水平,在实施的初始阶段就产生了激烈的竞争,随后剩下的运营商逐渐集中于高需求地区,造成票价增高,同时多个运营商也使公交的网络不再是一个整体而变得碎片化。在起初由于废除低需求线路以及技术创新等手段产生的成本缩减也逐渐消失,并最终导致了公共交通的客流在市中心有所提升,但在郊区却大大降低[74]。

市场机制下的多方式竞争除了提升部分线路的效率之外，实际上成为一体化的阻碍[75-76]。首先，市场机制只是在完美理性的环境下所假想的情况，换句话说，既然市场已经将所有必要的设施都进行了整合，那就没有必要再对现在的多模式网络进行整合，整个交通一体化政策也就没有意义了。其次，交通一体化需要整个网络的所有参与者共同协作才能够实现，拆分公共交通使得各单位的协调变得更加困难。在市场机制下，各运营商始终追求自身的利益最大化，其并不希望将客流分给其他竞争对手以提高整个子网的客流可达性，吸引更多的客流，即使在竞争后实现了对该子网的垄断，也不会有意愿将客流分给其他出行方式，而倾向于提高票价以获得更大的利润。最后，市场机制也很难兼顾交通另外一个重要的属性，即社会服务属性，只有通过政府补贴才会使运营商有意愿服务低需求地区以及特殊人群。

(2) 2000年、2008年以及2017年交通法案

在1985年交通法案中，政府高估了市场机制的影响，反而造成了公共交通客流的减少。因此，英国政府在2000年提出了新的交通法案[77]，要求地方政府以提升公共交通客流为目的进行更好的公共交通规划，并放松了已经被证明失效的刚性反垄断法案。在该改革下，地方政府能够按照中央政府的决策，以合作伙伴的身份加入多模式网络的一体化规划中。随后在2008年的交通法案[78]改革中，又给予了地方政府制定发车频率、时刻表以及线路最高费用的权力，这也使得地方政府需要更加直接地承担实现交通一体化的责任。而在最新的2017年交通法案[79]中，又进一步给予了当地政府更多的权力，其可以对运营商指定一系列的要素以提升网络的服务水平和一体化程度(如站点建设、票价、发车频率以及排放量等)。可以看到，随着市场机制的失效，英国政府开始逐渐增强地方政府的权力，并要求当地政府更直接地参与到交通一体化中，以提升公共交通的需求。

2) 以色列新城莫迪因——在政策支持下的物理网络一体化的失败

以色列新城莫迪因位于两大主要城市特拉海法和耶路撒冷之间，起初为一个军营，在20世纪90年代中期，规划开始时是一片荒凉的空地，良好的区位条件提供了足够的空间以供交通一体化建设。同时，莫迪因的城市规划、财政和建设都是通过住房和建设部实施(Ministry of Housing and Building, MHB)，在当时MHB是一个权力相当大的部门，这也使得莫迪因的交通一体化建设有着得天独厚的政策优势。

在经过12年的建设后，莫迪因的人口增长到了67000人，但交通设施的使用却不甚理想。道路系统建设缓慢，没有达到规划时能够支撑60000人的设计容量，而小汽车出行需求却超过预测，造成道路系统经常拥堵。其铁路系统由以色列铁路公司建设，当轨道延伸至市外后，突增的停车需求远超站点的供给能力，使得车辆经常蔓延式地停放到站外的路边。市内的公交换乘中心尚未建成，只能以临时首末站替代，虽然公交系统提供了覆盖全市的出行服务，但使用率相当低。同时由于市内人行道和自行车道多为坡道，步行和骑自行车者都很少。显然，莫迪因的交通一体化规划是失败的。总结其失败的经验，有以下几点重要的经验值得参考[80]：

(1) 交通一体化需要自下往上进行分析，在规划交通网络以及交通枢纽时，需要从潜在用户的角度分析是否便于出行。莫迪因的规划过程中忽视了这一点，也使得在最终建设完毕后，多数用户不会把公共交通作为一个可行的出行选择。

(2) 设施的建设、投入使用的时序相当重要，一旦用户搬入城市并根据当前的交通设施形成了出行习惯之后，就难以改变。

(3)交通一体化需要专业化。即使所有的规划和咨询人员都富有经验且了解最新的技术,但如果无人以交通一体化作为首要的目标,一体化也不可能实现。由于在当时,多数规划者和交通专家都没有参与过以推进一体化为目标的交通规划项目,在实施过程中只将交通一体化停留在表面,即使在某些地方建设了特别的设施以突出一体化,也没人能意识到怎样从全局的角度实现交通一体化。

(4)需要足够的措施确保实现一体化,这在实施过程中尤为重要。正如Bardach[81]所说,"在实施过程中,规划方案越来越显现出其最终不会实现,而不是会实现"。在推进规划时,莫迪因缺乏一个"一体化机构"协调多个子系统,并以交通一体化为首要目标对项目的实施进行监管。

(5)对网络进行局部一体化的作用有限。各出行方式之间的相互作用使得对其中一个子网部分设施的优化难以辐射到整个网络中,如果无法向更广泛的用户提供从起点至终点的完整出行服务,对局部设施的优化就很难有显著的作用。

3)ICT技术应用与交通一体化

更广泛的交通一体化需要高新技术的支撑,而其中的代表——信息与通信技术(Information and Communication Technologies,ICT)在交通行业中广阔地应用于包括公交运营调度、ETC、智能车票、交通信号控制、停车场信息等诸多领域。ICT能够提供给交通管理者和用户实时的设施使用信息和出行信息,帮助交通供给和需求互相之间实现更好地匹配。虽然ICT提升了交通设施的使用效率,但将其应用于交通一体化政策时,仍有许多问题需要解决:

(1)正如Hoose[82]所说,"交通需求可以看作人们经济生活活动所衍生的需求,而技术可以看作为了更高效地出行所衍生出来的二级需求。"而每个ICT技术的应用领域都对"更高效"有着自己的理解,如智能车票、停车场信息诱导、信号灯联动控制等技术都只为提升各自领域资源的使用效率,缺乏统一的手段使不同领域的技术为交通一体化服务。它需要一个长期且清晰的目标将各功能相统一,以发挥各子系统的潜在作用。

(2)分裂的管理机制形成了信息的分裂,而信息的分裂难以从整体上促进网络资源的充分使用,有时甚至会起到反作用。例如:由于竞争关系,不同的网约车公司不会分享其公司的车辆信息,使得用户在附近有其他公司的车辆时也只能等待该公司的车辆。而由于缺乏利益驱动的关系,各子网运营商不会提供实时的交通设施使用信息,使得路径规划软件难以根据不同子网的使用情况为用户规划多方式出行路径,这会阻碍用户采取最为合理的出行手段。

(3)技术的快速进步同样需要管理手段的跟进,否则维护逐渐被淘汰的技术将会造成资源浪费,且限制新技术的引用。

(4)由于ICT技术是通过提供实时信息使供给和需求能够更好地匹配,它不能从物理层面上推进网络的整合,使得在一些情况下通过技术手段对交通资源的挖掘延缓了硬件水平提升的迫切性。

总结以上3个案例,无论政策、物理网络还是技术应用都是交通一体化的重要组成部分,一体化的政策能够确保物理网络整合以及技术应用在统一的目标下得到贯彻实施,而一体化的物理网络整合又能够为技术对交通资源的挖掘提供硬件支撑。三者环环相扣,使得这三者中的组成元素一旦有一环出现了偏差,都会产生难以预料的结果,而其产生的问题又需要用户在使用之后才能够发现并解决。

1.3.3 我国近年交通出行结构演变

进入21世纪,我国经济步入快速发展阶段,城市人口快速增长导致交通需求的激增。居民小汽车保有量以年均10%~14%的速度增长,同时,政府开始加大交通基础设施的建设力度。大城市的轨道交通线路不断增加,逐渐形成网络化运营。越来越多的人开始使用小汽车和轨道交通替换原来的慢行交通和公交车出行。总体来说,21世纪的前10年是从慢行交通向机动化出行转变的10年。在上海,2009年慢行交通的比重从1986年的61.5%下降至39.7%,而包括公共交通在内的机动化出行却从35.2%上涨至60.3%,小汽车出行从不到5%上涨至20%,轨道交通也上涨至6%。21世纪前10年上海市、北京市交通出行结构变化见表1-3。

表1-3 21世纪前10年上海市、北京市交通出行结构变化[83-84]

城市	年份(年)	步行(%)	公交(%)	小汽车(%)	轨道交通(%)	出租车(%)	电动车(%)	自行车(%)	其他(%)
上海	2004	27.3	21.3	17.8	3.3	—	5.3	25.0	—
	2009	26.2	19.1	20.0	6.0	—	15.2	13.5	—
北京	2004	21.0	20.7	20.0	2.4	1.0	1.3	31.5	1.9
	2009	20.0	22.0	29.2	6.7	3.4	1.6	16.9	0.2

2008年北京奥运会之后,我国的城市化进入了跨越式的发展阶段,城市人口的不断增长以及城市面积的扩大,使得交通需求在快速增长的同时呈现出多样化的趋势。大量的出行需求超过了城市交通设施的供给能力,小汽车保有量的增长速度上升到15%以上,使得道路系统不堪重负,伴随而来的拥堵以及污染问题使城市管理者和规划者开始采用限号、限牌等手段控制小汽车的增长速度。从2011年开始对小汽车进行控制后,北京市的机动车增长速度从2010年的23%迅速下降至4%,并在最近10年始终保持在5%以内[85],如图1-2所示。

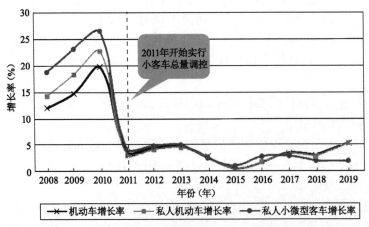

图1-2 2008—2019年北京市机动车及私人机动车增长率

第1章 绪　　论

　　在控制小汽车增长的同时,各大城市都开始积极实施公交优先政策并加快轨道交通建设以满足交通出行需求的增长。北京轨道交通运营公里数从2008年底的172km,短短6年就增长到了527km[86],且随后一直都以每年30~60km的速度快速增加。随着轨道交通服务水平的提升以及正式进入网络化运营,轨道交通准时高速的特性使其在与公交的竞争中逐渐体现出了优势。在多数一线城市中,轨道客流都陆续超过了公交的客流。至2019年,北京市中心城区出行结构中轨道交通占比为16.5%、公共汽(电)车为15.3%、小汽车为22.6%、自行车为12.1%、步行为30.2%。北京市中心城区工作日不同交通方式出行量如图1-3所示。

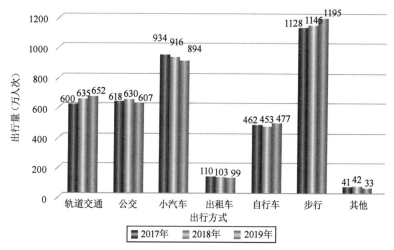

图1-3　北京市中心城区工作日不同交通方式出行量[87]

　　而在深圳,轨道交通的客流也有相同的趋势,自2017年轨道交通客流首次超过公交之后,轨道交通的客流一直稳步提升,并且于2019年公共交通客流占比首次超过了50%(图1-4)。

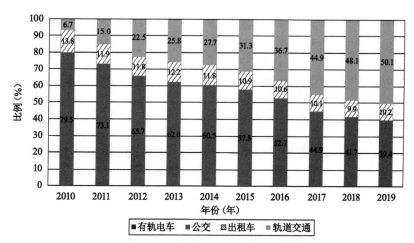

图1-4　深圳市历年公共交通方式年日均客流运量比例变化[88]

　　然而,在城市出行需求不断增长的大环境下,对小汽车进行控制将会导致客流涌入轨

11

道交通。这也使得轨道交通出现了严重的拥堵现象,许多线路在高峰时期不得不采取限流措施以缓解站点压力。2019 年,北京市全网共有 91 座限流车站(图 1-5),占总车站数的 22.5%。

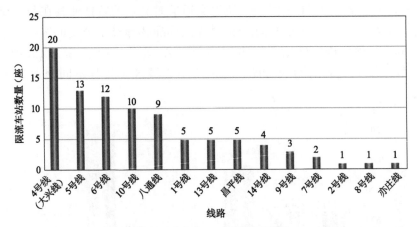

图 1-5　北京市 2019 年限流车站数

对比东京的交通结构发展过程可以发现,东京也经历了相似的发展历程[89],从 1978 年开始,小汽车的出行比例逐渐增加,并于 1998 年达到峰值(图 1-6)。随后的 20 年里,经过调控,小汽车的出行比例降至 27%,而轨道的比例提升至 33%。除了东京的公交出行比例只有 3%之外,北京的出行结构已经与东京相差无几。然而,由于日本已经处于城市基建的后期,同时老龄化带来了交通需求的减少,未来的交通供给压力是相对较小的,而我国交通需求仍无下降趋势,也使得我国需要开始探索符合我国国情的交通规划方案以适应未来的交通发展趋势。

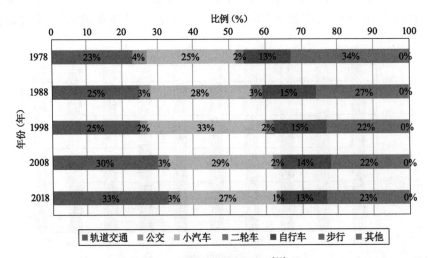

图 1-6　东京市交通结构演变[89]

2008 年至今的十余年是我国交通出行结构的转型以及探索期,也从向机动化转变正式进入了以机动化为主,多方式并存的时期,而控制小汽车并大力发展公共交通的思路已经进入了瓶颈期。为了维持汽车工业,我国无法像新加坡一样对小汽车收取高额的拥车税以限制小汽车的保有量,只能以限号限牌手段控制小汽车保有量的增长速度,同时推广新能源汽车以减少小汽车对环境的污染。在供给层面,由于在多数大城市中主要的客流走廊都已布设了公共交通线路,公共交通网络已基本成型,同时多年的城市开发使得交通土地资源变得紧缺,建设速度放缓,控需扩建方式的效果越来越有限。

为了应对持续增长的交通需求,我国开始探索新的交通政策。2019年9月9日,中共中央、国务院印发的《交通强国建设纲要》指出要建设现代化高质量综合立体交通网络。以国家发展规划为依据,发挥国土空间规划的指导和约束作用,统筹铁路、公路、水运、民航、管道、邮政等基础设施规划建设,以多中心、网络化为主形态,完善多层次网络布局,优化存量资源配置,扩大优质增量供给,实现立体互联,增强系统弹性。随后颁布关于推动交通运输领域新型基础设施建设的指导意见,在此政策基础上又强调了新技术对交通资源的充分挖掘。这一系列的政策将多模式网络一体化提上了日程,在扩建网络的同时,应重新审视当前的多模式网络,向做优做精网络进行转变,以深挖多模式交通网络的潜在服务效能。

但正如上文所说,交通一体化是一个非常广泛的概念,可以作为当前大多数交通问题的一个备选解决方案。其中的高效衔接、合作互补以及网络资源最大化利用都是难以量化的指标,无法直接指导城市交通设施的规划。这需要对多模式网络一体化有更深入的理解,以明确优化目标和优化对象。为了能够更好地研究多模式网络一体化,本书将集中于物理层面一体化的研究,并排除政策以及技术等因素对其的影响,即假设政策一体化的条件已经成熟,存在一个能够同时规划和设计不同交通方式基础设施的机构,该机构将以多模式网络一体化为最终目标,在现有多模式网络上,重新优化各自网络的基础设施,并确保优化的对象能够具体落实。

1.4 本书主要内容及编写说明

以广义枢纽和多模式网络共同构成的城市综合交通系统为研究对象,针对现状相关理论与方法在多模式网络衔接、多方式出行转换等方面研究的不足,构建以一体化供给性能、组合出行需求分析、多网融合交通分配、交通资源协同配置为重点的综合交通协同规划理论与方法,为现代城市综合交通系统规划与效能提升提供基础理论与方法支撑。具体目标包括:

(1)拓展交通枢纽内涵,分析枢纽节点客流交互、联通机理与多模式网络技术特征,建立枢纽衔接多模式网络的一体化供给性能分析理论;

(2)重构居民出行基本单元,研究组合出行选择效用,建立广义交通枢纽与多模式交通网络环境下的组合出行需求分析理论;

(3)揭示多方式出行与多模式网络供给的互动机理,建立基于"节点换乘+多网融合"的一体化交通分配理论方法;

(4)构建协同规划多目标体系,从面、线、点3个层面提出多模式交通网络协同的资源配置优化方法;

(5)设计城市综合交通协同规划的技术流程,并在典型城市开展实证研究。

主要内容构架如图1-7所示。

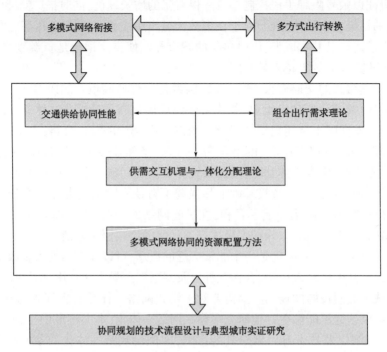

图 1-7 主要内容架构

编写说明：简便起见，若未特别说明，后文提及的公交线路、公交站等一般专指常规地面公交的线路和站点等。根据我国大部分城市实际情况，轨道交通可能专指地铁系统。

本章参考文献

[1] 中共中央,国务院.国家新型城镇化规划(2014—2020年)[EB/OL].(2014-03-17)[2022-02-15].http://www.gov.cn/xinwen/2014-03/17/content_2639873.htm.

[2] 迈克尔·迈耶.城市交通规划[M].杨孝宽,译.北京:中国建筑工业出版社,2012.

[3] MAY A D,KELLY C,SHEPHERD S.The principles of integration in urban transport strategies[J].Transport policy,2006,13(4):319-327.

[4] Fixing America's Surface Transportation Act[EB/OL].(2015-12-03)[2022-02-15].http://www.rita.dot.gov/laws_and_regulations/fast/utc.

[5] PEDERSON N.Multimodal Transportation Planning at the State Level:State of the Practice and Future Issues[C].Washington:Transportation Research Board,1999.

[6] LAM K,WONG C,LO K.Transportation and Traffic Theory 2009:Golden Jubilee[M].New York:Springer US,2009.

[7] SAMANTA S,JHA M K.Modeling a rail transit alignment considering different objectives[J].Transportation Research Part A:Policy and Practice,2011,45(1):31-45.

[8] EWING R.Sketch planning a street network[J].Transportation research record,2000,1722(1):75-79.

[9] JACOBS A B. Great streets[R]. California State: University of California Transportation Center,1993.

[10] VERHOEF E T,KOH A,SHEPHERD S.Pricing,capacity and long-run cost functions for first-best and second-best network problems[J].Transportation Research Part B: Methodological, 2010,44(7):870-885.

[11] WONG S C,YANG H.Reserve capacity of a signal-controlled road network[J].Transportation Research Part B:Methodological,1997,31(5):397-402.

[12] National Research Council.HCM2010[M].Washington:Transportation Research Board,2010.

[13] 李聪颖,马荣国,王玉萍,等.城市慢行交通网络特性与结构分析[J].交通运输工程学报, 2011,11(2):72-78.

[14] 陈峻,谢之权.行人-自行车共享道路的自行车交通冲突模型[J].吉林大学学报(工学版),2009,39(S2):121-125.

[15] ANGELOUDIS P, FISK D. Large subway systems as complex networks[J]. Physica A: Statistical Mechanics and its Applications,2006,367:553-558.

[16] DERRIBLE S,KENNEDY C.The complexity and robustness of metro networks[J].Physica A: Statistical Mechanics and its Applications,2010,389(17):3678-3691.

[17] 高自友,吴建军,毛保华,等.交通运输网络复杂性及其相关问题的研究[J].交通运输系统工程与信息,2005(2):79-84.

[18] KITTELSON.Transit capacity and quality of service manual[M].Washington: Transportation Research Board,2003.

[19] KRUEGER H. Parametric modeling in rail capacity planning[C]// Simulation Conference Proceedings.Piscataway:IEEE,1999:1194-1200.

[20] CURRIE G, LOADER C. Bus network planning for transfers and the network effect in Melbourne,Australia[J].Transportation Research Record,2010,2145(1):8-17.

[21] SONSTEGAARD M H.Balance and coordination for road and rail[J].Transportation Research Part A:Policy and Practice,1992,26(5):419-432.

[22] TANG S,LO H K.The impact of public transport policy on the viability and sustainability of mass railway transit—The Hong Kong experience[J].Transportation Research Part A:Policy and Practice,2008,42(4):563-576.

[23] WIRASINGHE S C.Nearly optimal parameters for a rail/feeder-bus system on a rectangular grid[J].Transportation Research Part A:General,1980,14(1):33-40.

[24] YANG M, WANG W, CHEN X, et al. Modeling destination choice behavior incorporating spatial factors, individual sociodemographics, and travel mode[J]. Journal of Transportation Engineering,2010,136(9):800-810.

[25] ZHANG J, FUJIWARA A. Intrahousehold interaction in transit-oriented residential choice behavior represented in stated preference approach[J].Transportation research record,2009, 2134(1):73-81.

[26] CHOWDHURY S M,I-JY CHIEN S.Intermodal transit system coordination[J].Transportation

Planning and Technology,2002,25(4):257-287.

[27] LI Z C,LAM W H K,WONG S C.Optimization of a bus and rail transit system with feeder bus services under different market regimes[M].Boston:Springer,2009.

[28] 陆化普.交通规划理论与方法[M].北京:清华大学出版社,2006.

[29] WALLACE B.TDM policy implications of the characteristics of commute and non-commute trip chains[C]∥The 79th transportation research board annual meeting.Washington,2000:121-127.

[30] WALLACE B,BARNES J,RUTHERFORD G S.Evaluating the effects of traveler and trip characteristics on trip chaining, with implications for transportation demand management strategies[J].Transportation Research Record,2000,1718(1):97-106.

[31] BEN-AKIVA M E,LERMAN S R,LERMAN S R.Discrete choice analysis:theory and application to travel demand[M].Cambridge:MIT press,1985.

[32] TRAIN K E.Discrete choice methods with simulation[M].Cambridge:Cambridge university press,2009.

[33] BUNCH D S.Estimability in the multinomial probit model[J].Transportation Research Part B:Methodological,1991,25(1):1-12.

[34] VOVSHA P.Application of cross-nested logit model to mode choice in Tel Aviv,Israel, metropolitan area[J].Transportation Research Record,1997,1607(1):6-15.

[35] GRAYSON A.Disaggregate model of mode choice in intercity travel[J].Transportation Research Record,1981,853:36-42.

[36] KOPPELMAN F S,WEN C H.Alternative nested logit models:structure,properties and estimation[J].Transportation Research Part B:Methodological,1998,32(5):289-298.

[37] BHAT C R.A heteroscedastic extreme value model of intercity travel mode choice[J]. Transportation Research Part B:Methodological,1995,29(6):471-483.

[38] LO H K,YIP C W,WAN K H.Modeling transfer and non-linear fare structure in multi-modal network[J].Transportation Research Part B:Methodological,2003,37(2):149-170.

[39] DIANA M.Measuring the satisfaction of multimodal travelers for local transit services in different urban contexts[J].Transportation Research Part A:Policy and Practice,2012,46(1):1-11.

[40] BOVY P H L,HOOGENDOORN-LANSER S.Modelling route choice behaviour in multi-modal transport networks[J].Transportation,2005,32(4):341-368.

[41] 黄海军.城市交通网络平衡分析:理论与实践[M].北京:人民交通出版社,1994.

[42] LEBLANC L J,FARHANGIAN K.Efficient algorithms for solving elastic demand traffic assignment problems and mode split-assignment problems[J].Transportation Science,1981,15(4):306-317.

[43] UCHIDA K,SUMALEE A,WATLING D,et al.Study on optimal frequency design problem for multimodal network using probit-based user equilibrium assignment[J]. Transportation research record,2005,1923(1):236-245.

[44] LOZANO A, STORCHI G. Shortest viable path algorithm in multimodal networks[J]. Transportation Research Part A: Policy and Practice, 2001, 35(3): 225-241.

[45] SMITH M J, WISTEN M B. A continuous day-to-day traffic assignment model and the existence of a continuous dynamic user equilibrium[J]. Annals of Operations Research, 1995, 60(1): 59-79.

[46] HUANG H J, LAM W H K. Modeling and solving the dynamic user equilibrium route and departure time choice problem in network with queues[J]. Transportation Research Part B: Methodological, 2002, 36(3): 253-273.

[47] MOUNCE R, CAREY M. Route swapping in dynamic traffic networks[J]. Transportation Research Part B: Methodological, 2011, 45(1): 102-111.

[48] GUO R Y, HUANG H J. Chaos and bifurcation in dynamical evolution process of traffic assignment with flow "mutation"[J]. Chaos, Solitons & Fractals, 2009, 41(3): 1150-1157.

[49] SMITH M J. The stability of a dynamic model of traffic assignment—an application of a method of Lyapunov[J]. Transportation science, 1984, 18(3): 245-252.

[50] HOROWITZ J L. The stability of stochastic equilibrium in a two-link transportation network[J]. Transportation Research Part B: Methodological, 1984, 18(1): 13-28.

[51] CANTARELLA G E, VELONÀ P. Stability analysis of equilibrium patterns in a transportation network[C]//Proceedings of the European transport conference. Strasbourg, 2003.

[52] BEN-AKIVA, MOSHE E. Smart-future urban mobility[J]. Journeys, 2010, 11: 30-38.

[53] SZETO W Y, JIANG Y, WANG D Z W, et al. A sustainable road network design problem with land use transportation interaction over time[J]. Networks and Spatial Economics, 2015, 15(3): 791-822.

[54] GALLOTTI R, BARTHELEMY M. Anatomy and efficiency of urban multimodal mobility[J]. Scientific reports, 2014, 4(1): 1-9.

[55] CHOW J Y J, SAYARSHAD H R. Symbiotic network design strategies in the presence of coexisting transportation networks[J]. Transportation Research Part B: Methodological, 2014, 62: 13-34.

[56] DU B, WANG D Z W. Continuum modeling of park-and-ride services considering travel time reliability and heterogeneous commuters—A linear complementarity system approach[J]. Transportation Research Part E: Logistics and Transportation Review, 2014, 71: 58-81.

[57] BEATON E B, BIALOSTOZKY E, ERNHOFER O, et al. Designing Bus Rapid Transit Facilities for Constrained Urban Arterials: Case Study of the Selection Process for the Webster Avenue Bus Rapid Transit Running Way Design in New York City[J]. Transportation research record, 2013, 2352(1): 50-60.

[58] 曾明华, 李夏苗. 多层次多模式综合交通网络设计研究[J]. 交通运输系统工程与信息, 2010, 10(2): 23-29.

[59] 于晓桦. 城市多模式复合交通体系规划的若干理论与方法[D]. 上海: 同济大学, 2012.

[60] 白桦. 基于多方式的城市道路资源协调配置优化方法研究[D]. 南京: 东南大学, 2013.

[61] HULL A. Integrated transport planning in the UK: From concept to reality[J]. Journal of Transport Geography, 2005, 13(4): 318-328.

[62] GIVONI M, BANISTER D. Integrated transport: from policy to practice[M]. London; New York: Routledge, 2010.

[63] STEAD D. Mid-term review of the european commission's 2001 transport white paper[J]. European Journal of Transport and Infrastructure Research, 2006, 6(4): 365-370.

[64] 贺东.城市一体化客运轨道交通运输体系构建研究[D].成都：西南交通大学, 2011.

[65] 戴帅.大城市公共交通一体化关键技术研究[D].北京：北京工业大学, 2008.

[66] 崔智涛.区域公路交通一体化研究[D].成都：西南交通大学, 2006.

[67] 李桂桂.市域铁路与城市轨道交通一体化运营体系相关问题研究[D].成都：西南交通大学, 2012.

[68] 张杰林.城市快速轨道交通与常规公交网络一体化协调方法及评价研究[D].南京：东南大学, 2014.

[69] GREAT B. Department of the Environment, Transport and the Regions. A new deal for transport—better for everyone The Government's White Paper on the Future of Transport[J]. Her Majesty's Stationery Office, 1998.

[70] SOLDI R. White Paper on European transport policy for 2010: time to decide[J]. International Journal of Bioelectromagnetism, 2001, 10(1): 52-55.

[71] DOCHERTY I, SHAW J. Traffic Jam: ten years of 'sustainable' transport in the UK[M]. Bristol: The Policy Press, 2008.

[72] HIBBS J. Transport policy: The Myth of integrated planning[M]. London: Institute of Economic Affairs, 2000.

[73] DELLA PORTA A, MIGLIORI S, PAOLONE F, et al. Integrated Transport Planning: The 'Rehabilitation' of a contested concept in UK bus reforms[J]. Journal of Cleaner Production, 2019, 232: 1297-1308.

[74] VEL DE D, WALLI I. 'Regulated deregulation' of local bus services—An appraisal of international development[J]. Research in Transportation Economics, 2013, 39(1): 21-33.

[75] PRESTON J, WHELAN G, WARDMAN M. An analysis of the potential for on-track competition in the British passenger rail industry[J]. Journal of Transport Economics and Policy, 1999, 33(1): 77-94.

[76] EVANS A. A theoretical comparison of competition with other economic regimes[J]. Journal of Transport Economics and Policy, 1987, 21(1): 7-36.

[77] DAVISON L J, KNOWLES R D. Bus quality partnerships, modal shift and traffic decongestion [J]. Journal of Transport Geography, 2006, 14(3): 177-194.

[78] BARTER P A. Public planning with business delivery of excellent urban public transport[J]. Policy and society, 2008, 27(2): 103-114.

[79] WHITE P. Prospects in Britain in the light of the Bus Services Act 2017[J]. Research in Transportation Economics, 2018, 69: 337-343.

［80］ GIVONI M, BANISTER D. Integrated transport: from policy to practice［M］. London; New York: Routledge, 2010.

［81］ BARDACH E. The Implementation Game: What happens after a bill becomes a law?［M］. Cambridge: MIT Press, 1977.

［82］ HOOSE N. IMPACTS: an image analysis tool for motorway surveillance［J］. Traffic engineering & control, 1992, 33(3).

［83］ 许传忠. 我国大城市居民出行交通结构研究［D］. 上海: 同济大学, 2003.

［84］ 陆锡明, 顾啸涛. 上海市第五次居民出行调查与交通特征研究［J］. 城市交通, 2011, 9(5): 1-7.

［85］ 北京交通发展研究中心. 2005 北京市交通发展年度报告［EB/OL］.（2005-07）［2022-02-15］. http://www.bjtrc.org.cn/List/index/cid/7.html.

［86］ 北京交通发展研究中心. 2010 北京市交通发展年度报告［EB/OL］.（2010-07）［2022-02-15］. http://www.bjtrc.org.cn/List/index/cid/7.html.

［87］ 北京交通发展研究中心. 2020 北京市交通发展年度报告［EB/OL］.（2020-07）［2022-02-15］. http://www.bjtrc.org.cn/List/index/cid/7.html.

［88］ 深圳市城市交通规划设计研究中心股份有限公司. 2019 深圳市综合交通年度评估报告［EB/OL］.（2020-08-28）［2022-02-15］. http://www.sutpc.com/news/jishufenxiang/605.html.

［89］ 东京都市圈交通计画协议会. 2018 东京大都市区交通出行调查［EB/OL］.（2019-11）［2022-02-15］. http://www.tokyo-pt.jp/person/01.html.

第 2 章　城市多模式交通网络与广义枢纽的供给特征

城市多模式交通网络规模大、复杂程度高,有效的协同规划是国内外高度关注、影响城市发展的重大问题。如果城市多模式网络供给和居民多方式出行需求不匹配,将导致各单一交通网络服务出行需求的功能难以充分发挥,总体运行效率低下。

为融合各单一交通网络,构建合理高效的多模式网络结构,本章以城市多模式交通网络、广义交通枢纽为研究对象,首先分析城市各单一交通网络的供给特征和客流特征,其次引入广义交通枢纽的概念,构建城市广义交通枢纽的分层分级方法以及客流交互特征,然后分析多模式网络中公共交通与私人个体交通的竞合特征和模型,最后基于超级网络提出一种适用于城市多模式交通网络的建模技术,并给出模型构建思路、构成要素、构建方法和拓扑描述。

本章的主要内容包括:①城市多模式交通网络的技术特征;②城市广义交通枢纽技术特征;③城市多模式交通网络竞合特征;④城市多模式交通网络模型构建。

2.1　城市多模式交通网络的技术特征

2.1.1　城市多模式交通网络的供给特征

多模式交通的协同稳定发展,需要各交通模式的相互支撑与配合。城市多模式交通网络是一个典型的复杂系统,是城市交通网络特征间连通关系的实时组织,由不同交通网络构成。交通网络中的各个子网络会通过一定规则建立联系,并且每个子网络有各自的特点、性质不同。因此,城市多模式交通网络是一个复合的叠加网络,由地面公交网络、轨道交通网络、小汽车网络和慢行交通网络等组成,各交通网络系统运行特征不同,路权占用、客运能力和运营速度等供给特征也有一定的差异性,这也决定了其服务优势与功能定位的不同,因此对各类典型子系统的供给特征进行分析。

1) 地面公共交通网络特性

常规公交以各型公共汽车为载客工具,与其他交通方式共享道路空间,多以单车形式运营,在道路宽度适宜、转弯半径允许的情况下,亦可使用铰接车辆运营。按车辆定员和发车频率的不同,单向高峰小时客运量为1200~5400人次/h,适用于城市各等级道路。

快速公交(Bus Rapid Transit,BRT)是一类以专用公共汽车为载客工具、行驶于专供线路或通道上的城市道路公交,运行中不受其他车辆干扰,运行速度较高。可多车同时上下客,按使用车型和发车频率的不同,单向高峰小时客运量为 1.0 万~2.0 万人次/h,适用于城市主干路及以上道路或公交专用道,宜用作大中城市的骨干线。

无轨电车是一类由架空输电线供电、电力驱动、无专用轨道的城市道路公交,而现役无轨电车多额外配备储能装置而演变为双能源车辆[1],具备灵活行驶的能力。主要以单车形式运营,性能与常规公交相似,按车辆定员和发车频率的不同,单向高峰小时客运量为2400~5100人次/h,适用于城市各等级道路。

智能轨道快运列车(Autonomous rail Rapid Transit,ART)简称"智轨列车",是一类由胶轮支撑、采用轨迹跟随技术沿虚拟轨道行驶、电力驱动的新型城市道路公交。智轨列车有专用行驶线路,但允许被其他车辆占用,单向高峰小时客运量为0.6万~1.5万人次/h[2],适用于城市次干路及以上道路或公交专用道,可用作大中城市的骨干线。

各类城市道路公交方式的主要技术指标见表2-1。

各类城市道路公交方式的主要技术指标 表2-1

公交类别		路权	旅行速度(km/h)	最大定员(人/辆)	最小发车间隔(min)	运能(万人次/h)	平均造价(亿元/km)
常规公交	小型	混合	15~25	40	2.0	0.12	≤0.01
	中型			80		0.24	
	大型			110		0.33	
	特大型(铰接)			180		0.54	
	双层			120		0.36	
快速公交	大型	专用	25~40	110	2.0	≤1.1	0.3~0.5
	特大型(铰接)			150		≤1.5	
	超大型(双铰接)			200		≤2.0	
无轨电车	中型	混合	15~25	80	2.0	0.24	≤0.01
	大型			110		0.33	
	超大型(铰接)			170		0.51	
智轨列车	—	半专用/混合	15~25	100	—	0.6~1.5	0.3~0.4

注:表中运能以单向高峰小时客运量表征。

2) 轨道交通网络特性

城市轨道交通系统是一个相对独立的运行系统,通常不会受到道路交通拥堵的干扰,受外界环境的影响较小。其中:

(1) 地铁是一类采用全封闭专用轨道、专用信号、独立运营的大运量城市轨道交通,通常沿地下隧道敷设,在条件允许时,亦可部分沿地面和高架专用道敷设。多以6~8节编组列车的形式运营,按车型及编组数的不同,单向高峰小时客运量为2.5万~7.0万人次/h,是城市公共交通的骨干线。

(2) 轻轨是一类采用全封闭或半封闭专用轨道、以独立运营为主的中运量城市轨道交通。多以2~4节编组列车的形式运营,按车型及编组数的不同,单向高峰小时客运量为1.0万~3.0万人次/h,可用作特大城市的辅助线或大城市的骨干线。

(3) 单轨是一类由车辆与特制轨道梁组合成一体运行的中低运量胶轮-导轨系统。采用全封闭线路,沿高架结构敷设。通常以4~6节编组形式运营,单向高峰小时客运量为1.0万~

3.0万人次/h，多在道路、地形等条件相对较差的城区使用，可用作特大城市的辅助线、旅游观光线或大城市的骨干线、联络线等。

（4）有轨电车是一类低运量的城市轨道交通，主要沿城市道路的路面敷设，与其他地面交通混行，须遵守道路交通法规。根据其路权特征，可分为全封闭、半封闭和不封闭3种类型。通常采用1~3节编组形式运营，单向高峰小时客运量在1.0万人次/h以下，可用作特大城市的辅助线或大城市的骨干线。

（5）磁浮列车是一类利用电导磁力悬浮技术实现支撑、由直线电机驱动列车悬浮行驶的中运量城市轨道交通，线路主要采用高架敷设的形式。通常采用4~10节编组形式运营，单向高峰小时客运量为1.5万~3.0万人次/h。主要有高速磁浮和中低速磁浮两种类型，高速磁浮宜用作站间距离不小于30km的城区间远程客运，中低速磁浮宜用作站间距大于1km的中、短程客运。

（6）自动导向轨道系统（简称"自动导轨"），亦称旅客自动捷运系统（Automated People Mover，APM），是一类中低运量的胶轮-导轨系统。市区线路以地下敷设形式为主，市郊线路则常采用高架敷设。列车通常采用2~6节编组形式，单向高峰小时客运量可达1.0万~3.0万人次/h，可用作特大城市、大城市的辅助线，亦可用作中小城市的骨干线。

（7）市域快速轨道（简称"市域快轨"）是一类大运量的城市轨道交通。其制式没有特别的限定，根据线路的功能定位、沿线的土地利用规划、自然条件、环境保护原则等综合确定，可选用快速专用车辆，亦可选择中低速磁浮、钢轮钢轨列车等，按制式不同，日均客运量为20万~45万人次/d。通常采用地面或高架敷设的形式，适用于市域范围内重大经济区之间中长距离的客运交通。

各类城市轨道交通方式的主要技术指标见表2-2。

各类城市轨道交通方式的主要技术指标　　　　　　表2-2

公交类别		路权	旅行速度(km/h)	最大定员(人/节)	最小发车间隔(min)	运能(万人次/h)	平均造价(亿元/km)
地铁	A型车	专用	35~40	310	2.0	4.5~7.0	4.0~7.0
	B型车			245		2.5~5.0	
	L_B型车			240		2.5~4.0	
轻轨	C型车	专用/半专用	25~35	315	2.0	1.0~3.0	1.5~2.5
	L_C型车			150			
单轨	跨座式	专用	30~35	170	1.5	1.0~3.0	2.0~3.0
	悬挂式		20~25	100		0.8~1.25	2.0~2.5
有轨电车	单厢或铰接式车	半专用/混合	15~25	120	1.0	0.6~1.0	1.4~1.6
	导轨式胶轮车		25~35	60		0.3~0.8	1.0~1.4
磁浮列车	中低速车	专用	100	120	2.0	1.5~3.0	1.5~3.0
	高速车		500	140		1.0~2.5	—
自动导轨	胶轮特制车	专用	25~30	90	1.5	1.0~3.0	2.0~2.5
市域快轨	地铁或专用车	专用	120~160	—			2.0

注：表中运能以单向高峰小时客运量表征。

3) 小汽车交通网络特性

小汽车作为一种门到门的交通工具,具有交通可达性强、出行范围广、机动灵活、乘坐舒适、直达出行的特点。小汽车给人们带来了极大的便利,在我国各类不同规模城市中,私人小汽车出行比例均很高,但也引起了道路交通拥堵、环境污染及能源紧张等问题。小汽车交通网络与常规公交网络都依托物理道路交通设施,网络相互之间存在干扰。国家统计局官网发布的《中华人民共和国2020年国民经济和社会发展统计公报》[3]显示,2020年末我国私人汽车保有量为24393万辆,增加1758万辆;民用小汽车保有量为15640万辆,增加996万辆,其中私人小汽车保有量为14674万辆,增加973万辆。通勤高峰时期,出行者在小汽车交通网络中的出行时间容易受到道路交通条件的影响,具有一定的不确定性,出行费用相对较高。

4) 衔接网络(慢行交通网络)

慢行交通包括步行和自行车两种交通方式。特别是在我国,步行和自行车是城市居民非常重要的交通出行方式,近些年公共自行车和共享单车的流行,使得城市居民解决"交通最后一公里"问题主要依靠慢行交通。一般地,居民从出行起点通过慢行交通换乘其他各类交通方式,然后通过慢行交通到达出行终点,完成一次居民出行。慢行交通的优点是灵活便利、健康无污染,慢行交通主要适合近距离出行,出行距离多数在3km以内。但是慢行交通的出行速度慢,并且安全性低,适用距离短,易受到天气、地理环境等影响。

2.1.2 城市多模式交通网络的客流特征

城市多模式交通网络客流分布特征可以反映交通城市客流总体分布形态,预测短期内客流移动趋势,是制定城市交通规划方案的主要依据,也是研究网络运能的重要手段。现如今,大中城市具有多类交通工具可供出行者选择。

出行者的出行模式分为单一交通方式和组合交通方式出行模式两类。其中,单一交通方式出行模式是指出行者在一次出行中只使用一种交通方式完成出行;组合交通方式出行模式是指出行者在一次完整的组合出行中使用两种及以上的交通方式完成出行。需要关注的是,单一交通出行中不是没有换乘,其出行模式支持同种出行方式的换乘,例如轨道交通出行可以在换乘枢纽站点进行轨道交通的换乘。

本章重点研究的单一交通方式为小汽车、常规公交和轨道交通,组合交通方式出行模式为"小汽车+轨道交通""常规公交+轨道交通"。出行特性分析如下:

1) 单一方式出行特性分析

当出行者考虑出行的直达性时,出行者更希望选择不换乘的出行组合方式,其中小汽车出行最受欢迎,而常规公交和轨道交通都需要解决城市出行"最后一公里"的问题。本书研究的单一方式出行模式有小汽车出行模式、常规公交车模式和轨道交通模式。但是在大中城市中,出行者仅靠单一方式出行很难直接到达目的地,或是极易引发局部交通拥堵。比如,出行者若都选择小汽车单一方式出行,势必造成道路交通拥堵,浪费其他公共交通资源,因此需要其他交通方式配合,进行组合出行。

2) 组合方式出行特性分析

(1) 小汽车换乘轨道交通组合出行模式

该组合出行方式适合住在郊区而在市区工作的上班族。当道路交通发生拥堵时,该出行模式既能避开拥堵、减少出行时间,又经济节约。特别是近年来网约车和共享汽车的兴起,使得这种组合出行模式的比例逐渐提高。目前我国正在大力建设停车换乘停车场,并且通过实行年票、季票等优惠停车收费政策,鼓励出行者选择该组合出行模式。

(2)常规公交换乘轨道交通组合出行模式

公交优先是我国交通的基本策略,出行者出行时基本会选择"常规公交+轨道交通"或者"轨道交通+常规公交"两种组合出行方式。该出行模式乘坐票价低、经济实惠,通过固定的公交网络和轨道网络出行,受道路交通条件的影响较小,常规公交和轨道交通班次稳定,出行者的出行时间可靠性强,网络覆盖面积广,弥补了轨道交通"非门到门"的缺陷。

3) 客流空间分布特征

多模式交通网络的流量转移通过各交通子网络的衔接完成。由于城市各交通子网络的服务质量不断提高,中心城区与郊区之间的联系越来越密切,两地之间的距离也不断缩短,城区内部的功能进一步完善。多模式交通网络以潮汐式的交通特点为主,早间客流主要是通勤,晚间客流主要是返程,客流高峰主要出现在早晨和晚上,以区域内部为主,而跨区域的客流一般以休闲为主,这种情况通常出现在周末或者节假日等。客流出行的中心不再局限于城市中心,而是多个城区内部的核心区域,各区域内部出行的OD客流构成比例相当,具体特征是多个分散的中心点,并且客流高峰较多。

2.1.3 城市多模式交通网络的复杂性

城市交通网络可以看作一个动态实体,它具有的基本特性是动态性和适应性,表明城市交通网络拓扑结构具有多变性的特点。因此,展开城市多模式交通网络复杂性的研究可以探究城市交通网络运行机理并有利于指导城市交通发展,以便更好地为相关城市交通管理部门的决策提供理论支撑,为缓解交通拥堵、满足居民出行需求提供更好的解决方案。城市多模式交通网络是城市交通活动的重要载体,是一个复杂的网络系统,是城市交通活动赖以存在的基础。作为城市交通的一个重要组成部分,网络运行效率的高低会影响到出行者的出行效率和交通安全。城市多模式交通网络的复杂性主要体现在以下3个方面:

1) 网络的组成结构多样化

城市交通网络一般以道路交通网络为基础,道路网络中包括其自身道路网系统以及依附于道路网运行的其他交通网络,如小汽车网络、慢行网络和公交网络;轨道交通网络包括轻轨网络和地铁网络等。由此可见,城市交通网络具有多层性、复杂性的特点,单一的交通网络难以描述城市交通系统。

2) 交通网络的功能多样化

城市多模式交通网络是复杂的网络结合体,但当研究城市交通与城市发展之间的联系时,城市多模式交通网络功能在某些方面又呈现出统一性、复杂性。从多模式交通网络实现的功能出发,可以划分出社会网络功能和技术网络功能。社会网络功能指城市居民日常活动依赖于城市交通物理网络,技术网络功能指其在物理层面所体现的技术特性。综合以上论述,可以发现城市多模式交通网络恰恰是部分城市功能的承载体,是混合型的复杂网络。

3) 网络上的动力学行为呈现出复杂性

时空特征复杂性是城市多模式交通网络另一个显著特性。由于城市交通模式、交通网络演化阶段和城市发展水平的不同,城市多模式交通网络差异显著。此外,城市路段上交通拥堵的形成、传播及消散等现象具有非常复杂的动态特性。因此,在研究时不能仅仅考虑单纯的物理网络,在流量分配和拥堵传播等方面,还呈现出复杂网络相关统计动力学特性。

2.2 城市广义交通枢纽的技术特征

2.2.1 城市广义交通枢纽的概念及内涵

传统的交通枢纽定义为不同运输方式在交通网络中的交汇点,具有较明显的对外交通服务属性。《综合客运枢纽术语》(JT/T 1065—2016)[4]对"综合客运枢纽"的定义为"将两种及以上对外运输方式与城市交通的客流转换场所在同一空间(或区域)内集中布设,实现设施设备、运输组织、公共信息等有效衔接的客运基础设施"。综合交通枢纽为整合铁路、公路、航空、内河航运、海港和运输管道为一体的海陆空协同枢纽体系,是综合交通运输体系的重要组成部分,是衔接多种运输方式并辐射一定区域的客、货转运中心。

交通枢纽的主要功能是使抵达枢纽的乘客实现停车、换乘、集散,其中换乘是其核心功能。目前,我国尚未形成统一的城市交通枢纽分类标准,国内的不同城市依据各自特点,对城市交通枢纽的分类标准不尽相同,但从总体上来说,主要包括依据车站交通功能分类的节点导向型和场所导向型。节点导向型枢纽对抵达站点的客流来源和城市中交通作用认识清晰,但对区域土地开发把握不足,如广州、深圳的枢纽;场所导向型枢纽对站点周围用地类型和土地开发反应明确,但交通作用则体现不足,如上海的枢纽。此外,依据枢纽的运营性质,部分城市将枢纽划分为终点站、换乘站、中间站和折返站。我国典型城市交通枢纽的分类情况见表2-3。

我国典型城市交通枢纽的分类情况 表2-3

城 市	分 类 依 据	具 体 分 类	分 类 说 明
广州	接驳交通方式的种类数及枢纽所承担换乘的客流量	综合交通枢纽	城际与城市交通间的接驳
		交通枢纽站	位于市中心或商业中心
		一般枢纽站	换乘方式少、客流量小
北京	接驳交通方式的种类数及枢纽内轨道交通线路条数	一级枢纽	与大运量对外交通方式接驳
		二级枢纽	多条对内轨道接驳站点
		三级枢纽	一般公交换乘站点
深圳	周边区域土地开发的类型及接驳交通方式的种类数	综合换乘枢纽	位于城市中心区域
		大型换乘枢纽	区域内的中心交通枢纽
		一般换乘枢纽	公交接驳的车站
上海	接驳交通方式的种类数	大型换乘车站	三条及以上市区级线路交会处
		换乘车站	两条市区级线路的交会处
		一般车站	其他轨道交通车站

随着我国城市化水平的提高和城市规模的不断扩大,城市居民的出行距离也随之不断增大,传统的单一交通方式出行已经不能满足城市居民出行需求,出行距离和出行时间对人们的约束越来越明显,为使出行达到效益最大化,人们往往会采取多种交通方式合理组合的方法来完成一次出行。由于城市多模式交通网络结构的复杂性,几乎每一种单方式网络的每一个节点都可能存在多种出行方式的交汇,因此城市内部的广义交通枢纽不能按传统交通枢纽的概念进行界定。

根据枢纽本身的含义——"事物相互联系的中心环节"可知,城市广义交通枢纽指联系城市内部多模式交通网络的关键节点。高效衔接的广义枢纽布局能够为用户提供更多的组合出行服务,从而在某些出行方式服务水平低下时,能够将用户疏散至其他出行方式,从而实现网络整体的效能最大化。

2.2.2 城市广义交通枢纽的层级划分

城市广义交通枢纽是城市多模式交通网络中不同子网络运输能力转换的重要节点,城市广义交通枢纽的合理规划对于挖掘多模式交通网络的供给潜力、满足多样化的出行需求具有十分重要的意义。在复杂的多模式交通网络中,城市的不同区域具有不同的交通需求和经济发展需求,需要规模与功能各异的交通枢纽来满足城市不同区域的特定需求,因此首先需要对城市广义交通枢纽进行层级划分。

目前,我国对城市内部交通枢纽的分类仍处于探索阶段,对多网复合、多站复合背景下枢纽站点潜在作用(如对客流周转、可达性的贡献等)的统筹考虑有所不足。可参考的《城市客运交通枢纽设计规范(征求意见稿)》中涉及公交站点的分级方式见表2-4、表2-5。

城市综合客运枢纽级别划分　　　　　　　　　　　　　表2-4

级别	特级	一级	二级	三级	四级
枢纽日客流量（万人次/d）	[80,+∞)	[40,80)	[20,40)	[10,20)	[3,10)

城市综合客运枢纽分类、分级对应关系　　　　　　　　表2-5

级别	城市对外综合客运枢纽								城市内部综合客运枢纽		
	航空枢纽	铁路枢纽		长途汽车枢纽		客运港枢纽		综合枢纽		轨道交通枢纽	BRT、常规公交枢纽
	城市外围	中心区	城市外围	中心区	城市外围	中心区	城市外围	中心区	城市外围	中心区	城市外围	CBD、中心区等

级别	航空枢纽 城市外围	铁路枢纽 中心区	铁路枢纽 城市外围	长途汽车枢纽 中心区	长途汽车枢纽 城市外围	客运港枢纽 中心区	客运港枢纽 城市外围	综合枢纽 中心区	综合枢纽 城市外围	轨道交通枢纽 中心区	轨道交通枢纽 城市外围	BRT、常规公交枢纽 CBD、中心区等
特级	—	—	√	—	—	—	—	√	√	√	—	—
一级	√	√	√	—	—	—	—	√	√	√	√	—
二级	—	√	√	√	—	—	—	√	√	—	√	—
三级	—	√	√	√	—	√	—	—	—	—	√	—
四级	—	√	√	√	√	√	√	—	—	—	√	√

注:√表示有对应关系;—表示无对应关系。

面向与广义枢纽类似的城市公交站点,国内外学者以集散客流量、换乘客流量、衔接公交线路数及所处位置(市区、郊区)等为依据,研究了各类分级方法。但一方面其存在对站点潜在作用考虑不足的弊端,另一方面,集散客流量、换乘客流量往往难以全面获取,分级方法的实际可操作性有待商榷。此外,其分级标准往往过于绝对化,即对研究范围不加以区分,采用统一的准则确定各站点的等级,而事实上,公交站点的重要性本就具有相对化的特征,即无论研究范围内的社会经济是否发达、客流量达到何种规模,公交站点总有等级之分,采用统一的分级标准将导致结果缺乏灵活性与普适性,亦不利于对公交站点的分级管理和设施、用地等资源的优化配置。因此,层级划分的前提是明确研究的目的。

城市广义交通枢纽层级划分的目的是识别枢纽所处的不同区位,结合当前的枢纽换乘需求和周边的用地属性等,根据枢纽衔接功能和需求规模对城市枢纽节点的重要性进行定量化评估,再结合枢纽区位及周边用地属性等对城市广义交通枢纽进行聚类分析,构建城市广义交通枢纽层级划分方法,为科学的交通枢纽规划提供一定依据和支持。

1)城市广义交通枢纽层级划分影响因素

枢纽在多模式交通网络中主要承担换乘功能,因此换乘客流量(交通特性)是枢纽层级划分的首要因素。不同于对外交通枢纽,城市内部交通枢纽的客流需求与枢纽区位及周边用地属性紧密相关,其中枢纽区位从宏观层面影响枢纽客流需求,周边用地属性从微观层面影响枢纽客流需求,因此,枢纽的层级划分需要先从枢纽区位的宏观层面对枢纽进行分层,再在周边用地属性和换乘客流量等微观层面对枢纽进行分级。

(1)枢纽区位特性

城市的三大功能区包括居住区、商业区和工业区[6],在通勤出行中,三大功能区是主要的需求发生吸引地,因此功能区在城市内部的布局结构直接影响宏观的 OD 需求分布。以单中心城市为例,商业区一般位于城市中心区,形态呈集中团块和沿街线形分布,特征是高密度、高流量,因此位于该区域内的枢纽客流都普遍较高,交通设施最为完善,能较好地满足换乘需求;居住区一般位于商业区外围或工业区周边,是城市的主体区域,形态呈现组团状分布,特征是中等密度、配套齐全,因此是早高峰通勤需求的主要发生区域,也可成为通勤圈;工业区则一般位于城市外围,形态呈片区、园区式分布,特征是低密度、高物流量,因此该区域内的通勤客流发生吸引需求普遍较低。商业区和工业区是通勤出行的主要吸引需求源,后文将两个区统称为工作区。

(2)枢纽换乘交通特性

枢纽的换乘类型主要包括同方式换乘和多方式换乘两类,包括 7 个主要换乘类型。其中,同方式换乘主要包括公交换线和轨道交通换线两个类型;多方式间换乘包括停车换乘(Park and Ride,P+R)、自行车换乘(Bike and Ride,B+R)、公交换乘轨道交通、自行车换乘轨道交通以及小汽车换乘轨道交通 5 个类型。由于不同类型的换乘及换乘客流量直接影响枢纽的规模及枢纽对多模式交通网络的影响,因此需要利用换乘客流量对多模式交通网络节点的重要性进行定量化描述。

(3)枢纽周边用地特性

枢纽周边的用地特性是引发枢纽需求的一个关键因素,尤其对于通勤需求,枢纽周边的职住数量直接影响需求的吸引和发生量。节点周边的交通设施设置则影响着通勤者对于接驳方式的选择。因此,在对城市广义交通枢纽进行层级划分时也要考虑枢纽周边的用地特性,包括职住区数量及交通设施数量。

2) 城市广义交通枢纽分层

由于城市内部的布局结构在宏观层面上影响 OD 需求分布,因此首先需要通过对城市内部的布局结构进行分析确定枢纽区位,从而确定枢纽宏观层次。利用圈层结构理论对城市圈层进行分析,根据确定的城市圈层分析枢纽区位。

单中心城市内部布局结构通常用圈层理论进行分析。传统的圈层理论[7]将城市分为内圈层、中圈层和外圈层。其中,内圈层即中心城区或城市中心区,是完全城市化的地区,人口和建筑密度都较高,地价较贵,商业、金融、服务业高度密集;中圈层即城市边缘区,既有城市的某些特征,又保留了部分农村的生活状态,居民点密度较低,建筑密度较小;外圈层即城市影响区,土地利用以工业、农业为主,与城市景观有明显差别,居民点密度低,建筑密度小。

城市中心圈内的枢纽往往承担着城市内部多模式交通网络的综合换乘功能,通勤圈内的枢纽承担着居民每天的通勤换乘需求,通勤圈外的交通枢纽则承担着城乡交通的接驳换乘功能。因此,根据所处区位,研究首先将城市多模式交通换乘枢纽分为 3 类:中心区枢纽、通勤圈内枢纽以及通勤圈外围枢纽。中心区参考城市行政区划决定,选择承担城市商业、金融和服务等主要功能的片区。通勤圈以城市中心为圆心、城市居民平均通勤距离为半径确定,居民平均通勤距离从上一年度的居民出行统计数据中获取。

3) 城市广义交通枢纽分级

枢纽分级与其交通特性和用地特性密切相关,本节结合订单轨迹数据和公交 IC 卡数据计算节点换乘需求量(包括轨道换乘轨道、轨道换乘公交、自行车换乘轨道等),同时基于 POI 数据分析枢纽周边用地属性。根据枢纽区位特性分层的结果,再利用节点换乘需求量和枢纽周边用地属性对不同层次的枢纽进行分级;最后结合实际情况,对一些具有特殊属性的枢纽类别进行微调,使最终的层级划分结果更加科学合理。

(1) 节点换乘需求计算

节点的换乘需求量直接反映枢纽在多模式交通网络中的重要程度,因此需要将其作为枢纽层级划分的特征之一。传统的节点换乘需求量获取方法为实地驻站调查或视频拍摄法。然而这些方法一方面耗时耗力、效率低下,且要获取较大范围内所有节点的需求量相当困难;另一方面,难以识别换乘需求量。结合大数据背景,则可以从多渠道获取不同类型的数据,如轨道交通、公交刷卡数据和共享单车订单轨迹数据等,根据一定的规则匹配出基于枢纽的不同换乘组合出行,从而推算每个节点各换乘类型的需求量。

为更清晰、详细地阐述节点换乘需求的计算步骤,本节依托南京市具体站点和数据展开说明。南京市是江苏省省会,长三角地区的特大城市,是南京都市圈的核心城市,城市内部多模式交通网络初步形成。城市道路网络趋近成熟,地面公交系统日益完善,共享单车迅速融入居民出行活动,轨道交通逐渐成网。截至 2020 年底,南京地铁已开通运营线路 10 条,共 174 座车站,轨道线路总长 378km,2020 全年轨道交通客运总量达 80135 万人次[8-9]。

随着南京市域的不断扩大以及多模式交通网络的初步形成,南京市内的城市广义交通枢纽类型及功能也越来越多样化,因此适宜作为典型城市对枢纽层级划分进行研究。

①轨道换乘轨道需求计算。

轨道换乘轨道需求计算所需的数据为轨道IC卡数据。以2017年1月10日早高峰7:00—9:00南京市轨道IC卡数据为例,利用出行者进出刷卡的轨道站点是否在同一条轨道线路上判断本次出行是否存在换乘。具体计算步骤如下:

步骤一:根据轨道线路对所有进出轨道站点进行重新编号,如南京市柳州东路在IC卡数据库中的初始编号为"53",由于柳州东路地铁站位于地铁3号线上,因此新增"到达线路"列根据地铁线路号记为3。若站点本身为换乘地铁站,如新街口,同时位于1号线、2号线上,则记为1,2。

步骤二:提取研究样本中刷卡进站(get on station)和出站(get off station)两个站点编号不一致的出行记录。

步骤三:根据最短路径反推每条出行记录的出行者所经过的换乘枢纽,并新增"换乘枢纽"列对每天的出行记录进行换乘编号,得到轨道交通换乘枢纽信息表(表2-6)。例如,表2-6中的示例出行记录从3号线进站,从2号线出站,反推可得换乘枢纽为大行宫,则该记录的换乘枢纽编号为2。南京市内的主要换乘枢纽为新街口、大行宫、南京南、南京站、安德门和元通,经过新街口换乘的出行记录编号为1,大行宫编号为2,南京南编号为3,南京站编号为4,安德门编号为5,元通编号为6。

轨道交通换乘数据信息　　　　　　　　　　　表2-6

字段名称	说　　明	数据示例
卡号	以卡号为变量匹配组合出行数据	0000993172268098
出发站点编号	进站站点唯一编号	0000053
出发线路	进站站点所处轨道交通线路	3
到达站点编号	出站站点唯一编号	0000101
到达线路	出站站点所处轨道交通线路	2
换乘枢纽	根据进出站所在轨道交通线路信息反推换乘枢纽	2

步骤四:最后根据"换乘枢纽"字段筛选出行记录,统计每个换乘枢纽的换乘总量,计算高峰小时平均换乘量。

②停车换乘需求调查。

停车换乘行为暂时无法根据已有大数据提取得到,有两方面原因:一是大部分停车换乘枢纽周边没有建设足够的停车场,很大比例的车辆停在路边;二是私家车与轨道IC卡之间没有可以关联的ID。因此,停车换乘仍然需要实地考察,采用现场调查站点周边的停车量对早高峰时段内的停车换乘需求量进行估计。

因此,对南京市通勤圈附近及外围的地铁站点进行实地考察,确定了7个地铁站点调查停车换乘需求,包括马群、金马路、经天路、南京工业大学、雨山路、柳州东路和诚信大道,如图2-1所示。

调查分别于2019年9月23日(马群、金马路)、2019年12月9日(南京工业大学、雨山路、诚信大道)以及2020年1月8日(经天路、柳州东路)的通勤高峰期(7:00—9:00、16:30—18:30)开展,最终得到7个站点的高峰小时停车换乘量。

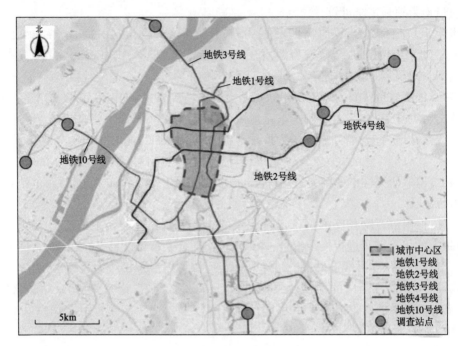

图 2-1 停车换乘需求调查点示意图

③地铁公交换乘需求计算。

地铁公交换乘需求计算所需的数据为地铁、公交 IC 卡数据,以 2017 年 9 月 18 日早高峰 7∶00—9∶00 南京市的地铁、公交 IC 数据为例,研究根据 IC 卡号匹配出行者,同时利用出站刷卡(下车刷卡)时间与上车刷卡(进站刷卡)时间差判断是否属于换乘出行。具体步骤如下:

步骤一:根据 IC 卡号识别同一出行者的地铁和公交出行记录,根据地铁 IC 卡出站刷卡数据匹配换乘站点。

步骤二:计算匹配得到的同一出行者地铁出站刷卡(公交下车刷卡)时间和公交上车刷卡(地铁进站刷卡)时间差。

步骤三:若地铁出站刷卡(公交下车刷卡)时间和公交上车刷卡(地铁进站刷卡)时间差小于 30min[7],则该条出行记录将被加入该地铁站点的地铁公交(公交地铁)换乘信息数据表中,见表 2-7。

地铁公交换乘数据信息 表 2-7

字段名称	说 明	数据示例
卡号	以卡号为变量匹配组合出行数据	0000993172268098
到达站点编号	出站站点唯一编号	0000101
地铁出站刷卡时间	包括日期、时、分、秒	20170109092314
公交上车刷卡时间	包括日期、时、分、秒	20170109093520
出站与上车时间差	以分钟为单位	12

步骤四:重复步骤一～三,完成所有地铁站点地铁公交(公交地铁)换乘出行记录的筛选,统计换乘需求量。

④自行车换乘地铁需求计算。

自行车换乘地铁需求计算需要共享单车订单轨迹数据和地铁 IC 卡数据,以 2017 年 9 月 18 日早高峰 7:00—9:00 南京市地铁 IC 数据和共享单车订单轨迹数据为例,由于共享单车 ID 和地铁卡号无法直接关联,自行车换乘地铁组合出行无法直接提取。因此,提出将终点落在地铁站步行范围内的共享单车需求均视为自行车地铁换乘需求,在大数据体量的支持下,可通过此方法估算自行车换乘地铁需求。具体步骤如下:

步骤一:利用 bigemap 地图下载器查找研究范围内所有地铁站点的 GPS 数据。

步骤二:将共享单车轨迹数据中的 GPS 数据和地铁站点的 GPS 数据修正到同一坐标系下,如谷歌地图或者百度地图坐标系。

步骤三:根据共享单车目的地经纬度和地铁站点经纬度数据计算共享单车目的地与最近的地铁站的距离。

步骤四:设置合适的距离阈值。若共享单车目的地到最近的地铁站距离不超过阈值,则计入该地铁站的自行车换乘数据表中(表2-8),否则剔除。

自行车换乘地铁数据信息 表2-8

字段名称	说明	数据示例
目的地经度	共享单车目的地经度	118.79
目的地纬度	共享单车目的地纬度	32.02
目的地与地铁站距离	目的地与最近的地铁站之间的距离(m)	79
进站站点编号	地铁进站站点唯一编号	0000101

步骤五:重复步骤三～四,筛选出所有地铁站的自行车换乘地铁出行记录,以"进站站点编号"为筛选字段,分别统计各站点自行车换乘地铁需求量。

(2)用地属性定量化方法

对于通勤需求而言,枢纽周边的职住数量直接产生出行吸引和发生需求量,同时枢纽周边的交通设施设置会对通勤者的换乘选择产生影响。因此,需要对枢纽周边用地属性进行定量化分析。

①枢纽影响区界定。

在对枢纽周边用地属性进行分析前,需要先确定用地属性的分析范围,这一范围即为枢纽影响区。将其定义为枢纽的换乘功能所服务的范围。某个枢纽影响区内的出行者在出行时会首先考虑去该枢纽进行地铁换乘,枢纽影响区外的出行者选择该枢纽的概率则远远低于影响区内的出行者。

因此,枢纽影响区范围的确定需要从节点客流量入手,首先对节点的区位、节点周边不同范围内的职住与交通设施数量等因素进行分析。研究假设出行者选择换乘枢纽的概率和到达枢纽的距离呈负相关,则可利用皮尔逊相关对上述各因素与节点客流量的关系进行预判,然后利用多元线性回归模型对节点客流量与相关变量进行线性拟合,依据调整 R^2 对各解释变量的合理性进行判断,接着根据拟合所得的回归系数分析解释变量对节点客流量的影响,最后根据解释变量的变化及回归系数的变化确定出各枢纽影响区的范围。

皮尔逊相关系数（Pearson correlation coefficient）也称皮尔逊积矩相关系数（Pearson product-moment correlation coefficient），是一种线性相关系数。可以用来分析节点客流量与节点的区位、节点周边不同范围内的职住与交通设施数量等因素之间的线性相关程度。相关系数用 r 表示，描述的是两个变量间线性相关强弱的程度，取值范围为 $-1 \sim 1$，r 的绝对值越大表明相关性越强。皮尔逊相关系数的计算公式如下：

$$r = \operatorname{corr}(X,Y) = \frac{\operatorname{cov}(X,Y)}{\sigma_X \sigma_Y} = \frac{E(XY) - E(X)E(Y)}{\sqrt{E(X^2) - E^2(X)} \sqrt{E(Y^2) - E^2(Y)}} \quad (2\text{-}1)$$

式中：$\operatorname{cov}(X,Y)$——两个变量 X 和 Y 的协方差；

σ_X 和 σ_Y——分别为 X 和 Y 的标准差。

节点客流量受到节点的区位、节点周边不同范围内的职住与交通设施数量等因素的影响，若根据皮尔逊相关系数分析得出线性相关关系，则可利用多元线性回归模型拟合节点客流量和与之线性相关的变量之间的关系。多元线性回归模型的基本形式是：

$$f(x) = w_1 x_1 + w_2 x_2 + w_3 x_3 + \cdots + w_n x_n + b \quad (2\text{-}2)$$

转换成向量形式为：

$$f(x) = w^{\mathrm{T}} x + b \quad (2\text{-}3)$$

式中：$x_1, x_2, x_3, \cdots, x_n$——解释变量；

$w_1, w_2, w_3, \cdots, w_n$——各解释变量的回归系数；

b——常数项。

在多元线性回归拟合过程中，常采用最小二乘法对模型的参数进行估计。

②枢纽周边用地属性描述。

根据影响区分析结果，确定枢纽周边用地属性的分析范围，聚焦枢纽影响区的职住用地和交通设施数量。对于通勤出行而言，枢纽周边的职住用地是交通量的发生吸引源，同时枢纽范围内的交通设施，包括公交站点、公共自行车还取点以及停车场等是换乘交通量的发生吸引源，分担了枢纽影响区内的部分交通量。因此，枢纽的交通量跟周边用地属性密不可分。为定量化描述枢纽影响区内的用地特点，利用 POI 数据，对每个枢纽周边职住用地的发生吸引强度以及交通设施的分担强度进行描述。

（3）层次聚类分析

在获取区位特性、换乘需求量和周边用地属性后，研究将通过聚类分析对枢纽层级进行划分。聚类分析是对已知数据集中数据对象之间的相似性进行分析，将相似性较大的对象归为一类的过程。聚类分析的方法有很多，如 K-Means 聚类、均值偏移聚类、DBSCAN 聚类、高斯混合聚类和层次聚类等。研究的聚类对象是城市内部的广义交通枢纽，需要按相似性进行逐层合并，因此适合选用层次聚类算法。

层次聚类（hierarchical clustering）通过计算不同类别数据点间的相似度来创建一棵有层次的嵌套聚类树。在聚类树中，不同类别的原始数据点是树的最底层，树的顶层是一个聚类的根节点。层次聚类选取欧式距离作为相似性指标：

$$D = \sqrt{(x_1 - y_1)^2 + (x_2 - y_2)^2} \quad (2\text{-}4)$$

层次聚类算法相比划分聚类算法的优点之一是可以在不同的尺度上（层次）展示数据集的聚类情况。给定不同的距离（相似性），可以得到不同的分类。具体计算流程如下：

①保持 n 个孤立样本的初始状态；

②计算各样本两两之间的相似度；

③根据相似度从强到弱连接相应的样本对，形成树状图；

④根据实际分类需求横切树状图，得到最终的聚类结果（图2-2）。

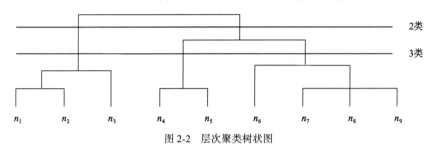

图2-2 层次聚类树状图

（4）枢纽等级类型

根据分层得到的结果，进一步利用节点换乘需求和周边用地属性进行级别划分，由于节点换乘需求根据不同的换乘类型表征枢纽具备的不同换乘功能，因此对枢纽的分级也是对不同层次的枢纽进行功能划分。由枢纽交通特性分析可知，枢纽的功能可分为轨道换乘主导型枢纽、公交换乘主导型枢纽、自行车换乘主导型枢纽、停车换乘主导型枢纽以及几种换乘功能同时主导的综合换乘枢纽，最终得到的枢纽层级划分结果应是表2-9中枢纽类型的全部或部分。

枢纽层次和等级类型 表2-9

枢 纽 层 次	枢 纽 等 级
中心区	综合换乘枢纽
	轨道换乘主导型枢纽
	公交换乘主导型枢纽
	自行车换乘主导型枢纽
	停车换乘主导型枢纽
通勤圈	综合换乘枢纽
	轨道换乘主导型枢纽
	公交换乘主导型枢纽
	自行车换乘主导型枢纽
	停车换乘主导型枢纽
城市外围	综合换乘枢纽
	轨道换乘主导型枢纽
	公交换乘主导型枢纽
	自行车换乘主导型枢纽
	停车换乘主导型枢纽

2.2.3 城市广义交通枢纽的客流转换特征

客流的转换特性是指乘客通过广义交通枢纽换乘其他线路或其他交通方式的过程中,在枢纽内外客流整体所表现出的交通特征。根据客流在枢纽空间位置的不同,分为枢纽内客流转换特性和枢纽外客流转换特性[10]。

1) 枢纽内客流转换特性

(1) 客流时间转换特性

客流时间转换特性是指不同类型枢纽受周边土地开发类型、枢纽的城市区位及承担的客流量等因素影响,同一枢纽不同时段出站换乘的客流量存在差异的现象。受城市居民购物、上下班等生活、工作习性及枢纽所处的城市区位等因素影响,根据客流时间分布曲线几何类型,将枢纽的客流时间分布划分为单向峰型、双向峰型、全峰型、突峰型和无峰型 5 类,各类客流时间分布特性见表 2-10。

客流时间分布曲线特征 表 2-10

类型	客流特征	周边用地性质	分布曲线示意图
单峰型	早晚存在明显潮汐现象,存在错时上下车高峰	用地性质单一	
双峰型	早、晚时段各存在一个进出站客流量高峰	综合功能地区	
全峰型	两个方向全天进出站的客流量均很大,无明显低谷	用地高度开发或公共建筑和公用设施高度集中地区	
突峰型	上、下车方向各存在一个突变的客流高峰时段	周围存在大型公用设施	
无峰型	全天客流均较小,无客流高峰时段	用地还未完全开发	

城市广义交通枢纽不同时段上下车换乘客流量存在差异,同一枢纽客流量的时间分布不均衡。客流时间分布不均衡系数 α 定量表示枢纽客流时间分布的不均匀程度,α 的大小体现同一枢纽换乘客流随时间变化的不均衡程度,为不同时段轨道交通及枢纽外接驳的常规公交调度安排提供参考,其计算公式见式(2-5)。

$$\alpha = \frac{c_i}{\sum_{i=1}^{h} c_i / h} \tag{2-5}$$

式中:c_i——枢纽内时段 i 的客流量,人;
h——枢纽全日营业小时数,h。

时间分布不均衡系数 α 整体越趋近于 1，说明时间分布越均衡，则客流的时间分布曲线属于全峰型或无峰型；α 越大或越小，说明客流时间分布越不均衡；一般当 $\alpha \leqslant 0.5$ 或 $\alpha \geqslant 2$ 时，认为客流时间分布很不均衡；当 $1.5 \leqslant \alpha < 2$ 时，认为客流时间分布一般不均衡；当 $0.5 < \alpha < 1.5$ 时，认为枢纽客流时间分布较为均衡[2]。

(2) 客流空间转换特性

客流空间转换特性是指不同站点受周围用地性质以及线路布设、走向和建设规模等因素影响，同一时刻不同站点换乘客流量存在差异的现象。客流的这种空间差异现象按照其动态分布特点，根据线路上各枢纽客流量的空间分布曲线，将枢纽客流空间分布划分为均等型、两端萎缩型、中间突增型和逐渐缩小型和不规则型 5 类，各类客流空间分布的特性分析见表 2-11。

客流空间分布曲线特性　　　　　　　　　　　表 2-11

类　别	用 地 情 况	分 布 形 态
均等型	环线设置，用地高度开发	呈均匀波动状
两端萎缩型	城市郊区，两端未完全开发	呈凸起状
中间突增型	途经市内客运枢纽或土地开发程度高的市区	存在客流突增路段
逐渐缩小型	首末站位于市中心区或衔接大型对外枢纽	呈阶梯变化状
不规则型	全线各区间用地无明显特点	不呈现特殊形状

城市广义交通枢纽各站点上下车换乘人数的差异，导致线路单方向各断面存在客流量差异，引起线路上各站点客流量的空间分布不均衡。客流空间分布不均衡系数 β 表示不同枢纽客流分布的不均匀程度，β 的大小可以对接驳的轨道交通线路及常规公交的调度方案调整提供参考，其计算公式见式(2-6)。

$$\beta = \frac{c_i}{\sum_{i=1}^{k} c_i / k} \tag{2-6}$$

式中：c_i——枢纽 i 的出站客流量，人/h；

　　　k——线路上枢纽个数，个。

空间分布不均衡系数 β 整体越趋近于 1，说明线路上各枢纽的客流量分布越均衡，则客流空间分布属于均等型；β 越大或越小，说明客流空间分布不均衡程度越大，一般过小或过大的取值为 $\beta \leqslant 0.5$ 或 $\beta \geqslant 1.5$[3]。

(3) 多方向多路径性

乘客通过枢纽完成进站、出站及换乘其他线路或其他交通方式等，因此枢纽内的乘客具有不同的走行路径和走行方向。枢纽内乘客的换乘、进站、出站等活动都是通过枢纽内部的换乘设施完成的。受枢纽空间以及换乘设施规模限制，高峰时段换乘设施的使用过程中往往会出现与客流需求不匹配的情况。枢纽内不同方向或不同路径客流流线互相干扰，尤其是在设施的瓶颈位置会出现拥挤现象，造成流线冲突，延长乘客的走行时间，从而减低换乘效率。枢纽内乘客活动一般性流线示意如图 2-3 所示。

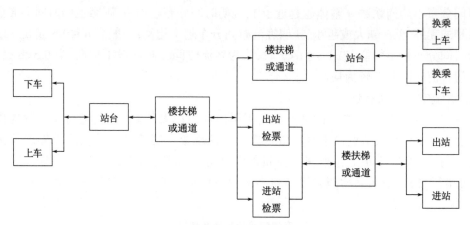

图 2-3 枢纽内乘客活动流线示意图

枢纽内换乘设施的布局影响乘客流线路径的生成，枢纽生成的换乘流线往往伴随着不同程度的流线冲突。流线冲突强度的等级对枢纽内不同设施布局所产生的流线冲突的强弱进行描述，可以对枢纽内流线布局合理性进行评价。根据枢纽内换乘流线形式的不同，将流线冲突强度划分为5级，其中冲突强度的等级越高，造成的时间延误越长。枢纽内换乘设施布局时，应根据客流预测情况结合枢纽地理位置等限制条件，尽量避免流线交汇或合理选择流线交汇形式，以减少换乘流线上换乘设施的交集，从而增加相互独立的换乘流线选择，提高枢纽的客流转换能力。枢纽内各流线交汇形式分析见表2-12。

流线交汇形式分析　　　　　　　　　　　　　　　表 2-12

流线交汇形式	特　点	流线之间影响	冲突强度	示　意　图
平行式	流线间无交叉	无影响	0	
汇合式	两个不同方向的流线汇入一条流线	有影响	1	
分流式	一个方向的流线从两个不同方向流线选择一个流入	不确定	2	
交叉式	流入、流出都有两个不同方向	有影响	3	
			4	

(4) 客流的高集中和短时冲击性

受城市居民工作、学校等生活规律影响，居民的出行时间表现出明显的早晚集中性。广义交通枢纽除了承担普通轨道车站客流的进出站以外，还承担枢纽接驳范围内其他交通方式的换乘客流或者其他轨道线路的换乘客流，因此枢纽内客流极易出现高度集中的现象。同时，枢纽内的乘客到达和离开并不是均匀连续的，随着列车的进站和驶离，乘客的集散也呈脉冲式，短时间内对枢纽内部换乘设施造成巨大的冲击，尤其是枢纽内换乘设施的瓶颈位置，容易造成排队拥挤现象。图2-4为苏州地铁乐桥站换乘和上车客流在站台楼梯和扶梯口的排队拥堵状况。

第2章 城市多模式交通网络与广义枢纽的供给特征

图 2-4 苏州乐桥换乘枢纽站台连接处楼梯和扶梯处拥挤示意图

2）枢纽外客流转换特性

(1) 时间叠合性

我国大多数城市的轨道交通未成网，往往需要搭配其他交通方式，尤其是地面常规公交，才能更好地发挥其集散客流的功能。受城市潮汐现象影响，轨道交通和其他城市客运交通的客流高峰时段一致，给轨道交通带来的大量客流，加上其他交通方式自身突增的客流瞬时拥挤到广义交通枢纽，换乘客流对枢纽的转换能力要求突增。因此，需要对高峰时段和平峰时段进行分别研究。考虑轨道交通和其他交通方式的运能匹配和调度协调，分别确定常规公交的车辆数及其发车频率。规划阶段应对轨道交通与常规公交进行协调统筹，运行阶段可以通过调整常规公交的线路、增加常规公交车辆数、调整发车频率等措施，及时完成出站客流交通方式的转换。

(2) 接驳交通选择差异性

广义交通枢纽是轨道交通主导的多种交通接驳衔接的节点，轨道交通运能大，但无法实现门到门的交通功能，线网密度无法与道路交通相比，需要其他城市客运交通的配合，才能很好地完成高峰时段客流的及时疏散。由于枢纽周围用地性质、各换乘方式特征、接驳范围以及乘客自身不同属性等因素影响，枢纽外客流对不同接驳交通的选择倾向表现出一定的差异性和规律性。

3）城市广义交通枢纽客流转换影响因素

枢纽的客流转换受内外两方面因素影响，外因主要是枢纽周边道路、土地利用、人口、经济等因素，内因主要是枢纽自身设施、服务管理、客流到发规律、接驳交通可提供运能等因素。枢纽客流转换主要影响因素分析见表 2-13。

枢纽客流转换影响因素分析　　　　　　　　　　　　　表 2-13

分　类	影响因素	影响方式	建　议
宏观因素 （外因）	土地利用	决定出行活动、流量、流向，影响城市布局发展模式	分析枢纽周边用地属性
	人口规模	呈正相关，年轻人客流转换量大于老年人	分析乘客出行目的、居住区域和城市的人口规模及人口结构

续上表

分 类	影响因素	影响方式	建 议
微观因素 （内因）	枢纽空间规模	决定乘客换乘流线交汇形式	避免冲突强度较大的交叉流线
	票价	票价性价比高，客流转换量多	合理调控票价
	时间不均衡性	产生客流时间转换特性	分析早晚高峰、节假日、大型活动特殊时段客流
	客流到发规律	列车到发造成乘客转换时间改变	高峰时段限流、枢纽合理布局、优化、引导
	接驳交通运能	决定出站客流能否及时完成疏散	提高接驳运力，增大运能匹配

2.3 城市多模式交通网络竞合特征

2.3.1 公共交通和私人交通竞合关系及作用

城市交通运输方式间竞争合作可以实现运输效率最大化，使不同运输方式发展得以优势互补，有利于城市交通协调配置。多模式交通由公共交通和私人交通共同构成，竞争体现在城市轨道交通和常规公交通过相互竞争客流，进而演化为均衡发展。公共交通和私人交通的竞争形式多样，可以是对社会资源的竞争，即建设投资优先发展哪种运输方式，亦可以是对城市居民出行吸引程度的竞争，即吸引居民出行选择公共交通或私人交通。

基于竞合基本理论，本书将城市多模式交通中的公共交通和私人交通竞合关系定义为：城市客运交通系统内，不同运输方式为了获取更大的市场份额所采取的一种吸引客流、扩大网络和抢占城市资源的合作竞争策略。竞合关系主要体现在：

(1) 资源占用

随着城市化进程的深入，不同运输方式对于城市基础设施资源、社会资源的占用表现为竞合发展，不同运输方式在资源占用方面不同，具体表现在能源消耗、土地占用、废气排放及噪声振动等方面的差异，随着竞合关系的作用，城市客运交通向着低能耗、低排放和低噪声振动污染方向发展。

(2) 网络竞合

公共交通和私人交通在站点、线路及网络存在重复设置或运行的现象，势必造成其竞合发展。公共交通网络主要指公交网络和轨道网络，私人交通网络主要指依附于道路网络的小汽车网络和慢行网络。

(3) 吸引客流

居民工作出行选择公共交通或私人交通，均可反映运输方式对客流吸引的情况。居民工作出行选择公共交通和私人交通可用图 2-5 表示，全程公共交通出行、全程私人交通出行和两者组合出行构成基本公共交通和私人交通竞合模式，不同模式所分担客流的比例可以认为是竞合吸引优势的大小。

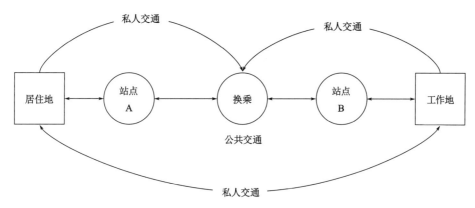

图 2-5 居民工作出行选择公共交通和私人交通模式

综合以上分析,结合本书研究所能取得的研究条件,本书只研究公共交通和私人交通在居民工作出行选择时的竞合关系,即不同运输方式吸引居民选择公共交通或私人交通的能力,公共交通和私人交通竞合关系表现为在抢占客流的同时,不同运输方式还可进行组合。

对于城市发展而言,在其发展初期,公共交通尚未完善时,私人交通出行普遍。随着公共交通网络的逐渐完善,应积极鼓励居民选择公共交通方式出行。此外,应适当保护私人交通的发展,形成一个完善高效的城市客运出行系统。公共交通和私人交通竞合发展能够使不同运输方式达到运输效率最大化,城市公共交通和私人交通竞合发展的作用可概括为以下3点:

(1)通过竞合,可以使不同运输方式出行结构得到优化,提高可达性,城市公共交通和私人交通能够均衡发展。

(2)通过竞合,在保障居民出行的情况下,提升服务和改进技术,以提高各种运输方式的运行效率,更好地服务于城市居民出行,降低城市交通压力。

(3)通过竞合,改善城市居民生活质量和提高城市竞争力,可以更加合理地安排、规划运输路线,提高城市交通的整体运输能力。

2.3.2 基于广义费用的公共交通和私人交通竞合模型

1)模型假设

不同交通方式的广义出行费用影响居民工作出行方式选择,居民工作出行方式的选择决定了不同交通方式的分担率及效益。本节从出行效用最大的视角出发,认为出行者工作出行选择某种交通方式主要考虑其出行成本,优先选择综合成本低的交通方式。

不同运输方式提供的工作出行服务存在一定的可替代性,又因运输性质的不同,工作出行服务间存在一定的差异性。差异性具体体现在以下3点:①出行者自身属性的不同,工作出行选择的交通方式不同,所产生的运输服务不同;②出行距离的不同,使工作出行活动在便捷性、时耗等方面表现出差异;③不同交通方式的服务范围、可达性存在显著差异。

在进行居民工作出行广义费用函数建模之前,给出以下4点假设:

(1)所有工作出行方式选择满足效用最大理论;

(2)出行者工作出行均采取单一交通方式出行,不考虑出行链出行;
(3)广义出行费用主要考虑使用者成本,包括直接成本和间接成本;
(4)出行者的时间价值不因收入等因素变化而变化。

2)广义出行费用模型

从出行者的角度出发,计算工作出行选择不同交通方式所需要的费用。出行费用主要包括直接经济成本、时间成本和舒适性成本,直接经济成本包括票价、停车费等。出行费用可表示为式(2-7)[11]。

$$C_i = F_i + T_i + O_i \tag{2-7}$$

式中:C_i——工作出行选择交通方式i出行的广义费用,元/(人·km);
F_i——直接经济成本,元/(人·km);
T_i——时间成本,元/(人·km);
O_i——舒适性成本,元/(人·km)。

借鉴以往舒适性成本研究的成果,将平稳性、车内拥挤度、体力消耗、车内环境4项内容作为评判舒适性的指标,将这些指标对出行舒适性影响程度划分为5级,值由1至5分别表示影响舒适程度最低至最高。通过出行调查,认为出行者在用某种交通方式出行后,需要休息来解除疲劳,则舒适性可表示为式(2-8)[12]。

$$O_i = \frac{C^0 \cdot \delta_i \cdot \frac{1}{24} \sum_{j=1}^{4} d_j \cdot t_i}{L_i} \tag{2-8}$$

式中:O_i——交通方式i的舒适性成本,元/(人·km);
C^0——单位时间价值,即城市居民人均生产总值和人均年平均工作时间的比值,元/h;
δ_i——交通方式i对解除疲劳时间的折减系数;
d_j——第j项舒适性影响因素的等级所对应的分值;
t_i——交通方式i的平均出行时间,h;
L_i——交通方式i的平均出行距离,km。

3)公共交通广义出行费用函数模型

(1)公交广义出行费用函数模型

公交工作出行费用由公交票价、时间成本和乘车舒适性成本三部分组成,出行时间主要由两端接驳步行时间、候车时间和公交车行程时间构成。假设公交网络呈以D为边长的方格网,出行者位于网格单元中心,构建坐标系,则出行者到站点的平均距离可表示为式(2-9)。

$$\iint_\sigma \sqrt{x^2 + y^2}\, \mathrm{d}x\mathrm{d}y, \sigma: -2/D \leq x \leq 2/D,\ -2/D \leq y \leq 2/D \tag{2-9}$$

根据积分求得平均距离为$0.38D$,公交广义出行费用可表示为式(2-10)。

$$C_b = C^0 \cdot \left(\frac{0.74 D_b}{v_w} + t_b + \frac{L_b - 0.74 D_b}{v_b} \right) + f_b + O_b \tag{2-10}$$

式中:C_b——公交广义出行费用,元/(人·km);

f_b——公交票价,元;

D_b——公交站间距,km;

v_w——出行者步行速度,km/h;

t_b——公交平均候车时间,h;

L_b——出行距离,包括步行距离,km;

v_b——公交运行速度,km/h;

O_b——公交出行舒适性成本,元/(人·km)。

(2) 轨道广义出行费用函数模型

轨道广义出行费用与公交类似,直接经济费用与出行距离相关,其广义出行费用可表示为式(2-11)。

$$C_m = C^0 \cdot \left(\frac{0.74 D_m}{v_w} + t_m + \frac{L_m - 0.74 D_m}{v_m} \right) + f_m + O_m \tag{2-11}$$

式中:C_m——轨道广义出行费用,元/(人·km);

D_m——轨道站点间距,km;

t_m——平均候车时间,h;

L_m——出行距离,包括步行距离,km;

v_m——轨道交通运行速度,km/h;

f_m——轨道交通票价,与出行距离相关,元;

O_m——轨道交通出行舒适性成本,元。

(3) 出租车广义出行费用函数模型

可以认为出租车出行能实现"门到门运输",即出行末端的接驳时间可以忽略不计,只考虑首段步行出行接驳时间。出租车广义出行费用可表示为式(2-12)。

$$C_t = C^0 \cdot \left(t_t + t_d + \frac{L_t - t_t \cdot v_w}{v_t} \right) + f_t + O_t \tag{2-12}$$

式中:C_t——出租车广义出行费用,元/(人·km);

t_t——步行接驳时间,h;

t_d——出租车等待时间,h;

L_t——出行距离,km;

v_t——出租车运行速度,km/h;

f_t——出租车票价,包括起步价、燃油附加费和每公里费用等,元;

O_t——出租车出行舒适性成本,元/(人·km)。

(4) 通勤车广义出行费用函数模型

通勤车主要是服务于居民工作上下班出行的,在工作出行中占有一定比例,一般为通勤单位提供给员工免费乘坐,因此不产生直接经济成本。此外,通勤车有固定的线路,并且乘客熟知乘车时间,故忽略其等待时间,只考虑其步行接驳时间。通勤车广义出行费用可表示为式(2-13)。

$$C_s = C^0 \cdot \left(t_s + \frac{L_s - t_s \cdot v_w}{v_s} \right) + O_s \tag{2-13}$$

式中:C_s——通勤车广义出行费用,元/(人·km);
　　t_s——步行接驳时间,h;
　　L_s——出行距离,km;
　　v_s——通勤车运行速度,km/h;
　　O_s——通勤车出行舒适性成本,元/(人·km)。

4)私人交通广义出行费用函数模型

(1)步行广义出行费用函数模型

私人交通方式中,步行交通出行无直接经济费用。因此,只考虑出行者时间成本和舒适性成本。步行广义出行费用可表示为式(2-14)。

$$C_w = C^0 \cdot \frac{L_w}{v_w} + O_w \tag{2-14}$$

式中:C_w——步行广义出行费用,元/(人·km);
　　L_w——步行出行距离,km;
　　O_w——步行出行舒适性成本,元/(人·km)。

(2)自行车广义出行费用函数模型

建立自行车广义出行费用时,不考虑共享单车出行,因此,自行车属出行者自有交通工具,忽略自行车出行中的步行接驳时间,则自行车广义出行费用可表示为式(2-15)。

$$C_h = C^0 \cdot \frac{L_h}{v_h} + O_h \tag{2-15}$$

式中:C_h——自行车广义出行费用,元/(人·km);
　　L_h——自行车出行距离,km;
　　v_h——自行车运行速度,km/h;
　　O_h——自行车出行舒适性成本,元/(人·km)。

(3)电动自行车广义出行费用函数模型

电动自行车广义出行费用主要由时间成本、舒适性成本和电动自行车消耗电费构成,忽略步行接驳时间,则电动自行车广义出行费用可表示为式(2-16)。

$$C_e = C^0 \cdot \frac{L_e}{v_e} + f_e + O_e \tag{2-16}$$

式中:C_e——电动自行车广义出行费用,元/(人·km);
　　L_e——电动自行车出行距离,km;
　　v_e——电动自行车运行速度,km/h;
　　f_e——电动自行车费用,与每公里消耗电量相关,元;
　　O_e——电动自行车出行舒适性成本,元/(人·km)。

(4)摩托车广义出行费用函数模型

摩托车广义出行费用类似电动自行车广义出行费用,由时间成本、舒适性成本和摩托车消耗燃油费构成,忽略步行接驳时间,则摩托车广义出行费用可表示为式(2-17)。

$$C_a = C^0 \cdot \frac{L_a}{v_a} + f_a + O_a \tag{2-17}$$

式中：C_a——摩托车广义出行费用,元/(人·km)；

　　L_a——摩托车出行距离,km；

　　v_a——摩托车运行速度,km/h；

　　f_a——摩托车出行费用,主要为燃油费,元；

　　O_a——摩托车出行舒适性成本,元/(人·km)。

(5) 私人小汽车广义出行费用函数模型

私人小汽车作为私人交通主要出行工具,其费用由时间成本和燃油费、过路费、停车费等构成。此外,私人小汽车出行由于包含停车这个过程,因此考虑其步行接驳时间(包含停车时间)。私人小汽车广义出行费用可表示为式(2-18)。

$$C_c = C^0 \cdot \left(t_c + \frac{L_c - t_c \cdot v_w}{v_c}\right) + f_c + O_c \tag{2-18}$$

式中：C_c——私人小汽车广义出行费用,元/(人·km)；

　　t_c——步行接驳时间,h；

　　L_c——私人小汽车出行距离,km；

　　v_c——私人小汽车运行速度,km/h；

　　f_c——出行消耗费用(包括停车费等),元；

　　O_c——私人小汽车出行舒适性成本,元/(人·km)。

2.3.3 公共交通和私人交通出行的竞合强度计算方法

1) 效用函数

公共交通和私人交通都是为满足城市居民出行需求服务的,当居民出行选择其中一种交通方式出行时,则此方式在城市交通出行方式中占据有利地位,因而此出行方式的发展空间优于其他出行方式,其竞合优势明显。

假设居民进行出行方式选择时遵循效用最大的原则,用广义出行费用函数代替公共交通和私人交通的效用函数。因此,居民工作出行选择不同交通方式的效用可表示为式(2-19)[13]。

$$U_i = \frac{1}{C_i} \tag{2-19}$$

式中：U_i——交通方式 i 的出行效用函数；

　　C_i——交通方式 i 的广义出行费用。

2) 方式选择模型

通过引入 Logit 模型,结合居民工作出行方式选择中不同运输方式的影响参数,将居民工作出行选择不同交通方式的概率表示为式(2-20)。

$$P_i = \frac{\exp(\alpha_i U_i)}{\sum_{i=1}^{n} \exp(\alpha_i U_i)} \tag{2-20}$$

式中：P_i——选择交通方式 i 出行的概率；

　　U_i——交通方式 i 的出行效用函数；

α_i——不同交通方式影响参数。

不同交通方式的影响参数由调查打分确定,在构建广义出行费用时,已经考虑了不同运输方式的舒适性、快速性和经济性特性,因此,不同交通方式影响参数考虑安全性、方便性和准时性3个方面,具体值可以通过问卷调查获得。

3)竞合强度确定

将竞合强度定义为不同运输方式出行选择概率的差值,即不同运输方式的分担率的绝对值差值作为竞合强度值,具体可以用式(2-21)表示[14]。

$$\mu = |P_i - P_j| \tag{2-21}$$

式中:μ——竞合强度;

P_i、P_j——运输方式i和j的选择概率。

假定公共交通共有4种出行方式,私人交通共有5种出行方式。不考虑公共交通和私人交通内部竞合关系,则4种公共交通和5种私人交通共有20种竞合关系。公共交通与私人交通竞合关系类型如图2-6所示。

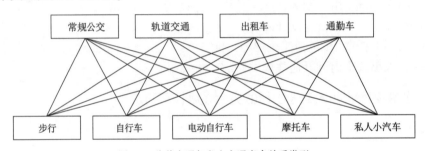

图2-6 公共交通与私人交通竞合关系类型

当$|P_i-P_j|=0$时,出行方式i和出行方式j被选择的概率相等,竞合程度相同;公共交通和私人交通竞合强度μ可进一步表示为式(2-22)。

$$\mu = |P_p - P_c| \tag{2-22}$$

式中:P_p——选择公交、轨道、出租车和通勤车的概率之和;

P_c——选择步行、自行车、电动自行车、摩托车和私人小汽车的概率之和。

2.4 城市多模式交通网络模型构建

城市多模式交通网络的构建是多模式交通系统研究最基础也是最重要的一步。随着城市交通出行模式日益多元化的发展,多种交通模式共同协作才能够满足现代城市多模式出行的交通需求。城市多模式交通网络是指有规则指向的多模式叠加、复合的交通网络。因此,有必要建立一个多子网融合的、相互关联的多模式交通网络模型,这样才能将城市交通网络抽象成一个整体的网络模型,方便进一步的复杂特性研究。

2.4.1 城市多模式交通网络特性及拓扑结构

城市多模式交通网络是由多种交通方式的交通网络构成的交通系统。超级网络在交通领域的应用主要集中在多方式交通网络建模的研究,其基本思想是将交通网络转化成一个由多层子网络构成的网络模型,通过添加虚拟节点和虚拟弧段实现不同层次网络的跨越。前文阐述了现有多模式交通网络的特性分析,由于超级网络具有描述整个交通网络的运行状况、不同交通网络之间的关联和换乘枢纽的特征等优势,下面将使用超级网络结构模型构建城市多模式交通网络拓扑结构。

1) 城市多模式交通网络系统特点

城市多模式交通网络中的出行方式有常规公交、轨道交通和小汽车以及各种慢行交通方式。本书仅研究慢行交通、小汽车、常规公交和轨道交通所构成的多模式交通网络系统,各个子交通网络的模式特点见表 2-14。

多模式交通网络中各出行模式特点 表 2-14

出行模式	交通方式	特 点
单一方式出行	慢行交通	一般出行距离非常短,基本在 3km 内
	小汽车	门到门出行、非常舒适
	常规公交	中长距离出行
	轨道交通	长距离出行
多模式出行	常规公交+轨道交通	出行范围广、出行弹性大
	小汽车+轨道交通	适合通勤出行、时间可靠性高

将各个出行方式看成子交通网络,城市多模式交通网络是由小汽车网络、慢行交通网络、常规公交网络和轨道交通网络组成的城市多模式交通系统。传统的单一模式交通网络中,将交通网络抽象成拓扑结构,不同节点之间用实线连接,实线具有时间成本、费用成本、通行能力等属性。多模式交通网络中,当不同子网之间可以换乘时,不同网络之间也就存在了衔接关系。因此,为了构建多模式交通网络拓扑结构,需要以虚拟换乘路段代替两种交通方式之间衔接的换乘枢纽设施节点,而换乘路段将拥有换乘费用、换乘步行时间和换乘惩罚等属性。由于出行者在进入多模式交通网络之前,即从出行起点到达多模式交通网络节点前,需要通过步行或者自行车等慢行交通方式进入网络,在到达出行终点前也需要通过慢行交通离开多模式交通网络,因此多模式交通网络中还涉及慢行交通所代表的"上网"路网和"下网"路网,假设该路网仅具有出行时间等属性。

综上所述,城市多模式交通网是一个综合网络,嵌套着常规公交网、小汽车网和轨道交通网等包含不同结构和特点的子网络,是一个异质网络,这些网络间存在相互关联,并且是可以相互转换的,也需要通过构建超级网络添加虚拟节点和虚拟弧段实现。在城市多模式交通网络中,各种交通方式所在的交通网络为相对独立的子交通网络,子交通网络的节点表示慢行节点、交叉口、换乘枢纽、公交站点和轨道站点等,两节点之间的线段表示路段、区段等;子交通网络之间具有不同的运行特征和不同的路段阻抗,各个子交通网络通过换乘枢纽衔接,在超级网络拓扑结构上用虚线代替换乘枢纽节点,换乘枢纽虚拟路径具有多种影响出行成本的路段阻抗属性,如步行时间、等待时间、换乘费用等。因此,本节将采用超级网络构建城市多模式交通网络,该网络具有节点多、网络嵌套网络、多层、多级、多属性和多目标的超级网络结构特征。

下面重点考虑小汽车网络、常规公交网络、轨道交通网络和慢行交通网络所构成的城市多模式交通网络，如图2-7所示。

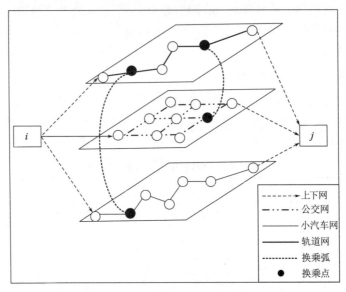

图2-7 城市多模式交通网络示意图

2) 城市多模式交通网络特征[15]

（1）三维性

道路网由路段和交叉口组成，具有二维性，可用传统图论方法建模。城市多模式交通网络由若干公交、轨道站点和线路组成，包含站点、路段和线路三要素，具有三维性。常规公交网的建立依附于道路网，公交站点设置在道路路段上，相邻两站点用公交路段连接，一个公交站点可由数条公交线路经过，同理，一个公交路段上可以运行多条公交线路。这使得城市多模式交通网络建模比单一道路网更为复杂。

（2）多层次性

道路网只有一层网络，研究起来相对容易。而本章建立的城市多模式交通网络是由常规公交网、小汽车网和轨道交通网三层子网络叠加组成的超级网络，不同模式的交通网络具有不同特征，需要给予充分考虑。

（3）连通性

道路网通过交叉口将路段连接起来，然而在道路网中连通的点，在公交网中未必连通。公交网通过站点将公交路段连接起来，包括以下4种情况：①同一公交线路上的站点是连通的，即直达；②不同线路在同一公交站台可以通过换乘进行联系，即同站换乘；③结合步行网络，不同线路通过在不同公交站点，在可接受步行距离内通过行步行换乘实现连通，即异站换乘；④出行起讫点到附近公交站点可以步行连通。因此，公交网在连通性方面比道路网更为复杂。

（4）组合出行

出行者不改变交通方式完成一次出行的过程称为单一模式网络出行，如仅通过小汽车实现点到点出行。随着城市规模逐渐扩大、公交系统不断完善，可供用户选取的交通方式也更加多样化,进而伴随公交组合出行的行为日益普遍。即乘客在完成一次出行时,根据出行时间、出行费用和行程舒适性等因素在城市多模式交通网络中选择不同出行路径和(组合)出行方式抵达目的地,即一次出行可能包含一次或多次从一种方式到另一种方式的换乘行为。

3)城市通勤走廊的路网结构路段抽象拓扑原则

如今,出行者在早高峰通勤出行时,会参考百度、高德等导航软件提供的信息进行路线选择。若出行者选择道路网络进行区域与区域之间长距离通勤出行,会优先选择快速路和主干路进行快速转移,可供选择的通行路径相对较少。若出行者选择常规公交网络进行区域与区域之间长距离通勤出行,可供选择的公交线路也相对固定。

图 2-8 是利用导航软件选择小汽车通勤时的路径选择。将通勤区域内的路段抽象出来,可以看出通勤通道内存在各个等级的道路网,长距离通勤时出行者优先选择快速路和主干路,因此将通勤通道内的次干路和支路精简,如图 2-9 所示。

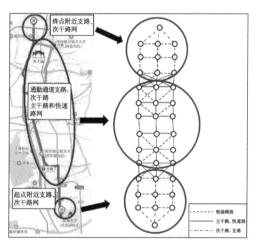

图 2-8 通勤路径图

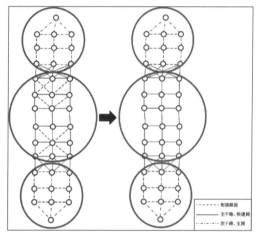

图 2-9 抽象剔除道路网图

针对这一现象,本节基于出行者早高峰通勤出行设置路网结构路段抽象拓扑原则:

①针对小汽车道路网,出行起讫点附近的城市支路道路网以道路交叉口为节点抽象为拓扑结构,将城市通勤主干道和快速路以主要道路交叉口为节点抽象为拓扑结构。

②常规公交网络以主要公交线路站点为节点抽象为拓扑结构。轨道网络以轨道站点为节点,将轨道线路抽象为拓扑结构。

描述了城市多模式交通网络的超级网络模型的基本结构以后,下面将详细说明超级网络的构建思路和方法。

2.4.2 城市多模式交通网络空间模型构建

超级网络不仅可以处理网络嵌套网络、网络相互关联等问题,还能准确描述多模式交通网络的三维性、多层次性和连通性特征,合理表达乘客组合出行行为。鉴于此,本节基于超级网络建立多模式交通网络,其核心在于:以传统图论方法为基础构建不同交通方式子网络,通过建立子网络间的联系,形成一个涵盖这些交通方式的多层次、多属性、多级别的超级网络。主要思路和步骤如下：

（1）建立不同子交通方式网络和衔接网络。基于交通方式特性和运行特征以及城市网络的实际空间位置，采用图论的方法构造单一交通方式的子网络[16]。

（2）基于多模式交通网络换乘枢纽，建立子网络间的换乘关联。在各个交通子网络基础上，根据各站点所经过的线路条数，将对应站点进行扩展，生成对应数量的虚拟节点。通过将换乘枢纽设定为虚拟路段，连接位于不同层次上的相同位置的物理节点，以此来表示换乘关系。通过换乘关系将各个子交通网络有规律地叠加，形成一个集成多种模式的多层次超级网络，构建出城市多模式交通网络拓扑结构。城市多模式交通网络要素如图 2-10 所示。

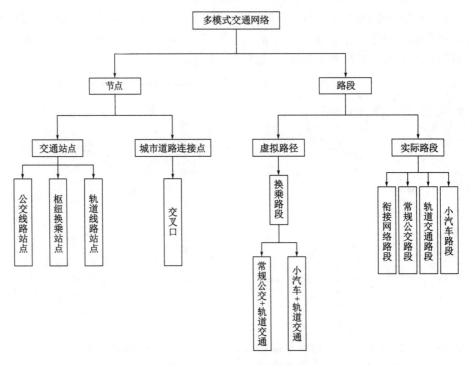

图 2-10　城市多模式交通网络要素

（1）"上网""下网"网络构建方法

乘客在多模式交通网络中出行时，需要从出发起点步行至附近广义交通枢纽节点，进入多模式交通超级网络，该过程称为"上网"过程，最后还需要从下车的枢纽站点步行至目的地，离开多模式交通网，该过程称为"下网"过程，从而完成一次完整的出行。因此，在构建城市多模式交通网络时，还需要构造虚拟的上网弧和下网弧，实现出行起讫点与多模式交通网络的联系。

如图 2-11 所示，衔接网络路段是通过慢行交通转移到或转出子交通网络的路段，衔接网络路段由虚线表示，当上网衔接网络路段连接小汽车子交通网络时，仅有路段通行时间属性。当上网路路段连接公共交通网络时，还会有公交票价等属性。一般地，衔接网络下网路段没有金钱成本，仅有时间成本。

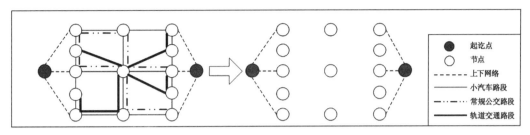

图 2-11　衔接网络子网络示意图

(2) 小汽车子网络构建方法

如图 2-12 所示,小汽车子网络由表示交叉口和停车场的节点和表示道路路段的线段组成,换乘节点在停车场。将实际物理节点和路段表现在网络中。其中,每一条实线线段都代表多种属性,如路段长度、路段通行能力、路段流量、路段通行时间、路段通行费用等。

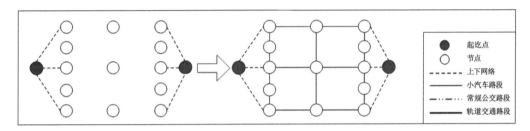

图 2-12　小汽车子网络示意图

(3) 常规公交子网络构建方法

如图 2-13 所示,常规公交子网络是一个独立的交通子网络,城市公交网络由站点、路段和线路组成,且这三个元素之间存在相互关系。一方面,在换乘站点,不同线路之间可以相互转换;另一方面,同一个站点和同一路段上可包含多条公交线路,每条线路具有各自的运行特点。公交网络的实线可以代表多种属性,如路段长度、路段行程时间、载客人数等。本节将运用扩展技术,建立常规公交网络拓扑模型。

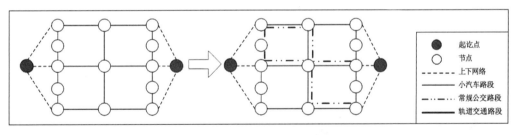

图 2-13　常规公交子网络示意图

(4) 轨道交通子网络构建方法

如图 2-14 所示,轨道交通子网络也是一个独立的交通子网络,由站点、区段和线路组成。但是和常规公交网络不同,同一区段通常只运行一条线路,在换乘站点,出行者可以在不同线路之间相互换乘。轨道网络实线段可以表示多种属性,如路段长度、载客数量、运行时间等。

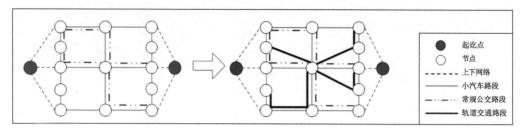

图 2-14　轨道交通子网络示意图

（5）多模式交通网络换乘枢纽虚拟换乘路段构建方法

构建多模式交通网络各个子网络后，对应各个网络的换乘站点，增设多模式交通网络枢纽换乘虚拟路段，换乘枢纽类型有常规公交+轨道交通、小汽车+轨道交通两种类型，如图 2-15、图 2-16 所示。换乘虚拟路段属性有停车费用、换乘等待时间、换乘步行时间、公交票价、换乘惩罚等。

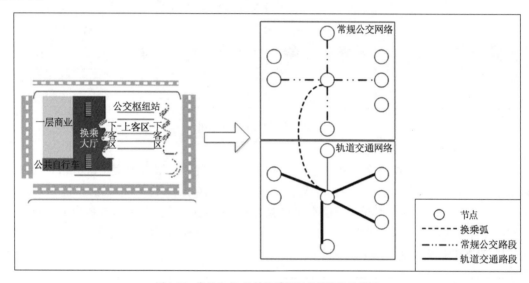

图 2-15　常规公交+地铁换乘枢纽虚拟路径示意图

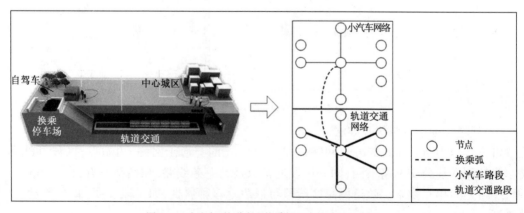

图 2-16　小汽车+轨道交通换乘枢纽虚拟路径示意图

城市多模式交通网络内包括多层次的子网络,各子网络既是独立运行的,也是通过一定组织规律形成的相互联系的整体。最后,构建出的多模式交通网络拓扑结构如图 2-17 所示。

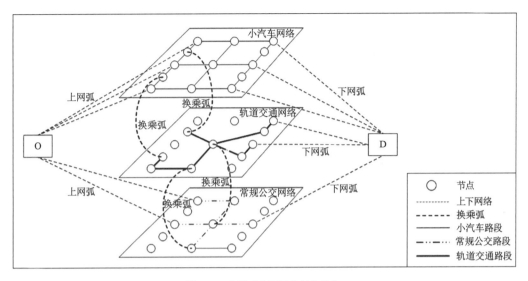

图 2-17 多模式交通网络拓扑结构

本章参考文献

[1] 王波.双源无轨电动客车能源系统设计开发[D].西安:长安大学,2016.

[2] 冷怡霖.智能轨道快运系统的使用和推广分析[J].智能城市,2019,5(13):23-26.

[3] 国家统计局.中华人民共和国 2019 年国民经济和社会发展统计公报[J].中国统计,2020(3):8-22.

[4] 中华人民共和国交通运输部.综合客运枢纽术语:JT/T 1065—2016[S].北京:人民交通出版社股份有限公司,2016

[5] 叶娇.面向城市交通枢纽的多模式组合出行效用及网络承载力评估[D].南京:东南大学,2020.

[6] 丁千峰.城市道路网等级结构及布局评价研究[D].哈尔滨:哈尔滨工业大学,2005.

[7] 周钟钧,李春雷,王洪波.城市道路网等级结构确定方法[J].吉林交通科技,2011(2):1-3.

[8] 南京市统计局.南京统计年鉴[M].北京:中国统计出版社,2021.

[9] 瞿何舟,杨京帅.成都市城市公交线网分级规划思考[J].交通运输工程与信息学报,2006(1):64-72.

[10] 陈辉.城市多模式交通枢纽客流转换能力研究[D].哈尔滨:东北林业大学,2019.

[11] 何素贞.基于广义费用的城市居民出行方式选择行为分析[J].现代交通技术,2016,13(1):79-83.

[12] 陈艳玲.公共交通与小汽车出行成本对比研究[D].南京:南京林业大学,2009.

[13] 范琪,王炜,华雪东,等.基于广义出行费用的城市综合交通方式优势出行距离研究[J].交通运输系统工程与信息,2018,18(4):25-31.

[14] 何韬.我国高速铁路与民航运输竞争关系研究[D].北京:北京交通大学,2012.

[15] 付旻.城市多模式公共交通网络计算机模型构建技术研究[D].南京:东南大学,2018.

[16] 杜则行健.基于交通换乘枢纽的多模式交通网络运能协调分析与评价[D].南京:东南大学,2019.

[17] 中华人民共和国住房和城乡建设部.城市轨道交通线网规划标准:GB/T 50546—2018[S].北京:中国建筑工业出版社,2010.

[18] 住房和城乡建设部标准定额研究所.城市轨道交通规划技术导则[M].北京:中国建筑工业出版社,2014.

[19] SPIESS H.Technical note—Conical volume-delay functions[J].Transportation Science,1990,24(2):153-158.

[20] 毕发萍.居民增收成就斐然民生福祉持续改善——"十二五"南京居民收入分析报告[J].现代经济信息,2016(19):22.

第3章 城市多模式交通组合出行需求特性数据获取

随着我国城市交通基本形成"机动化为主,多方式并存"的出行结构,组合出行已成为城市交通的重要组成部分。但由于当前组合出行数据获取技术尚未成熟,仍需从单一方式数据推导或通过问卷调查获得。因此,本章以组合出行需求特性获取为目标,定义组合出行并分析组合出行交通供给与交通需求特性,对影响组合出行方式的选择因素进行分析,综合运用"移动终端、互联网络、纸质问卷"等技术手段,构建显示性偏好 RP(Revealed Preference)/叙述性偏好 SP(Stated Preference)相融合的交通调查问卷和多源数据分析获取广义枢纽与多模式交通网络环境下居民出行特征的基本数据的方法步骤,并进行案例分析。

本章的主要内容包括:①组合出行特性分析;②基于 RP/SP 的组合出行数据获取方法;③基于多源数据的组合出行获取方法。

3.1 组合出行特性分析

为综合利用各交通出行方式的优势,出行者在实际的出行方式选择中往往选择组合出行方式[1],如小汽车换乘轨道交通、公交车换乘轨道交通、自行车换乘公交车等。开展组合出行需求理论研究,首先需要对组合出行的行为进行分析,了解各交通方式的交通特性、各典型组合出行方式特性,进而确定影响组合出行方式的因素,为后续获取组合出行需求数据进行需求理论分析奠定基础。

3.1.1 单一方式出行特性分析

根据出行者从起点到目的地过程中使用交通方式的数量,出行模式可以分为只使用一种交通方式的单一方式出行和使用两种及以上交通方式的组合方式出行。各单一方式出行的交通分担率[5]如图3-1所示。

(1)轨道交通出行

轨道交通单向客运量可达 3 万~6 万人次/h,运营速度达到 35~40km/h。由图 3-1 可知,轨道交通主要承担着 5~16km 出行距离范围的出行需求。此外,轨道交通出行行程时间固定、准时可靠、通行能力大、便利快捷,车厢宽敞通风,提供舒适的乘车环境,是一种经济环保的出行方式。但轨道交通站点分布稀疏且覆盖范围小,出行者往往需要通过其他方式接驳换乘轨道交通出行,导致出行连续性差,因而单一的轨道交通出行方式往往并不适合短距离通勤出行。综合而言,轨道交通作为一种大运量公共交通方式,构成了整个城市交通网络的骨架。

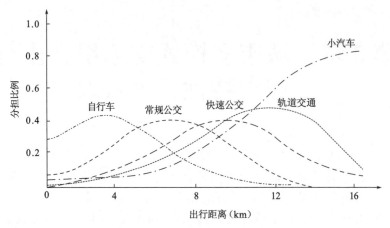

图 3-1 单一方式出行的交通分担率

(2) 公交出行

公交单向客运能力为 0.4 万~0.6 万人次/h,运营速度为 12~16km/h,适合 2~10km 的出行距离。另外,公交出行具有运营灵活、适应性强、票价低廉、线路站点密集易实现直达出行、点到点出行可达性高的优点。主要劣势在于受社会车辆运行与信号交叉口延误的影响,公交出行准时性较差。从长远看来,地面公交仍然是城市交通出行的重要组成部分。

(3) 小汽车出行

小汽车在通勤高峰时的运行速度为 20~25km/h,适宜出行距离在 3km 以上。小汽车出行满足了个性化的出行需求,准确实现点到点出行,具有灵活便捷、可达性高、出行范围广、乘坐舒适等优点,同时受不利天气和环境的干扰小。但是,小汽车出行成本高,承载率低,占用道路资源严重,过度依赖易导致城市交通拥堵,排放尾气易引发环境污染问题。且小汽车出行存在庞大的停车泊位需求,通勤出行的泊位周转率低,导致土地资源有限,停车设施资源匮乏的大城市形成难以解决的停车难问题。目前各大城市纷纷实行车票摇号、限号限行等一系列交通需求管理的措施控制小汽车出行量。

(4) 自行车出行

自行车的出行速度为 10~12km/h,适合 0~6km 的短途出行。自行车出行灵活便利、出行费用低、绿色环保,但是存在耗费体力、出行速度慢、安全性低、易受不利天气条件影响等诸多缺点。近年来,随着绿色出行理念的推广,各大城市内自行车道被不断完善建设,公共自行车服务普及发展、共享单车的广泛应用,都使得自行车出行重新兴起。自行车的使用模式也逐渐得到丰富,不仅应用于单纯的直达出行,而且逐步与公交、轨道交通等公共交通方式相结合,成为有效的接驳工具,在通勤出行中的比例越来越高。随着公共交通的优先发展,自行车使用频率不断增加,使用目的也趋于多元化,在今后的多模式交通网络中将扮演更重要的角色。

除了上述主要城市交通方式外,城市中还存在轻轨、有轨电车、渡轮、辅助客运系统、电动车等多种交通方式,现将各种单一方式出行的交通特性进行总结,形成表 3-1。

单一方式出行的交通特性　　　　　表 3-1

方式	描述	可达性	速度	客运量	出行花费
地铁	拥有独立路权,主要连接不同的城市或社区	大型城市主要客运走廊	快	非常大	中等
轻轨	绝大多数拥有独立路权,站间距随需要服务的社区和商业中心而改变	客运走廊	中等	大	中等
有轨电车	多数在城市街道上运行,需要经常停车,主要为城市交通走廊沿线服务	客运走廊	中等	大	中等
常规公交	按照制定线路运行的常规公交	广泛可达	中等	大	中等
快速公交	通常拥有独立路权的快速公交	客运走廊	快	大	中等
定制快速公交	为通勤或特殊活动设计的限时公交服务	客运走廊	快	大	中等
渡轮	运输人员和车辆的客船	客运走廊	低	中等	高
辅助客运系统	提供门到门、需求响应服务的小型公交或中型客车	广泛可达	低	低	高
中型客运共乘	采用合乘的中型客车	广泛可达	中等	大	低
共享汽车	乘载多人的小汽车服务	限于繁忙走廊	中等	中等	中等
出租/网约车	常规出租/网约车服务	广泛可达	中等	低	高
小汽车	常规私人小汽车	广泛可达	中等	低	低
公共自行车	租赁形式的有桩自行车	广泛可达	慢	低	低
共享单车	租赁形式的无桩自行车	广泛可达	慢	低	低
自行车/电动车	常规私人自行车以及电动车	广泛可达	慢	低	低

3.1.2 典型组合方式出行特征分析

组合方式出行为由各单一方式出行相组合形成的换乘出行,但并非任意组合均是现实可行的出行方式。例如,由于小汽车和自行车都能实现点到点的出行,故在实际中基本不存在自行车换乘小汽车的出行行为。另外,由于城市公交站点的分布较为密集,可达性较强,且公交站点周围一般情况下没有小汽车停车设施,因此在实际中人们通常选择使用步行或自行车前往公交站点,也基本不存在小汽车换乘常规公交的出行行为。

由于交通方式转换过程会不可避免地增加出行时间,同时引发出行者的心理负担,构成了组合出行关键的阻抗因素[6]。另外,考虑到大城市现有的以地铁为骨干、以常规公交为补充密集的公共交通网络能够为居民提供便利快捷的出行服务,目前现实中的大部分组合出行方式只包含一次换乘过程。本章基于组合出行方式的研究仅考虑一次换乘行为,并选取"小汽车换乘地铁、常规公交换乘地铁、自行车换乘常规公交、自行车换乘地铁"作为典型的组合出行方式,组合出行的过程如图 3-2 所示。

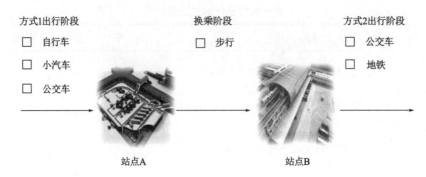

图 3-2 组合出行过程

(1) 小汽车换乘地铁出行

小汽车换乘地铁主要适用于市郊与市区间的远距离通勤出行。为了应对大城市中心区小汽车出行需求过大导致道路交通拥堵的问题，在城市外围设置建设停车换乘(Park and Ride，P+R)停车场，降低长时间通勤停车的收费水平，引导外围出行者采用小汽车换乘地铁的方式进入市区完成通勤行为。小汽车换乘地铁的出行方式避免市区道路交通拥堵，减少通勤出行时间，符合绿色公交出行、发展可持续交通的导向。此外，有效规划停车场的空间布局、合理设置出入口与停车位位置、优化P+R换乘设施实现清晰明确的换乘引导功能，通过以上措施有效缩短出行者的换乘时间，能够显著增加小汽车换乘地铁的出行吸引力。

(2) 公交车换乘地铁出行

公交车换乘地铁主要面向中长距离的通勤出行。凭借城市内密集分布的地面公交站点和灵活可变的公交线路，利用常规公交为地铁集结或疏散客流，弥补单一地铁出行线路站点设施固定、站点的辐射范围小、可达性差的缺点，充分发挥了公交车和地铁这两类公共交通方式的独特优势，使其有效地互为补充。值得注意的是，为了减少彼此的换乘步行距离，应当综合考虑地面公交站点与地铁枢纽出入口的空间布局。此外，保持换乘步行通道的连续性设置、实行换乘票价优惠政策都能不同程度地增强公交换乘地铁出行的竞争力。

(3) 自行车换乘公交车出行

自行车换乘公交车出行主要适用于市区范围内的短距离通勤出行。这一组合出行方式通过自行车代替步行的出行方式实现公交接驳。相比步行而言，自行车具有出行速度上的优势，适用于更长的接驳距离。与自行车换乘地铁的情况相类似，共享单车便于停放，且停放位置与公交站台处于同一平面空间，使得换乘公交所需的步行距离因素可以忽略。当不存在有效的地铁出行路线时，自行车换乘公交车出行将成为可行的替代方案，承担起短距离的公共交通通勤出行需求。

(4) 自行车换乘地铁出行

自行车换乘地铁出行同样利用自行车灵活便捷、点到点的出行特性，使其成为地铁有效的接驳方式，解决地铁出行可达性差的缺点。并且由于地铁比公交车具有更高的行驶速度、更强的准时性特性以及更短暂的等待时间，自行车换乘地铁相对自行车换乘公交车而言适宜更长的出行距离。随着共享单车的普及，相较于传统公共自行车，共享单车存取、停放灵活，并缩短了换乘地铁所需的步行距离。而且共享单车在空间位置上的集聚分布，天然适用于双向的通勤出行行为。通过合理设置共享单车停放区域，加强共享单车的停放管理，会提高自行车换乘地铁在市区范围内通勤出行中的重要性。

3.1.3 组合出行表征方法

单一方式出行的表征手段已有相当成熟的技术,为更直观地展现交通出行分布特征(特别是单一方式出行),通常绘制期望线或OD图表征。以直线连接各交通小区质心,其长度表示区间最短出行距离,宽度表示交通区之间出行的次数。

城市多模式交通网络中包含多种出行方式,在传统的四阶段法中,通过方式分担率曲线或概率选择法将OD对的全方式客流划分成各单一方式客流,见表3-2。

单一方式客流划分矩阵示意表　　　　表 3-2

起　点	出行方式	终　点　1	终　点　2
起点 1	小汽车	30	110
	公交	15	108
	轨道交通	18	52
	自行车	15	8
起点 2	小汽车	21	40
	公交	19	37
	轨道交通	27	25
	自行车	10	20

为同时表征各单一方式的客流,类似于图3-3,假设网络中包含4种出行方式,即小汽车、公交、轨道交通以及自行车,OD对的各方式客流通过弧线表示,其中长度代表距离,宽度代表客流大小。图3-3以网络中的一个OD对为例,通过增加坐标轴以及经纬度数值,量化给出位置和距离空间信息。

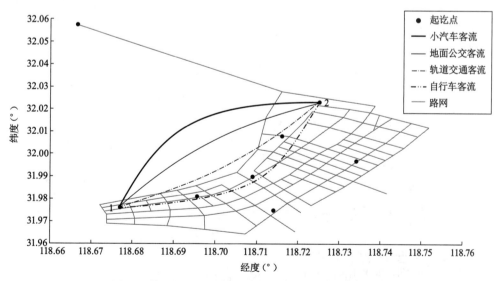

图 3-3　单一方式出行期望线坐标系表征示意图(含空间结构)

不同于单一方式,组合出行由两种或两种以上的出行方式相互衔接构成。相比单一方式,在表征组合出行期望线时,本章引入了换乘点的概念,它起到了衔接前后两种出行方式的作用,同时表征前后两种出行方式的出行距离。如图3-4所示,从上至下分别为小汽车换乘轨道、公交换乘轨道以及自行车换乘公交3种组合出行方式,对于自行车换乘公交,自行车换乘点代表了自行车换乘公交的整个过程,而位置代表了两种出行方式的距离。

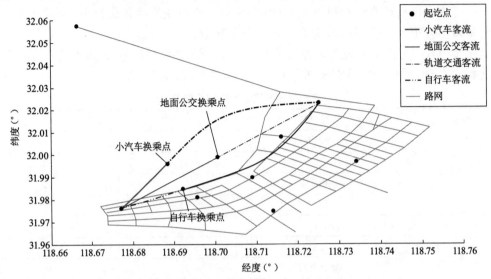

图3-4 组合出行期望线坐标表征方式示意图

换乘点的组合出行方式期望线能够帮助决策者快速了解网络的组合出行宏观分布情况。然而,组合出行的衔接是通过两种出行方式的枢纽进行的,而换乘点实际上是该组合出行所有配对的换乘枢纽集合,仅用一个点涵盖所有枢纽对间的客流难以直观分析各子网间的客流交互状态。

仍以图3-4的自行车换乘公交出行为例,用户可以通过不同的自行车桩换乘至不同的公交站完成这一组合出行,而紫色的自行车换乘点则包含了所有配对的自行车桩和公交站。为了更好地评估两个子网的客流转移情况,需要从枢纽的角度进行分析,这已难以用二维图进行表征。因此,本书提出了基于枢纽的三维组合出行微观表征方法,如图3-5所示。

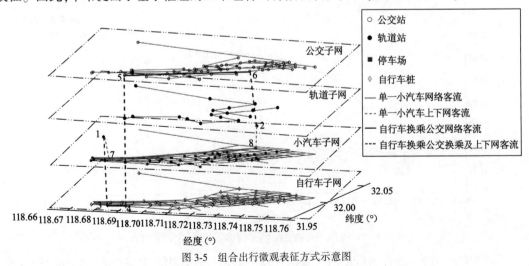

图3-5 组合出行微观表征方式示意图

根据第 2 章的多模式网络构建方法,多模式网络由上下网弧、各子网路段以及换乘弧构成。照此方法构建了包含 4 种出行方式的多模式网络,从上至下分别为公交、轨道、小汽车以及自行车子网,同时,每个子网包含了其对应的枢纽。

(1)对于单方式出行,仅需在单一子网进行表征,即坐标系的层内表达。以起点 1 至终点 2,采用机动车出行为例,用户经由起点 1 至停车场 7,采用单一小汽车出行至停车场 8,并最后到达终点 2。如忽略步行到站的环节,则出行通过弧 7-8 进行表达。

(2)对于组合出行,需要考虑不同子网之间的交互过程,即坐标系的层间表达。以起点 1 至终点 2,采用自行车、公交车换乘为例,其包含两段出行,分别为由起点 1 至自行车桩 3,由 3 至 4 的自行车出行,由 4 至 5 的公交站的步行出行,由 5 至 6 的公交出行,以及由 6 至终点 2 的出行过程。如忽略步行到站的环节,则换乘出行通过换乘弧 4-5 进行表达。

组合出行一方面弥补了子网缺乏直达线路的不足,提升了公共交通的覆盖度和使用率,另一方面为规划者提供了通过合理的网络布局引导客流从拥堵子网向低利用率子网转移的条件。而合理的客流转移很大程度上与各子网枢纽的位置、规模、换乘方便程度有关,在图 3-5 中,用户会更倾向于距离起点 1 最近的自行车桩 3,并骑行至距离公交站 5 最近的自行车桩 4 实现这一组合出行。因此,除了采用期望线描述宏观的组合出行客流分布外,了解具体的换乘枢纽位置以及客流能够更好地判断当前网络的衔接情况,为多模式网络一体化优化提供理论基础。

由于当前城市综合交通设计通常集中于单方式交通,而忽视了组合出行,这一方面将使网络整体客流分布预测的精度大幅降低,另一方面将多模式网络割裂成不同的子网络,忽视了其中的衔接。

如图 3-6 所示,图中包含 5 种基础出行方式,分别为自行车(b)、小汽车(c)、网约车(h)、轨道交通(m)以及公交车(B),并按照各自的 OD 对直线距离进行划分。当只考虑单一方式出行时,客流分布基本服从方式分担曲线。但分担率也受到网络结构的影响,由于缺少长距离的直达轨道交通和公交线路,使得 8~11km 的出行多数使用小汽车或网约车完成。

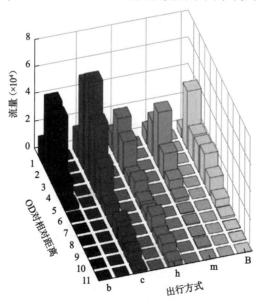

图 3-6 只考虑单一出行方式的客流分布图

而当考虑组合出行后,5 种基础方式衍生出的不同组合出行会大幅改变网络的出行结构,如图 3-7 所示。其中组合出行按照衔接的出行方式顺序表示,如小汽车换乘轨道交通记为 cm,自行车换乘轨道交通换乘公交记为 bmB。

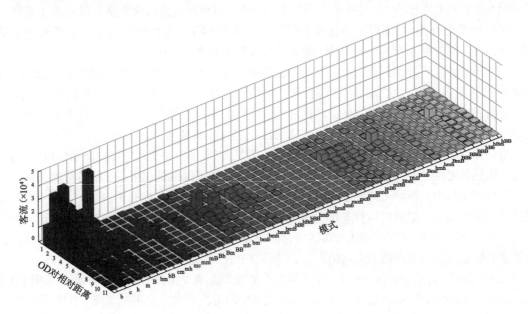

图 3-7 考虑组合出行的客流分布图

相比只考虑单一方式,考虑组合出行后原本只集中于单一方式的客流会分摊至不同种类的组合出行中,如图 3-8 所示。而这部分客流是当前网络难以通过直达服务所满足的客流,是实现子网络客流转换,从而达到网络拥堵转移的关键,若忽视其存在并简单地归入单一方式出行中,一方面会错误地评估当前网络的使用情况,另一方面也忽视了多模式网络各出行方式的协调,难以实现各出行方式的一体化。

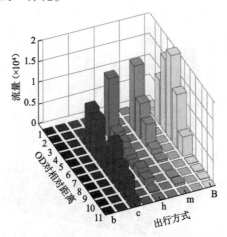

图 3-8 考虑组合出行方式后的单一方式客流改变

由于多模式网络的整体客流是由不同 OD 对客流叠加形成,而每个 OD 对由于距离以及网络结构的不同,可能采用的组合出行方式截然不同,与实际的三类出行情景相结合,已难以采用传统的出行距离分担曲线进行出行方式的客流预测。为科学描述这种组合出行特性,需要更为多样化的出行需求数据的获取和分析方法。为此,将在下文介绍依据问卷调查和多源数据的两种组合出行数据获取方法。

3.2 基于RP和SP的组合出行需求数据获取方法

3.2.1 组合出行主要数据获取方法分析

当前常用的组合出行数据获取方法大致分为两类:一类为基于RP和SP调查的数据获取方法,主要用以获取不同个人属性的用户对不同组合出行方式的偏好;另一类为由车辆自动定位(Automatic Vehicle Location,AVL)数据、公交IC卡数据、全球定位系统(Global Positioning System,GPS)数据、自动售检票(Automatic Fare Collection,AFC)系统数据等组成的多源交通数据,用以直接分析当前网络环境下组合出行方式的客流、路径和特点。

(1) RP和SP调查数据

RP调查是对各种可能影响通勤出行选择的因素以及出行者的实际选择进行的调查,目的是获得出行者性别、年龄、收入水平、实际通勤距离、实际出行方式等数据,根据出行者的实际通勤情景给予相近的调查情景,以得到更加符合实际的调查数据。

SP调查又称意向调查,目的是获得意向偏好数据,通过设计合理情景,给出假想出行方式选择集,获得出行者在假定条件下对各出行方式的主观偏好。

在组合出行需求分析中,RP和SP调查数据的主要内容包括被调查者的个人属性(如性别、年龄、工作收入等)、日常通勤基本情况(如通勤距离、通勤时间、通勤方式等)、被调查者选择出行方式时关心的因素(如车内时间、等待时间、步行时间、出行费用等)。

(2) 多源交通数据

在大数据背景下,传统的人工调查数据通常难以满足实际需求,对多源数据中的时空信息进行挖掘分析逐渐成为新的主流。在组合出行需求分析中涉及的多源数据主要包括AVL数据、GPS数据、公交IC卡数据、AFC数据等单出行方式数据,并通过推导得到组合出行数据。

3.2.2 基于RP和SP调查的组合出行需求数据获取的主要步骤

通过RP调查主要获取已经发生的或者被调查者观察到的行为特征,例如实际出行方式的选择,以及会潜在影响出行方式选择的出行者社会经济属性,如交通出行者的性别、年龄、收入水平、职业、居住位置、小汽车拥有情况等。简而言之,RP调查有助于获得客观存在数据和被调查者实际选择的结果数据。但是由于RP数据的变量间存在一定程度的关联性,使得问卷调查产生过多的冗余信息,并且一些受调查者感兴趣的特征属性、选择肢和服务项目在现实中并不存在。

针对以上缺陷,SP调查被提出并逐步应用到各领域的问卷调查中。SP调查获取被调查者对假定条件下可选方案的主观偏好,属于意愿性调查的范畴。由于是在假定条件的前提下进行的,SP调查可以虚拟更加广泛的选择方案供被调查者选择。并且通过正交设计、均匀设计等特殊数学方法设计交通出行SP调查表,可以降低调查问卷中选择方案之间的相关性,从而解决问卷调查产生过多冗余信息的问题。

将SP数据融入RP数据中,不但能消除单独使用SP数据产生的偏差,也有助于增强模型对出行条件变化下出行者潜在方式选择行为的解释和预测能力[10-11]。因此,本节采用SP调查和RP调查相结合的方法,选取可能影响出行者出行方式选择的影响因素。

本节主要研究基于RP和SP调查的组合出行需求数据获取方法,主要包括设置假想出行情景、确定变量及其属性值、确定问卷设计方法、开展面向组合出行方式选择的问卷调查四步。

问卷调查的内容包括以下3个方面。

①出行者基本信息:性别、年龄、职业、月收入以及家庭拥有小汽车的数量等因素。

②出行者的出行行为:通勤出行采用的出行方式、对应的行程时间、可供备选的出行方式以及对各出行方式满意程度的评价等。

③出行者的意向选择:在对应不同出行距离的出行情景条件下,出行者对轨道交通、小汽车、常规公交、自行车、自行车换乘公交、自行车换乘轨道交通、小汽车换乘轨道交通和公交换乘轨道交通等若干种出行方式的选择偏好。

(1) 设置假想出行情景

每种出行方式由于行驶速度、出行费用和出行体力消耗等因素的差异,往往具有不同的优势出行距离,因此,对不同距离的出行,出行者选择的出行方式也会有所不同。同时,不同城市、各种交通方式的特点、居民出行行为特点也存在差异,也会影响出行者对出行方式的选择。

因此,在进行调查问卷设计前,应当综合考虑各种出行方式及组合出行方式的特点、所调查城市的交通特点、调查目的设置不同的出行情景,作为设计调查问卷的基础。

(2) 确定变量及其属性值

假设在同一次出行试验中,各出行方式的出行距离相等,组合出行方式的出行距离为换乘前后两种出行方式的行程距离之和。此外,在设置公交车(轨道交通)出行与自行车与换乘公交车(自行车换乘轨道交通)出行两种方式时,默认乘坐公交车(轨道交通)的站点位置相同,自行车的行驶距离即为公交车(轨道交通)的步行接驳距离。再者,同一次出行试验中,默认轨道交通出行(公交车出行)所需的步行接驳时间、等待时间、换乘步行时间均为一个统一的定值。

由于在日常交通出行的过程中,对于出行者而言,时间长短比距离因素更易于感知,因此,考虑行程速度因素,将行程距离和换乘步行距离变量统一换算为消耗的行程时间和换乘步行时间变量,那么一次完整交通出行所消耗的总时间等于各单项时间之和。

对于每一情景下的变量值设置,首先选取出所有的独立变量,然后为每一变量分别确定一组属性值水平,各变量取值均参照实际的通勤出行情况确定。

(3) 确定问卷设计方法

在明确各出行情景包含的变量后,可以构建假想的情景试验。此时根据变量取值后的组合情况不同,问卷设计可以分为全面设计、正交设计和均匀设计3种方法,以下具体介绍各方法的原理和适用性。

全面设计是指将所有变量的各属性水平做全组合,然后让被调查者对每一个组合进行判断选择。若一项调查中包含n个变量,各有$I_1, I_2, \cdots, I_n$个水平,在全面设计条件下被调查者需要做$I_1 \times I_2 \times \cdots \times I_n$次选择。全面设计的优点在于能够通过调查获取全面的数据结果,基于此分析得到更为准确的结论,缺点是伴随过多而无意义的重复选择。通常而言,交通SP调查问卷并不采用全面设计的方法。

正交设计是利用正交表来设计与分析多因素试验的一种方法。该方法的原理是在试验因素的全部水平组合中,根据正交性准则挑选部分有代表性的组合进行试验,通过分析部分试验的结果了解全面试验的情况[12]。正交设计广泛应用于交通 SP 调查,但随着变量水平数(q)的增加,试验次数(q^2)呈指数倍扩充,因此正交设计往往适用于变量包含 2~3 个水平的 SP 调查。

均匀设计是利用均匀设计表进行多因素试验安排的一种方法。与正交设计相类似,均匀设计使试验点均匀地分布在试验范围内,并要求试验点的选取具有典型性和代表性。为了实现试验点均匀分布,要求每个因素的每个水平出现且仅出现在一次试验中,并且任两个因素的试验点出现在平面格子点上,每行每列有且仅有一个试验点[13]。每个均匀表均附带一个设计使用表,标明供选用的列数据及对应的偏差值。而随着变量水平数(q)的增加,均匀设计的试验次数(nq,$n=1$ 或 2)呈缓慢地线性增加,能最大限度地受到控制,因此均匀设计往往在多变量、多水平的交通 SP 调查中使用。

根据不同问卷设计方法的实用性,结合出行方式调查的目的选择适当的调查问卷设计方法。

(4) 开展问卷调查及数据分析

根据所设计的调查问卷,结合线上、线下的方式开展问卷调查,并将回收的问卷进行筛选,剔除无效问卷,整理有效问卷。统计有效调查问卷的数据,对出行者基本特性和出行方式特性进行分析,分析影响出行方式选择的主要因素,进而通过构建模型对出行者出行行为进行预测。

3.2.3 南京市通勤时段组合出行需求数据获取案例分析

本节通过南京市通勤时段组合出行需求数据获取案例分析进一步阐述基于 RP 和 SP 调查的组合出行需求数据获取方法的实际应用过程。

1) 设置假想出行情景

公交车适宜的出行距离为 2~10km,小汽车适合 3km 以上的出行距离,自行车适合 0~6km 的短途出行距离,地铁适合 5~16km 的出行距离;小汽车换乘地铁适合长距离通勤出行,公交车换乘地铁适合中长距离的通勤出行,自行车换乘公交车适合短距离通勤出行,自行车换乘地铁相对自行车换乘公交车而言适合更长的出行距离。

综合考虑各出行方式的优势出行距离、南京市城市交通特点、调查目的,将南京市的通勤出行划分为 3 段出行距离区间,对应 3 种出行情景,每一情景包含若干种可能产生出行竞争的交通方式(单一或组合出行方式),如图 3-9 所示。

情景一[图 3-9a)]:出行距离在 2~5km 之间,5km 以内选择地铁出行的比例较低,因此该情景下的典型出行模式是自行车(B1)、地面公交(B2)、小汽车和自行车换乘公交(B1+B2)。

情景二[图 3-9b)]:出行距离在 5~15km 之间,该情景下出行距离还不够长,属于中等出行距离,选择停车换乘的比例较低,因此典型出行模式主要为地面公交、小汽车、地铁(R)和自行车换乘地铁(B1+R)。

情景三[图 3-9c)]:出行距离大于 15km,该情景下的典型出行模式是小汽车、公交换乘地铁(B2+R)和小汽车换乘地铁(P+R)。

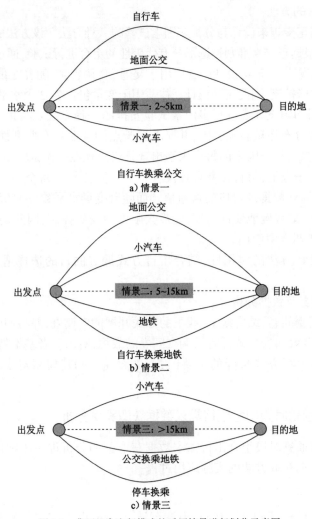

图 3-9 典型组合出行模式的适用情景进行划分示意图

2) 确定变量及其属性值

情景一考虑了 4 个属性变量, 即公交车内时间、公交等待时间、自行车骑行时间和换乘步行时间; 情景二考虑了公交车内时间、公交等待时间、地铁等待时间、地铁车内时间、自行车骑行时间和换乘步行时间; 情景三在情景二的基础上, 将自行车骑行时间替换成小汽车车内时间。

在主要的通勤交通出行期间, 南京市市区范围内的公交车发车间隔为 5~15min, 地铁发车间隔为 3~5min。在高峰通勤出行条件下, 公交等待时间应小于发车间隔, 故取 0~15min; 地铁等待时间应小于发车间隔, 故取 0~5min; 自行车停放便利, 换乘公交的步行时间取 0~6min, 换乘地铁的步行时间取 3~6min。其次通过出行情景对应的出行距离条件限制各出行方式的行程时间。

确定 3 个情景的独立变量, 再根据以上的变量取值范围, 选取典型的属性值。结果见表 3-3, 形成出行情景示意, 如图 3-10 所示。

各出行情景的独立变量表   表 3-3

出行情景	出行距离(km)	变量名	属性值(min)
情景一	2~5	公交车行程时间	8,10,12,15,18,20
		换乘等待时间	2,5,8,10,12,15
		自行车行程时间	2,3,4,5,6,7
		换乘步行时间	1,2,3,4,5,6
情景二	5~15	公交车等待时间	2,5,8,10
		地铁等待时间	1,2,3,5
		自行车行程时间	3,5,8,10
		换乘步行时间	3,4,5,6
		地铁行程时间	10,15,20,25
情景三	>15	公交车等待时间	2,5,8,10
		地铁等待时间	1,2,3,5
		小汽车行程时间	10,20,30,40
		换乘步行时间	3,4,5,6
		地铁行程时间	20,30,40,50

A.公交车
1.总时间40min
其中：
步行时间2min
等待时间8min
车内时间30min
2.票价2元

B.地铁
1.总时间27min
其中：
步行时间11min
等待时间1min
车内时间15min
2.票价2元

C.小汽车
1.总时间25min
2.总费用13元

D.自行车换乘地铁
1.总时间25min
其中：
自行车行驶3min
换乘步行6min
地铁等待1min
车内时间15min
2.总费用2元

图 3-10 SP 调查小情景示例

选取组合出行过程中交通方式 1 和交通方式 2 的出行时间作为两个独立变量，分别乘以各自的速度得到分段的出行距离，相加后的总出行距离即为每一次试验下的出行距离。即控制每一次试验各出行方式的出行距离相同，且出行距离值均落在各情景对应的出行距离区间内。类似的其他关联变量均由上述选取的独立变量计算得到。

另外，小汽车的停车费率、公交车与地铁的票价等数值参考南京市目前执行的标准。根据南京市停车收费管理规定，南京市区范围内实行分区收费，白天时段内小汽车路内停车首小时收费 2~16 元不等，公共停车场计次收费 8~14 元/次不等。由于提倡公交出行，乘坐常规公交车的优惠较多，包含刷卡优惠、学生卡、老年卡、季节性优惠等政策，导致以 2 元为最高金额的票价存在多样化差别而难以细致区分，因此统一定为单程 2 元。地铁票价则根据乘坐距离确定，其中 10km 以内为起步价 2 元，10~16km 单程票价为 3 元，16~22km 单程票价为 4 元，22~30km 单程票价为 5 元，30~38km 单程票价为 6 元。

3）确定问卷设计方法

对南京市通勤时段组合出行调查采用均匀设计进行变量值的选取与组合。其中情景一采用 $U_6^*(6^4)$ 均匀设计表，包含 4 个独立变量，每个变量有 6 个属性水平，共需要做 6 次试验，偏差为 0.299，高于 0.2，满足均匀性要求；情景二和情景三均采用 $U_8^*(4^5)$ 均匀设计表，包含 5 个独立变量，每个变量有 4 个属性水平，共需要做 8 次试验，偏差为 0.271，高于 0.2，同样满足均匀性要求。将各变量的属性值代入均匀设计表，结果见表 3-4，最终一组变量的组合对应着一次试验，也对应着表中的一条记录。

各出行情景的均匀设计表（单位：min） 表 3-4

情景一独立变量				
序号	公交车行程时间	换乘步行时间	换乘等待时间	自行车行程时间
1	8	2	8	7
2	10	4	15	6
3	12	6	5	5
4	15	1	12	4
5	18	3	2	3
6	20	5	10	2
情景二独立变量				
序号	公交车等待时间	地铁等待时间	自行车行程时间	换乘步行时间	地铁行程时间
1	2	1	5	6	25
2	2	2	10	5	25
3	5	3	5	4	20
4	5	5	10	3	20
5	8	1	3	6	15
6	8	2	8	5	15
7	10	3	3	4	10
8	10	5	8	3	10
情景三独立变量				
序号	地铁等待时间	小汽车行程时间	地铁行程时间	公交车等待时间	换乘步行时间
1	1	10	30	10	6
2	1	20	50	8	6
3	2	30	30	5	5
4	2	40	50	2	5

续上表

序号	情景三独立变量				
	地铁等待时间	小汽车行程时间	地铁行程时间	公交车等待时间	换乘步行时间
5	3	10	20	10	4
6	3	20	40	8	4
7	5	30	20	5	3
8	5	40	40	2	3

4) 开展问卷调查及基础分析

(1) 问卷调查

调查问卷以问卷星网上发布为主,以现场发放作为补充。其中问卷星网上调查的持续时间为 2017 年 11 月 6 日—12 月 6 日,为期一个月。

针对网上调查获取的远距离出行问卷数量较少的问题,特选取南京市区外围的多方式换乘枢纽进行补充调查。

调查地点:地铁经天路站、金马路站、柳州东路站和诚信大道站。

调查对象:在城市外围通过小汽车换乘地铁或者公交车换乘地铁的形式进入市区实现通勤出行的出行者。

调查时间:2017 年 12 月 6 日(周三)通勤出行早高峰 7:30—9:00,晚高峰 17:00—19:00。

调查形式:围绕地铁站及周边配套设置的换乘停车场、公交车站台及出租车停靠站发放网上调查问卷的二维码打印件,供调查者通过手机微信扫描二维码后填写问卷。

人员安排:每个地铁换乘枢纽设置一名调查人员,4 个枢纽站共安排 4 名调查人员。

通过网上调查和现场补充调查总共获取 644 份问卷数据,经初步剔除后,保留 589 份有效数据,其中情景一(出行距离 2~5km)、情景二(出行距离 5~15km)、情景三(出行距离>15km)分别包含 271 份、232 份和 86 份有效问卷。

(2) 出行者基本特性分析

统计 589 份有效调查问卷的数据,得到出行者的个人属性和社会经济属性,具体情况如图 3-11、图 3-12 所示。

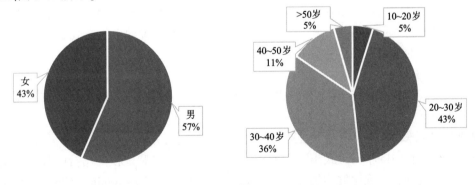

a) 被调查者性别统计　　　　b) 被调查者年龄段统计

图 3-11　被调查者个人属性

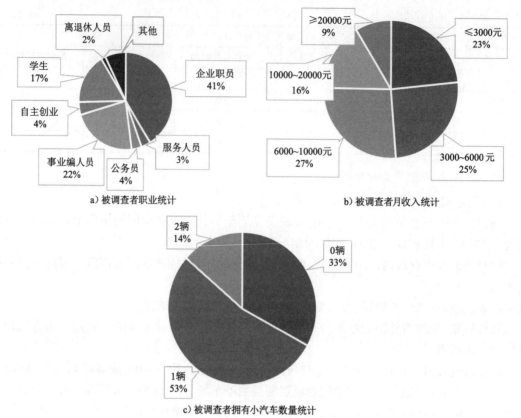

图 3-12 被调查者社会经济属性

由图 3-11 可知男、女问卷数量的比例为 1.3∶1,略高于第六次全国人口普查中男女性别比 1.1∶1,另外,由于本书主要面向通勤出行研究,因此调查对象以 20~50 岁进入职场工作的中青年群体为主,其中 20~30 岁、30~40 岁和 40~50 岁年龄段的被调查者分别占总数的 43%、36% 和 11%,这与研究的目标群体相符合。

被调查者的职业、收入和小汽车拥有数量等社会经济属性如图 3-12 所示。从图中可以看出,被调查者的职业以企业职员、事业编人员和学生群体为主,分别占比 41%、22% 和 17%。大部分被调查者的月收入均在 10000 元左右,可见收入分布总体比较合理。本书将小汽车出行视为城市通勤出行的一种重要方式,因此着重调查小汽车拥有者的出行方式选择情况,拥有 1 辆及以上小汽车的被调查者占总数的 67%,满足基本要求。

(3)出行方式特性分析

统计有效问卷数据,得到各单一方式出行的出行时间分布以及不同出行距离情景下的出行方式分布,具体如图 3-13、图 3-14 所示。

由图 3-13 可知,目前大中城市通勤出行的几类典型出行方式中(特指单一方式出行,或者组合方式出行过程中的单一方式出行环节),小汽车、常规公交和地铁的出行时长主要集中于 10~30min 时间段内,出现比例均超过 50%。此外,出行时长为 30~40min、>40min 的情况也较为普遍,各占 15%。而以行驶速度慢、优势出行距离较短著称的自行车出行,其出行时长在 0~30min 的范围内的出行占到 90% 的比例。换言之,30min 即为目前大中城市自行车通勤出行的最大出行时长。

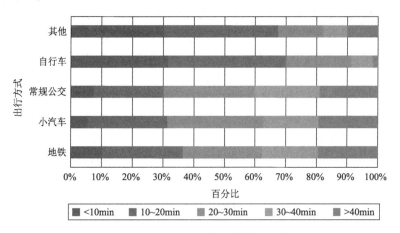

图 3-13 单一方式出行的出行时间分布图

由图 3-14 三类出行距离情景下的出行方式分布可知,在短距离通勤出行中(情景一出行距离 2~5km),自行车是最重要的出行方式,而自行车换乘公交车出行目前尚不普遍;在中程距离通勤出行中(情景二出行距离 5~15km),小汽车出行具有明显优势。此外,公交车、地铁以及自行车换乘地铁出行表现出近似的出行吸引力;在长距离通勤出行中(情景三出行距离>15km),小汽车、小汽车换乘地铁以及公交车换乘地铁 3 种出行方式目前均较为普遍,且三者的出行分担率相近似。

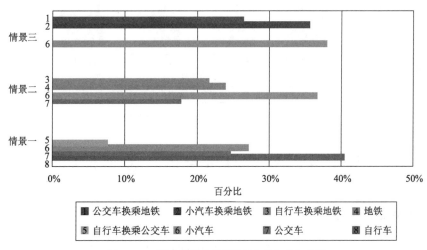

图 3-14 三类出行距离情景下的出行方式分布图

获取被调查者对地铁、小汽车、常规公交和自行车 4 种单一方式出行的乘坐舒适性评价,如图 3-15 所示。其中车内拥挤程度、体力消耗、准时性与舒适性指标均取 590 份问卷数据的平均值。

分析图 3-15,可知以下四方面特点:

①符合传统的直观认知,小汽车作为私人出行方式,保障固定的乘坐位置,总体表现出显著的舒适性优势,但是劣势在于一方面上下班高峰期内城市道路普遍拥堵引发出行延误,导致

出行达到的准时性较低，另一方面驾车过程中的体力消耗较大。

②地铁出行在准时性方面具有无可比拟的优势，相对另一种公共出行方式——常规公交而言，地铁的车内空间更为宽敞，通风条件好，车辆运行更为平稳，为交通出行者提供更舒适的出行服务。地铁出行的缺点在于线路和站点稀疏，导致到达及离开站点的接驳距离过长，以步行或自行车的方式接驳势必大幅增加体力消耗。

③与以往认识不同，车内拥挤程度和体力消耗构成了常规公交出行的优势，这可能由于目前大城市均形成了以地铁为主体、常规公交为补充的公共交通体系，地铁承担了主要的公共交通通勤出行客流，相对应的常规公交承载率较低，能提供足够的空余乘坐位置。常规公交的缺陷在于其车辆运行受社会车辆干扰和信号控制交叉口引发的行程延误，准时性差。此外，车内通风状况不利，行驶过程中车辆颠簸，极大影响乘车舒适性。

④在短距离出行条件下，自行车骑行能实现点到点的出行，准时性强，且体力消耗的劣势并不凸显，但是受限于市区自行车专用道设施水平，往往形成自行车与机动车、行人混行的情况，骑行时彼此干扰造成横向空间较拥挤，降低自行车出行的舒适性。

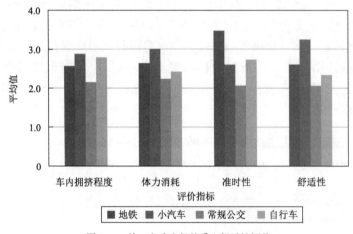

图 3-15 单一方式出行的乘坐舒适性评价

3.3 基于多源数据的组合出行特征获取方法

3.3.1 多源数据层级

相比于 RP 和 SP 调查获取的不同用户个人属性对不同组合出行的偏好，基于多源数据的组合出行生成方法，直接对大量真实的出行信息进行处理，可以对当前交通网络中各组合出行方式的客流分布情况进行研究。但限于当前的数据收集手段，仍没有直接获取组合出行数据的方式，需要根据单一方式数据对组合出行数据进行推导。

多源数据的获取可以划分为交通网络数据获取、单一交通方式数据获取、组合出行数据获取 3 个层次（图 3-16）。由于出行者无论采用步行、公共交通、小汽车、共享单车等哪种出行方式，都是在已有的交通路网上进行的。交通路网数据是进行出行轨迹获取，出行行为分析的基础。在获取交通网络数据基础上可以根据公交刷卡数据、轨道交通刷卡数据、小汽车定位数据进行处理,获取单一交通方式的出行数据。而组合出行方式则通过结合各单一方式数据以及交通网络数据,推导上下站位置以及换乘地点,从而得到具体的组合出行客流以及分布。

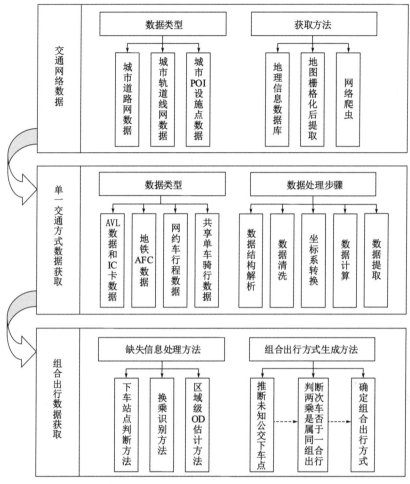

图 3-16 基于多源数据的组合出行数据获取方法

3.3.2 交通网络数据获取

交通网络数据主要包含道路网数据、轨道线网数据、城市 POI 设施点数据等能够真实反映现有交通网络现状的数据类型。其获取方法既包含从现有的较为精确和完善的地理信息数据库如 OpenStreetMap 数据库中直接获取,也包含通过对地图的栅格化处理提取相关路网信息以及通过网络爬虫获取建筑信息等多种方法。

(1) 城市道路网数据获取

OpenStreetMap(以下简称 OSM)数据库是众源地理信息数据的代表之一,OSM 数据是当前全球范围内最为精确和完善的矢量地理数据集。OSM 数据包括点、线、面等诸多要素,内容涵盖了交通道路网、土地利用类型等多种类型[15]。

以南京市道路网络为例,通过 Python 包 OSMnx 从 OpenStreetMap 获取[16]。导入 ArcGIS,最终路网包含 31169 个节点和 45774 个路段,如图 3-17 所示。

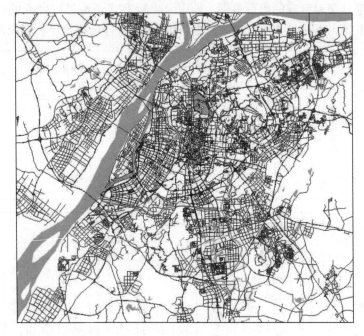

图 3-17　基于 OpenStreetMap 的南京市道路网络图

（2）城市轨道线网数据获取

高德地图开发平台支持包含高速公路、城市主路、轨道交通等常见的线路类型地图元素的编辑。通过使用地图编辑工具对轨道交通图层元素进行编辑，获取所需交通线路的底图。

以南京市轨道线网为例，通过地图编辑工具从高德地图获取。将轨道线路栅格图片数据在地理信息平台中矢量化，构建网络数据集，并参考南京地铁官网完成地理配准等操作，得到南京市地铁线路的空间数据，共获得 9 条地铁线路 139 个不同站点，具体分布如图 3-18 所示。

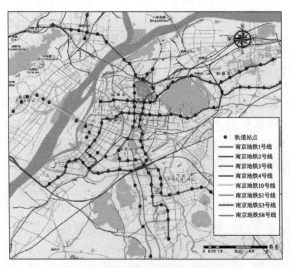

图 3-18　南京市轨道交通车站分布图

(3) 城市 POI 设施点数据获取

POI(Point of Interests)是表示真实存在地理实体的点状数据,区域内的 POI 类型和数量能在很大程度上反映该区域的土地利用性质[17]。在地理信息系统中,POI 设施点通常被认为是城市旅行的起点或目的地。高德开放平台提供专用 API 接口,为用户获取 POI 数据提供便利。

运用 Python 编程语言编写网络爬取工具,通过高德 API 开放接口爬取所使用的 POI 数据。数据包括名称、类型、地址、纬度和经度信息见表 3-5。

POI 数据结构说明表　　　　　　　　　　　　　表 3-5

字 段 名 称	字 段 说 明	字 段 名 称	字 段 说 明
Name	兴趣点名称	Longitude	兴趣点经度
Type	兴趣点类型	Latitude	兴趣点纬度
Address	兴趣点地址	—	—

3.3.3 城市单一交通方式数据及获取方法

城市单一交通方式主要包括轨道交通、公交、共享单车、小汽车等交通方式。由于各交通方式当前主要的数据采集方式不同,各交通方式的出行数据获取方法主要如下:

1) 公交出行数据

当前常用的公交出行数据主要包括 AVL 数据和公交 IC 卡数据。其中,AVL 数据是基于车辆自动定位技术获取的数据;车辆自动定位技术目前已经非常成熟并在公交车辆中逐渐普及,在公交车的到站预测、上车站点识别、下车站点推导等研究领域得到了广泛应用。公交 IC 卡数据主要指公交刷卡数据,包含用户信息、上车点、下车点等。两种数据结合处理能够有效推导出公交客流的 OD 分布、客流量大小等特征。

典型的公交刷卡数据主要包含卡号(ID)、刷卡日期(data)、上下车刷卡时间(time)、车辆编号(bus number)以及线路编号(line number)等字段(图 3-19)。

图 3-19　公交刷卡数据示意图

2) 轨道交通出行数据

轨道交通出行数据主要基于轨道交通刷卡数据。轨道交通刷卡数据通常来自城市轨道交通的 AFC 系统,该系统实现了轨道交通售票、检票、计费、收费、清分结算和运行管理等全过程的自动化,并记录了乘客的刷卡进出站时刻、进出站点名称或编号、刷卡类型等信息。

典型的轨道交通刷卡数据主要包含卡号(ID)、刷卡日期(date)、进站刷卡时间(get on time)、出站刷卡时间(get off time)、出发站点编号(get on station)、到达站点编号(get off station)等字段(图 3-20)。

ID	date	get off time	card number	card class	facility	get off station	get on time	get on station
6	2017-01-09	09:23:14	0000993172268098	030	29070118	0000101	20170109084151	0000053
7	2017-01-09	17:26:25	0000993172268098	030	22035317	0000053	20170109163940	0000009
8	2017-01-09	13:11:17	0000993172268098	030	22022501	0000025	20170109124842	0000101
9	2017-01-09	10:42:25	0000993172254333	030	22023204	0000032	20170109102748	0000026
10	2017-01-09	12:30:54	0000993172254333	030	22022606	0000026	20170109121237	0000032
11	2017-01-09	07:19:22	0000993172254333	030	22022606	0000026	20170109070153	0000032
12	2017-01-09	14:04:35	0000993172254350	030	29070119	0000101	20170109134834	0000098
13	2017-01-09	07:11:36	0000997169194745	007	22034447	0000044	20170109070014	0000047
14	2017-01-09	13:41:46	0000997169253379	007	22035508	0000055	20170109132828	0000052
15	2017-01-09	12:32:55	0000997169253379	007	22035205	0000052	20170109122418	0000054
16	2017-01-09	12:02:16	0000997169253379	007	22035408	0000054	20170109115606	0000055

图 3-20 轨道交通刷卡数据示意图

3)小汽车出行数据

小汽车出行主要包含出租车出行、网约车出行、私家车出行。由于私家车出行的数据主要通过 GPS 数据获取,而多数城市出租车已经成为网约车出行服务的一部分,因此,相关数据可以由网约车运营公司提供。主要包含车辆编号(ID)、运行时间、订单编号(ID)、实时经纬度等。

4)共享单车数据

共享单车数据主要来源于共享单车运营企业的单车骑行数据。一般情况下,共享单车数据主要包含订单编号、车辆编号、用户编号、订单的起始和终止时间、骑行的起点和终点经纬度,以及骑行过程中的轨迹点集合。

由于轨道交通、公交及共享单车的刷卡数据结构大致相似,本节以共享单车的数据处理过程为例进行详细说明。其工作大致可以分为数据结构解析、数据清洗、坐标系转换、数据提取及分析 4 个部分。

(1)共享单车数据结构解析

共享单车的原始数据时间跨度为 2017 年 9 月 18—24 日,地理范围是南京市域,其中有效的单车出行数据总计 3618994 条,原始订单数据经纬度采用 GCJ-02 高德火星坐标系。原始出行数据的字段和名称说明见表 3-6、表 3-7。

共享单车骑行数据结构说明表　　　　　　　　　　　　　　表 3-6

字 段 名 称	字 段 说 明	字 段 名 称	字 段 说 明
Order_ID	订单编号	Start_location_y	起点纬度
User_ID	用户编号	End_time	还车时间
Bike_ID	车辆编号	End_location_x	终点经度
Start_time	借车时间	End_location_y	终点纬度
Start_location_x	起点经度	Date	日期

共享单车订单部分原始数据表　　　　　　　　　　　　　　表 3-7

订单编号	车辆编号	借车时间	起点经度	起点纬度	还车时间	终点经度	终点纬度
MBK0200021 *****05690903775	200021552	2017-09-18 07:28:35	118.867007	31.9525406	2017-09-18 07:36:55	118.871392	31.9421487
MBK0200021 *****05733298752	200021552	2017-09-18 19:15:11	118.871392	31.9421487	2017-09-18 19:18:00	118.870768	31.9429941

续上表

订单编号	车辆编号	借车时间	起点经度	起点纬度	还车时间	终点经度	终点纬度
……	……	……	……	……	……	……	……
MBK0200037 ***** 05718149712	200037808	2017-09-18 15：02：34	118.707891	31.7227853	2017-09-18 15：06：30	118.709543	31.7261972
MBK0200037 ***** 05725336101	200037808	2017-09-18 17：02：20	118.709543	31.7261972	2017-09-18 17：58：14	118.709840	31.7261814
……	……	……	……	……	……	……	……

（2）共享单车数据清洗

数据清洗是进行数据分析的前期必要准备，对数据质量控制有直接影响。由于信号屏蔽、操作失误、定位故障等原因会引起共享单车与服务器的通信定位出现异常，进而影响后台骑行数据统计的精确度，因此有必要对数据进行预处理，减少误差带来的影响。数据清洗主要从以下 6 个方面着手：

①剔除骑行空值数据。由于 GPS 设备记录及后台数据传输等系统原因造成的异常数据，表现为订单开始时间、用车与地理位置信息出现空值或者不匹配，剔除空值数据。

②剔除重复字段数据。订单编号必须是唯一值，对于订单数据出现重复字段的异常数据，需要进行剔除。

③剔除越界经纬度数据。南京市域范围坐标为 N31°14″~32°37″，E118°22″~119°14″，剔除位于坐标范围外的数据。

④剔除租借不在同一天数据。剔除租车日期和还车日期不在同一天的记录。

⑤剔除骑行时间异常数据。原始骑行数据的 98% 分位数为 40min，因此可以将 40min 作为时间维度的清洗标准，剔除骑行时间超过 40min 的数据。考虑用户取车、还车的操作时间，一次出行的借还车时长阈值为 60s，剔除用车时长小于 60s 的记录。

⑥剔除骑行距离异常数据。共享单车前期的红包奖励用户用车活动，存在部分使用者产生多个非正常订单，故剔除出行距离小于 150m 的记录。

（3）坐标系转换

目前地图坐标系主要有以下三大类。

①地球坐标系（WGS-84）：为国际通用坐标系，即由 GPS 芯片或北斗芯片获取的经纬度。

②火星坐标系（GCJ-02）：地球坐标系经过国家测绘局进行加密后形成火星坐标系。腾讯地图、搜狗地图、阿里云地图、高德地图、谷歌地图都应用火星坐标系。

③百度坐标系（BD-09）：在火星坐标的基础上再进行一次加密，即形成了百度地图上的坐标，因此，直接将标准地球坐标显示在百度地图上会有几百米的偏差。按照此原理，标准 GPS 坐标经过两步转换可得到百度坐标。

目前已有的 GIS 地理信息均为 WGS-84 标准地球坐标，而共享单车订单数据经纬度采用 GCJ-02 高德火星坐标系，需要将高德火星经纬度坐标转化至 WGS-84 标准地球坐标。

(4)数据提取及分析

①骑行总量分布。

根据以上步骤对南京市 2017 年 9 月共享单车骑行特征进行统计,见表 3-8。

骑行订单总体分布及天气情况表   表 3-8

时间	9月18日周一	9月19日周二	9月20日周三	9月21日周四	9月22日周五	9月23日周六	9月24日周日
订单数量(人次)	622025	610611	498838	538737	649531	554205	145047
天气情况	晴	阴	中雨	阵雨	多云	阵雨	大到暴雨

由表 3-8 可知,2017 年 9 月 18—24 日南京共享单车日均骑行量约为 50 万人次,周五达到最大值,接近 65 万人次,可以看出共享单车已经成为公共交通方式的重要组成部分。不同天气状况下的每日共享单车订单出行量存在差异。晴天和多云时的出行量都较高,阴天和阵雨时的出行需求会略有减少,大雨等恶劣天气下的出行量很少。结果表明,天气对共享单车出行有着明显影响,良好天气下用户的骑行意愿更强。

对共享单车平均每日使用次数进行统计分析,如图 3-21 所示。

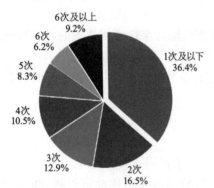

图 3-21 平均每日单车使用次数占比图

由图 3-21 可知,大部分车辆都处于低效使用的状况,超过 1/3 的单车每天使用次数不超过 1 次。这与公共自行车每日周转 5 次左右的盈亏点相比仍有较大差距,由此可见,企业如果盲目投放共享单车吸引用户群以占领市场,将造成供给远远大于实际需求。单车的日均使用效率还有待提升,大部分车辆低频周转的情况对停放设施的布局以及容量精细化配置提出了更高要求。

②骑行时长分布特征。

对轨道交通站点换乘骑行的时长数据进行统计分析,如图 3-22 所示。

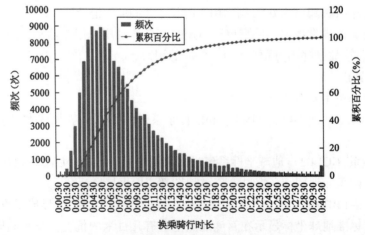

图 3-22 换乘骑行时长分布图

由图 3-22 可知,在骑行时间的分布上,各个站点出站口周边共享单车的骑行时长主要在 4~8min。由此可见,76.6% 的出行者使用共享单车的时长均在 10min 之内,进一步验证了共享单车在短途换乘衔接城市轨道交通站点"最后一公里"中承担的重要作用。

③借还时间分布特征。

对轨道交通站点换乘骑行的借还时间数据进行统计分析,如图3-23所示。

由图3-23可知,工作日站点周边共享单车骑行时段有两个明显高峰期,其中7:00—9:00定义为换乘骑行的"早高峰",17:00—19:00定义为换乘骑行的"晚高峰",其他时段的出行量明显低于高峰时段的出行量,定义为"平峰"。工作日共享单车换乘骑行的早晚高峰特性基本同城市轨道交通早晚高峰特性保持一致。由此可见,共享单车早晚高峰时段骑行量占全日骑行总量的比重远高于平峰时段,具有一定的波动性和不平衡性。

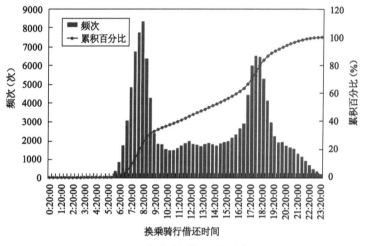

图3-23 换乘骑行借还时间分布图

3.3.4 基于多源数据的组合出行数据方法及理论

当获取单一方式数据之后,由于出行者在一次出行中可能使用多种交通方式,且存在多个上车点以及下车点,其中下车点的具体信息位置在下车不刷卡的公交系统中没有信息储存,从而难以直接获取。同时只记录上下车位置,也难以判断用户是否采用组合出行以及换乘的站点。因此,需要进一步根据各单一交通方式出行数据,推导出完整的组合出行信息。

对由刷卡数据组成的公交、轨道交通及共享单车数据来说,由单一方式出行数据推导组合出行信息存在两个关键步骤,即推导上下车站点以及判断换乘站点。

1) 上下车站点推断

(1) 上车站点推断:对上车站点的推断常见于仅记录进站/上车信息的刷卡系统。这类系统可按所记录的信息进一步分为以下三小类:同时记录进站时间和站点信息、仅记录进站时间信息、不记录进站时间和站点信息。其中,第一类系统记录了完整的数据,无须做推断;第二类系统通常会结合AFC系统和AVL或GPS数据,基于其时间戳和线路编号或车辆编号进行关联,进而进行上车站点的推断;第三类系统同样需要结合其他数据进行推断,不过这类系统非常少见。考虑到目前大部分公交系统都会记录完整的进站/上车信息,因此这里对上车站点的推断不作为重点讨论。

(2) 下车站点推断:对下车站点的推断方法主要基于组合出行(trip chain)分析方法[19],

假定出行者一天的组合出行是一个闭环,大部分出行者每一次出行的下车站点就是下一次出行的上车站点或在其一定范围内(连续性假设),且大部分出行者会回到当天最早一次出行的上车站点或在其一定范围内(日组合出行对称假设)。数学上可以表达为:

$$S_i = k \rightarrow \begin{cases} \min d(E_{i+1}, \cdots, k) & (i < n) \\ \min d(E_1, \cdots, k) & (i = n) \end{cases}$$

$$k \in K_i^r \text{ 满足} \begin{cases} d(E_{i+1}, \cdots, k) \leq d_{\max} & (i < n) \\ d(E_1, \cdots, k) \leq d_{\max} & (i = n) \end{cases} \tag{3-1}$$

式中:S_i 和 E_i——第 i 次出行的上车和下车站点;

　　　n——出行者一天中的总出行次数;

　　　K_i^r——线路 r 上站点 i 对应的下游站点的集合;

　　　$d(x,y)$——两点间的欧氏距离或步行距离;

　　　$d_{\max}$——距离阈值(最大步行距离)。

图 3-24 给出了一例典型的组合出行。该出行者首先从家经线路 R_1 到达工作单位,再经 R_2 到达购物中心,最后由购物中心经 R_3 回家。根据上述表达式,下车站点 E_1 必须在距离上车站点 S_2 一定距离范围内,即 $d(E_1, S_2) < d_{\max}$,并选择距离 S_2 最近的站点 k。随后,E_2 的位置可以利用 S_3 进行推断,最后一次出行的下车站点 E_3 的位置可以利用一天中第一次出行的上车站点位置 S_1 进行推断。不过组合出行分析方法在只有一天刷卡数据的情况下,无法对当天仅有一条信息出行的终点进行推断,因此,在实际应用过程中,应获取尽可能长期的数据,利用其他日期的出行数据进行终点推断。

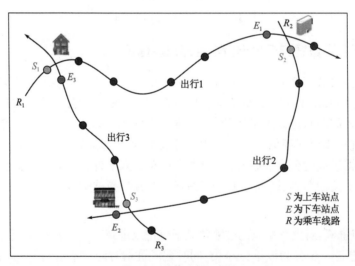

图 3-24　组合出行示意图

对于连续性假设,需要设定合理的距离阈值,研究人员应综合考虑数据自身属性、居民换乘习惯(自行车或步行)、公共交通方式(常规公交或轨道交通)等因素,或从数据出发,选择推断准确度最高的距离阈值。对于每日组合出行对称假设,轨道交通出行者通常能够满足该假设,因为其出行距离较长,而公交出行者有时无法满足该假设,因为他们更可能在下班途中进行购物或访友并选择其他交通方式作为每天最后一次出行的选择,如步行、网约车和出租车等[20]。

2)换乘识别

对于公交车来说,乘客每换乘一辆公交车都需要在上车时刷卡,系统都会记录一条数据,但在乘坐轨道交通时并不需要在换乘站刷卡。因此,公交车系统的每条记录对应一次上下车,而轨道交通系统的一条记录可能对应一次或多次上下车。图3-25描述了5种需要区分换乘(Transfer)与活动(Activity)的情形,区分两者的方法主要基于时空约束和线路约束。

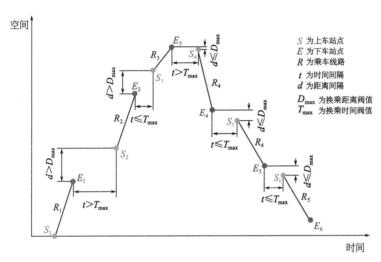

图3-25 换乘识别示意图

时间上的约束被称为"换乘时间阈值",记作 T_{max},即一天当中公交卡用户两次连续的下车和上车之间的最大时间间隔;距离上的约束被称为"换乘距离阈值",记作 D_{max},即一天当中公交卡用户两次连续的下车和上车之间的最大步行距离。在假定步行速度的情况下,距离和时间可以相互转换。若 $t>T_{max}$ 或 $d>D_{max}$,这段记录便会被识别为活动。在已有研究中,T_{max} 取值从18min到90min不等,而 D_{max} 从400m至1500m不等,因此在实际应用过程中,研究人员应根据实际情况合理设定阈值。

线路约束基于当前线路与上一条线路,如果连续两次出行对应的线路相同,那么不管时间约束和距离约束是否满足或两次的出行乘坐方向是否相同,它们之间的这段时间都会被识别为活动。时空约束与线路约束下的识别规则可以表达为:

$$\Delta(E_i, S_{i+1}) = \begin{cases} \text{Transfer} & (t \leq T_{max}, d \leq D_{max} \text{ 且 } R_i \neq R_{i+1}) \\ \text{Activity} & (\text{其他}) \end{cases} \quad (3\text{-}2)$$

3.3.5 基于多元数据的组合出行生成案例分析

本节依托英国伦敦的研究案例对用户组合出行生成方法做进一步说明[21]。本例采用乘客智能卡(oyster card,伦敦公共交通的主要支付媒介,包括公交、轨道交通、电车以及轮渡等)数据,并结合公交站点数据、地铁站点数据、公交线路数据和公交速度统计数据进行组合出行数据的提取(表3-9)。

数 据 字 段 表　　　　　　　　　表3-9

数 据 源	关键字段信息
用户刷卡数据	智能卡编号、公交上车站点编号、公交刷卡时间、公交线路编号、轨道交通进站时间与站点、轨道交通出站刷卡时间与站点
公交站点数据	公交站点名称、公交站点位置坐标
轨道交通站点数据	轨道交通站点名称、轨道交通站点位置坐标、站点所属区域
公交线路数据	线路编号、线路站点编号、各站点位置数据
公交速度统计数据	线路编号、线路速度

选取伦敦市2013年12月共8个工作日的刷卡数据,包含了轨道交通和地面公交的刷卡数据。刷卡数据共计32864700条,涉及2700967位乘客。其中公交出行记录为13240654条,轨道交通刷卡记录为19624046条。表3-10为具体乘客的智能卡刷卡数据,主要包括乘客的出行日期、智能卡编号、记录类型、站点名称和进出站时间等信息(表3-10)。

智能卡数据基本信息　　　　　　　　　表3-10

日期	智能卡编号	类型	公交编号	费用	进站名	上车时间	交易时间	智能卡类型	出站名
12354	162	B	12871	140	—	—	839	142	0
12354	162	U	—	210	708	861	891	142	600
12354	329	U	—	0	650	419	439	36	719
12354	329	B	9086	0	—	—	1020	36	—
12354	329	B	BP975	0	—	—	443	36	—
12354	329	U	—	0	719	1032	1055	36	650

首先,对用户乘坐公交的下车站点进行推断;然后,结合公交线路数据与速度数据给出用户乘坐公交的准确时间,基于换乘时间阈值对用户连续的出行记录进行组合出行归属判断;最后,将用户独立的刷卡记录划分成不同的组合出行。

1) 出行方式判断

刷卡数据包含用户乘坐地面公交与轨道交通的所有出行记录。地面公交往往采用上车刷卡制,造成了用户下车信息的缺失。本例结合多种不同的数据计算出用户真实的公交乘车时间。下面将介绍如何结合刷卡数据、地理信息数据、公交线路运行数据对用户的出行方式进行判断。

在刷卡数据中,用户主要的换乘方式有公交换乘公交(Bus-Bus,B-B)、公交换乘地铁(Bus-Underground,B-U)、地铁换乘公交(Underground-Bus,U-B)和地铁换乘地铁(Underground-Underground,U-U)。

对于B-U、B-B,由于它们都缺失公交下车相关信息,需要通过一系列的计算和推导来得到用户从上车点到下车点之间的出行时间。根据合理计算得到的合理出行时间,与刷卡数据中两段上车时间差值进行比较,判断用户的这两段出行是否同属于一条完整的组合出行。

对于 U-B,由于用户的地铁换乘一般是站内换乘,无须重复进站与出站。本例默认这种连续两段地铁的出行方式属于不同的组合出行。

对于 U-U,智能卡中两段出行的时间差主要是用户在乘坐地铁后换乘公交的时间。一般而言,该段时间相对稳定且较短。因此,通过计算地图上公交站与地铁站之间的距离判断用户换乘的一般步行时间,并且考虑其他的时间影响(如用户等待时间)。最终得到一个合理的用户换乘地铁的时间值。

假设用户当前公交线路值为 R_1,B_i 为 R_1 线路的经停站,即 $\{B_1,B_2,\cdots,B_i,\cdots,B_n\}\in R_1$,当前公交线路的上车站为 O_1,下段出行的上车站为 O_2。假设用户从下车点到换乘点之间的出行方式统一为步行,步行速度取值 2 英里/h(注:1 英里约合 1.6km)。用户在当前线路的下车站点设为 T。在计算过程中,假设用户为了节省时间,选择距离换乘点最近的公交经停站下车。为了提高运行效率,对 O_2 附近的 $B_1,B_2,\cdots,B_i,\cdots,B_n$ 进行搜索,得到的最近点就确定为实际下车站点。伦敦的地铁换乘公交的平均时间为 20min,当刷卡数据中的换乘时间大于 20min 时,认为用户的这两段出行同属于不同的组合出行。当刷卡数据中的换乘时间小于 20min 时,认为用户进行正常的换乘行为,这两段出行同属于一种组合出行。具体步骤如下:

(1)判断出用户的换乘方式种类。

(2)若属于 B-B,图 3-26b)中深灰色的线条代表公交线路 R_1,点代表该线路上所有的站点。用户在站点 O_1 乘坐线路 R_1 的公交到达某公交换乘点 T 之后,接着步行换乘至另一个地铁站 O_2:

①换乘点 T 需要通过对线路经停点 $B_1,B_2,\cdots,B_i,\cdots,B_n$ 与 O_2 建立索引后,搜索 O_2 附近的最近点得到。

②当用户的换乘点 T 与公交上车点 O_2 重合时,用户的换乘距离为 0。因此,图 3-26b)的换乘距离的取值为 $[0,+\infty)$。

③在得到换乘点 T 之后,结合用户的上车地点 O_2 在公交线路数据表中搜索线路 R_1 上该两点之间所有的经停站点。

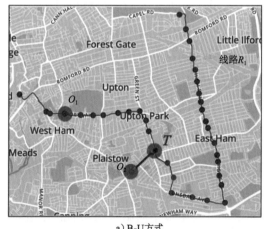
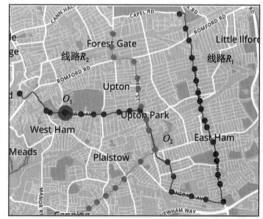

a) B-U 方式　　　　　　　　　　　　b) B-B 方式

图 3-26　用户出行轨迹示意图

(3)若属于 B-U,图 3-26a)中深灰色的线条代表公交线路 R_1,点代表该线路上所有的站点。用户在站点 O_1 乘坐线路 R_1 的公交到达某公交换乘点 T 之后,接着步行换乘至地铁站 O_2。用户从 O_2 出发乘坐地铁进行下一段出行。其中有关换乘点 T 的推测,以及用户在公交线路 R_1 上的实际路程计算都基本与出行方式为 B-U 的计算过程一致。

(4)若属于 U-U 或 U-B,无须进行用户的出行路径判断。

2)出行路径提取

从智能卡数据中仅能直接得到单个出行路段,而非完整的一条出行路径。为了解决该问题,根据两段出行之间的换乘时间来判断这两段出行是否属于一条出行链。该方法的主要思想是:上下班通勤用户一般在早上从家到达公司之后会在公司办公,一直待到傍晚回家。所以用户一天中上下班通勤出行链之间的间隔时间相对较长,而在乘车过程中的换乘时间一般相对较短。因此,本研究通过分析相邻两端出行记录之间的阈值来进行用户出行路径匹配。须解决以下两个问题:

(1)刷卡数据没有记录用户乘坐公交的下车时间和下车站点。前面中主要解决了用户乘坐公交的下车站点问题,但用户下车的具体时间尚未解决。当利用时间阈值方法确定公交与其他交通方式之间是否为换乘行为时,由于下车时间未知,这两段记录之间还包含用户乘坐公交的行驶时间。

(2)两段记录之间的间隔时间阈值该如何确定,即如何界定记录之间的时间是属于用户的换乘时间,还是属于用户两个不同组合出行之间的目的地停留时间。

根据相关研究,本例采用的时间阈值为:地铁换乘公交的时间阈值取 20min,公交换乘地铁的时间阈值取 35min,公交换乘公交的时间阈值取 45min。具体步骤如下:

①设置 i 与 $R(i)$ 的初始值。i 为用户的刷卡记录编号,$R(i)$ 为组合出行编号。

②判断 i 是否为用户刷卡记录中的最后一条记录。

③如果该记录不是用户的最后一条刷卡记录,则取出用户的第 i 条与第 $i+1$ 条出行记录,并判定这两种出行记录的换乘方式:

a. 如果用户的第 i 条出行记录为地铁出行,则计算用户乘坐公交的车辆运行时间。并根据实际两条组合出行之间的时间差计算出用户的换乘时间。

b. 如果用户的第 i 条出行记录为公交出行,则实际两条组合出行之间的刷卡时间差为用户的换乘时间。

c. 判断换乘时间与标准换乘时间阈值的大小。如果换乘时间大于标准阈值,那么认为第 i 条与第 $i+1$ 条出行记录属于不同的组合出行,令 $R(i)=R(i)+1$,且 $i=i+1$。如果小于标准阈值,则认为第 i 条与第 $i+1$ 条出行记录同属于一条组合出行,令 $R(i)=R(i+1)$,且 $i=i+1$。

d. 返回第二步。

④如果该记录为用户的最后一条刷卡记录,则继续判断该记录的出行类型:

a. 如果最后一条出行记录为地铁出行,则直接执行第五步。

b. 如果最后一条出行记录为公交出行,则认为用户一天中最早的出行记录的起点站为用户当天出行的终点站。根据终点站,计算得到用户乘坐公交的乘车时间。执行第五步。

⑤结束计算。

3)稳定组合出行提取

提取用户所有的组合出行后可以看到,这些组合出行中的主要信息包括:起点站名称、起点站上车时刻、换乘站名称、换乘站换乘时刻、终点站编号以及终点站下车时刻。但当前的组合出行只包含了用户在独立的工作日中的不同出行。城市公共交通用户的出行往往具有一定的规律性,用户在多个工作日中的组合出行会出现空间上的相近性。本节根据已有的组合出行计算出用户在 8 个工作日中所有的稳定出行路径组。

图 3-27a)表示某用户组合出行的起点分布,圆表示以组合出行 $R(1)$ 的起点 $R(1)\_O$ 为中心、半径为 0.5 英里的区域。若其他组合出行起点在该范围内,则认为这些点与中心点 $R(1)\_O$ 为邻近点,记为点集 $N_O = \{R(1)\_O, R(3)\_O, R(5)\_O\}$。

图 3-27b)表示某用户组合出行的终点分布,圆表示以组合出行 $R(1)$ 的终点 $R(1)\_D$ 为中心、半径为 0.5 英里的区域。若其他组合出行终点在该范围内,则认为这些点与中心点 $R(1)\_D$ 为邻近点,记为点集 $N_D = \{R(1)\_D, R(3)\_D, R(5)\_D\}$。

最终得到集合 N_O 与集合 N_D 的交集。图 3-27c)中显示了用户的稳定出行路径。

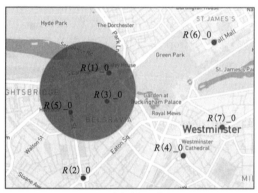

a)用户起点站O分布

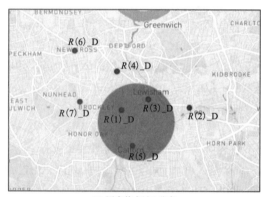

b)用户终点站D分布

c)用户稳定路径分布

图 3-27 用户稳定路径示意图

最终得到组合出行的总数为 605353 条,平均每个用户出行了两次左右。在伦敦市 9 个区域中,不同区域的组合出行分布如图 3-28 所示。1 区是伦敦出行最为活跃的区域,从 1 区到 9 区组合出行数量逐渐减小,与伦敦交通网络的覆盖面积从中心到边缘由强变弱的分布情况一致。

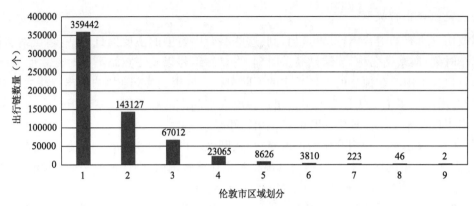

图 3-28 不同区域组合出行分布直方图

本章参考文献

[1] 吴炜光.多模式交通网络环境下典型多方式组合出行效用分析[D].南京:东南大学,2018.

[2] 孟梦.组合出行模式下城市交通流分配模型与算法[D].北京:北京交通大学,2013.

[3] 郭运宏,王利,杨青骥.有限多类别交通网络的广义Wardrop均衡特征[J].暨南大学学报(自然科学与医学版),2012(3):244-249.

[4] PAGLIERO M.Competition in the UK gas industry[J].Icer Working Papers,2000,34(8):901-24.

[5] 华雪东.基于供需平衡的多方式交通系统出行结构优化研究[D].南京:东南大学,2016.

[6] 钱振邦.基于轨道交通的多模式交通网络换乘影响阈值研究[D].西安:长安大学,2015.

[7] 刘炳恩,隽志才,李艳玲,等.居民出行方式选择非集计模型的建立[J].公路交通科技,2008(5):116-120.

[8] GONG X,CURRIE G,LIU Z,et al.A disaggregate study of urban rail transit feeder transfer penalties including weather effects[J].Transportation,2018,45(5):1319-1349.

[9] 李海波,陈学武,陈峥嵘.基于公交IC卡和AVL数据的客流OD推导方法[J].交通信息与安全,2015,33(6):33-39,95.

[10] 杨敏.基于活动的组合出行特征与出行需求分析方法研究[D].南京:东南大学,2007.

[11] 方怡沁,常云涛,彭仲仁.基于SP/RP调查的停车设施规划及收费政策研究[J].交通标准化,2013(9):27-31.

[12] 李新友,陈五一,韩先国.基于正交设计的3-RPS并联机构精度分析与综合[J].北京航空航天大学学报,2011(8):979-984.

[13] 方开泰,马长兴.正交与均匀试验设计[M].北京:科学出版社,2001.

[14] 卢冶飞,孙忠宝.应用统计学[M].3版.北京:清华大学出版社,2017.

[15] 丁浩洋.城市多模式公交网络快速构建与客流分配研究[D].南京:东南大学,2018.

[16] BOEING G.OSMnx:New methods for acquiring, constructing, analyzing, and visualizing complex street networks[J].Computers,Environment and Urban Systems,2017,65:126-139.

[17] 曹芳洁.基于POI和OSM数据的城市意象要素识别[D].济南:山东师范大学,2019.

[18] 樊东卫,何勃亮,李长华,等.球面距离计算方法及精度比较[J].天文研究与技术,2019, 16(1):69-76.

[19] BARRY J J, NEWHOUSER R, RAHBEE A, et al. Origin and destination estimation in New York City with automated fare system data[J]. Transportation Research Record, 2002, 1817 (1):183-187.

[20] HUSSAIN E, BHASKAR A, CHUNG E. Transit OD matrix estimation using smartcard data: Recent developments and future research challenges[J]. Transportation Research Part C: Emerging Technologies, 2021, 125:103044.

[21] 高亮.基于智能卡数据的票价策略对公共交通出行选择方式的影响研究[D].南京:东南大学,2019.

第4章 城市多模式交通组合出行需求效用分析建模

本章以城市广义交通枢纽为切入点,以城市多模式交通网络中典型组合出行方式的选择机理为研究目标,以出行效用建模与效用分析为手段,确定出行者特性、出行特性和交通工具特性对居民组合出行方式选择的定量影响,明确影响各方式优势出行的关键因素,确定单一方式出行向组合方式出行转换的阈值条件,为调整现有的城市出行方式需求提供依据。

本章的主要内容包括:①组合出行效用 MNL 模型;②组合出行效用 NL 模型;③单一方式出行向组合方式出行转化的阈值研究。

4.1 组合出行效用多项 Logit 模型

4.1.1 随机效用理论

效用(utility)出自微观经济学研究领域,指商品满足消费者需求的能力和程度[1]。值得注意的是,该满足程度为消费者纯粹的一种主观心理感受,换言之,并不存在客观标准评价物品的效用值高低,效用衡量完全取决于消费者消费某项物品或服务时的主观感受。如果消费某项物品或服务的行为为消费者带来积极充足的满足感,则产生了正效用,满足程度越高,对应效用越大;如果引发消费者不舒适情绪,则产生了负效用。

借鉴经济学领域效用的概念,将出行效用定义为人们根据出行行为相关的时间、费用、舒适性、安全性因素,在出行决策中做出的综合价值度量。简而言之,出行者承担一定时间和费用成本,获得某项出行服务以实现空间位置的移动,在这一过程中每个出行者都会选择自认为综合代价最小、心理满足程度最高的出行方式或路径,这一综合价值即为出行效用。出行效用高意味着被选择的概率大,出行效用低则被选择的概率小[2]。

而出行者在出行行为选择过程中遵循效用最大化原则[3],即总是选择出行效用最大的出行方案。随机效用理论认为效用 U_{ij} 是一个随机变量,可以表示为效用确定项和随机项之和,公式如下:

$$U_{ij} = V_{ij} + \varepsilon_{ij} \tag{4-1}$$

式中:ε_{ij}——随机项为不可测的系统误差,服从某种函数分布(正态分布或 Gumble 分布);

V_{ij}——确定项为系统的可测部分,与出行行为影响因素之间存在函数关系,称为效用函数。

通常效用函数采用线性形式,表示如下:

$$V_{ij} = x'_{ij}\beta_i + z'_i\gamma_i \quad (i = 1, \cdots, n; j = 1, \cdots, J) \tag{4-2}$$

式中：x'_{ij}——解释变量是选择项 j 的效用属性，既随出行者 i 而变，也随出行方案 j 而变；

z'_i——解释变量是只随出行者 i 而变的出行者特性变量；

β_{ij}、γ_i——变量系数。

根据最大效用理论，出行者 i 在多模式网络环境下进行组合出行方式选择时，当且仅当出行方式 j 带来的出行效用高于其他方案时，出行者 i 选择方式 j 出行，选择概率为：

$$\begin{aligned} P(y=j|x_{ij}) &= P(U_{ij} \geqslant U_{ik}, \forall k \neq j) \\ &= P(U_{ik} - U_{ij} \leqslant 0, \forall k \neq j) \\ &= P(\varepsilon_{ik} < \varepsilon_{ij} + V_{ij} - V_{ik}, \forall k \neq j) \\ &= P(\varepsilon_{ik} - \varepsilon_{ij} < x'_{ij}\beta_j + z'_i\gamma_j - x'_{ik}\beta - z'_i\gamma_k, \forall k \neq j) \end{aligned} \quad (4\text{-}3)$$

且概率需要满足 $0 \leqslant P(y=j|x_{ij}) \leqslant 1$ 和 $\sum_{j \in J} P(y=j|x_{ij}) = 1$ 的条件。

4.1.2 多项 Logit 模型

1）模型介绍

当出行效用的随机项 ε_{ij} 服从独立同分布的 Gumbel 分布时，出行方式的选择符合多项 Logit（Multinominal Logit，MNL）模型，出行者 i 选择方式 j 出行的概率为：

$$\begin{aligned} P(y=j|x_{ij}) &= P(\varepsilon_{ik} < \varepsilon_{ij} + V_{ij} - V_{ik}, \forall k \neq j) \\ &= \frac{\exp(\mu V_{ij})}{\sum_{k=1}^{J} \exp(\mu V_{ik})} \\ &= \frac{\exp(x'_{ij}\beta_{ij} + z'_i\gamma_i)}{\sum_{k=1}^{J} \exp(x'_{ik}\beta_{ik} + z'_i\gamma_i)} \end{aligned} \quad (4\text{-}4)$$

式中：x_{ij}——选择项 j 的效用属性，既随出行者 i 而变，也随出行方案 j 而变；

z_i——只随出行者 i 而变的出行者特性变量；

β_{ij}、γ_i——变量系数。

必须注意的是，模型无法同时识别所有的系数 γ_i。这是因为如果将 γ_i 变化为 $\gamma_i^* = \gamma_i + \alpha$（$\alpha$ 为常数向量），右式的分子和分母共同消去 $\exp(z'_i\alpha)$ 项，出行方案 j 的选择概率保持不变，即并不影响模型自身的拟合。为此，通常将某方案作为"参照方案"，然后令其出行者特性变量系数 $\gamma_i = 0$[4]。

多项 Logit 模型的参数利用最大似然法（MLE）估计，出行者 i 的似然函数值为：

$$L_i(\beta_1,\cdots,\beta_J) = \prod_{j=1}^{J} P(y_i=j|x_{ij})^{1(y_i=j)} \quad (4\text{-}5)$$

似然函数取对数后表示为：

$$\ln L_i(\beta_1,\cdots,\beta_J) = \sum_{j=1}^{J} 1(y_i=j) \cdot \ln P(y_i=j|x_{ij}) \quad (4\text{-}6)$$

将个体的似然函数相加得到样本总体的对数似然函数，基于总体似然函数取最大值的原理，分别对待估计的参数求偏导，偏导数为 0，从而构建非线性方程组，最终通过求解方程组标

定模型参数 $\hat{\beta}_1,\cdots,\hat{\beta}_J$。

将出行者的出行选择结果变换为哑元变量的形式，每个哑元变量只对应 $P(y=1|x_{ij})$ 和 $P(y=0|x_{ij})$ 两种可能，并且满足 $p=P(y=1|x_{ij})=1-P(y=0|x_{ij})$。

那么存在：

$$\text{odds} = \frac{p}{1-p} = \exp(\mu V_{ij}) = \exp(x'_{ij}\beta) \tag{4-7}$$

odds 称为比数。当 x_{ij} 增加一个单位变为 $x_{ij}+1$ 时，记对应的选择概率为 p^*，则：

$$\frac{\dfrac{p^*}{1-p^*}}{\dfrac{p}{1-p}} = \frac{\exp[\beta_1+\beta_2 x_2+\cdots+\beta_j(x_j+1)+\cdots+\beta_k x_k]}{\exp(\beta_1+\beta_2 x_2+\cdots+\beta_j x_j+\cdots+\beta_k x_k)} = \exp(\beta_j) \tag{4-8}$$

$\exp(\beta_j)$ 为"比数比"，又称概率比、风险比率，表示解释变量 x_{ij} 增加一个单位引起比数之比的变化倍数[5]。

2) 模型检验

运用 Logit 模型进行组合出行效用建模时，需要对模型整体和各变量参数的拟合度进行检验，以保证模型的准确性与适用性。

(1) 模型整体拟合度

模型的整体拟合度可以采用 ρ^2 检验，计算表达式为：

$$\text{Adj.}\rho^2 = 1 - \frac{\text{LL}(\beta)-K}{\text{LL}(0)} \tag{4-9}$$

式中，$\text{LL}(\beta)$ 为预测模型的最大似然估计值；$\text{LL}(0)$ 为只包含常数项时模型的最大似然估计值；$\text{Adj.}\rho^2$ 为根据自由度调整后的 ρ^2，数值越大意味着模型整体拟合水平越好。

(2) 各变量参数的拟合度

Stata 软件要求变量参数的拟合度需通过 Z 值检验，Z 值检验法是当 σ^2 已知或样本容量充分大时，通过计算两个平均数之间差的 z^* 分数来与规定的理论 Z 值相比较，看是否大于规定的理论 Z 值，从而判定两平均数的差异是否显著的一种差异显著性检验方法。当满足以下关系时，变量通过拟合度检验：

$$|z^*| = \left|\frac{\hat{\beta}_2-\beta_2}{\text{SE}(\hat{\beta}_2)}\right| > |z(\alpha)| \tag{4-10}$$

(3) 不同模型优劣度比较

利用 $\chi^2=-2(\text{LL}_R-\text{LL}_U)$ 来分析假设检验结果，对比不同模型之间的优劣程度，LL_R 和 LL_U 分别为参照模型和目标模型的最大似然函数值。

4.1.3 组合出行效用 MNL 模型构建

1) 数据格式处理

本节运用 Stata 软件对第 3 章的问卷调查数据进行组合出行效用 MNL 模型的参数标定和比数比分析。由于在每一出行情景下存在多种出行方式供出现者自由选择，问卷数据中不仅存在部分的解释变量 x_{ij} 既随出行者 i 而变,也随出行方式 j 而变,还包含只随出行者 i 而变的出行者特性变量 z_i,且需要在标定模型参数前对数据集进行格式上的变换。

以出行情景一的数据集为例,共有 271 位出行者选择短距离出行情景,从小汽车、自行车、公交车以及自行车换乘公交车 4 种方式中选择最合适的出行方式。其中,随出行方式而变的解释变量包括 cost(出行费用)、t(出行时间)、twalk(步行接驳时间)、twait(公交等待时间)、tinveh(公交车内时间)、tbike(自行车行驶时间)和 tbtbwalk(换乘步行时间),仅随出行者而变的解释变量包括 gender(性别)、age(年龄)、nveh(小汽车拥有的数量)、income(收入)和 job(工作类型),原本的"宽形格式"(wide form)数据需要调整为"长形格式"(long form),后者见表 4-1。

长形格式数据表   表 4-1

ID	Mode	Choice	gender	age	nveh	income	job	cost	t	twalk	……
1	bike	1	1	2	1	2	1	0	20	0	
1	bus	0	1	2	1	2	1	2	33	17	
1	car	0	1	2	1	2	1	8	15	0	
1	btb	0	1	2	1	2	1	2	25	0	
2	bike	0	1	2	1	2	1	0	20	0	
2	bus	1	1	2	1	2	1	2	33	17	
2	car	0	1	2	1	2	1	8	15	0	
2	btb	0	1	2	1	2	1	2	25	0	

然后将 age(年龄)、nveh(小汽车拥有数量)、income(收入)、job(工作类型)等分类变量做哑元处理,每组哑元变量的数量比对应分类变量的类型数少 1。因而本节利用 age1~age4 四个哑元变量代替 age 变量,利用 nveh1、nveh2 两个哑元变量代替 nveh 变量,利用 income1~income4 四个哑元变量代替 income 变量,利用 job1~job7 七个哑元变量代替 job 变量,每个哑元变量只有 0、1 两种数值结果,结果见表 4-2。

哑元变量表   表 4-2

ID	Mode	Choice	gender	age1	age2	age3	age4	nveh1	nveh2	……
1	bike	1	1	0	1	0	0	1	0	
1	bus	0	1	0	1	0	0	1	0	
1	car	0	1	0	1	0	0	1	0	
1	btb	0	1	0	1	0	0	1	0	
2	bike	0	1	0	1	0	0	0	1	
2	bus	1	1	0	1	0	0	0	1	
2	car	0	1	0	1	0	0	0	1	
2	btb	0	1	0	1	0	0	0	1	

一位出行者对应一个特定 ID,因而一个 ID 下的出行者特征属性保持一致,这些不随选择肢变化的变量又称 case-specific 型变量,在应用 Stata 软件的 clogit 回归之前,需要再次通过设置哑元变量预先将数据格式调整为 alternative-specific 的形式,结果见表 4-3。

Alternative-specific 变量表 表 4-3

ID	Mode	Choice	gender_bike	gender_bus	gender_btb	age1_bike	age1_bus	age1_btb	……
1	bike	1	1	0	0	0	0	0	
1	bus	0	0	1	0	0	0	0	
1	car	0	0	0	0	0	0	0	
1	btb	0	0	0	1	0	0	0	
2	bike	0	1	0	0	0	0	0	
2	bus	1	0	1	0	0	0	0	
2	car	0	0	0	0	0	0	0	
2	btb	0	0	0	1	0	0	0	

2) 基于 MNL 的短距离组合出行效用模型

运用 Stata 软件的 Conditional logistic regression 功能,结合 SP 调查中出行者特性数据和短距离出行情景(情景一)的出行方式选择数据,基于多项 Logit 模型对短距离组合出行效用模型进行参数标定和模型检验,结果见表 4-4。

短距离组合出行效用 MNL 模型的参数标定结果 表 4-4

Conditional (fixed-effects) logistic regression 模型似然估计值:$LL(\beta) = -2046$ 截距模型似然估计值:$LL(0) = -2354$		样本总量 = 6504 Wald 卡方(22) = 2416 Prob>卡方 = 0.000	
变量	系数	概率比	$P>|z|$
cost	−3.91	0.02	0.000
twait0	−0.16	0.85	0.000
distance_bike	−5.74	0.00	0.000
distance_bus	−5.02	0.01	0.000
distance_btb	−5.25	0.01	0.000
age2_bike	−2.71	0.07	0.000
age2_bus	−1.19	0.30	0.008
age2_btb	−1.16	0.31	0.018
age3_bike	−2.52	0.08	0.000
age3_bus	−1.32	0.27	0.006
age3_btb	−1.21	0.30	0.019
age4_bike	−1.99	0.14	0.000
income4_bus	−0.90	0.41	0.001
nveh1_bike	−1.43	0.24	0.000
nveh1_bus	−1.19	0.30	0.000
carpun_bike	0.39	1.48	0.000
carpun_btb	0.45	1.57	0.001
bikepun_bike	−0.39	0.68	0.000

续上表

变量	系数	概率比	$P>\|z\|$
bikepun_btb	−0.50	0.61	0.000
buscom_bike	−0.24	0.78	0.032
buscom_bus	−0.21	0.81	0.052
bikecom_bike	−0.47	0.62	0.000

注：distance_mode 为出行距离的哑元变量，modepun_.mode 和 modecom_.mode 分别代表单一方式出行的准时性和舒适性哑元变量，其余变量的含义同上。

通过模型计算可知模型的对数似然估计值为 $LL(\beta)=-2046$，只含常数项的截距模型的对数似然估计值 $LL(0)=-2354$，自由度差值为 $K=22$。

模型的整体拟合度 ρ^2 为：

$$\text{Adj}.\rho^2 = 1 - \frac{LL(\beta)-K}{LL(0)} = 0.121 \tag{4-11}$$

似然比检验：

$$\begin{aligned}\chi^2-\text{test} &= -2\times[LL(0)-LL(\beta)] = -2\times(-2254+2046)\\ &= 616 > \chi^2(22,0.05) = 33.924\end{aligned} \tag{4-12}$$

这说明 MNL 模型比截距模型有效。

表 4-4 中保留满足 5% 显著水平要求的变量，模型以小汽车作为参照的出行方式，通过参数标定的结果可知：

(1) 在短距离出行的条件下 cost 和 twait0 的系数为负值，说明出行费用和公交等待时间两个因素构成了出行负效用。

(2) 出行费用的系数绝对值显著更大，说明费用因素对出行效用的影响更大。短距离出行的出行者能够明确感知出行方式间的费用差异，而公交等待时间总体较小，对出行方式选择的影响小于费用因素。

3) 基于 MNL 的中程距离组合出行效用模型

基于 SP 调查中出行者特性数据和中程距离出行情景（情景二）的出行方式选择数据，运用 Stata 软件的 Conditional logistic regression 功能，对中程距离组合出行效用模型进行参数标定和模型检验，结果见表 4-5。

中程距离组合出行效用 MNL 模型的参数标定结果 表 4-5

Conditional(fixed-effects) logistic regression 模型似然估计值：$LL(\beta)=-2324$ 截距模型似然估计值：$LL(0)=-2673$		样本总量=7424 Wald 卡方(24)=696 Prob>卡方=0.000	
变量	系数	概率比	$P>\|z\|$
cost	−0.08	0.92	0.000
twalk	−0.07	0.93	0.000
t	−0.04	0.96	0.000
ttwalk	−0.38	0.68	0.000

续上表

变量	系数	概率比	$P>\mid z\mid$
twait0	−0.26	0.77	0.000
gender_btm	0.54	1.72	0.000
age2_bus	0.40	1.50	0.002
age2_btm	−0.66	0.52	0.000
age4_btm	0.59	1.80	0.001
income1_metro	−0.66	0.52	0.000
income3_btm	0.32	1.37	0.021
income4_metro	−0.35	0.70	0.024
nveh1_bus	−0.49	0.61	0.001
nveh2_metro	0.54	1.71	0.000
nveh2_btm	1.96	7.11	0.000
bikepun_bus	0.37	1.45	0.000
bikepun_metro	0.22	1.24	0.002
metropun_btm	−0.71	0.49	0.000
carcom_metro	0.16	1.18	0.038
carcom_btm	0.21	1.24	0.035
buscom_bus	−0.51	0.60	0.000
buscom_btm	0.26	1.30	0.001
metrocom_metro	−0.27	0.77	0.000
metrocom_btm	−0.22	0.80	0.004

注：cost 为出行费用，t 为出行时间，twalk 为步行接驳时间，ttwalk 为换乘步行时间，twait0 为换乘等待时间，其余变量的含义同上。

通过模型计算可知模型的对数似然估计值为 $LL(\beta)=-2324$，只含常数项的截距模型的对数似然估计值 $LL(0)=-2673$，自由度差值为 $K=24$。

模型的整体拟合度 ρ^2 为：

$$\text{Adj.}\rho^2 = 1 - \frac{LL(\beta)-K}{LL(0)} = 0.122 \qquad (4\text{-}13)$$

似然比检验：

$$\chi^2-\text{test} = -2\times[LL(0)-LL(\beta)] = -2\times(-2673+2324)$$
$$= 698 > \chi^2(24,0.05) = 36.415 \qquad (4\text{-}14)$$

这说明 MNL 模型比截距模型有效。

表 4-5 中保留满足 5% 显著水平的变量，模型以小汽车作为参照的出行方式，观察参数标定结果可知：

(1) 在中程距离出行的条件下 cost、t、twalk、ttwalk 和 twait0 的系数均为负值，表明出行费用、出行时间、步行接驳时间、换乘步行时间、换乘等待时间均构成了出行负效用。

（2）其中 cost 和 twalk 系数相近,这表明出行费用和步行接驳时间对出行效用的影响程度相似。

4）基于 MNL 的长距离组合出行效用模型

基于 SP 调查中出行者特性数据和长距离出行情景(情景三)的出行方式选择数据,运用 Stata 软件的 Conditional logistic regression 功能,对长距离组合出行效用模型进行参数标定和模型检验,结果见表 4-6。

长距离组合出行效用 MNL 模型的参数标定结果　　　　表 4-6

Conditional(fixed-effects) logistic regression 模型似然估计值:LL(β) = -620 截距模型似然估计值:LL(0) = -856		样本总量 = 2064 Wald 卡方(16) = 272 Prob>卡方 = 0.000	
变量	系数	概率比	$P>\|z\|$
cost	-0.20	0.82	0.000
t	-0.05	0.95	0.001
ttwalk	-0.14	0.87	0.056
tinveh2	-0.05	0.96	0.000
distance_btm	-0.08	0.92	0.000
gender_ctm	0.88	2.40	0.000
age3_ctm	-1.51	0.22	0.000
age3_btm	-1.78	0.17	0.000
age4_ctm	-1.31	0.27	0.000
age4_btm	-1.34	0.26	0.000
income3_btm	0.38	1.46	0.083
carpun_btm	0.50	1.64	0.000
buspun_btm	-0.39	0.68	0.001
metropun_ctm	-0.49	0.61	0.000
metropun_btm	0.33	1.39	0.008
carcom_ctm	0.26	1.29	0.027

注:cost 为出行费用,t 为出行时间,ttwalk 为换乘步行时间,tinveh2 为换乘后车内时间,其余变量的含义同上。

通过模型计算可知模型的对数似然估计值为 LL(β) = -620,只含常数项的截距模型的对数似然估计值 LL(0) = -856,自由度差值为 K = 16。

模型的整体拟合度 ρ^2 为:

$$\text{Adj.}\rho^2 = 1 - \frac{LL(\beta) - K}{LL(0)} = 0.257 \quad (4\text{-}15)$$

似然比检验:

$$\chi^2 - \text{test} = -2 \times [LL(0) - LL(\beta)] = -2 \times (-856 + 620)$$
$$= 472 > \chi^2(16, 0.05) = 26.296 \quad (4\text{-}16)$$

说明最终 MNL 模型比空模型有效。

表 4-6 中保留满足 5%显著水平的变量,模型以小汽车作为参照的出行方式,观察参数标定结果可知:

(1) 在中程距离出行的条件下 cost、t、ttwalk 和 tinveh2 的系数均为负值,表明出行费用、出行时间、换乘步行时间和换乘后车内时间因素都显著构成了出行负效用。

(2) t 和 tinveh2 的系数相同,说明长距离出行者感知不到出行时间和换乘后车内时间的差异。

(3) t 的系数绝对值最大,表明出行费用对出行效用的影响最大。

5) 多项 Logit 模型的局限性

多项 Logit 模型能有效解释在出行过程中出行者对每种出行方案表现出的不可准确测量的随机效用值,非常符合决策者的实际选择行为,并且具有模型形式简洁、易于标定参数、变量易于解释分析的优点,但是依然存在一定缺陷。

(1) 具有无关选择的独立性(Independence of Irrelevant Alternatives,IIA)特性

任意两个选择肢的选择概率之比不受其他选择方案系统效用的影响。IIA 特性缺陷源于 MNL 模型假定各选择肢的效用随机项 ε_{ij} 服从独立同分布的 Gumbel 分布。当选择肢间存在相似性,并不独立时,会出现"红蓝巴士悖论",在这种情况下依然使用多项 Logit 模型会过高估计相似选择肢的效用值,错误地标定参数,导致模型预测偏差[6]。

$$\frac{P(y=j)}{P(y=i)} = \frac{e^{\mu V_j}}{e^{\mu V_i}} = \frac{\exp(x_j'\beta + z'\gamma)}{\exp(x_i'\beta + z'\gamma)} \quad (4-17)$$

显然,在多模式交通网络环境下典型多方式组合出行的研究中,单一方式出行的出行过程均不存在换乘阶段,因而选择肢之间包含一定联系,并不完全符合彼此相互独立的基本假设。

(2) 随机性偏好限制(limitation of random taste variation)[7]

决策者对每个选项的态度和偏好随着决策者的不同而不同。决策者的选择除了与可观测的行为主体的特征相关外,还与一些不可观测的随机因素有关。有同样收入、受同样教育水平等其他相同因素的两个决策者可能会根据自身偏好做出不同选择,随着不可观测变量的变化或者纯随机变化的个体选择差异无法被 MNL 模型处理。向描述出行者喜好差异的方程额外引入不可观测的随机项,当方程存在多个不同的随机项时,将会违背模型随机项独立同分布、相同均值和方差的前提假设。

4.2 组合出行效用巢式 Logit 模型

4.2.1 巢式 Logit 模型

1) 模型提出

为应对传统多项 Logit 模型的固有缺陷特别是 IIA 特性,巢式 Logit(Nested Logit,NL)模型应运而生,通过设置嵌套结构将具有相似性的方案归为一组,允许组内方案的相关性,保持不同组的方案相互独立[8]。以常用的两层 NL 模型为例,具体的层级结构如图 4-1 所示。

第4章 城市多模式交通组合出行需求效用分析建模

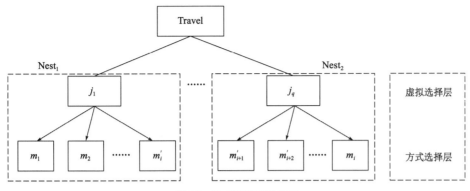

图 4-1 NL 模型层级结构图

上层为虚拟选择层,共有 q 个选择方案 $J=(j_1,j_2,\cdots,j_q)$ 下层为方式选择层,共有 n 个选择方式 $M=(m_1,m_2,\cdots,m_n)$,那么通勤出行者的总出行方式选择集合 T 可以表示为:

$$T = J \times M = \{(j_1,m_1),\cdots,(j_1,m_i'),\cdots,(j_q,m_{i+1}'),\cdots,(j_q,m_i)\} \tag{4-18}$$

出行方式对应的效用函数 U_{mj} 可以表示为:

$$U_{mj} = V_m + V_j + V_{mj} + \varepsilon_j + \varepsilon_{mj} \tag{4-19}$$

式中:V_m——选择出行方式 m 的系统效用;

V_j——选择虚拟选择肢 j 的系统效用;

V_{mj}——特定于 (j,m) 出行方案的剩余系统效用;

ε_j、ε_{mj}——相互独立的随机效用[9]。

根据条件概率公式,出行者 n 选择出行方式 m 的概率 $P_n(m)$ 可以表示为:

$$P_n(m) = P_n(j) P_n(m \mid j) \tag{4-20}$$

假设 ε_j 和 ε_{mj} 联合分布函数服从尺度参数为 μ^j 和 μ^m 的二重指数分布,那么出行者 n 选择虚拟选择肢 j 的边际选择概率为:

$$\begin{aligned} P_n(j) &= \Pr(\max U_{mj} \geq \max U_{mj'}, \forall j' \in J, j' \neq j) \\ &= \Pr\begin{pmatrix} V_j + \varepsilon_j + \max_{m \in M}(V_m + V_{mj} + \varepsilon_{mj}) \\ \geq V_{j'} + \varepsilon_{j'} + \max_{m \in M}(V_m + V_{mj'} + \varepsilon_{mj'}), \forall j' \in J, j' \neq j \end{pmatrix} \\ &= \frac{\mathrm{e}^{(V_j+V_j')\mu^j}}{\sum_{j' \in J} \mathrm{e}^{(V_j+V_{j'})\mu^{j'}}} \end{aligned} \tag{4-21}$$

令 $V_j' = \frac{1}{\mu^m}\ln\sum_{m \in M}\mathrm{e}^{(V_m+V_{mj})\mu^m}$,则已知虚拟选择肢 j 被选取的前提下,出行者 n 选择出行方式 m 的条件概率 $P_n(m \mid j)$ 可以表示为:

$$\begin{aligned} P_n(m \mid j) &= \Pr(U_{mj} \geq U_{m'j}, \forall m' \in M, m' \neq m) \\ &= \Pr(V_{mj} + V_m + \varepsilon_{mj} \geq V_{m'j} + V_{m'} + \varepsilon_{m'j}, \forall m' \in M, m' \neq m) \\ &= \frac{\mathrm{e}^{(V_{mj}+V_m)\mu^m}}{\sum_{m' \in M}\mathrm{e}^{(V_{m'j}+V_{m'})\mu^{m'}}} \end{aligned} \tag{4-22}$$

通常令 $\mu^m = 1$，则 $\dfrac{\mu^j}{\mu^m} \leq 1$。

则出行者选择出行方式 m 的概率为：

$$P_n(m) = P_n(j) P_n(m \mid j) = \dfrac{e^{(V_j + V_{j'})\mu^j}}{\sum_{j' \in J} e^{(V_j + V_{j'})\mu^{j'}}} \times \dfrac{e^{(V_{mj} + V_m)\mu^m}}{\sum_{m' \in M} e^{(V_{m'j} + V_{m'})\mu^{m'}}} \quad (4\text{-}23)$$

2）模型检验

与多项 Logit 模型相似，Nested Logit 模型依然通过极大似然法（MLE）估计模型参数，首先构造辅助变量 y_{mn}：

$$y_{mn} = \begin{cases} 1 & （出行者 n 选择方式 m 出行）\\ 0 & （其他） \end{cases} \quad (4\text{-}24)$$

再者构造似然函数 L：

$$L = \prod_{n=1}^{N} \prod_{m \in M} [P_n(m)]^{y_{mn}} = \prod_{n=1}^{N} \prod_{(j,m) \in T} [P_n(j) P_n(m \mid j)]^{y_{mn}} \quad (4\text{-}25)$$

对似然函数的等式两边取对数，得到：

$$\ln(L) = \sum_{n=1}^{N} \sum_{(j,m) \in T} y_{mn} \ln[P_n(j) P_n(m \mid j)]$$

$$= \sum_{n=1}^{N} \sum_{(j,m) \in T} y_{mn} \ln P_n(j) + \sum_{n=1}^{N} \sum_{(j,m) \in T} y_{mn} P_n(m \mid j) \quad (4\text{-}26)$$

基于对数似然函数取最大值的原理，分别对待估计的参数求偏导，偏导数为 0，从而构建非线性方程组，最终通过求解方程组估计模型参数。值得注意的是，NL 模型依然无法同时识别所有系数 γ_i，在参数估计时需要将某个方案设为"参照方案"，然后令其个体属性的变量系数 $\gamma_i = 0$ [10]。

4.2.2 组合出行效用 NL 模型构建

1）基于 NL 的短距离组合出行效用模型

短距离出行情景下的出行方式包括自行车、公交车、小汽车和自行车换乘公交车 4 种选择肢，基于方式间的不同关联性，NL 模型可以划分为多种分层结构，由于本节的研究重点为单一方式出行与组合出行的出行效用差异，而不是探索个体交通与公共交通的内在关联，因而将虚拟选择层设置为单一出行方式和组合出行方式的形式。前者包含自行车、公交车、小汽车 3 种出行方式，自行车换乘公交则属于组合出行方式，具体的层级结构如图 4-2 所示。

在确定 NL 模型的分层结构后，需要明确各层级的变量设置。虚拟选择层的变量主要是影响选择单一方式出行或者组合方式出行，进而影响具体出行方式的选择。根据表 3-3 和表 3-4 的变量描述，选取性别、年龄等待行者属性变量和出行距离、换乘步行距离、换乘等待时间等出行特征变量作为虚拟层的变量。方式选择层的变量则直接影响具体出行方式的选择概率，因而选取收入、车辆拥有情况、出行费用、出行时间、公交等待时间、公交步行接驳时间、出行方式的准时性及舒适性作为方式选择层的变量，数据格式需统一为 alternative-specific 的形式。

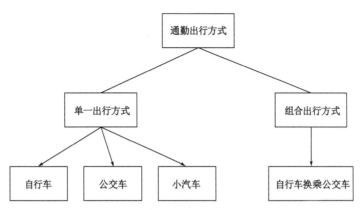

图 4-2 短距离组合出行效用 NL 模型的层级结构图

基于 SP 调查中出行者特性数据和短距离出行情景(情景一)的出行方式选择数据,运用 Stata 软件的 Nested logit regression 功能,对短距离组合出行效用模型进行参数标定和模型检验,结果见表 4-7。

短距离组合出行效用 NL 模型的参数标定结果   表 4-7

RUM-consistent nested logit regression			
Case variable:id　　Alternative variable:mode			
模型似然估计值:LL(β) = −1833		样本总量 = 6504	
截距模型似然估计值:LL(0) = −2354		案例总数 = 1626	
		Wald 卡方(24) = 168	
		Prob>卡方 = 0.000	
变量	系数	概率比	$P>|z|$
mode			
cost	−1.12	0.33	0.000
twait1	−0.38	0.68	0.002
t	−0.08	0.92	0.051
income1_bike	2.03	7.63	0.003
income1_btb	1.71	5.51	0.001
income2_btb	0.79	2.19	0.015
income3_bus	−1.41	0.24	0.058
income4_bus	−3.94	0.02	0.000
nveh1_bike	−2.39	0.09	0.000
nveh1_bus	−1.72	0.18	0.001
carpun_bike	1.75	5.76	0.000
carpun_btb	1.22	3.39	0.000
bikepun_bike	−2.23	0.11	0.000
bikepun_btb	−1.40	0.25	0.000
buscom_bike	−1.28	0.28	0.005
buscom_bus	−1.66	0.19	0.000

续上表

变量	系数	概率比	$P>\|z\|$
buscom_btb	-0.98	0.38	0.002
bikecom_bike	-1.69	0.19	0.001
bikecom_btb	-0.53	0.59	0.043
type equations			
combined			
distance	-0.22	0.80	0.007
twait0	-0.12	0.88	0.055
age2	1.17	3.21	0.002
age3	1.01	2.74	0.013
age4	1.51	4.52	0.001
single			
distance	0(base)	—	—
twait01	0(base)	—	—
age2	0(base)	—	—
age3	0(base)	—	—
age4	0(base)	—	—
type			
combined_tau	1	single_tau	5.48
LR test for IIA(tau=1):		chi2(2)=38.48	Prob>chi2=0.000

注:cost 为出行费用,twait1 为公交等待时间,t 为出行时间,distance 为出行距离,twait0 为换乘等待时间,其余变量的含义同上。

通过模型计算可知模型的对数似然估计值为 LL(β)= -1833,只含常数项的截距模型的对数似然估计值 LL(0)= -2354,自由度差值为 K=24。

模型的整体拟合度 ρ^2 为:

$$\text{Adj}.\rho^2 = 1 - \frac{\text{LL}(\beta) - K}{\text{LL}(0)} = 0.211 \tag{4-27}$$

Adj.ρ^2 大于 0.2 表明该模型精度尚可,具有不错的拟合性[11]。

似然比检验:

$$\chi^2 - \text{test} = -2 \times [\text{LL}(0) - \text{LL}(\beta)] = -2 \times (-2354 + 1833)$$
$$= 1042 > \chi^2(24, 0.05) = 36.415 \tag{4-28}$$

说明最终 Nested Logit 模型比截距模型具有更有效的预测能力。

表 4-7 中保留满足 5%显著水平要求的变量,模型以小汽车作为参照的出行方式,各出行方式的效用函数可以表示为:

$$V_{\text{car}} = -1.12\text{cost} - 0.38\text{twait1} - 0.08t \tag{4-29}$$

$$V_{\text{bike}} = -1.12\text{cost} - 0.38\text{twait1} - 0.08\text{t} + 2.03\text{income1\_bike} - 2.39\text{nveh1\_bike} +$$
$$1.75\text{carpun\_bike} - 2.23\text{bikepun\_bike} - 1.28\text{buscom\_bike} -$$
$$1.69\text{bikecom\_bike} \tag{4-30}$$

$$V_{\text{bus}} = -1.12\text{cost} - 0.38\text{twait1} - 0.08\text{t} - 1.41\text{income3\_bus} - 3.94\text{income4\_bus} -$$
$$1.72\text{nveh1\_bus} - 1.66\text{buscom\_bus} \tag{4-31}$$

$$V_{\text{btb}} = (-1.12\text{cost} - 0.38\text{twait1} - 0.08\text{t} + 1.71\text{income1\_btb} + 0.79\text{income2\_btb} +$$
$$1.22\text{carpun\_btb} - 1.40\text{bikepun\_btb} - 0.98\text{buscom\_btb} -$$
$$0.53\text{bikecom\_btb}) + (-0.22\text{distance} - 0.12\text{twait0} + 1.17\text{age2} +$$
$$1.01\text{age3} + 1.51\text{age4}) \tag{4-32}$$

通过参数标定的结果可知,在短距离出行的条件下:

(1)cost、t 和 twait1 的系数为负值,说明出行费用、出行时间和公交等待时间构成了出行负效用。其中出行费用系数的绝对值更大,说明费用因素对出行效用的影响更大。

(2)从比数比的角度分析,出行费用 cost 的风险比率为 0.33,这意味着在给定其他变量的情况下,一种出行方式的费用变量每增加 1 元,该出行方式选择概率的比数将变为原来的 0.33 倍,即下降 67%。同样的,每增加 1min 的出行时间和公交等待时间,选择该出行方式的比数将会分别下降 8% 和 32%。

(3)月收入少于 3000 元的低收入群体对自行车出行表现出格外的偏好,低于 6000 元的中低收入者热衷于选择自行车换乘公交车的出行方式。与之相反,月收入介于 6000~20000 元的中高收入群体倾向于避免选择公交车出行。

(4)拥有小汽车会降低出行者选择自行车和公交车出行的意愿。

(5)虚拟选择层中 twait0 和 distance 的系数为负值,说明换乘等待时间和出行距离因素不利于自行车换乘公交车这一组合出行方式的选择,且出行距离的影响程度更甚。

(6)相对其他年龄段,20~50 岁的出行者对自行车换乘公交车出行表现出更强的偏好。

(7)由于在问卷调查中,更小的数字指代更高的舒适性指标,因而舒适性与准时性对出行效用的影响作用与系数符号相反。

提高自行车出行的准时性与舒适性会提升自行车和自行车换乘公交这两类出行方式的出行效用,而更舒适的公交乘坐条件会加强公交以及自行车换乘公交的出行吸引力。减少交通拥堵对小汽车出行的干扰,提升小汽车出行的准时性,则会间接地降低自行车和自行车换乘公交被选择的概率,这与传统的认知相符合。

2)基于 NL 的中程距离组合出行效用模型

中程距离出行情景下的出行方式包括公交车、轨道交通、小汽车和自行车换乘轨道交通 4 种选择肢。如图 4-3 所示,设置 NL 模型的分层结构时依旧将单一方式出行和组合方式出行并列区分作为虚拟选择层,前者包含公交车、轨道交通、小汽车 3 种出行方式,自行车换乘轨道交通则属于组合出行方式。

各层级的变量设置与短距离出行情景类似,选取性别、年龄等出行者属性变量和出行距离、换乘步行距离、换乘等待时间等出行特征变量作为虚拟层变量,选取收入、车辆拥有情况、出行费用、出行时间、轨道交通等待时间、轨道交通步行接驳时间、出行方式的准时性及舒适性作为方式选择层的变量,后者的数据格式统一为 alternative-specific 形式。

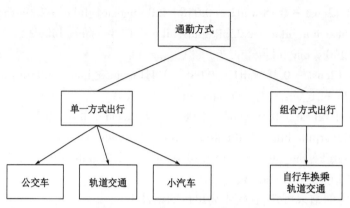

图 4-3 中程距离组合出行效用 NL 模型的层级结构图

基于 SP 调查中出行者特性数据和中程距离出行情景(情景二)的出行方式选择数据,运用 Stata 软件的 Nested logit regression 功能,对中程距离组合出行效用模型进行参数标定和模型检验,结果见表 4-8。

中程距离组合出行效用 NL 模型的参数标定结果　　　　表 4-8

\multicolumn{4}{l}{RUM-consistent nested logit regression}
\multicolumn{2}{l}{Case variable:id　　Alternative variable:mode}	\multicolumn{2}{l}{样本总量=7424}
\multicolumn{2}{l}{模型似然估计值:LL(β)=-2234}	\multicolumn{2}{l}{案例总数=1856}
\multicolumn{2}{l}{截距模型似然估计值:LL(0)=-2673}	\multicolumn{2}{l}{Wald 卡方(20)=442}
		\multicolumn{2}{l}{Prob>卡方=0.0000}
变量	系数	概率比	$P>\vert z \vert$
mode			
cost	-0.06	0.94	0.006
twalk	-0.05	0.95	0.004
t	-0.02	0.98	0.030
income1_metro	-0.35	0.71	0.028
income3_btm	0.26	1.29	0.058
nveh1_bus	-0.29	0.74	0.010
nveh2_metro	0.32	1.38	0.010
nveh2_btm	1.82	6.15	0.000
bikepun_bus	0.21	1.23	0.027
bikepun_metro	0.16	1.17	0.018
metropun_btm	-0.67	0.51	0.000
buscom_bus	-0.29	0.75	0.012
buscom_btm	0.30	1.34	0.000
metrocom_metro	-0.13	0.88	0.027
metrocom_btm	-0.16	0.85	0.036
type equations			
combined			

续上表

变量	系数	概率比	$P>\|z\|$
ttwalk	-0.36	0.70	0.000
twait0	-0.25	0.78	0.000
age2	-0.72	0.49	0.000
age4	0.56	1.75	0.001
gender	0.54	1.72	0.000
single			
ttwalk	0(base)	—	—
twait0	0(base)	—	—
age2	0(base)	—	—
age4	0(base)	—	—
gender	0(base)	—	—
type			
combined_tau	1	single_tau	7.85
LR test for IIA(tau=1):		chi2(2)=52.24	Prob>chi2=0.000

注:cost 为出行费用,twalk 为公交步行接驳时间,t 为出行时间,ttwalk 为换乘步行时间,twait0 为换乘等待时间,其余变量的含义同上。

通过模型计算可知模型的对数似然估计值为 $LL(\beta)=-2234$,只含常数项的截距模型的对数似然估计值 $LL(0)=-2673$,自由度差值为 $K=20$。

模型的整体拟合度 ρ^2 为:

$$\text{Adj}.\rho^2 = 1 - \frac{LL(\beta) - K}{LL(0)} = 0.157 \tag{4-33}$$

$\text{Adj}.\rho^2$ 接近 0.2 表明该模型精度尚可,具有不错的拟合性。

似然比检验:

$$\chi^2 - \text{test} = -2 \times [LL(0) - LL(\beta)] = -2 \times (-2673 + 2234)$$
$$= 878 > \chi^2(20, 0.05) = 31.41 \tag{4-34}$$

说明最终 Nested Logit 模型比空模型具有更有效的预测能力。

表 4-8 中保留满足 5% 显著水平要求的变量,模型以小汽车作为参照的出行方式,各出行方式的效用函数可以表示为:

$$V_{\text{car}} = -0.06\text{cost} - 0.05\text{twalk} - 0.02t \tag{4-35}$$

$$V_{\text{bus}} = -0.06\text{cost} - 0.05\text{twalk} - 0.02t - 0.29\text{nveh1\_bus} + 0.21\text{bikepun\_bus} - 0.29\text{buscom\_bus} \tag{4-36}$$

$$V_{\text{metro}} = -0.06\text{cost} - 0.05\text{twalk} - 0.02t - 0.35\text{income1\_metro} + 0.32\text{nveh2\_metro} + 0.16\text{bikepun\_metro} - 0.13\text{metrocom\_metro} \tag{4-37}$$

$$V_{\text{btm}} = (-0.06\text{cost} - 0.05\text{twalk} - 0.02t + 0.26\text{income3\_btm} + 1.82\text{nveh2\_btm} - 0.67\text{metropun\_btm} + 0.3\text{buscom\_btm} - 0.16\text{metrocom\_btm}) +$$

$$(-0.36 \text{ttwalk} - 0.25 \text{twait0} - 0.72 \text{age2} + 0.56 \text{age4} + 0.54 \text{gender}) \tag{4-38}$$

通过参数标定的结果可知,在中程距离出行的条件下:

(1) cost、t 和 twalk 的系数为负值,说明出行费用、出行时间和公交步行接驳时间因素构成了出行负效用。其中与出行时间相比,公交步行接驳时间拥有更大的系数绝对值,说明公交步行接驳时间对出行效用的影响更大。

(2) 从比数比的角度分析,出行费用 cost 的风险比率为 0.94,这意味着在给定其他变量的情况下,一种出行方式的费用变量每增加 1 元,该出行方式选择概率的比数将会下降 6%。同样的,每增加 1min 出行时间和公交步行接驳时间,选择该出行方式的比数将会分别下降 5% 和 2%。

(3) 月收入低于 3000 元的低收入群体倾向于避免选择轨道交通出行,而月收入介于 10000~20000 元的中高收入群体对公交车换乘轨道交通这一组合出行方式表现出一定偏好。

(4) 拥有多辆小汽车并不会降低出行者选择公交车或公交车换乘轨道交通的出行方式选择意愿。

(5) 虚拟选择层中 ttwalk 和 twait0 的系数为负值,说明换乘步行时间和换乘等待时间因素不利于自行车换乘轨道交通这一组合出行方式的选择,且换乘步行时间的影响程度更大。

(6) 相对其他年龄段,20~30 岁以及 40~50 岁的出行者对自行车换乘轨道交通出行表现出更强的偏好。

(7) 与男性相比,女性出行者对自行车换乘轨道交通出行具有更强的接受能力。

(8) 提高自行车出行的准时性会间接地降低公交和轨道交通被选择的概率,更为舒适的轨道交通等待、乘坐环境会提升轨道交通和自行车换乘轨道交通的出行吸引力,此外公交舒适性会增加公交出行效用,且减少自行车换乘轨道交通的出行效用。

3) 基于 NL 的长距离组合出行效用模型

长距离出行情景下的出行方式包括小汽车、小汽车换乘轨道交通和公交车换乘轨道交通 3 种选择肢。如图 4-4 所示,设置 NL 模型的分层结构时依旧将单一方式出行和组合方式出行并列区分作为虚拟选择层,单一方式出行特指小汽车出行,后者包括小汽车换乘轨道交通和公交车换乘轨道交通两种形式。

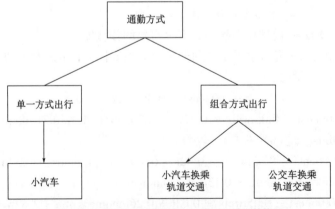

图 4-4 长距离组合出行效用 NL 模型的层级结构图

各层级的变量设置与上述两类出行情景类似,选取性别、年龄等出行者属性变量和出行距离、换乘步行距离、换乘等待时间等出行特征变量作为虚拟层的变量,选取收入、车辆拥有情况、出行费用、出行时间、公交等待时间、公交步行接驳时间、轨道交通车内时间、出行方式的准时性及舒适性作为方式选择层的变量,后者统一设置为 alternative-specific 数据形式。

基于 SP 调查中出行者特性数据和长距离出行情景(情景三)的出行方式选择数据,运用 Stata 软件的 Nested logit regression 功能,对长距离组合出行效用模型进行参数标定和模型检验,结果见表4-9。

长距离组合出行效用 NL 模型的参数标定结果　　　　　表4-9

变量	系数	概率比	$P>\vert z\vert$
RUM-consistent nested logit regression Case variable:id　　Alternative variable:mode 模型似然估计值:LL(β) = -589 截距模型似然估计值:LL(0) = -856		样本总量 = 2064 案例总数 = 688 Wald 卡方(21) = 150 Prob>卡方 = 0.000	
mode			
cost	-0.46	0.63	0.000
t	-0.07	0.93	0.099
twalk	-0.48	0.62	0.058
tinveh	-0.05	0.95	0.052
income3_ctm	1.82	6.16	0.004
income3_btm	-2.52	0.08	0.009
carpun_ctm	-1.13	0.32	0.008
carpun_btm	2.59	13.39	0.000
buspun_btm	-1.63	0.20	0.000
metropun_ctm	3.96	0.02	0.000
metropun_btm	4.96	142.12	0.000
carcom_ctm	1.24	3.44	0.002
carcom_btm	-1.95	0.14	0.001
buscom_ctm	1.69	5.44	0.000
buscom_btm	-3.00	0.05	0.000
metrocom_btm	-1.04	0.35	0.000
type equations			
combined			
distance	-0.27	0.77	0.000
ttwalk	-0.41	0.66	0.001
gender	0.47	1.60	0.030
age3	-1.63	0.20	0.000

续上表

变量	系数	概率比	$P>\|z\|$
age4	-1.45	0.23	0.000
single			
distance	0(base)	—	—
ttwalk	0(base)	—	—
gender	0(base)	—	—
age3	0(base)	—	—
age4	0(base)	—	—
type			
combined_tau	11.78	single_tau	1
LR test for IIA(tau=1):		chi2(2)=91.86	Prob>chi2=0.000

注：cost 为出行费用，t 为出行时间，twalk 为公交步行接驳时间，tinveh 为换乘前小汽车车内时间，distance 为出行距离，ttwalk 为换乘步行时间，其余变量的含义同上。

通过模型计算可知模型的对数似然估计值为 $LL(\beta)=-589$，只含常数项的截距模型的对数似然估计值 $LL(0)=-856$，自由度差值为 $K=21$。

模型的整体拟合度 ρ^2 为：

$$\text{Adj.}\rho^2 = 1 - \frac{LL(\beta) - K}{LL(0)} = 0.287 \tag{4-39}$$

大于 0.2 表明该模型精度尚可，具有不错的拟合性。

似然比检验：

$$\chi^2 - \text{test} = -2 \times [LL(0) - LL(\beta)] = -2 \times (-856 + 589)$$
$$= 534 > \chi^2(21, 0.05) = 32.671 \tag{4-40}$$

说明最终 Nested Logit 模型比截距模型具有更有效的预测能力。

表 4-9 中保留满足 5% 显著水平要求的变量，模型以小汽车作为参照的出行方式，各出行方式的效用函数可以表示为：

$$V_{car} = -0.46\text{cost} - 0.07t - 0.48\text{twalk} - 0.05\text{tinveh} \tag{4-41}$$

$$\begin{aligned}V_{ctm} = &(-0.46\text{cost} - 0.07t - 0.48\text{twalk} - 0.05\text{tinveh} + 1.82\text{income3\_ctm} - \\ & 1.13\text{carpun\_ctm} + 3.96\text{metropun\_ctm} + 1.24\text{carcom\_ctm} + \\ & 1.69\text{buscom\_ctm}) + (-0.27\text{distance} - 0.41\text{ttwalk} + 0.47\text{gender} - \\ & 1.63\text{age3} - 1.45\text{age4})\end{aligned} \tag{4-42}$$

$$\begin{aligned}V_{btm} = &(-0.46\text{cost} - 0.07t - 0.48\text{twalk} - 0.05\text{tinveh} - 2.52\text{income3\_btm} + \\ & 4.96\text{metropun\_btm} - 1.95\text{carcom\_btm} - 3.00\text{buscom\_btm} - \\ & 1.04\text{metrocom\_btm}) + (-0.27\text{distance} - 0.41\text{ttwalk} + \\ & 0.47\text{gender} - 1.63\text{age3} - 1.45\text{age4})\end{aligned} \tag{4-43}$$

通过参数标定的结果可知，在长距离出行的条件下：

(1) cost、t、twalk 和 tinveh 的系数为负值，说明出行费用、出行时间、公交步行接驳时间和换乘前的小汽车车内时间构成了出行负效用。其中出行费用与公交步行接驳时间拥有更大的系数绝对值,对出行效用的影响更大。

(2) 从比数比的角度分析,出行费用 cost 的风险比率为 0.63,这意味着在给定其他变量的情况下,一种出行方式的费用变量每增加 1 元,该出行方式选择概率的比数将会下降 37%。同样的,每增加 1min 的出行时间、公交步行接驳时间和换乘前的车内时间,选择该出行方式的比数将会分别下降 7%、38% 和 5%。

(3) 月收入介于 10000~20000 元的中高收入群体对小汽车换乘轨道交通这一组合出行方式表现出一定偏好,但是会避免选择公交车换乘轨道交通的出行方式。

(4) 虚拟选择层中 ttwalk 和 distance 的系数为负值,说明换乘步行时间和出行距离因素不利于公交车换乘轨道交通和小汽车换乘轨道交通等组合出行方式的选择,且换乘步行时间的影响程度更大。

(5) 相对其他年龄段,30~50 岁的出行者对公交车换乘轨道交通和小汽车换乘轨道交通出行表现出更强的偏好。

(6) 与男性相比,女性出行者对公交车换乘轨道交通和小汽车换乘轨道交通出行具有更强的接受能力。

(7) 提升小汽车出行的准时性会增加小汽车的出行吸引力,且降低公交换乘轨道交通的出行效用。类似地,增强公交出行的准时性会促进公交出行。此外,改善公交和轨道交通的等车与乘坐环境,提高公交出行的舒适性有助于提升公交换乘轨道交通的出行吸引力,而小汽车换乘轨道交通出行会因为公交舒适性的提升而降低出行效用。

4.2.3 MNL 模型与 NL 模型的对比分析

1) 短距离组合出行效用模型对比

短距离组合出行效用 MNL 模型与 NL 模型的对比结果见表 4-10。

短距离组合出行效用 MNL 模型与 NL 模型对比　　表 4-10

项目	Nested Logit(NL)			Multinominal Logit(MNL)		
样本量	6504			6504		
LL(0)	−2354			−2354		
LL(β)	−1833			−2046		
自由度 DF	24			22		
Adj.ρ^2	0.211			0.121		
LR test for IIA	chi2(2)=38.48			Prob>chi2=0.000		
变量	系数		$P>\|z\|$	变量	系数	$P>\|z\|$
mode						
cost	−1.12		0.000	cost	−3.91	0.000
twait1	−0.38		0.002	twait1	—	—
t	−0.08		0.051	t	—	—

续上表

变量	系数	$P>\|z\|$	变量	系数	$P>\|z\|$
income1_bike	2.03	0.003	income1_bike	—	—
income1_btb	1.71	0.001	income1_btb	—	—
income2_btb	0.79	0.015	income2_btb	—	—
income3_bus	-1.41	0.058	income3_bus	—	—
income4_bus	-3.94	0.000	income4_bus	-0.90	0.001
nveh1_bike	-2.39	0.000	nveh1_bike	-1.43	0.000
nveh1_bus	-1.72	0.001	nveh1_bus	-1.19	0.000
carpun_bike	1.75	0.000	carpun_bike	0.39	0.000
carpun_btb	1.22	0.000	carpun_btb	0.45	0.001
bikepun_bike	-2.23	0.000	bikepun_bike	-0.39	0.000
bikepun_btb	-1.40	0.000	bikepun_btb	-0.50	0.000
buscom_bike	-1.28	0.005	buscom_bike	-0.24	0.032
buscom_bus	-1.66	0.000	buscom_bus	-0.21	0.052
buscom_btb	-0.98	0.002	buscom_btb	—	—
bikecom_bike	-1.69	0.001	bikecom_bike	-0.47	0.000
bikecom_btb	-0.53	0.043	bikecom_btb	—	—
type equation(combined)					
distance	-0.22	0.007	distance_bike	-5.74	0.000
			distance_bus	-5.02	0.000
			distance_btb	-5.25	0.000
twait0	-0.12	0.055	twait0	-0.16	0.000
age2	1.17	0.002	age2_bike	-2.71	0.000
			age2_bus	-1.19	0.008
			age2_btb	-1.16	0.018
age3	1.01	0.013	age3_bike	-2.52	0.000
			age3_bus	-1.32	0.006
			age3_btb	-1.21	0.019
age4	1.51	0.001	age4_bike	-1.99	0.000

根据似然比检验公式计算：

$$\chi^2 - \text{test} = -2 \times [\text{LL}(\beta_{\text{MNL}}) - \text{LL}(\beta_{\text{NL}})] = -2 \times (-2046 + 1833)$$
$$= 426 > \chi^2(2, 0.05) = 5.991 \tag{4-44}$$

说明最终 NL 模型比 MNL 模型具备更有效的预测能力，并且在 LR test for IIA 中，Prob>chi2=0.000 小于 0.05 的显著性水平，表明 NL 模型拒绝 IIA 特性的假设，模型的分层结构有效合理[12]。

与 MNL 模型相比，NL 模型额外考虑了 t（出行时间）、twait1（公交等待时间）和 income1~income3（月收入低于 20000 元）等出行效用影响变量，对出行方式选择结果的解释能力从 0.121 显著提升到了 0.211。

2）中程距离组合出行效用模型对比

中程距离组合出行效用 MNL 模型与 NL 模型的对比结果见表 4-11。

中程距离组合出行效用 MNL 模型与 NL 模型对比　　　　表 4-11

项目	Nested Logit（NL）			Multinominal Logit（MNL）		
样本量	7424			7424		
LL(0)	−2673			−2673		
LL(β)	−2234			−2324		
自由度 DF	20			24		
Adj.ρ^2	0.157			0.122		
LR test for IIA	chi2(2) = 52.24			Prob>chi2 = 0.000		
变量	系数		$P>\|z\|$	变量	系数	$P>\|z\|$
mode						
cost	−0.06		0.006	cost	−0.08	0.000
twalk	−0.05		0.004	twalk	−0.07	0.000
t	−0.02		0.030	t	−0.04	0.000
income1_metro	−0.35		0.028	income1_metro	−0.66	0.000
income3_btm	0.26		0.058	income3_btm	0.32	0.021
income4_metro	—		—	income4_metro	−0.35	0.024
nveh1_bus	−0.29		0.010	nveh1_bus	−0.49	0.001
nveh2_metro	0.32		0.010	nveh2_metro	0.54	0.000
nveh2_btm	1.82		0.000	nveh2_btm	1.96	0.000
bikepun_bus	0.21		0.027	bikepun_bus	0.37	0.000
bikepun_metro	0.16		0.018	bikepun_metro	0.22	0.002
metropun_btm	−0.67		0.000	metropun_btm	−0.71	0.000
carcom_metro	—		—	carcom_metro	0.16	0.038
carcom_btm	—		—	carcom_btm	0.21	0.035
buscom_bus	−0.29		0.012	buscom_bus	−0.51	0.000
buscom_btm	0.30		0.000	buscom_btm	0.26	0.001
metrocom_metro	−0.13		0.027	metrocom_metro	−0.27	0.000
metrocom_btm	−0.16		0.036	metrocom_btm	−0.22	0.004
type equation(combined)						
ttwalk	−0.36		0.000	ttwalk	−0.38	0.000
twait0	−0.25		0.000	twait0	−0.26	0.000

续上表

变量	系数	P>|z|	变量	系数	P>|z|
age2	-0.72	0.000	age2_bus	0.40	0.002
			age2_btm	-0.66	0.000
age4	0.56	0.001	age4_btm	0.59	0.001
gender	0.54	0.000	gender_btm	0.54	0.000

根据似然比检验公式计算：

$$\chi^2 - \text{test} = -2 \times [\text{LL}(\beta_{\text{MNL}}) - \text{LL}(\beta_{\text{NL}})] = -2 \times (-2324 + 2234)$$
$$= 180 > \chi^2(4, 0.05) = 9.488 \tag{4-45}$$

说明最终NL模型比MNL模型具备更有效的预测能力，并且在LR test for IIA中，Prob>chi2=0.000小于0.05的显著性水平，表明NL模型拒绝IIA特性的假设，模型的分层结构有效合理。

与MNL模型相比，NL模型额外考虑了ttwalk（换乘步行时间）和twait0（轨道交通等待时间）等出行效用影响变量，对出行方式选择结果的解释能力从0.122显著提升到了0.157。

3）长距离组合出行效用模型对比

长距离组合出行效用MNL模型与NL模型的对比结果见表4-12。

长距离组合出行效用MNL模型与NL模型对比　　　　　　　　　　表4-12

项目	Nested Logit(NL)			Multinominal Logit(MNL)		
样本量	2064			2064		
LL(0)	-856			-856		
LL(β)	-589			-620		
自由度 DF	21			16		
Adj.ρ^2	91.287			0.257		
LR test for IIA	chi2(2)=52.24			Prob>chi2=0.000		
变量	系数	P>|z|		变量	系数	P>|z|
mode						
cost	-0.46	0.000		cost	-0.20	0.000
t	-0.07	0.099		t	-0.05	0.001
twalk	-0.48	0.058		twalk	—	—
tinveh	-0.05	0.052		tinveh	—	—
tinveh2	—	—		tinveh2	-0.05	0.000
income3_ctm	1.82	0.004		income3_ctm	—	—
income3_btm	-2.52	0.009		income3_btm	0.38	0.083
carpun_ctm	-1.13	0.008		carpun_ctm	—	—
carpun_btm	2.59	0.000		carpun_btm	0.50	0.000
buspun_btm	-1.63	0.000		buspun_btm	-0.39	0.001

续上表

变量	系数	$P>|z|$	变量	系数	$P>|z|$
metropun_ctm	3.96	0.000	metropun_ctm	−0.49	0.000
metropun_btm	4.96	0.000	metropun_btm	0.33	0.008
carcom_ctm	1.24	0.002	carcom_ctm	0.26	0.027
carcom_btm	−1.95	0.001	carcom_btm	—	—
buscom_ctm	1.69	0.000	buscom_ctm	—	—
buscom_btm	−3.00	0.000	buscom_btm	—	—
metrocom_btm	−1.04	0.000	metrocom_btm	—	—
type equation（combined）					
distance	−0.27	0.000	distance_btm	−0.08	000
ttwalk	−0.41	0.001		−0.14	0.056
gender	0.47	0.030	gender_ctm	0.88	0.000
age3	−1.63	0.000	age3_ctm	−1.51	0.000
			age3_btm	−1.78	0.000
age4	−1.45	0.000	age4_ctm	−1.31	0.000
			age4_btm	−1.34	0.000

根据似然比检验公式计算：

$$\chi^2 - \text{test} = -2 \times [\text{LL}(\beta_{\text{MNL}}) - \text{LL}(\beta_{\text{NL}})] = -2 \times (-620 + 589)$$
$$= 62 > \chi^2(5, 0.05) = 11.070 \tag{4-46}$$

说明最终 NL 模型比 MNL 模型具备更有效的预测能力，并且在 LR test for IIA 中，Prob>chi2=0.000 小于 0.05 的显著性水平，表明 NL 模型拒绝 IIA 特性的假设，模型的分层结构有效合理。

与 MNL 模型相比，NL 模型额外考虑了 twalk（步行接驳时间）和 tinveh（换乘前的车内时间）等出行效用影响变量，对出行方式选择结果的解释能力从 0.257 显著提升到了 0.287。

4.3　单一方式向组合出行转换的阈值研究

4.3.1　单一方式出行向组合出行转换的阈值确定方法

出行者在比选单一方式出行与组合出行两种方案的过程中理性遵循效用最大化原则，总是选择出行效用最大的出行方案。与单一方式出行相比，当组合方式出行的出行时间、费用、舒适性因素能够更大程度地弱化出行阻抗因素导致的心理负担，为个体出行者提供更可观的出行满意度即出行效用时，出行者将选择组合出行作为实际的出行方式，反之亦然。由此可见，单一方式出行与组合出行的出行效用相等这一条件构成了两类出行方式间转换的临界状态。那么，两类出行效用相等时所包含的变量取值的组合，也即构成了两类出行方式间转换的阈值。具体而言，单一方式出行向组合出行转换的阈值确定流程如图 4-5 所示。

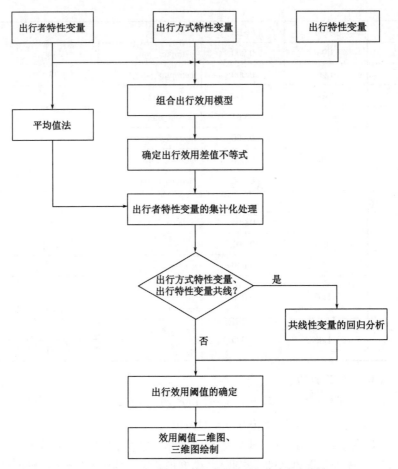

图 4-5 单一方式出行向组合出行转换的阈值确定流程图

阈值确定流程总结为以下 5 个步骤：

(1) 根据出行者特性、出行特性和出行方式特性变量构建组合出行效用模型。

(2) 将单一方式出行和组合方式出行的出行效用方程相减,构建出行效用的差值不等式。

(3) 由于后续基于非集计模型分析群体出行者的行为选择结果,需要对 NL 模型中的出行者特性变量进行集计化处理。

(4) 对效用不等式中的出行方式特性变量与出行特性变量进行共线性检验,如果存在共线性变量则需要应用回归分析。

(5) 控制独立变量的数量,必要时通过对某一变量取离散值的形式降低变量维度,然后利用 matlab 软件绘制出行效用阈值的三维图和二维图。

与实际的 3 类出行情景相结合,单一方式出行向组合出行转换分析的具体研究对象包含公交车与自行车换乘公交、轨道交通与自行车换乘轨道交通、小汽车与小汽车换乘轨道交通 3 组供出行者对比选择的出行方式。

4.3.2 公交车向自行车换乘公交转换的阈值分析

根据随机效用理论的最大效用原则,当出行者从自行车换乘公交方式获得的总出行效

用 V_{btb} 高于单一公交出行的效用值 V_{bus} 时,会采用自行车换乘公交的方式出行,由效用函数可知:

$$V_{btb} - V_{bus} = -1.12\text{cost} - 0.08t + 0.26\text{twait} - 0.22\text{distance} + (1.71\text{income1} + \\ 0.79\text{income2} + 1.41\text{income3} + 3.94\text{income4} + 1.72\text{nveh1} - 1.4\text{bikepun} + \\ 0.68\text{buscom} - 0.53\text{bikecom} + 1.17\text{age2} + 1.01\text{age3} + 1.51\text{age4}) > 0$$
(4-47)

采用平均值法对出行者特性变量进行集计化处理,其中统计交通调查中出行情景一的问卷数据,获得短距离出行条件下的出行者特性变量平均数值,具体见表4-13。

出行情景一的出行者特性变量平均值　　　　表4-13

变量名称	age2	age3	age4	income1	income2	income3
平均值	0.25	0.27	0.08	0.20	0.23	0.23
变量名称	income4	nveh1	bikepun	buscom	bikecom	—
平均值	0.11	0.30	3.71	2.56	3.64	—

将以上数值代入式(4-27),得到下述关系式:

$$V_{btb} - V_{bus} = -1.12\text{cost} - 0.08t + 0.26\text{twait} - 0.22\text{distance} - 2.91 > 0 \quad (4\text{-}48)$$

式中:cost——自行车换乘公交与单一公交出行的费用差值,即自行车出行费用;

　　　t——自行车换乘公交与单一公交出行的总出行时间之差,取 $-15\sim 5\min$;

　　twait——公交车等待时间,取 $0\sim 15\min$;

　distance——出行距离,取 $2\sim 5\text{km}$。

在 $2\sim 5\text{km}$ 的短距离出行情景下,自行车换乘公交与单一公交的出行过程如图4-6所示,出行特性变量——出行距离与自行车出行费用、出行时间差和公交等待时间等出行方式特性变量相互独立,不存在共线性。

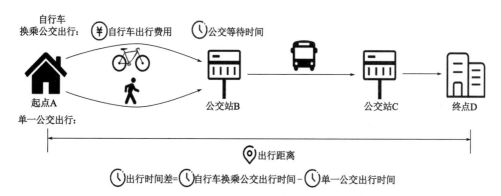

图4-6　自行车换乘公交与单一公交的出行过程

考虑到目前南京市区公共自行车与共享单车的收费水平,通常骑行时间在1h或2h以内计费1元/次,自行车换乘公交实行优惠政策且共享单车推出低价月卡服务,因而自行车短距离出行的费用取0元/次或1元/次。将自行车出行费用代入式(4-38)中,得到关于出行时间差、公交等待时间和出行距离3个变量的三元一次不等式,然后通过 matlab 的 scatter3 功能绘制公交车向自行车换乘公交转换的阈值三维图,如图4-7所示。

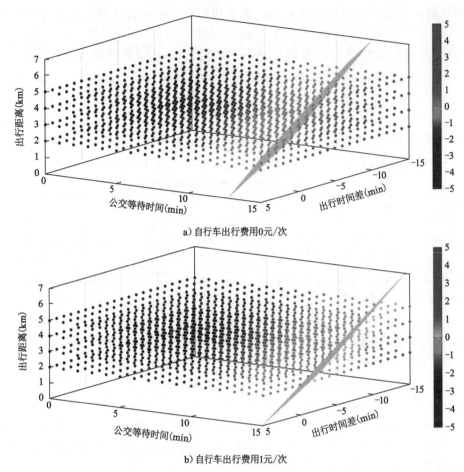

图 4-7 公交车向自行车换乘公交转换的阈值三维图

图 4-7 中的斜平面表示公交车向自行车换乘公交转换的阈值；平面右侧的离散点表示出行者倾向于选择自行车换乘公交出行，颜色越深代表效用差值越大，即出行者对自行车换乘公交的偏好越强。图中所有变量的取值均为整数，当实际出行变量的取值为小数时，出行方式的选择情况参照周围的离散点，表格选取了部分具有代表性的阈值点。由图可知以下四方面内容：

（1）公交的等待时间越长，与自行车换乘公交的出行时间差越大，自行车换乘公交具有更明显的出行优势，而出行距离的增加则会降低自行车换乘公交的出行效用，但是下降的幅度较小。

（2）对比图 4-7a）和 b），自行车出行费用从 0 元/次增加到 1 元/次，公交车向自行车换乘公交转换的效用阈值整体向 X 轴正向移动，自行车换乘公交出行的出行吸引力显著降低，由此可知，自行车出行费用成为影响出行者选择自行车换乘公交出行的重要因素。

（3）在自行车出行费用为 0 元/次的条件下，当公交等待时间小于 9min 时，单一的公交出行具有显著的出行优势；当公交等待时间超过 13min 时，任意的出行时间差值条件下，出行者都可能选择自行车换乘公交出行。当自行车出行产生 1 元/次的费用时，单一公交出行在等待时间小于 11min 的情况下具有显著优势。

(4) 在自行车出行费用为 0 元/次的条件下,当自行车换乘公交的出行时间略长,与单一公交的出行时间差为 0~5min 时,自行车比步行节约体力消耗的优势将部分弥补出行时间长的缺陷,出行者依然可能选择自行车换乘公交的出行方式。当出行时间差减少到 -10~0min 时,自行车换乘公交逐步表现出出行优势,当出行时间差小于 -10min 时这一优势显著存在。

当自行车出行产生 1 元/次的费用时,自行车换乘公交与单一公交的出行时间差小于 -5min,组合出行逐步表现出出行吸引力,当出行时间差达到 -10min 时这一吸引力显著存在。

为了进一步分析公交车向自行车换乘公交转换的效用阈值,将图 4-7 的出行距离分别取为 2km 和 4km,得到公交车向自行车换乘公交转换的阈值二维图,具体如图 4-8 所示。

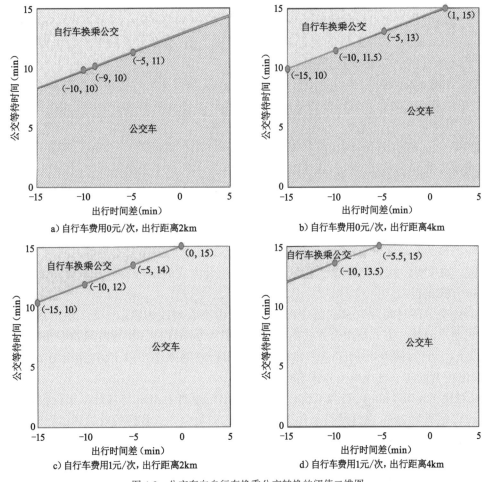

图 4-8 公交车向自行车换乘公交转换的阈值二维图

图 4-8 中的直线表示公交车向自行车换乘公交转换的阈值,出行信息点落入直线上侧的区域内表示出行者倾向于选择自行车换乘公交的组合出行方式,点落入直线下侧的区域内则意味着出行方式为单一公交出行。由图可知以下四方面规律:

(1) 对比图 4-8a) 和 b),在保持自行车出行费用为 0 元/次的情况下,随着出行距离由 2km 增加至 4km,单一方式向组合方式转换的效用阈值向 Y 轴正向移动,组合方式的出行吸引力整体降低,其中:

①当单一方式的出行时间比组合方式长 5min 时(出行时间差=-5min),随着出行距离由 2km 增加至 4km,选择组合出行方式要求的最小公交等待时间由 11min 增加到 13min,如果实际的公交等待时间小于以上值,组合方式的出行吸引力降低,出行者将会倾向于选择单一方式出行。

②当单一方式的出行时间比组合方式长 10min 时(出行时间差=-10min),随着出行距离由 2km 增加至 4km,选择组合出行方式要求的最小公交等待时间由 10min 增加到 11.5min。如果实际的公交等待时间小于以上值,组合方式不再具有出行优势,出行者倾向于放弃组合方式,转而选择单一方式出行。

③当公交等待时间为 10min 时,随着出行距离由 2km 增加至 4km,选择组合出行方式要求的单一方式与组合方式出行时间差由 9min 以上(出行时间差<-9min)提高至 15min 以上(出行时间差<-15min)。如果实际的出行时间差小于以上值,组合方式的出行吸引力降低,出行者倾向于放弃组合方式,转而选择单一方式出行。

(2)对比图 4-8a)和 c),当保持出行距离为 2km 时,自行车出行由不收费改为收取 1 元/次的费用,单一方式向组合方式转换的效用阈值同样向 Y 轴正向移动,组合方式出行降低了出行吸引力,其中:

①当单一方式的出行时间比组合方式长 5min 时(出行时间差=-5min),随着自行车出行由不收费改为收取 1 元/次费用,选择组合出行方式要求的最小公交等待时间由 11min 增加到 14min。如果实际的公交等待时间小于以上值,组合方式不再具有出行优势,出行者倾向于选择单一方式出行。

②当单一方式的出行时间比组合方式长 10min 时(出行时间差=-10min),随着自行车出行由不收费改为收取 1 元/次费用,选择组合出行方式要求的最小公交等待时间由 10min 增加到 12min。如果实际的公交等待时间小于以上值,组合方式的出行吸引力降低,出行者倾向于选择单一方式出行。

③当公交等待时间为 10min,随着自行车出行由不收费改为收取 1 元/次费用,选择组合出行方式要求的单一方式与组合方式出行时间差值由 9min 以上(出行时间差<-9min)提高至 15min 以上(出行时间差<-15min)。如果实际的出行时间差小于以上值,组合方式的出行优势减小,出行者倾向于选择单一方式出行。

(3)对比图 4-7b)和 c),自行车出行不收费且出行距离为 4km 与自行车出行收取 1 元/次费用且出行距离为 2km,在这两类条件下,单一方式向组合方式转换的效用阈值近似。

(4)在自行车出行费用为 1 元/次且出行距离为 4km 的条件下:

①当单一方式比组合方式的出行时间长 10min 时,只要公交等待时间大于 13.5min,出行者就倾向于选择组合出行方式。

②当公交等待时间为 15min 时,只要满足单一方式比组合方式的出行时间长超过 5.5min,组合出行方式将表现出优势。

结合图 4-8 的分析结果与式(4-38),归纳得到公交车向自行车换乘公交转换的阈值表,见表 4-14。其中,上半部分对自行车费用、出行距离和公交等待时间 3 个变量选取典型值,求解在这一特定条件下出行时间差的阈值;下半部分则是控制自行车费用、出行距离和出行时间差 3 个变量,求解在该条件下公交等待时间的阈值。

公交车向自行车换乘公交转换的阈值表   表4-14

序 号	出行方式	自行车费用（元）	出行距离（km）	公交等待时间（min）	出行时间差（min）
1	自行车换乘公交	0	2	10	≤-9
2	自行车换乘公交	0	2	15	≤7
3	自行车换乘公交	0	4	10	≤-15
4	自行车换乘公交	0	4	15	≤1
5	自行车换乘公交	1	2	10	≤-16
6	自行车换乘公交	1	2	15	≤0
7	自行车换乘公交	1	4	10	≤-22
8	自行车换乘公交	1	4	15	≤-5.5

序 号	出行方式	自行车费用（元）	出行距离（km）	出行时间差（min）	公交等待时间（min）
1	自行车换乘公交	0	2	-5	≥11
2	自行车换乘公交	0	2	-10	≥10
3	自行车换乘公交	0	4	-5	≥13.0
4	自行车换乘公交	0	4	-10	≥11.5
5	自行车换乘公交	1	2	-5	≥13.5
6	自行车换乘公交	1	2	-10	≥12
7	自行车换乘公交	1	4	-5	≥15
8	自行车换乘公交	1	4	-10	≥13.5

4.3.3 轨道交通向自行车换乘轨道交通转换的阈值分析

类似地，基于随机效用理论的最大效用原则，当自行车换乘轨道交通的出行总效用高于单一轨道交通出行的效用值时，出行者会选择自行车换乘轨道交通的方式出行。两种出行方式的效用函数差为：

$$V_{btm} - V_{metro} = -0.06\text{cost} - 0.02\text{t} - 0.36\text{ttwalk} - 0.25\text{twait} + 0.05\text{twalk} + (0.35\text{income1} + 0.26\text{income3} + 1.5\text{nveh2} - 0.67\text{metropun} - 0.16\text{bikepun} + 0.3\text{buscom} - 0.03\text{metrocom} - 0.72\text{age2} + 0.56\text{age4} + 0.54\text{gender}) > 0 \tag{4-49}$$

采用平均值法对出行者特性变量进行集计化处理，其中根据交通调查中出行情景二的问卷数据，获得中程出行距离条件下的出行者特性变量平均值，具体见表4-15。

出行情景二的出行者特性变量平均值   表4-15

变量名称	gender	age2	age4	income1	income3
平均值	0.47	0.44	0.14	0.18	0.31
变量名称	nveh2	bikepun	metropun	metrocom	buscom
平均值	0.51	2.21	1.51	2.39	2.99

将以上数值代入式(4-39)，则公式变化为以下形式：

$$V_{btm} - V_{metro} = -0.06\text{cost} - 0.02t - 0.36\text{ttwalk} - 0.25\text{twait} + 0.05\text{twalk} + 0.388 > 0$$
(4-50)

式中：cost——自行车出行费用，取 0 元/次或 1 元/次；

　　　t——自行车换乘轨道交通与单一轨道交通出行的总出行时间之差，取 -10~0min；

　ttwalk——自行车换乘轨道交通的步行时间，取 3~6min；

　　twait——轨道交通等待时间，取 1~5min；

　　twalk——轨道交通的步行接驳时间，取 10~25min。

在 5~15km 的中程距离出行情景下，自行车换乘轨道交通与单一轨道交通的出行过程如图 4-9 所示，效用函数差值不等式中不包含出行距离这一出行特性变量，无须考虑共线性问题。

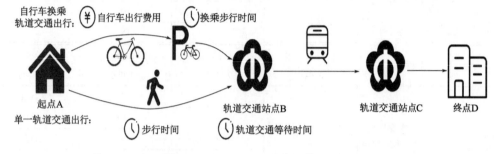

图 4-9　自行车换乘轨道交通与单一轨道交通的出行过程

自行车短距离接驳出行的费用依然取 0 元/次或 1 元/次，在方程中对应的回归系数为 -0.06。与其他项相对比，-0.06cost 因素项对整体效用的影响可以忽略不计，因此从方程中予以剔除。当换乘步行时间分别取 3min、4min、5min、6min 时，得到关于出行时间差、轨道交通等待时间和轨道交通步行接驳时间的三元一次不等式，然后利用 matlab 的 scatter3 功能得到轨道交通向自行车换乘轨道交通转换的阈值三维图，如图 4-10 所示。

由图可知以下三方面内容：

（1）轨道交通步行接驳时间越长，换乘等待时间越短，轨道交通出行与自行车换乘轨道交通的出行时间差越大，自行车换乘轨道交通具有的出行优势更加显著。

（2）对比图 4-9a)~d)，随着换乘步行时间的增加，轨道交通出行向自行车换乘轨道交通转换的效用阈值整体向 Z 轴正向移动，自行车换乘轨道交通的出行吸引力显著降低，由此可知换乘步行时间成为影响出行者选择自行车换乘轨道交通出行的重要因素。

（3）在换乘步行时间为 3min 的条件下，当轨道交通等待时间小于 1.5min 时，任意的出行时间差值条件下，出行者都将优先选择自行车换乘轨道交通出行。在换乘步行时间为 4min 的条件下，当轨道交通等待时间为 4.5min 时，自行车换乘轨道交通开始逐渐表现出出行优势。而换乘步行时间为 5min 和 6min 时，组合出行表现出出行吸引力，对应轨道交通等待时间分别为 4min 和 3.5min。

为了进一步分析轨道交通向自行车换乘轨道交通转换的效用阈值，将图 4-10 的轨道交通等待时间分别取为 1min 和 3min，得到轨道交通向自行车换乘轨道交通转换的阈值二维图，具体如图 4-11 所示。

第4章 城市多模式交通组合出行需求效用分析建模

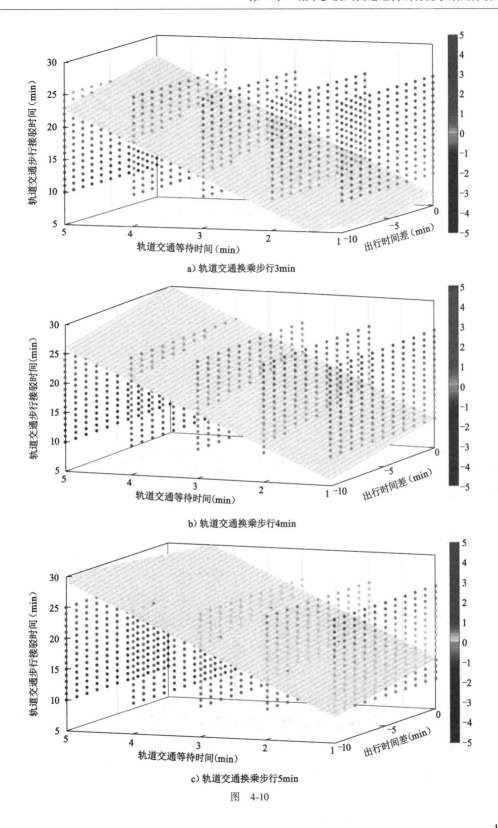

a) 轨道交通换乘步行3min

b) 轨道交通换乘步行4min

c) 轨道交通换乘步行5min

图 4-10

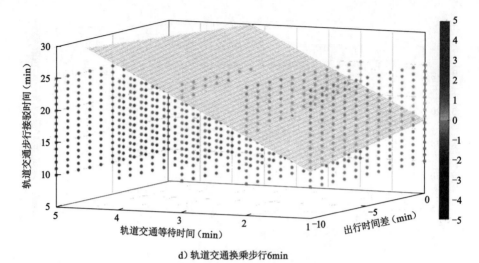

d) 轨道交通换乘步行6min

图 4-10　轨道交通向自行车换乘轨道交通转换的阈值三维图

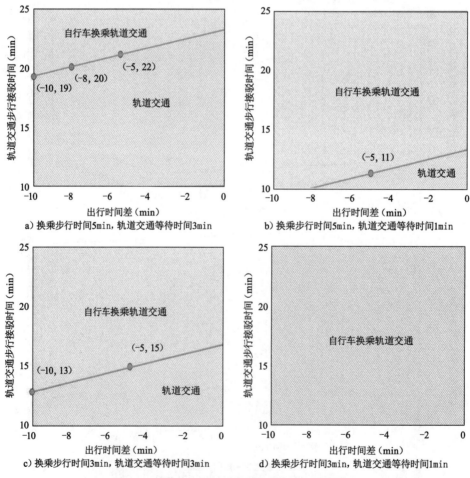

图 4-11　轨道交通向自行车换乘地铁转换的阈值二维图

图 4-11 中的直线表示轨道交通向自行车换乘轨道交通转换的阈值,当出行信息点落入直线上侧的区域内时出行者倾向于选择自行车换乘轨道交通出行,否则选择单一轨道交通出行。图中限定了出行时间差的取值范围,因而当轨道交通步行接驳时间为 25min 时,阈值线上的取值点并未在图中显示,具体数值通过式(4-30)获得,计算结果见表 4-16。

观察图 4-11 可得以下四方面规律:

(1)在换乘步行时间为 5min、轨道交通等待时间为 3min 的条件下:

①当单一方式出行时间比组合方式总出行时间长 10min 时(出行时间差=-10min),只有满足轨道交通步行接驳时间大于或等于 19min,出行者才会选择组合出行方式。

②当轨道交通步行接驳时间为 20min 时,只要单一方式出行时间比组合方式的总出行时间长 8min 以上(出行时间差<-8min),出行者就优先选择组合出行方式。

(2)对比图 4-11a)和 b),保持换乘步行时间为 5min,随着轨道交通等待时间由 3min 减少到 1min,单一方式向组合方式转换的效用阈值向 Y 轴负方向移动,组合方式的出行吸引力整体显著增加。

其中,当单一方式出行时间比组合方式总出行时间长 5min 时(出行时间差=-5min),随着轨道交通等待时间由 3min 减少到 1min,选择组合方式出行要求的最短轨道交通步行接驳时间由 22min 降低至 11min。如果实际的轨道交通步行接驳时间小于以上最短时间,出行者不再优先考虑选择组合方式出行。

(3)对比图 4-11a)和 c),当保持 3min 的轨道交通等待时间,换乘步行时间由 5min 缩短至 3min 时。单一方式向组合方式转换的效用阈值同样向 Y 轴负方向移动,组合方式具有更强的出行优势,其中:

①当单一轨道交通出行时间比自行车换乘轨道交通总时间长 5min 时(出行时间差=-5min),随着换乘步行时间由 5min 缩短至 3min,选择组合方式出行要求的最短轨道交通步行接驳时间由 22min 缩短至 15min。如果实际的轨道交通步行接驳时间小于以上最短时间,出行者倾向于放弃组合方式,转而选择单一方式出行。

②当单一轨道交通出行时间比自行车换乘轨道交通总时间长 10min 时(出行时间差=-10min),选择组合出行要求的最短轨道交通步行接驳时间由 19min 降低至 13min。如果实际的轨道交通步行接驳时间小于以上最短时间,组合出行方式不再具有出行吸引力。

(4)在换乘步行 3min、轨道交通等待 1min 的条件下,自行车换乘轨道交通这一组合出行方式具有明显的出行优势,单一轨道交通出行丧失出行吸引力。

根据对图 4-11 的分析内容与式(4-40)的计算结果,归纳得到轨道交通向自行车换乘轨道交通转换的阈值表,见表 4-16。其中,上半部分对轨道交通等待时间、换乘步行时间和步行接驳时间 3 个变量选取典型值,求解在这一特定条件下出行时间差的阈值;下半部分则是控制轨道交通等待时间、换乘步行时间和出行时间差 3 个变量,求解在该条件下步行接驳时间的阈值。

轨道交通向自行车换乘轨道交通转换的阈值表　　　　表4-16

序 号	出行方式	轨道交通等待时间（min）	换乘步行时间（min）	步行接驳时间（min）	出行时间差（min）
1	自行车换乘轨道交通	1	3	20	≤3
2			3	25	≤15.5
3			5	20	—
4			5	25	≤-20.5
5	自行车换乘轨道交通	3	3	20	≤-22
6			3	25	≤10
7			5	20	—
8			5	25	—

序 号	出行方式	轨道交通等待时间（min）	换乘步行时间（min）	步行接驳时间（min）	出行时间差（min）
1	自行车换乘轨道交通	1	3	-5	≥7
2			3	-10	≥5
3			5	-5	≥13
4			5	-10	≥19
5	自行车换乘轨道交通	3	3	-5	≥0
6			3	-10	≥0
7			5	-5	≥11
8			5	-10	≥9

注：个别变量的取值界限过于宽松，现实条件必然满足，因而其数值不具指导意义，由—代替表示。

4.3.4　小汽车向小汽车换乘轨道交通转换的阈值分析

根据随机效用理论的最大效用原则，当小汽车换乘轨道交通的出行总效用高于小汽车出行效用时，出行者会选择小汽车换乘轨道交通的方式出行。两种出行方式的效用函数差为：

$$V_{ctm} - V_{car} = -0.46\text{cost} - 0.07t - 0.05\text{tinveh} - 0.27\text{distance} - 0.41\text{ttwalk} + (1.82\text{income3} - 1.13\text{carpun} + 3.96\text{metropun} + 1.24\text{carcom} + 1.69\text{buscom} + 0.47\text{gender} - 1.63\text{age3} - 1.45\text{age4}) > 0 \tag{4-51}$$

采用平均值法对出行者特性变量进行集计化处理，其中根据交通调查中出行情景三的问卷数据，获得长距离出行条件下的出行者特性变量的平均值，具体见表4-17。

出行情景三的出行者特性变量平均值　　　　表4-17

变量名称	gender	age3	age4	income3
平均值	0.43	0.49	0.15	0.28
变量名称	carpun	metropun	carcom	buscom
平均值	2.58	1.53	1.66	3.05

将以上数值代入式(4-51),则公式变化为以下形式:

$$V_{ctm} - V_{car} = -0.46\text{cost} - 0.07t - 0.05\text{tinveh} - 0.27\text{distance} - 0.41\text{ttwalk} + 10.067 > 0 \tag{4-52}$$

式中:cost——小汽车换乘轨道交通与单一轨道交通出行的费用差值;
　　t——小汽车换乘轨道交通与单一轨道交通出行的总出行时间之差,取-5~15min;
　　tinveh——小汽车换乘轨道交通出行包含的小汽车车内时间,取10~40min;
　　distance——出行距离,取15~35min;
　　ttwalk——小汽车换乘轨道交通的步行时间,取4~10min。

在长距离出行情景下,小汽车换乘轨道交通与单一小汽车的出行过程如图4-12所示。

图4-12　小汽车换乘轨道交通与单一小汽车的出行过程

小汽车的燃油费用与其行驶里程线性相关,而停车费用与轨道交通票价均相对恒定,因此两类出行方式的费用差值与换乘前的小汽车车内时间、出行距离两个变量存在线性关系,可以表示为:

$$\text{cost} = \text{cost}_{ctm} - \text{cost}_{car} = \alpha\left(\text{distance} - \frac{\text{tinveh}}{60} \times v_{car}\right) + \beta \tag{4-53}$$

式中:v_{car}——小汽车行驶速度(km/h);
　　α、β——回归系数;
　　其他变量意义同前。

由于在构建组合出行效用模型时,变量 cost 和 tinveh 位于方式选择层,变量 distance 位于虚拟选择层,两部分变量分步估计参数,因而 t、cost 和 tinveh 在建立效用模型时并不因为变量共线性而被剔除。通过 Stata 软件的 regress 功能标定 α、β,得到 Prob>F=0.000,表示回归结果通过 F 检验;Adj.ρ^2 达到98.8%,说明自变量具有很强的解释因变量的能力,模型的拟合度高[52]。

$$\text{cost} = -0.414\text{distance} + 0.173\text{tinveh} \tag{4-54}$$

代入式(4-42)可得:

$$V_{ctm} - V_{car} = -0.07t + 0.123\text{tinveh} - 0.684\text{distance} - 0.41\text{ttwalk} + 10.067 > 0 \tag{4-55}$$

当换乘步行时间分别取 4min、6min、8min、10min 时,得到关于出行时间差、换乘前的小汽车车内时间和出行距离的三元一次不等式,然后利用 matlab 的 scatter3 功能得到小汽车向小汽车换乘轨道交通转换的阈值三维图,如图4-13所示。

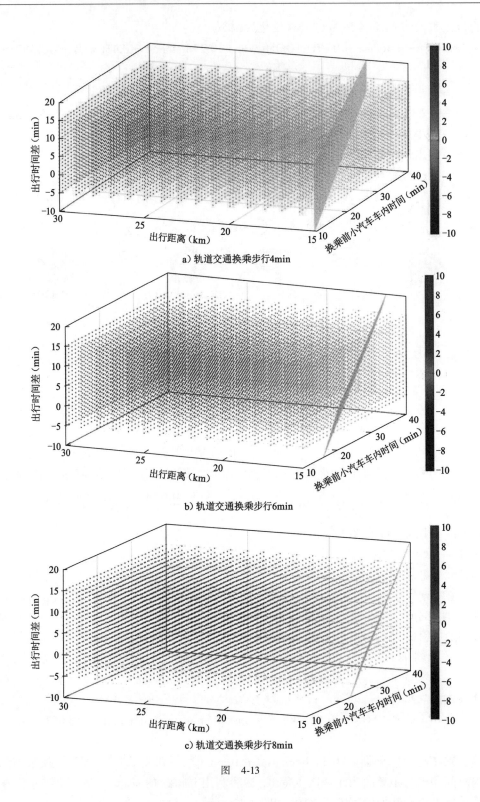

图 4-13

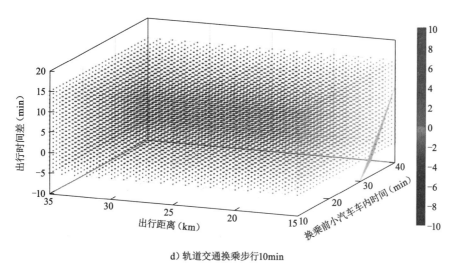

d) 轨道交通换乘步行10min

图 4-13 小汽车向小汽车换乘轨道交通转换的阈值三维图

由图可知以下四方面内容：

(1) 组合出行包含的小汽车车内时间越长，与单一小汽车出行的出行时间差越小，小汽车换乘轨道交通表现出更明显的出行优势，而出行距离的增加会降低小汽车换乘轨道交通的出行效用。

(2) 对比图 4-13a)~d)，随着换乘步行时间的增加，小汽车出行向小汽车换乘轨道交通转换的效用阈值整体向 X 轴正向移动，小汽车换乘轨道交通的出行吸引力不断降低，由此可知换乘步行时间成为影响出行者选择小汽车换乘轨道交通出行的重要因素。

(3) 在换乘步行时间为 4min 的条件下，当出行距离大于 19km 时，单一轨道交通出行具有绝对的出行优势，小汽车换乘轨道交通并无竞争力。随着换乘步行时间从 6min 增加到 10min，对应出行距离分别为 18km、17km 和 16km，小汽车换乘轨道交通开始逐渐表现出出行优势。

(4) 当换乘步行时间为 4min 时，小汽车换乘轨道交通这一组合出行方式包含的小汽车车内时间最小为 13min，此时小汽车车内时间超过 24min，任意的出行时间差值条件下，出行者都可能选择小汽车换乘轨道交通出行。

当换乘步行时间为 6min 时，组合出行中的小汽车车内时间最小要求为 19min，当小汽车车内时间超过 33min，在任意的出行时间差值条件下，出行者都可能选择小汽车换乘轨道交通出行。

当换乘步行时间为 8min 和 10min 时，组合出行中的小汽车车内时间最小要求分别增加到 26min 和 33min。

为了进一步分析轨道交通向自行车换乘轨道交通转换的效用阈值，将图 4-13 的出行距离分别取为 15km 和 18km，得到小汽车向小汽车换乘轨道交通转换的阈值二维图，具体如图 4-14 所示。

图 4-14 中的直线表示小汽车向小汽车换乘轨道交通转换的阈值，当出行信息点落入直线下侧的区域内时出行者倾向于选择小汽车换乘轨道交通出行，否则选择单一小汽车出行。图中限定了出行时间差的取值范围，因而当换乘前小汽车车内时间为 40min 时，阈值线上的取值点并未在图中显示，具体数值通过式(4-45)获得，计算结果见表 4-18。

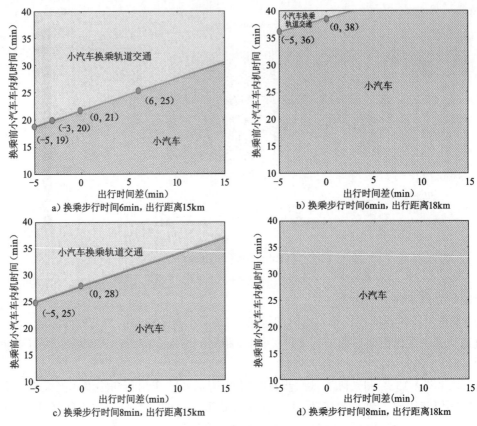

图 4-14　小汽车向小汽车换乘轨道交通转换的阈值二维图

观察图 4-14 可得以下四个方面规律：

(1) 在换乘步行时间为 6min 且出行距离为 15km 的条件下：

① 当换乘前小汽车车内时间为 20min 时，只要单一方式出行时间比组合方式的总出行时间至少长 3min（出行时间差<-3min），出行者就倾向于选择组合出行方式。

② 当换乘前小汽车车内时间为 25min 时，即使组合方式的总出行时间大于单一方式出行时间，只要出行时间差值在 6min 以内，出行者就优先选择组合出行方式。

(2) 对比图 4-14a) 和 b)，保持步行时间为 6min，随着出行距离由 15km 增加到 18km，单一方式向组合方式转换的效用阈值向 Y 轴负方向移动，组合方式的出行吸引力显著降低，其中：

① 当单一方式车和组合方式的出行时间相等时，随着出行距离由 15km 增加到 18km，选择组合方式所能容忍的最大换乘前小汽车车内时间由 21min 增加至 38min。如果实际的换乘前小汽车车内时间超过该值，组合出行不再具有出行优势，出行者转而倾向于选择单一方式出行。

② 当单一方式出行时间比组合方式的总出行时间长 5min 时（出行时间差=-5min），随着出行距离由 15km 增加到 18km，选择组合方式所能容忍的最大换乘前小汽车车内时间由则由 19min 增加至 36min。如果实际的换乘前小汽车车内时间超过最大值，出行者将会放弃组合出行方式，转而优先选择单一方式出行。

(3) 对比图 4-14a) 和 c)，保持 15km 的出行距离，随着换乘步行时间由 6min 增加至 8min，

单一方式向组合方式转换的效用阈值同样向 Y 轴负方向移动,组合方式的出行优势显著减小,其中:

①当单一方式出行时间比组合方式的总出行时间长 5min 时(出行时间差=-5min),随着换乘步行时间由 6min 增加至 8min,选择组合方式所能容忍的最大换乘前小汽车车内时间由 19min 增加至 25min。如果实际的换乘前小汽车车内时间超过最大值,出行者将会优先考虑选择单一方式出行。

②当单一方式出行时间和组合方式的总出行时间相等时,随着换乘步行时间由 6min 增加至 8min,选择组合方式所能容忍的最大换乘前小汽车车内时间则由 21min 增加至 28min。如果实际的换乘前小汽车车内时间超过该值,组合出行不再具有出行优势,出行者转而倾向于选择单一方式出行。

(4)在换乘步行时间为 8min、出行距离为 18km 的条件下,单一小汽车出行具有明显的出行优势,小汽车换乘轨道交通不再具有出行吸引力。

根据图 4-14 的分析结果与式(4-45),归纳得到小汽车向小汽车换乘轨道交通转换的阈值表,见表 4-18。其中,上半部分对轨道交通等待时间出行距离、换乘步行时间和换乘前车内时间 3 个变量选取典型值,求解在这一特定条件下出行时间差的阈值;下半部分则是控制出行距离、换乘步行时间和出行时间差 3 个变量,求解在该条件下换乘前车内时间的阈值。

小汽车向小汽车换乘轨道交通转换的阈值表 表 4-18

序 号	出 行 方 式	出行距离 (km)	换乘步行时间 (min)	换乘前车内时间 (min)	出行时间差 (min)
1	小汽车换乘 轨道交通	15	6	20	≤-3
2			6	25	≤6
3			8	20	≤-12
4			8	25	≤-5
5	小汽车换乘 轨道交通	18	6	30	≤-15
6			6	35	≤-6
7			8	30	≤-26
8			8	35	≤-18

序 号	出 行 方 式	出行距离 (km)	换乘步行时间 (min)	出行时间差 (min)	换乘前车内时间 (min)
1	小汽车换乘 轨道交通	15	6	0	≥21
2			6	-5	≥19
3			8	0	≥28
4			8	-5	≥25
5	小汽车换乘 轨道交通	18	6	0	≥38
6			6	-5	≥36
7			8	-10	—
8			8	-15	—

注:个别变量的取值界限过于宽松,现实条件必然满足,因而其数值不具指导意义,由—代替表示。

本节依据已有的 NL 组合出行效用模型,对比各出行距离情景下单一方式出行和对应组合方式出行的效用方程,分析得到两者之间出行方式转换的阈值条件,明确引发出行需求转移的定量条件,为协调公交站点、停车换乘站和公共自行车资源配置提供参考依据,同时有助于解决常规公交和轨道交通等公共交通出行的接驳难题。经总结,归纳得到以下三方面结论:

(1)公交车向自行车换乘公交转换的阈值由两者的出行时间差、出行距离、自行车出行费用和公交等待时间 4 个变量综合确定。其中,公交等待时间越长,与自行车换乘公交的出行时间差越大,自行车换乘公交具有更明显的出行优势,而出行距离和自行车出行费用的增加则会降低自行车换乘公交的出行效用。

自行车出行费用为 0 元/次的条件下,当公交等待时间小于 9min 时,单一的公交出行具有显著的出行优势。当自行车出行产生 1 元/次的费用时,单一公交出行在等待时间小于 11min 的情况下具有显著的出行优势。

当出行时间差小于 -10min 时,自行车换乘公交的组合出行方式显著存在出行优势。

(2)轨道交通向自行车换乘轨道交通转换的阈值受两者的出行时间差、轨道交通步行接驳时间、轨道交通换乘等待时间和自行车 3 个变量综合影响。其中,轨道交通的步行接驳时间越长,换乘等待时间越短,与自行车换乘地铁的出行时间差越大,自行车换乘地铁具有的更强的出行吸引力。

在换乘步行时间为 4min、5min 和 6min 的条件下,轨道交通等待时间分别为 4.5min、4min 和 3.5min 时,自行车换乘轨道交通开始逐渐表现出出行优势。

(3)小汽车向小汽车换乘轨道交通转换的阈值由两者的出行时间差、换乘前的小汽车车内时间、轨道交通换乘步行时间和出行距离 4 个变量构成。其中,换乘前的小汽车车内时间越长,小汽车换乘轨道交通表现出更明显的出行优势,而出行时间差、轨道交通换乘步行时间和出行距离的增加会降低小汽车换乘轨道交通的出行效用。

在换乘步行时间为 4min、6min、8min 和 10min 的条件下,分别对应 19km、18km、17km 和 16km 的出行距离,构成小汽车换乘轨道交通优势出行的临界距离。

当换乘步行时间为 4min、6min、8min 和 10min 时,组合出行要求的小汽车车内最小时间分别为 13min、19min、26min 和 33min。

本章参考文献

[1] MORGENSTERN O,VON NEUMANN J.Theory of games and economic behavior[M].Princeton:Princeton university press,1953.

[2] 周国梅,傅小兰.决策的期望效用理论的发展[J].心理科学,2001(2):219-220.

[3] 黄书静.基于效用最大化的高峰期乘客出行行为研究[D].济南:山东大学,2014.

[4] 陈强.高级计量经济学及 Stata 应用[M].2 版.北京:高等教育出版社,2014.

[5] PAMPEL F C.Logistic regression:A primer[M].London:Sage Publications,2000.

[6] 关宏志.非集计模型:交通行为分析的工具[M].北京:人民交通出版社,2004.

[7] 王树盛,黄卫,陆振波.Mixed Logit 模型及其在交通方式分担中的应用研究[J].公路交通科技,2006(5):88-91.

[8] WEN C, KOPPELMAN F S.The generalized nested logit model[J].Transportation Research Part B:Methodological,2001,35(7):627-641.

[9] BEN-AKIVA M E,LERMAN S R,LERMAN S R.Discrete choice analysis:theory and application to travel demand[M].Cambridge:MIT press,1985.

[10] TRAIN K E.Discrete choice methods with simulation[M].Cambridge:Cambridge university press,2009.

[11] SCOTT M.应用logistic回归分析[M].李俊秀,译.上海:格致出版社,2016.

[12] 申慧.移动打车软件影响下出行者行为特性分析[D].南京:东南大学,2017.

[13] 吴炜光.多模式交通网络环境下典型多方式组合出行效用分析[D].南京:东南大学,2018.

第5章 多模式交通网络供需逐日动态演化机理分析

经过上文多模式网络供给以及多方式出行需求分析,需要一种工具将出行需求与供给相匹配,将宏观的需求分配至具体的网络路段中,以评估多模式网络的使用情况。交通分配模型作为当前常用的工具,通常分为静态和动态两类,静态交通分配集中考察系统的终极均衡状态,不考虑其随时间的变化,而动态交通分配引入时间变量,将二维问题转化为路阻、流量和时间的三维问题。其中的"逐日"(day-to-day)动态模型偏重于均衡演化过程的"暂态"变化和网络流波动,可以更好地揭示多种出行方式在交通枢纽及网络上的时空状态演变规律和交互作用机理。本章针对当前已经较为成熟的逐日动态交通分配理论体系,在逐日动态交通分配模型的基础上提出了利用车牌识别(License Plate Recognition,LPR)数据和代理仿真优化方法对模型参数进行校正的方法,使其能够更好地应用于预测客流在实际多模式网络中的动态演化过程,帮助进行多模式网络的一体化设计。

本章的主要内容包括:①交通网络逐日动态演化概述;②逐日动态交通分配模型;③基于仿真优化的参数校正方法;④算例分析。

5.1 交通网络逐日动态演化概述

对于逐日动态交通分配(day-to-day dynamics)模型,其时间跨度包含连续的若干天,通常假设交通需求在一天内是固定不变的,但是不同天之间的交通需求既可以是变化的,也可以是不变的,可根据实际数据进行观察和校正。逐日动态交通分配模型可描述出行者短期出行行为的逐日学习和动态调整过程,并以天为单位对道路流量进行调整。

逐日动态交通分配理论是描述交通网络流量演化过程的一类动态系统模型,最早始于Horowitz[1]和Smith[2]。逐日动态交通分配模型可分为确定性过程(deterministic process)模型和随机性过程(stochastic process)模型;确定性过程模型包括稳定状态的用户均衡模型、随机用户均衡模型以及有限理性用户均衡模型,随机性过程模型主要是基于均衡概率分布的稳定状态模型。

根据是否对时间进行离散化处理,现有文献中的逐日动态交通分配模型又可分为连续时间模型和离散时间模型。连续时间模型通常采用微分方程来进行建模。虽然连续时间模型具有很好的数学性质,但与现实生活中出行者的路径选择行为有所偏差,这是因现实生活中出行者的路径选择和调整过程往往是离散的(比如以天为单位进行调整)。从出行者的实际出行行为来考虑,离散时间逐日动态交通分配模型更加合理。

逐日动态交通分配模型还可以划分为基于路径的模型和基于路段的模型。在基于路径的模型中,交通网络演化过程是根据路径流量来进行模拟的,从而可以直接反映出行者的路径选择和路径调整过程。对于这类模型,需要输入初始的路径流量进行迭代演化,不同的初始路径流量可能会导致不同的演化过程。然而,现实中的初始路径流量往往是不唯一的,且不易观测得到,因而基于路径的逐日动态交通分配模型更多地处于理论研究阶段。为了克服基于路径的模型中存在的缺陷,He 等[3]提出了基于路段的逐日动态交通分配模型。对于基于路段的模型,其初始路段流量是唯一的,且易于观测,因而路段流量的演化过程是确定的。然而,这类模型无法反映出行者异质的路径选择和路径调整行为,而反映出行者的路径选择和路径调整行为是逐日动态交通分配模型的根本特性。因此,本章将采用基于路径的逐日动态交通分配模型进行建模。

正如 Mahmassani[4]所述,逐日动态交通分配理论已经发展得比较成熟,但是如何根据现实中观测的交通数据去验证交通系统的逐日动态演化过程仍然是一大难题。有部分学者研究了不同影响因素(包括交通信息、出行经验、风险和不确定性等)对交通系统逐日动态演化过程的影响。然而,这些研究均是基于模拟仿真或者类似实验室环境下的试验进行的,而非基于现实场景下的实测数据进行分析,并且鲜有学者对逐日动态交通分配模型中的参数进行校正。本章将弥合这些缺陷,并使用实际的车牌识别数据来对基于路径的逐日动态交通分配模型进行参数校正,从而可以更好地反映出行者实际的逐日动态路径选择和路径调整的行为变化过程。

5.2 逐日动态交通分配模型

考虑一个强连接的交通网络,用 $G=(N,A)$ 表示,其中,N 为节点的集合,A 为有向路段的集合。W 表示 OD 对的集合,OD 对 $w \in W$ 之间的所有路径集可表示为 K_w,OD 对 $w \in W$ 的需求为 q_w。f_{wk} 为路径 $k \in K_w$ 上的流量,且 $f_w=(f_{wk}, k \in K_w)$。v_a 为路段 $a \in A$ 上的流量,且 $v=(v_a, a \in A)$。t 为时间,本章中用于表示一天。f_{wk}^t 表示第 t 天路径 $k \in K_w$ 的流量,且 $f_w^t=(f_{wk}^t, k \in K_w)$。本章中用到的其他符号汇总于表 5-1。

逐日动态交通分配模型中用到的符号汇总　　　　　　　　　　　　　　表 5-1

符　号	释　义
W	OD 对的集合
w	OD 对 $w \in W$
K_w	OD 对 $w \in W$ 的所有路径集合
k	路径 $k \in K_w$
q_w	OD 对 $w \in W$ 的交通需求
C_w^t	第 t 天 OD 对 $w \in W$ 之间所有路径的预测出行成本的列向量
C_{wk}^t	第 t 天 OD 对 $w \in W$ 之间路径 $k \in K_w$ 的预测出行成本
c_w^t	第 t 天 OD 对 $w \in W$ 之间所有路径的实际出行成本的列向量
c_{wk}^t	第 t 天 OD 对 $w \in W$ 之间路径 $k \in K_w$ 的实际出行成本
f_w^t	第 t 天 OD 对 $w \in W$ 之间所有路径流量的列向量

续上表

符号	释义
f_{wk}^t	第 t 天 OD 对 $w \in W$ 之间路径 $k \in K_w$ 的流量
$\boldsymbol{R}_w^t$	第 t 天 OD 对 $w \in W$ 之间所有路径之间的路径调整比例矩阵
$r_{k,j}^t$	路径调整比例,即第 $t-1$ 天选择路径 j,但是第 t 天转向路径 k 的出行者比例,且 $\sum_{k \in K_w} r_{k,j}^t = 1, \forall j \in K_w, w \in W$
p_{wk}^t	根据效用方程,第 t 天 OD 对 $w \in W$ 之间路径 $k \in K_w$ 被选择的概率
α	权重参数,用于调整下一天的预测出行成本
β	重新考虑比例,即在下一天会重新考虑是否要改变上一天路径选择结果的这部分出行者的比例
θ	Logit 函数中的离散参数

为了对逐日动态交通演化过程进行建模,流量和成本等交通网络状态变量通常可以表示为基于路段的或基于路径的模型。基于路段的逐日动态模型用路段流量和路段成本来描述网络演化过程,其初始值往往容易由观察得到。然而,对于基于路段的逐日动态模型,其流量调整过程是由集计的路段流量反映的,无法直接观察到出行者的路径选择和路径调整行为。相反地,基于路径的逐日动态模型可以追踪出行者每天的路径选择行为,并对其每天的路径调整过程进行建模,从而反映出行者在路径选择和路径调整过程中的实际行为。本章将从出行者路径选择和调整行为的角度出发,建立基于路径的逐日动态模型,并对其进行校准和验证。

逐日动态交通分配模型通常涉及两个方面:①出行者的学习和预测行为(即成本更新模型);②出行者的路径选择和路径调整行为(即流量更新模型)。成本更新模型描述了以往的经验(主要是前几天的路径成本)是如何影响下一天的预测成本,流量更新模型则描述了当前选择是如何受到前几天决策的影响。

5.2.1 路径成本演化过程

原则上,成本更新模型可用非集计分配模型进行表示,即第 t 天路径 $k \in K_w$ 上出行者 i 的预测成本是由前几天的实际出行成本和预测出行成本决定的,可用式(5-1)和式(5-2)进行表述:

$$C_{wk}^{i,t} = C(C_{wk}^{i,t-1}, c_{wk}^{i,t-1}, C_{wk}^{i,t-2}, c_{wk}^{i,t-2}, \cdots) \tag{5-1}$$

$$\boldsymbol{C}_w^{i,t} = C(\boldsymbol{C}_w^{i,t-1}, \boldsymbol{c}_w^{i,t-1}, \boldsymbol{C}_w^{i,t-2}, \boldsymbol{c}_w^{i,t-2}, \cdots) \tag{5-2}$$

式中,$C_{wk}^{i,t}$ 和 $c_{wk}^{i,t}$ 分别表示第 t 天路径 $k \in K_w$ 上出行者 i 预测的和实际的出行成本;$\boldsymbol{C}_w^{i,t}$ 和 $\boldsymbol{c}_w^{i,t}$ 分别是 $C_{wk}^{i,t}$ 和 $c_{wk}^{i,t}$ 的列向量。

然而,正如 Cascetta[17] 所述,对于基于随机效用理论的路径选择模型来说,非集计模型可能会非常复杂,难以用于分析集计的路径流量。因此,基于路径的集计模型将会更适用于逐日动态交通分配模型。对于集计模型中的成本更新过程,当日的预测成本是前几日实际成本和预测成本的函数,可用式(5-3)和式(5-4)进行表述。

$$C_{wk}^t = C(C_{wk}^{t-1}, c_{wk}^{t-1}, C_{wk}^{t-2}, c_{wk}^{t-2}, \cdots) \tag{5-3}$$

$$\boldsymbol{C}_w^t = \boldsymbol{C}(\boldsymbol{C}_w^{t-1}, \boldsymbol{c}_w^{t-1}, \boldsymbol{C}_w^{t-2}, \boldsymbol{c}_w^{t-2}, \cdots) \tag{5-4}$$

式中，C_{wk}^t 和 c_{wk}^t 分别表示第 t 天路径 $k \in K_w$ 上出行者预测的和实际的出行成本；$\boldsymbol{C}_w^t$ 和 $\boldsymbol{c}_w^t$ 分别是 C_{wk}^t 和 c_{wk}^t 的列向量。通常假设第 t 天的预测成本仅受第 $t-1$ 天的预测成本 $\boldsymbol{C}_w^{t-1}$ 和实际成本 $\boldsymbol{c}_w^{t-1}$ 所影响，即：

$$\boldsymbol{C}_w^t = C(\boldsymbol{C}_w^{t-1}, \boldsymbol{c}_w^{t-1}) \tag{5-5}$$

在式(5-5)所示成本方程中，假设第 t 天的预测成本仅由第 $t-1$ 天的预测成本 $\boldsymbol{C}_w^{t-1}$ 和实际成本 $\boldsymbol{c}_w^{t-1}$ 决定；实际上，也可以假设第 t 天的预测成本由前面 $t-1$ 天所有的预测成本和实际成本共同决定，这意味着出行者不会忘记过去任何一天的出行经验，这类模型也被称为无限学习过程模型[5]。然而，出行者的出行选择行为更加容易受到离现在更近的不可预测事件的影响。因此，部分研究中假设，出行者的路径选择行为仅受到最近几天(如最近 m 天)的路径选择行为的影响，这类模型也被称为有限学习过程模型。与这类有限学习过程模型相比，本章中的成本函数为其 $m=1$ 时的一个特例，这种特例情况也被广泛应用于逐日动态交通分配模型(如 Bie 和 Lo[6]、Davis 和 Nihan[7]、Guo 等[8]等)。当然，此类模型可以很容易地拓展成 $m>1$ 的情况。例如，当假设出行者的路径选择受到前三天的路径选择的影响时，有 $\boldsymbol{C}_w^t = \sum_{i=1}^{3}\alpha_i \boldsymbol{c}_w^{t-i} + (1-\sum_{i=1}^{3}\alpha_i)\boldsymbol{C}_w^{t-1}$，此时，有 3 个参数($\alpha_1$、$\alpha_2$、$\alpha_3$)需要进行校正。出行者的记忆长度 m 不影响本章中其他部分的内容。

值得注意的是，式(5-5)是一个递归方程，因为第 $t-1$ 天之前的实际出行成本会影响到第 t 天的预测成本 $\boldsymbol{C}_w^{t-1}$，因此，第 t 天的选择行为仍然受到第 $t-1$ 天之前的实际出行成本的"隐式影响"。本章采用指数平滑法来描述成本更新过程，即第 t 天的预测成本是第 $t-1$ 天的实际成本 $\boldsymbol{c}_w^{t-1}$ 和预测成本 $\boldsymbol{C}_w^{t-1}$ 的凸组合形式[10]，可用式(5-6)进行表述。

$$\boldsymbol{C}_w^t = \alpha \boldsymbol{c}_w^{t-1} + (1-\alpha)\boldsymbol{C}_w^{t-1} \tag{5-6}$$

式中，$\alpha \in (0,1]$ 是根据第 $t-1$ 天的实际成本和预测成本来调节第 t 天预测成本的权重参数。

5.2.2 路径流量演化过程

流量更新模型反映了交通流的逐日动态演化过程。对于流量更新模型，其中一个关键元素为路径调整比例参数。用 $r_{k,j}^t$ 表示第 $t-1$ 天选择了路径 j，却在第 t 天转向了路径 k 的这部分人数的比例。对于某一 OD 对 $w \in W$，显然有 $\sum_{k \in K_w} r_{k,j}^t = 1, \forall j \in K_w$。

路径流量更新过程可由式(5-7)进行表述。

$$f_{wk}^t = \sum_{j \in K_w} r_{k,j}^t \cdot f_{wj}^{t-1} \quad (\forall k \in K_w, \forall w \in W) \tag{5-7}$$

式(5-7)可进一步用向量的形式进行表述。

$$\boldsymbol{f}_w^t = \boldsymbol{R}_w^t \cdot \boldsymbol{f}_w^{t-1} \quad (\forall w \in W) \tag{5-8}$$

路径调整比例矩阵 $\boldsymbol{R}_w^t$ 通常可表示为式(5-6)中预测成本的函数，即：

$$\boldsymbol{R}_w^t = \boldsymbol{R}(\boldsymbol{C}_w^t) \tag{5-9}$$

结合式(5-8)和式(5-9)，可得到路径流量：

$$\boldsymbol{f}_w^t = \boldsymbol{R}(\boldsymbol{C}_w^t) \cdot \boldsymbol{f}_w^{t-1} \tag{5-10}$$

从出行者出行行为的角度来看，对路径调整过程进行建模时，一部分出行者会毫不犹豫地直接选择与前一天相同的路径，另外一部分出行者会重新考虑前一天的路径选择，并根据概率模型来决定是否在当天选择一条新的路径。这一过程可用式(5-11)和式(5-12)中的指数平滑模型进行表述。

$$r_{j,j}^t = \beta \cdot p_{wj}^t + (1-\beta) \quad (\forall j \in K_w, \forall w \in W) \tag{5-11}$$

$$r_{k,j}^t = \beta p_{wk}^t \quad (\forall j \neq k, j \in K_w, \forall k \in K_w, \forall w \in W) \tag{5-12}$$

式中,β 为重新考虑比例(会重新考虑前一天路径选择决策的那部分人数的比例);p_{wk}^t 为出行者在第 t 天选择路径 $k \in K_w$ 的概率,这一概率将在式(5-16)中进行阐述。

容易得到,式(5-11)和式(5-12)仍然满足流量守恒条件,即:

$$\sum_{k \in K_w} r_{k,j}^t = r_{j,j}^t \big|_{j \in K_w} + \sum_{\substack{k \neq j \\ k \in K_w}} r_{k,j}^t = \beta \cdot p_{wj}^t \big|_{j \in K_w} + (1-\beta) + \beta \cdot \sum_{\substack{k \neq j \\ k \in K_w}} p_{wk}^t$$

$$= \beta \cdot \sum_{k \in K_w} p_{wk}^t + (1-\beta) = \beta + (1-\beta) = 1 \tag{5-13}$$

根据上述讨论,路径流量更新模型可重新表述为:

$$f_{wk}^t = \sum_{j \in K_w} r_{k,j}^t \cdot f_{wj}^{t-1}$$

$$= \sum_{\substack{j \neq k \\ j \in K_w}} r_{k,j}^t \cdot f_{wj}^{t-1} + r_{k,k}^t \cdot f_{wj}^{t-1}$$

$$= \sum_{\substack{j \neq k \\ j \in K_w}} r_{k,j}^t \cdot f_{wj}^{t-1} + [\beta \cdot p_{wk}^t + (1-\beta)] \cdot f_{wk}^{t-1}$$

$$= \sum_{j \in K_w} \beta \cdot p_{wk}^t \cdot f_{wj}^{t-1} + (1-\beta) \cdot f_{wk}^{t-1}$$

$$= \beta \cdot p_{wk}^t \cdot \sum_{j \in K_w} f_{wj}^{t-1} + (1-\beta) \cdot f_{wk}^{t-1} \quad (\forall k \in K_w, \forall w \in W) \tag{5-14}$$

由于 $\sum_{j \in K_w} f_j^{t-1} = q_w$,式(5-14)可进一步表示为:

$$f_{wk}^t = \beta \cdot q_w \cdot p_{wk}^t + (1-\beta) \cdot f_{wk}^{t-1} \quad (\forall k \in K_w, \forall w \in W) \tag{5-15}$$

路径选择概率 p_{wk}^t 通常可由随机效用理论计算得到。假设感知效用中的随机误差项服从 Gumbel 分布,则可用 Logit 类型的函数来计算路径选择概率:

$$p_{wk}^t = \frac{e^{-\theta C_{wk}^t}}{\sum_{j \in K_w} e^{-\theta C_{wj}^t}} \quad (\forall k \in K_w, \forall w \in W) \tag{5-16}$$

式中,θ 为与感知效用标准差(SD)相关的参数,$\mathrm{SD}(C_{wk}^t) = \pi/(\sqrt{6}\theta)$。$\theta$ 越大,则感知效用标准差越小,意味着感知误差小,出行者会更倾向于选择具有最小成本的路径。当 θ 趋向于正无穷时,式(5-16)中的随机模型退化成确定性用户均衡问题。θ 越小,感知效用标准差越大,感知误差也越大,出行者将选择多条不同的路径,并且其中一些路径的成本比最短路径成本高很多。

将式(5-16)代入式(5-15)中,并将其改写成向量形式,可得:

$$\boldsymbol{f}_w^t = \beta \cdot q_w \cdot \boldsymbol{p}(\boldsymbol{C}_w^t) + (1-\beta) \cdot \boldsymbol{f}_w^{t-1} \tag{5-17}$$

式(5-17)中的流量 $\boldsymbol{f}_w^t$ 包含两部分:第一部分是惯性项(inertia term),反映了部分出行者会坚持选择与前一天相同的路径;第二部分为遗憾项(regret term),反映了剩下的那部分出行者会根据预测的出行成本重新选择当天的出行路径。然而,不能简单地将式(5-17)中右边第一项视为遗憾项或者第二项视为惯性项,因为第一项包含了所有的会重新考虑下一天路径选择的出行者,而这些出行者当中,有的人会改变路径,有的人会坚持选择与前一天相同的路径。实际上,惯性项和遗憾项是由成本更新模型和流量更新模型综合决定的。

本章介绍的逐日动态交通分配模型中,包含三个待定参数(α、β、θ)需要校正。为方便起见,可将这三个参数放入一个集合,并用 $x=(\alpha,\beta,\theta)$ 进行表示。下一节中,将介绍如何基于车牌识别数据来追踪车辆轨迹,以及如何基于车辆轨迹数据,用基于代理的仿真优化方法对逐日动态交通分配模型进行参数校核和验证。

5.3 基于仿真优化的参数校正方法

LPR 数据的一个显著优势在于,可以利用从连续的上下游交叉口处获得的车牌信息和时间序列,进一步获得车辆轨迹。本节将介绍如何利用 LPR 数据和代理仿真优化方法(surrogate-based simulation optimization approach),对逐日动态交通分配模型中的参数进行校核和验证。

众所周知,当路网中每一个路段的流量都唯一确定时,其对应的路径流量可能有多种分布形式。为了获取现实中唯一的路径流量分布形式,需要追踪每一天的车辆行驶轨迹,这个过程可以通过 LPR 数据来实现。

LPR 数据中,有 5 种车辆类型的数据需要剔除。首先,需要剔除车牌不完整或缺失的数据记录。这类数据大约占全部数据的 1%,剔除这类数据不会影响到参数校正的最终结果。第二,剔除包含外地车牌的相关数据记录。本章着重分析通勤者的逐日动态路径选择和路径调整过程,而外地车辆大多为非通勤者,应予以删除。第三,剔除公交车相关的数据记录。公交车路线是固定的,并不会逐日动态变化,因此本章不予考虑。当然,也可以从乘客的角度(而不是像本章一样从车辆的角度)来研究研究逐日动态交通分配模型,那么应该考虑乘客的公交线路选择和出发时间的逐日动态调整过程。第四,货车不属于通勤车辆,应予以剔除。最后,剔除出租车相关的数据记录。因为出租车没有相对固定的出发地和目的地,不属于逐日动态模型关注的重点。剔除的这些数据记录不会影响本章分析的逐日动态交通分配模型的参数校正结果。

剔除上述五类车辆记录数据后,可以将"常规通勤"定义为:一周内的工作日早高峰 7:00—9:30 时间段,在研究区域内至少出现三次的通勤。与常规通勤相对应的车辆为常规车辆。与其他车辆或者非高峰时段相比,常规车辆在高峰期的逐日动态车辆轨迹可以更加容易地被追溯和查询。晚高峰时段的数据不适合用于逐日动态路径选择和调整的分析,因为通勤者下班后可能不会直接选择回家,而是前往其他场所(如商场)进行其他社会活动。算法 5-1 总结了 LPR 数据的处理过程。

算法 5-1　LPR 数据处理过程

步骤 1:剔除车牌不完整或缺失的相关数据记录。
步骤 2:剔除包含外地车牌的相关数据记录。
步骤 3:剔除公交车、货车、出租车等相关的数据记录。
步骤 4:筛选常规车辆,并追踪常规车辆的逐日动态路径选择过程。
步骤 5:对每一个 OD 对,将每条路径上的车辆轨迹集计成路径流量。

本章讨论的逐日动态交通分配模型，重点关注出行者的逐日动态路径选择和路径调整行为，尤其是私家车车主的日常通勤行为变化过程。这也符合主流的逐日动态交通分配模型的研究方向。后续可以从乘客的角度出发，进一步研究乘客的公交路线选择和出发时间的逐日动态调整过程。

对于一个实际的交通网络，可能会有很多个交叉口，每个交叉口都装备了 LPR 摄像头。这在逐日动态交通分配模型中可能会存在一定的问题：观察到的逐日动态演化过程中的路径划分过于细致。举例来说，如图 5-1 所示，通勤者从家里出发前往工作地点，将经过装备 LPR 摄像机的一系列路口。第 t 天，从 LPR 数据反映的行驶轨迹来看，他的行驶轨迹为"家→A→B→C→D→E→办公室"。第 $t+1$ 天，他可能会前往位置 B 附近的加油站，但他的位置是由位于 F 处（而非 B 处）的摄像机拍摄的。因此，LPR 识别的行驶轨迹为"家→A→F→C→D→E→办公室"，这与前一天的行驶轨迹不同。这种问题与 Logit 路径选择中的路径重叠（overlapping）或红蓝车（red-blue bus）问题类似，为了解决这类问题，本章仅提取主干路（或快速路）作为分析的路网，在提取的主干路上进行逐日动态路径选择和路径调整的行为分析。这种近似处理既避免了逐日动态演化过程中过于细致的路径调整过程，又保留了逐日动态模型的本质特征。

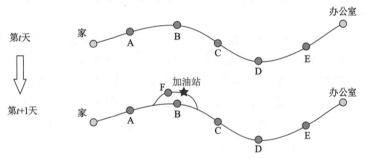

图 5-1　过于细致的路径调整行为示意图

根据路径流量的观测值和理论值，可以直接对逐日动态交通分配模型进行参数校正。给定一组参数值 $x=(\alpha,\beta,\theta)$ 和初始流量状态，可以根据逐日动态交通分配模型得到理论上的交通流量和成本的演化过程。因此，参数校正的优化模型可由如下所示的最小化均方误差（Mean Squared Error, MSE）定义为：

$$\begin{aligned}&\min_{x=(\alpha,\beta,\theta)} \frac{1}{|T|} \cdot \frac{1}{|W|} \sum_{t \in T} \sum_{w \in W} \frac{1}{|K_w|} \sum_{k \in K_w} (f_{wk}^t - \hat{f}_{wk}^t)^2 \\ =&\min_{x=(\alpha,\beta,\theta)} \frac{1}{|T|} \cdot \frac{1}{|W|} \sum_{t \in T} \sum_{w \in W} \frac{1}{|K_w|} \sum_{k \in K_w} \left\{ \left[\beta \cdot p_{wk}^t \cdot \sum_{j \in K_w} f_{wj}^{t-1} + (1-\beta) \cdot f_{wk}^{t-1} \right] - \hat{f}_{wk}^t \right\}^2 \\ =&\min_{x=(\alpha,\beta,\theta)} \frac{1}{|T|} \cdot \frac{1}{|W|} \sum_{t \in T} \sum_{w \in W} \frac{1}{|K_w|} \sum_{k \in K_w} \left\{ \left[\beta \cdot \frac{e^{-\theta C_{wk}^t}}{\sum_{j \in K_w} e^{-\theta C_{wj}^t}} \cdot \sum_{j \in K_w} f_{wj}^{t-1} + (1-\beta) \cdot f_{wk}^{t-1} \right] - \hat{f}_{wk}^t \right\}^2\end{aligned}$$

(5-18)

式中 f_{wk}^t 和 $\hat{f}_{wk}^t$ 分别表示第 t 天 OD 对 $w \in W$ 中路径 $k \in K_w$ 的流量理论值和观测值；$|T|$、$|W|$、$|K_w|$ 分别表示总观测天数、总 OD 对数以及 OD 对 w 的总路径数。第 t 天路径 $k \in K_w$ 的预测成本为：

$$C_{wk}^t = \alpha c_{wk}^{t-1} + (1-\alpha) C_{wk}^{t-1} \tag{5-19}$$

式中，c_{wk}^{t-1} 和 C_{wk}^{t-1} 分别表示第 $t-1$ 天路径 $k \in K_w$ 的实际成本和预测成本。

显然，式(5-18)中的响应函数是一个关于变量 $x=(\alpha,\beta,\theta)$ 高度非线性的复杂函数。为了更直观地说明响应函数(5-18)的复杂性和多峰性，图5-2展示了当 $\theta=1.0$ 时，α 和 β 均从0增大到1时响应函数(5-18)的响应面。

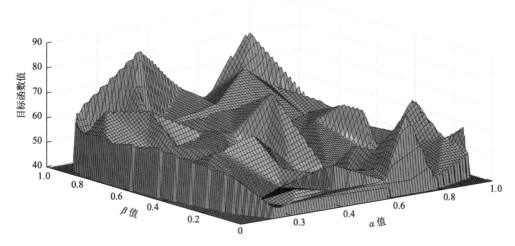

图 5-2　非线性多峰响应函数(5-18)示意图

从图 5-2 中可以看出，响应函数(5-18)是高度非线性和多峰的，直接通过式(5-18)来对参数 $x=(\alpha,\beta,\theta)$ 进行校正非常困难。当计算某一组参数值对应的目标函数时，首先需要根据式(5-6)中的成本更新模型和式(5-17)中的流量更新模型来获得从第一天到最后一天的流量和成本，这一过程缺乏封闭形式的函数，只能通过烦琐的迭代过程来计算，尤其是在网络规模较大且规划周期较长的情况下更加烦琐。因此，基于梯度的非线性回归算法或其他解析优化方法并不适用于求解式(5-18)中定义的优化模型。本章将采用基于代理的仿真优化方法来处理这类计算烦琐的优化问题，这将在下一节中详细介绍。

5.3.1　Kriging 元模型

基于代理的仿真优化方法(surrogate-based simulation optimization approach)对于解决具有难以计算或计算非常耗时的响应函数的优化问题至关重要。本节将使用 Kriging 元模型(一种典型的基于代理的仿真优化方法)来校准逐日动态交通分配模型中的三个参数（α、β、θ）。图 5-3 描述了完整的校准过程。

本章用基于仿真优化的 Kriging 元模型(作为代理函数)，对逐日动态交通分配模型中的 α、β、θ 参数进行校正。在 Kriging 元模型中，式(5-18)中定义的优化模型被式(5-20)所示的一个常数值和一个高斯随机误差项之和所替代：

$$Y(x) = \mu + y(x) \tag{5-20}$$

式中，$Y(x)$ 为式(5-18)中定义的响应函数；μ 是 $Y(x)$ 的均值；$y(x)$ 是均值 $E[y(x)]=0$、方差为 σ^2、协方差不为 0 的平稳高斯随机过程。$y(x)$ 的协方差可由式(5-21)定义为：

$$\text{cov}[y(x^{(u)}), y(x^{(v)})] = \sigma^2 \cdot \psi(x^{(u)}, x^{(v)}) \tag{5-21}$$

式中,$\text{cov}[y(x^{(u)}),y(x^{(v)})]$ 为任意两点 $x^{(u)}$ 和 $x^{(v)}$ 的协方差;$\psi(x^{(u)},x^{(v)})$ 为 Kriging 函数(也被称为高斯指数相关函数)。Kriging 函数为关于 $x^{(u)}$ 和 $x^{(v)}$ 的欧几里得距离的指数函数,如式(5-22)所示。

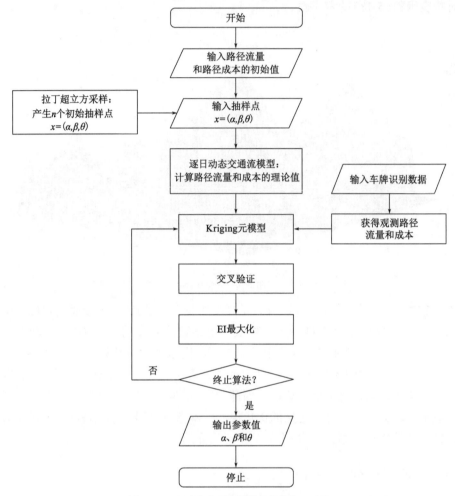

图 5-3 逐日动态交通分配模型参数校正过程

$$\psi(x^{(u)},x^{(v)}) = \exp\left[-\sum_{l=1}^{L}\lambda_l(x_l^{(u)} - x_l^{(v)})^2\right] \tag{5-22}$$

其中,$\lambda = [\lambda_1,\cdots,\lambda_l,\cdots,\lambda_L]$ 为与待定参数相关的缩放比例系数向量,参数 λ_l 可视为衡量变量 x_l 重要性的指标。λ_l 值越大,$x_l^{(u)}$ 和 $x_l^{(v)}$ 之间的"距离"也越远,因此它们的相关性也越低。$x_l^{(u)}$ 和 $x_l^{(v)}$ 分别为 $x^{(u)}$ 和 $x^{(v)}$ 中第 l 个变量,L 为 x 的维度(本章的逐日动态交通分配模型中,$L=3$)。

式(5-20)~式(5-22)的 Kriging 元模型中,包含 5 个需要校正的参数,即 μ、σ^2、与 α 相关的 λ_1、与 β 相关的 λ_2,以及与 θ 相关的 λ_3。根据 Sacks 等[9]和 Jones 等[10]的推导,当输入 n 组变量 x 的初始值时,可以通过最大化似然函数(5-23)来估计这 5 个待定参数。

$$\max_{\mu,\sigma^2,\lambda} \frac{1}{(2\pi\sigma^2)^{n/2}\sqrt{|\Psi|}} \exp\left[-\frac{(y-l\mu)^T\Psi^{-1}(y-l\mu)}{2\sigma^2}\right] \tag{5-23}$$

式中,y 为式(5-18)得到的 MSE;l 为维度为 $n\times1$ 的单位列向量;n 为关于变量 $x=(\alpha,\beta,\theta)$ 的样本点数量;$|\boldsymbol{\Psi}|$ 是 $\boldsymbol{\Psi}$ 行列式的值,而 $\boldsymbol{\Psi}$ 是 $\psi(x,x')$ 的矩阵,可定义为:

$$\boldsymbol{\Psi} = \begin{pmatrix} \psi(x^{(1)},x^{(1)}) & \psi(x^{(1)},x^{(2)}) & \cdots & \psi(x^{(1)},x^{(n)}) \\ \psi(x^{(2)},x^{(1)}) & \psi(x^{(2)},x^{(2)}) & \cdots & \psi(x^{(2)},x^{(n)}) \\ \vdots & \vdots & \ddots & \vdots \\ \psi(x^{(n)},x^{(1)}) & \psi(x^{(n)},x^{(2)}) & \cdots & \psi(x^{(n)},x^{(n)}) \end{pmatrix} \in \boldsymbol{R}^{n\times n} \quad (5-24)$$

对似然函数(5-23)取对数,同时忽略常数项,可得到式(5-25)中的对数似然函数形式:

$$-\frac{n}{2}\ln(\sigma^2) - \frac{1}{2}\ln(|\boldsymbol{\Psi}|) - \frac{(y-l\mu)^{\mathrm{T}}\boldsymbol{\Psi}^{-1}(y-l\mu)}{2\sigma^2} + 常数 \quad (5-25)$$

对式(5-25)中的对数似然函数求导,并将其设为0,则可以求得参数 μ、σ^2、λ_1、λ_2 和 λ_3 的估计值。然而,直接通过式(5-25)来同时估计这些参数是一个非常困难的数学问题,本章借鉴了"分而治之"的方法[例如,子集似然函数法(profile likelihood method)],对模型中的5个参数进行估计,具体过程总结如下:

算法5-2 参数估计步骤

步骤1:初始化参数 $\hat{\lambda}_1$、$\hat{\lambda}_2$ 和 $\hat{\lambda}_3$,根据式(5-22)和式(5-24)分别计算 $\hat{\psi}(x^{(u)},x^{(v)})$ 和 $\hat{\boldsymbol{\Psi}}$。

步骤2:求解式(5-25)关于 μ 的一阶导数,可得到关于均值 μ 的参数估计值:

$$\hat{\mu} = \frac{l^{\mathrm{T}} \hat{\boldsymbol{\Psi}}^{-1} y}{l^{\mathrm{T}} \hat{\boldsymbol{\Psi}}^{-1} l} \quad (5-26)$$

步骤3:将步骤1中得到的 $\hat{\boldsymbol{\Psi}}$ 和步骤2中得到的 $\hat{\mu}$ 代入式(5-25),再求式(5-25)关于 σ^2 的一阶导数,可得到关于方差 σ^2 的参数估计值:

$$\hat{\sigma}^2 = \frac{(y-l\hat{\mu})^{\mathrm{T}} \hat{\boldsymbol{\Psi}}^{-1}(y-l\hat{\mu})}{n} \quad (5-27)$$

步骤4:将 $\hat{\mu}$ 和 $\hat{\sigma}^2$ 代入式(5-25),则式(5-25)只与 λ_1、λ_2 和 λ_3 有关。求解如下问题:

$$\min \hat{\sigma}^2 |\hat{\boldsymbol{\Psi}}|^{-n} \quad (5-28)$$

可得关于参数 λ_1、λ_2 和 λ_3 对应的估计值 $\hat{\lambda}_1$、$\hat{\lambda}_2$ 和 $\hat{\lambda}_3$。

步骤5:根据求得的 $\hat{\lambda}_1$、$\hat{\lambda}_2$ 和 $\hat{\lambda}_3$,更新 $\hat{\psi}$ 和 $\hat{\boldsymbol{\Psi}}$,并将更新后的 $\hat{\boldsymbol{\Psi}}$ 代入式(5-26)和式(5-27)。

步骤6:如果没有满足终止条件,返回步骤2;否则,停止迭代,并输出参数估计值 $\hat{\mu}$、$\hat{\sigma}^2$、$\hat{\lambda}_1$、$\hat{\lambda}_2$、$\hat{\lambda}_3$。

至此,对响应函数 $Y(x)$ 的最大似然估计可通过式(5-29)计算得到:

$$\hat{Y}(x) = \hat{\mu} + \hat{\psi}^{\mathrm{T}} \hat{\boldsymbol{\Psi}}^{-1}(y-l\hat{\mu}) \quad (5-29)$$

式中,$\hat{Y}(x)$ 是关于响应函数 $Y(x)$ 的估计值;$\hat{\psi}$ 是第 i 个样本点 $x^{(i)}$ 与尚未进行试验(新加入)的点 x 之间的相关性向量的估计值,可通过式(5-30)进行计算:

$$\hat{\psi} = \begin{pmatrix} \hat{\psi}(x^{(1)},x) \\ \hat{\psi}(x^{(2)},x) \\ \vdots \\ \hat{\psi}(x^{(n)},x) \end{pmatrix} \quad (5-30)$$

这意味着,当我们有一个新的输入变量 x 的时候,可以先根据式(5-30)计算相应的相关性向量,再根据式(5-29)计算其响应函数估计值。需要注意的是,由于相关性而造成的误差也会

影响参数估计的结果。参数估计误差可表示为:

$$\hat{s}^2(x) = \hat{\sigma}^2 \cdot \left[1 - \hat{\psi}^T \hat{\Psi}^{-1} \hat{\psi} + \frac{(1 - l^T \hat{\Psi}^{-1} \hat{\psi})^2}{l^T \hat{\Psi}^{-1} \hat{\psi}} \right] \tag{5-31}$$

根据上文介绍的 Kriging 元启发模型,可进一步通过最大化预期提升(Expected Improvement,EI)的方法来计算关于参数 $x = (\alpha, \beta, \theta)$ 的最优估计值。

5.3.2 试验设计

在 Kriging 元模型中,首先需要生成 n 个初始样本点,这一过程称为"空间差值(space filling)"试验设计(Design of Experiment,DoE)。DoE 会影响最终的参数估计值的质量和计算求解效率,一个较好的 DoE 策略会在较短的时间内找到更好的解。蒙特卡洛抽样方法是最为广泛使用的抽样方法之一,它是基于随机数或者伪随机数的原理从一个概率分布中进行抽样。原则上,它是完全随机的,因此,经过足够多的抽样次数,它会得到与原始目标函数相同的分布。但是,当只进行少量的采样时,可能会遇到"采样聚集"(或"采样不均匀")的问题(参见 Palisade Corporation[11]中的第 457 页)。

为了克服蒙特卡洛抽样中的"采样聚集"问题,McKay 等[12]在 DoE 中引入了拉丁超立方采样(Latin hypercube sampling)技术。与完全随机的蒙特卡洛抽样不同,拉丁超立方采样对输入的概率分布进行了分层,以确保每个输入变量在其所有范围内都具有抽样值。Iman 和 Helton[13]对比了拉丁超立方采样与蒙特卡洛采样的采样效果,其结果表明在 DoE 中拉丁超立方采样具有显著优势。本章中,使用拉丁超立方采样技术为 Kriging 元模型生成初始采样点。具体来说,将 x 的每个变量分为 n 个相等的间隔(n 是期望的采样数量),在每个间隔中,随机生成一个采样点。当采样数量 n 较小时,基于拉丁超立方采样的方法要比基于蒙特卡洛采样方法的收敛速度更快。

5.3.3 交叉验证

将拉丁文超立方采样方法生成的初始采样点代入 Kriging 元模型中,可计算获得响应函数(5-29)的初始估计值。这里使用交叉验证来评估 Kriging 元模型的准确性。交叉验证的基本思想是剔除其中一个采样点 $x^{(i)}$,然后用剩余的 $n-1$ 个采样点重新预测其响应值。根据式(5-31),可计算在剔除采样点 $x^{(i)}$ 后的交叉验证标准误差,然后,可进一步计算规格化交叉验证残差(standardized cross-validated residual):

$$\text{SCVR} = \frac{Y(x^{(i)}) - Y_{-i}(x^{(i)})}{s_{-i}(x^{(i)})} \tag{5-32}$$

式中,$Y(x^{(i)})$ 为采样点 $x^{(i)}$ 对应的响应函数值;$Y_{-i}(x^{(i)})$ 为剔除采样点 $x^{(i)}$ 后的预测值;$s_{-i}(x^{(i)})$ 为剔除采样点 $x^{(i)}$ 后的交叉验证标准误差。当式(5-32)中 SCVR 的值在 -3~3 之间(统计上对应 99.7% 的置信区间)时,可认为建立的元模型是有效的。

5.3.4 EI 最大化方法

由于忽略了响应函数中的不确定性,上面介绍的 Kriging 元模型得到的最优解可能是局部最优解。为了得到全局最优解(或者全局最优解的一个近似解,an efficient global approximation），这里将引入预期提升(EI)的概念，再通过最大化 EI 得到全局最优解的一个近似解。通俗地说，最大化 EI 是一种生成新的抽样点的插值准则。

对于 x 的 n 个采样点，可根据式(5-29)得到 n 个响应值，将响应函数当前最小值定义为 $Y_{min}=\min(Y^{(1)},\cdots,Y^{(n)})$。对于尚未试验的点 x，可通过均值为式(5-29)中 $\hat{Y}$、方差为式(5-31)中 $\hat{s}^2$ 的正态分布随机变量 Y 来对响应函数进行建模。样本点 x 处的 EI 可通过式(5-33)进行计算。

$$E[I(x)] \equiv E[\max(Y_{min}-Y,0)] \tag{5-33}$$

式中，$I(x)=\max(Y_{min}-Y,0)$ 为采样点 x 处的改进量(improvement)；$E[I(x)]$ 为采样点 x 处的 EI。由于 Y 服从正态分布，$E[I(x)]$ 具有如下解析表达式：

$$E[I(x)] = \begin{cases} (Y_{min}-\hat{Y})\Phi\left(\dfrac{Y_{min}-\hat{Y}}{\hat{s}}\right) + \hat{s}\phi\left(\dfrac{Y_{min}-\hat{Y}}{\hat{s}}\right) & (\hat{s}>0) \\ 0 & (\hat{s}=0) \end{cases} \tag{5-34}$$

式中，$\Phi(\cdot)$ 和 $\phi(\cdot)$ 分别表示标准正态密度函数和分布函数。因此，在正态分布假设下，可以很容易地计算出 EI 函数，得到的最优解也是有效的全局最优解近似值。

与其他启发式算法(如遗传算法和神经网络算法)相比，基于代理的仿真优化方法无须计算耗时的目标函数即可获得可靠的输出，因此它的计算时间和成本相对较小。此外，通过 EI 最大化的过程(Jones 等[54])可以得到全局最优解的近似值。因此，本章选择基于代理的仿真优化方法，而不是某些启发式算法(如遗传算法和神经网络算法)来对逐日动态交通分配模型中的参数进行校正。

5.4 算 例 分 析

5.4.1 网络描述

为了验证本章提出的逐日动态交通分配模型及其参数校正方法的有效性，本节将选取一个实际的交通网络进行案例分析。研究区域位于浙江省宁波市余姚市中心城区(图 5-4)。该区域面积约为 40km²，包括 31 个 LPR 检测点，LPR 数据的时间范围为 2018 年 6 月 15 日—7 月 3 日(共 19 天)。在这一时空覆盖范围内，5.3.1 节中定义的常规车辆的记录数为 7588041 条。表 5-2 中给出了 LPR 数据的标签说明。该算例分析使用 Python 3.5 进行编程，在 Intel® CORE™ i5-8400 CPU@ 2.80Hz 81GHz 处理器和 8.00G RAM 的笔记本上运行。

LPR 数据标签示例　　表 5-2

车辆牌照	时间戳	交叉口编号	交叉口名称	车道编号	速度	方向
ZB 1234	2018-06-26 07∶43∶40	330281000000010356	中山路与宪卿第路交叉口	02	40	03

注：1.余姚市的车牌以 ZB 开头，后面接 4 位数字或大写字母。
2.时间戳包含了日期和时间，精度为 1s。
3.交叉口编号由 18 位数字组成。
4.交叉口编号及名称可用于辨识 LPR 布设位置。
5.最外车车道的编号为 01，由外往内依次增加。
6.记录的速度为大于 0 的正整数，单位为 km/h。
7.记录的方向，01、02、03 和 04 分别表示北向驶入、东向驶入、南向驶入以及西向驶入。

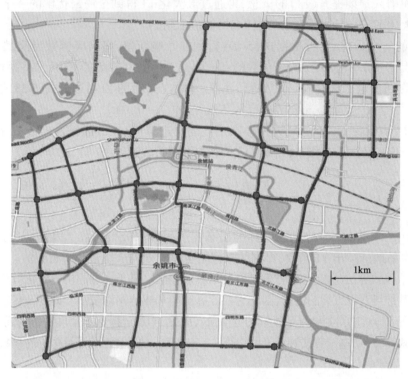

图 5-4　案例分析区域及 LPR 布设位置(点表示 LPR 布设位置,线表示路段)

第 t 天实际的路径成本(actual route cost)可以通过该天所有经过该路径的车辆的平均值路径成本来计算,而每辆车的路径成本都可以通过 LPR 数据中的轨迹和时间戳来获得。本章使用 BPR 函数来计算预测的路段成本(forecasted link cost),然后将属于同一路径的路段成本相加,得到预测的路径成本(forecasted route cost)。本章关注的重点是逐日动态路径选择和路径调整行为,对于任意一天,将其视为静态交通分配模型,不考虑交通流在同一天不同时段的动态变化特性。在今后的研究中,可以将其扩展为双动态系统交通分配模型,综合考虑日内动态交通分配(如元胞/路段传输模型和动态用户均衡理论)和逐日动态交通分配,从而更好地描述交通系统的动态变化特性。

5.4.2　参数校正结果及分析

尽管出行者的路径选择行为每天都在变化,然而,并非所有物理上可行的路径都可作为出行者备选的路径;实际上,大多数出行者都具有自己的心理路径集(心里默认的可供选择的路径集),这比物理路径集要小得多。如图 5-5 所示,在研究时间范围内,几乎 80% 出行者的日常通勤路径不超过 3 条,这基本符合现实情况。考虑现实生活中的通勤行为,出行者从家里前往工作地点,通常只会选择他最常走的路线;如果出行者发现某一天该路线过于拥堵或他有一些其他的任务,那么他可能会选择其他替代的路线。然而,由于替代路线的成本通常比最常走的那条路线要高,出行者会选择的替代路线的数量势必要比他家和工作地点之间的物理可行路径少得多。

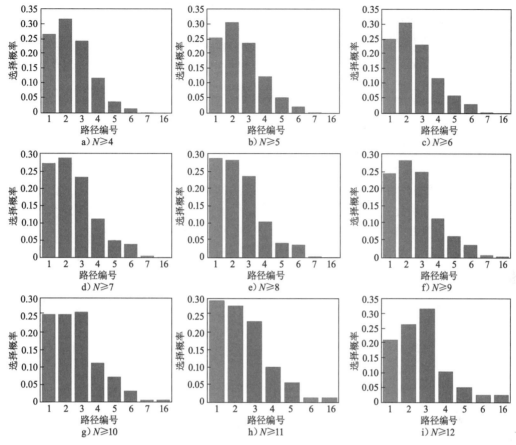

图 5-5 出行者逐日动态路径选择和调整过程中所选路径条数

注：N 为在研究时间范围内，出行者出现在研究范围内并被布设的 LPR 摄像头记录下来的最少天数。

通过使用本章提出的逐日动态交通分配模型和基于代理的仿真优化参数校正方法，基于余姚市 LPR 数据，最终校正的参数结果为 $\alpha=0.43, \beta=0.51, \theta=3.56$。结果表明，出行者在对下一天的出行成本进行预测时，当天的实际成本仅占 43%，而当天的预测旅行成本的权重高达 57%。类似地，超过一半的出行者会在下一天重新考虑出行路径，并根据 Logit 函数来最终决定是否更改路径，而有 49% 的出行者不会进行任何重新考虑就直接选择与前一天相同的路径。本章的 α 可行范围为 $\alpha \in [0.4, 0.8]$。此外，本章仅使用 BRP 函数作为成本函数，不考虑一天之内的流量动态传播等特性。

参数 θ 可用于评价出行者对路径成本的敏感性。它并不是无量纲的参数，其单位应与路径成本的标准差的倒数相关。较大的 θ 值意味着标准差较小，即感知误差较小，出行者更倾向于选择具有最小成本的路径。当 θ 趋于正无穷时，其退化成确定性的用户均衡问题。如果 θ 值较小，则标准差变大，感知误差也变大。此时，出行者将使用多条不同的路径，其中一些路径的成本可能比最短路径成本要高很多 (Sheffi[14])。本章中，感知方差校准值为 $\theta=3.56$，这比某些随机用户均衡模型（如 Damberg 等[15]）的校准值要大，意味着逐日动态交通分配模型中实际的心理路径集比物理路径集要小得多。此外，$\theta=3.56$ 还表明，在研究时段内，不同路径上的感知出行成本的方差为 $\mathrm{var}(C_{wk}^t) = \pi^2/6\theta^2 = 0.13$，即感知路径成本中的误差项服从均值为零、方差为 0.13 的 Gumbel 分布。

有许多研究对随机效用理论进行了校准，包括 Cascetta 等[16]对改进 Logit 路径选择模型的校正，Cascetta 和 Papola[17]对隐式可用性/感知（implicit availability/perception）Logit 模型的校正，Cascetta 等[18]对 Logit 路径感知模型的校正，Cantarella 和 de Luca[19]对基于多层前馈网络的路径选择模型的校正等。

图 5-6 展示了路径流量的逐日演化过程。很明显，由于系统存在扰动性，以及所获取的 LPR 数据时间范围的有限性，系统在研究时间段内并未最终达到稳定的平衡状态。然而，这并不会影响本章提出的参数校正理论框架。另外需要注意的一点是，本研究中的交通网络系统既不是从平衡状态开始演化，也不是从系统崩溃后的状态开始演化。它是从很普通的一天开始进行演化的，即演化过程中的第 n 天。基于这样的输入，本章研究的交通系统代表了一般的逐日动态演化过程。此外，EI 的收敛趋势如图 5-7 所示。在本案例研究中，应用基于代理的仿真优化方法对逐日动态交通分配模型进行参数校正时，经过 8 次迭代后，校正过程最终收敛。

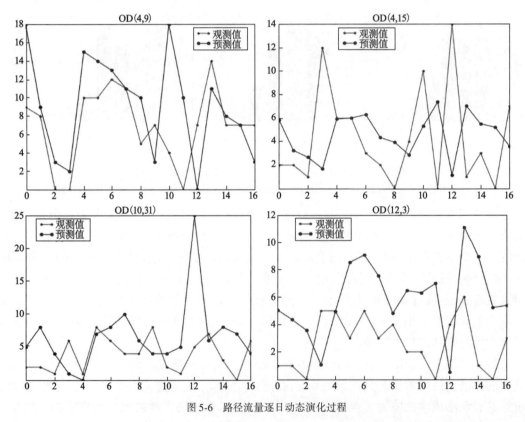

图 5-6 路径流量逐日动态演化过程

之所以选择基于代理的仿真优化方法来校正逐日动态交通分配模型，其原因主要有 3 点：首先，它采用了包含一个均值和一个高斯随机误差项之和[即 $Y(x) = \mu + y(x)$]的 Kriging 元模型来代替式(5-18)中原始的复杂优化模型。因此，不需要计算耗时的目标函数(5-18)，极大地减少了计算量。其次，在试验设计中，采用了拉丁超立方采样技术为 Kriging 元模型生成初始采样点,这使我们能够用更少地计算时间找到更好的空间插值方案。最后,在引入最大化 EI 过程后,由于可以推导并计算 EI 函数的封闭形式解,从而可以获得最优解的全局近似解。

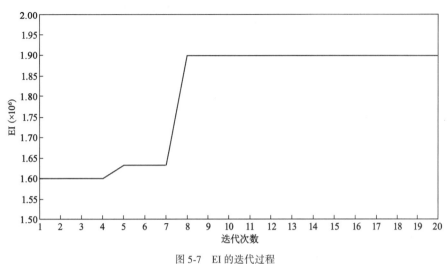

图 5-7　EI 的迭代过程

本章参考文献

[1] HOROWITZ J L.The stability of stochastic equilibrium in a two-link transportation network[J]. Transportation Research Part B:Methodological,1984,18(1):13-28.

[2] SMITH M J.The stability of a dynamic model of traffic assignment—an application of a method of Lyapunov[J].Transportation science,1984,18(3):245-252.

[3] HE X,GUO X,LIU H X.A link-based day-to-day traffic assignment model[J].Transportation Research Part B:Methodological,2010,44(4):597-608.

[4] MAHMASSANI H S.Dynamic models of commuter behavior:Experimental investigation and application to the analysis of planned traffic disruptions[J].Transportation Research Part A: General,1990,24(6):465-484.

[5] CANTARELLA G E,WATLING D P.A general stochastic process for day-to-day dynamic traffic assignment:Formulation, asymptotic behaviour, and stability analysis [J]. Transportation Research Part B:Methodological,2016,92:3-21.

[6] BIE J,LO H K.Stability and attraction domains of traffic equilibria in a day-to-day dynamical system formulation[J].Transportation Research Part B:Methodological,2010,44(1):90-107.

[7] DAVIS G A,NIHAN N L.Large population approximations of a general stochastic traffic assignment model[J].Operations Research,1993,41(1):169-178.

[8] GUO R Y,YANG H,HUANG H J,et al.Day-to-day flow dynamics and congestion control[J]. Transportation Science,2016,50(3):982-997.

[9] SACKS J,WELCH W J,MITCHELL T J,et al.Design and analysis of computer experiments [J].Statistical science,1989,4(4):409-423.

[10] JONES D R, SCHONLAU M, WELCH W J. Efficient global optimization of expensive black-box functions[J]. Journal of Global optimization, 1998, 13(4): 455-492.

[11] Palisade Corporation. Guide to using @RISK: Risk analysis and simulation add-in for Microsoft Excel [J]. 2004.

[12] MCKAY M D, BECKMAN R J, CONOVER W J. A comparison of three methods for selecting values of input variables in the analysis of output from a computer code[J]. Technometrics, 2000, 42(1): 55-61.

[13] IMAN R L, HELTON J C. An investigation of uncertainty and sensitivity analysis techniques for computer models[J]. Risk analysis, 1988, 8(1): 71-90.

[14] SHEFFI Y. Urban transportation networks[M]. Upper Saddle River: Prentice-Hall, 1985.

[15] DAMBERG O, LUNDGREN J T, PATRIKSSON M. An algorithm for the stochastic user equilibrium problem [J]. Transportation Research Part B: Methodological, 1996, 30(2): 115-131.

[16] CASCETTA E, NUZZOLO A, RUSSO F, et al. A modified logit route choice model overcoming path overlapping problems. Specification and some calibration results for interurban networks [C]//Transportation and Traffic Theory. Proceedings of The 13th International Symposium On Transportation And Traffic Theory, Lyon: Transport Research Laboratory, 1996.

[17] CASCETTA E, PAPOLA A. Random utility models with implicit availability/perception of choice alternatives for the simulation of travel demand[J]. Transportation Research Part C: Emerging Technologies, 2001, 9(4): 249-263.

[18] CASCETTA E, RUSSO F, VIOLA F A, et al. A model of route perception in urban road networks[J]. Transportation Research Part B: Methodological, 2002, 36(7): 577-592.

[19] CANTARELLA G E, DE LUCA S. Multilayer feedforward networks for transportation mode choice analysis: An analysis and a comparison with random utility models[J]. Transportation Research Part C: Emerging Technologies, 2005, 13(2): 121-155.

第6章 多模式交通网络广义方式划分/交通分配模型

不同于第5章的逐日动态交通分配模型主要应用于揭示多模式网络中客流的动态演变过程,静态的交通分配主要用于预测用户在最终稳定的均衡状态下在多模式网络中的客流分布,是宏观交通规划中的主要研究工具。但由于当前的研究大多聚焦于单一网络和简单多模式网络上的机动车流,难以揭示多种出行方式在交通枢纽及网络上的时空状态演变规律和交互作用机理。而在多模式网络中,大量可能的组合出行方式使得采用传统的建模方法难以应用。为此,着眼于构建能够描述用户所有可能组合出行方式选择以及路径选择的数学模型,将研究建立广义方式划分/交通分配模型(Generalized Modal Split/Traffic Assignment Problem, GMS/TAP)。

本章的主要内容包括:①多模式交通网络均衡分析;②多模式交通网络构建和路段阻抗的确定;③巢式Logit方式划分;④基于混合MSA算法的交通分配模型;⑤算例分析。

6.1 多模式交通网络均衡分析

出行者的出行决策可以概括为4个步骤:是否出行,出行目的地选择,出行方式选择和出行路径选择。在交通规划中就对应了交通规划的四阶段法,即出行生成、交通分布、交通方式划分和交通分配。处理城市交通问题往往需要用到城市交通网络上的交通流量。无论中远期的交通规划,还是短期的交通管理和控制,都需要合理地分析预测交通网络上的交通流量,恰当地理解交通需求在网络上的分布情况。因此,如何建立一个有效的模型来分析网络上的流量分布成为一个关键问题。

20世纪50年代,交通均衡理论的提出在很大程度上解决了交通分配的问题,在随后的时间内,大量的研究都是围绕该理论展开。基于均衡理论预测网络上的交通流量,进而为交通规划方案设计和评价等提供依据,已在城市交通规划实践中得到了非常广泛的应用。随着不断开展的城市交通规划实践和人们对城市交通网络流认识的深入,在过去几十年中,城市交通网络流理论得到了蓬勃发展,其在城市交通中的应用领域更是不断拓展,如交通网络设计、OD矩阵估计、拥挤收费、交通网络可靠性评价、交通管理措施优化、道路交通拥堵瓶颈识别等,这些以应用为导向的研究方向的发展大大提高了交通决策的科学性,对节约交通基础设施建设资金、优化供给资源配置、引导土地开发利用等都有着重大价值。近年来,交通网络建模的重点发展方向是多模式组合出行的一体化交通分配。

随着我国城市规模的不断扩大,交通运行系统的建设,现有的道路网络不足以容纳超量的私家车出行需求,考虑多模式协同的出行方式是发展可持续城市交通系统的重要措施。为此,有必要研究建立多模式城市交通网络模型,用于有效评估多模式出行行为,城市道路网络出行需求与路段、路径流量分布。本章首先介绍城市多模式交通网络表示方法,然后叙述网络用户均衡的概念和数学表达形式。

6.2 多模式交通网络中的均衡

　　交通网络上的均衡源于路段出行时间和路段流量的相互依赖关系。假设网络上用户的出行需求已经确定,即在交通规划四阶段法中前两个阶段已经完成,从起点到终点存在数条路径相连。那么接下来的问题是,各个OD对之间的出行需求是如何选择出行方式的,又如何分布到这些路径上?如果所有的用户都选择了相同的出行方式和相同的道路出行(一般是这些路径中的最短路径),这条路径上的拥挤程度就会随着这条路径上的用户的增加而不断增加。拥挤程度增加导致路径出行时间变长,当出行时间长到一定程度的时候,这条路径就不再是最短出行路径了。这时,一部分出行者就会转而选择其感知的当前最小费用出行方式和最短路径出行。

　　确定网络上各种交通方式的需求以及各条路径的交通流量,实际上就是确定一个供需均衡问题的解。路段流量就是所有经过这条路段的路径的流量之和。每条路段上都有各自定义的相互独立的效用函数,用来描述路段出行时间和路段流量之间的关系。在这个交通网络上,路段、路径、OD对之间的交通需求紧密联系,相互作用,不可分割。

　　交通网络流模型可以用来分析小汽车、公交车、小汽车和公交组合的交通分配问题。但是这些问题的核心思想都是交通网络均衡,交通网络均衡描述了出行者在交通网络上的出行决策机制。交通网络的出行者,可能是人、机动车、公交车等。在传统的单模式交通网络中,网络用户面临出行路径选择的时候,或者在多模式交通网络中分配模型中,根据他们认知的交通网络出行费用,选择出行方式和路径的时候,他们将遵循什么样的选择原则?即在给定如下条件的情况下:

　　(1)存在一个已经定义好的城市交通网络/多模式交通网络;
　　(2)给定路段效用函数(定义路段出行时间和路段流量的关系);
　　(3)OD出行需求分布矩阵。

　　如何找到网络上每种交通出行方式的需求量和每条路段的出行时间和流量?这个问题就是大家所熟知的多模式交通分配问题,就是如何将OD矩阵分配到各种交通方式以及相应的路段、路径上。在交通方式的选择中,出行者不仅可以选择不同的出行方式,还可以通过换乘的方式选择多种出行方式组成一个组合出行。考虑组合出行方式的多模式交通网络模型即为多模式交通一体化交通分配模型。通过这个问题求到的路段/路径流量可以被用来计算一系列指标,反映道路乃至整个交通网络上的服务水平、拥堵情况。这为交通基础设施建设、交通相关政策的制定提供了重要的评估手段和决策依据。

　　要解决多模式交通分配问题,就需要明确网络上出行者的交通方式和路径选择机制是什么?这个选择机制其实也就是将交通需求分配到各个路径上的过程。所有的OD对之间的出行方式与路径选择行为相互影响。对于一个OD对,存在分布交通量和承载分布交通量的若干条路径。多种出行方式下的各条路径是如何共同承载该OD对之间的分布交通量呢?

对于路径选择问题,假设所有出行者独立地做出令自己出行费用最小的决策,可以得到一个广泛认可的流量平衡原则,即 Wardrop 第一原则,通常称为用户均衡(User Equilibrium,UE)。用户均衡原则认为,网络上的平衡流量应满足两个条件:第一,在任何一个 OD 对下的任何一种交通方式中的路径之间,所有被使用了的路径(流量大于零)的出行时间相等,用符号 u^{rs} 来表示他们的出行时间;第二,所有未被使用的路径的出行时间大于或等于 u^{rs}。在用户均衡状态下,没有用户能够通过单方面的路径变更行为来减少自己的出行时间。

对于出行方式选择问题,假设出行者独立地做出令自己出行费用最小的决策,而出行者感知的出行费用存在误差。一般假设出行者的感知误差服从某种分布,如 Gumbel 分布、Weibull 分布、正态分布等。这时,网络平衡的原则即称为随机用户均衡。随机用户均衡原则认为,网络上平衡的交通需求应满足:在任何一个 OD 对下的交通方式之间,所有交通方式的需求比例服从出行时间的随机概率函数。

6.3 最优化条件

首先,上文中描述的出行者在路径选择过程中遵循的用户均衡模型的两个条件,可以利用如下的数学符号来表达:

$$f_k^{rs} \begin{cases} = 0 & c_k^{rs} > u^{rs} \\ > 0 & c_k^{rs} = u^{rs} \end{cases} \quad (\forall r \in R, s \in S, k \in K^{rs}) \tag{6-1}$$

$$\text{s.t.} \begin{cases} \sum_{k \in K^{rs}} f_k^{rs} = q^{rs} & (\forall r \in R, s \in S) \\ f_k^{rs} \geq 0 & (\forall r \in R, s \in S, k \in K^{rs}) \end{cases} \tag{6-2}$$
$$\tag{6-3}$$

式中,R 表示出行起点的集合,$r \in R$ 是其中一个出行起点。S 表示出行终点集合,$s \in S$ 是其中一个出行终点。K^{rs} 表示 r 到 s 之间的路径集合,$k \in K^{rs}$ 其中的一条路径。f_k^{rs} 表示 OD 对 (r,s) 之间第 k 条路径的路径流量,q^{rs} 表示 OD 对 (r,s) 之间的需求量。c_k^{rs} 表示 OD 对 (r,s) 之间第 k 条路径的出行时间,可通过该路径所经过的路段上的出行时间求和而得。式(6-1)表示只有当第 k 条路径的是最短路的时候(出行时间等于 u^{rs}),才有用户选择这条路径,这条路径上才有流量分配。式(6-2)是 OD 对 (r,s) 之间的路径流量守恒约束。式(6-3)是非负约束。

式(6-1)~式(6-3)可以等价转化为如下公式:

$$f_k^{rs}(c_k^{rs} - u^{rs}) = 0$$
$$c_k^{rs} - u^{rs} \geq 0 \quad (\forall r \in R, s \in S, k \in K^{rs}) \tag{6-4}$$

$$\text{s.t.} \begin{cases} \sum_{k \in K^{rs}} f_k^{rs} = q^{rs} & (\forall r \in R, s \in S) \\ f_k^{rs} \geq 0 & (\forall r \in R, s \in S, k \in K^{rs}) \end{cases} \tag{6-5}$$
$$\tag{6-6}$$

式(6-4)与式(6-1)完全等价。在该数学条件的基础上,可以进一步计算用户平衡的流量,并构造其他容易求解的数学模型。

其次,出行者的出行方式选择行为遵循随机用户均衡条件,相较于传统 Logit 模型,Nested Logit 模型可以更好地刻画出行方式之间的耦合关系。Nested Logit 模型可以表达为如下:

$$p_m = \frac{[\sum_{i \in M_e} \alpha_{ei}^{1/\mu} \exp(V_i/\theta)]^{\mu-1}}{\sum_{e \in E} [\sum_{i \in M_e} \alpha_{ei}^{1/\mu} \exp(V_i/\theta)]^{\mu}} \quad (6-7)$$

式中,p_m 表示出行方式 m 被选中的概率;$\alpha_{em}^{1/\mu}$ 和 θ 是 Nested Logit 模型的参数。V_m 代表出行方式 m 的效用。式(6-7)所示的 NL 模型结构可以反映各交通方式之间的相互影响,克服 Logit 模型中各个变量相互独立造成的缺陷。

本章将针对多模式网络环境下的所有可能出行方式进行方式划分,并与路径选择相关联构建统一的模型并验证其准确性,其采用的符号见表6-1。

GMS/TAP 符号表 表 6-1

集合	描述
N	节点集合,可以根据所属子网模式进行细分,如 N_m
A	路段集合,可以根据所属子网、路段种类以及等级进行细分,如 $A_{m,\text{lev}}^{\text{sub}}$
H	枢纽集合,可以根据所属子网以及枢纽等级进行细分,如 $H_{m,\text{lev}}$
L	线路集合,可以根据所属子网以及线路等级进行细分,如 $L_{m,\text{lev}}$
W	OD 对集合
M	基础模式集合
P	路径集合,可以根据所属 OD 对以及换乘次数进行细分,如 P_k^w
F	流量集合,可以根据所属 OD 对以及换乘次数进行细分,如 F_k^w
MC	模式链集合,可以根据所属 OD 对以及换乘次数进行细分,如 MC_k^w
E	巢的集合,可以根据 OD 对和换乘次数进行细分,如 E_k^w
系数	**描述**
$\delta_{k,s}^w$	一个二进制系数,当路径 $p_{k,s}^w$ 经过了路段 a 时为1,否则为 0
$\gamma_{k,n,q}^w$	一个二进制系数,当路径 $p_{k,s}^w$ 的模式链属于巢 $e_{k,n,q}^w$ 时为1,否则为 0
g^w	OD 对 w 的流量
c	路径的总出行费用,可以通过所属的 OD 对、换乘次数以及路径的编号进行细分,如 $C_{k,s}^w$
K	网络的最大换乘次数
u_a	路段 a 的阻抗函数
$u_h^{\text{in-hub}}$	枢纽 h 的内部阻抗函数
α_{kn}, β_{kn}	巢式 Logit 模型中第 n 层采用 k 次换乘的系数
变量	**描述**
$g_{k,n,q}^w$	巢 $e_{k,n,q}^w$ 的流量
$U_{k,n,q}^{w*}$	巢 $e_{k,n,q}^w$ 的均衡路径费用
$mc_{k,s}^w$	路径 $p_{k,s}^w$ 的模式链
$mc_{k,s}^w(n)$	模式链 $mc_{k,s}^w$ 的前 n 个模式
$g_{k,s}^w(n)$	中间模式链 $mc_{k,s}^w(n)$ 所属巢的流量
$f_{k,s}^w$	路径 $p_{k,s}^w$ 的流量

6.4 多模式交通网络的构建

多模式网络构建时,需要从传统的网络构建方式的节点中剥离承担与其他交通方式的换乘功能,即各子网的枢纽,同时构建能够在枢纽中描述用户的全过程出行行为,本节中将研究多模式网络的构建方法。

在本章中,多模式网络由不同的子网 G_m^{sub} 构成,记子网络为 $G_m^{sub}(N_m, A_m^{sub}, H_m)$,即每一个子网络由节点 N_m、路段 A_m^{sub} 和枢纽 H_m 构成。各子网络对应了一种基础出行方式 $m, m \in M$。同时,对于包含线路的子网(公交和轨道交通),子网首先由线路构成,即 $G_m^{sub}(L_m)$,而线路由节点、路段和枢纽构成,即 $L_m(N_m, A_m^{sub}, H_m)$。

子网节点和枢纽分别定义如下:

(1) 子网节点:构成子网的基本元素,起到衔接同一子网或是同一公共交通线路的功能。

(2) 枢纽:子网对其他子网或对子网内部不同线路起到换乘作用的接口,用户只有经过枢纽才能到达其他子网或者同子网的不同线路。

为了将各子网中的元素相连接以构成多模式网络,除了子网路段 A_m^{sub} 以外,网络的路段集合 A 还包括了其他三种路段,分别为上下网路段 A^{emb} 以及 A^{ali}、换乘路段 A^{tra} 和辅助路段 A^{aux},其中:

(1) 上下网路段 A^{emb} 以及 A^{ali}:衔接 OD 点与各子网枢纽的路段,表示从起点步行到对应子网的出行活动以及从对应子网步行至终点的活动。

(2) 换乘路段 A^{tra}:衔接不同子网两个枢纽或是不同线路两个枢纽的路段,表示从一个枢纽换乘至下一个枢纽的整个换乘活动。

(3) 辅助路段 A^{aux}:衔接同一子网节点和枢纽的路段,表示从节点步行至枢纽的出行活动。

本章选取了 5 种具有代表性的城市多模式网络基础模式进行说明,分别为公共自行车、网约车、小汽车、公交及轨道交通。基础模式能够根据实际的应用环境自行增加或删减,以对应不同的网络环境。在该 5 种出行模式下,模式集合记为 $M = \{bic, ch, car, bus, mtr\}$。考虑到实际情况,对子网定义做如下改变:

(1) 公交、轨道交通及网约车子网中,对应枢纽同时起到节点功能和换乘功能。即不区分节点和枢纽,统一由对应的枢纽进行表达:$G_{bus}^{sub}(A_{bus}^{sub}, H_{bus})$、$G_{mtr}^{sub}(A_{mtr}^{sub}, H_{mtr})$ 以及 $G_{ch}^{sub}(A_{ch}^{sub}, N_{ch})$。

(2) 公共自行车和小汽车子网不变,子网仍由节点、枢纽和路段构成,分别为 $G_{car}^{sub}(N_{car}, A_{car}^{sub}, H_{car})$ 以及 $G_{bic}^{sub}(N_{bic}, A_{bic}^{sub}, H_{bic})$。

多模式网络结构如图 6-1 所示。

该基于枢纽的多模式超级网络构建方法能够描述用户的全过程出行活动并推断用户采用的组合出行方式。如图 6-2 所示,以组合出行路径 1-12-8-9-10-11-13-21-20-19-23-24-25-34 为例。

从起点 1 开始,用户经过上网路段 1-12 进入小汽车子网,随后在辅助路段 12-8 从停车场进入小汽车路段,在经过小汽车子网路段 8-11 之后,在辅助路段 11-13 停放车辆,并通过换乘路段 13-21 进入轨道交通子网,至轨道交通站 19 后,又从换乘路段 19-23 换乘至另外一条轨道交通线,并最终在轨道交通站 25 下站,通过下网路段 25-34 步行至最终的目的地。同时由于该组合路径包含了两条换乘路段,分别为 car+mtr 换乘路段 13-21 以及 mtr+mtr 换乘路段 19-23。这意味着这是一条两次换乘且模式组合为 car + mtr + mtr 的组合出行路径。

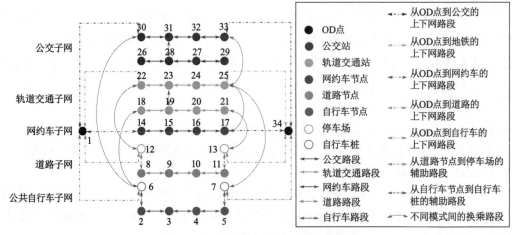

图 6-1 基于枢纽的多模式超级网络示意图

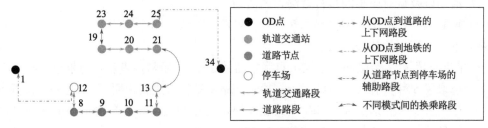

图 6-2 示例组合路径

6.5 各路段阻抗函数

一条完整路径经过的每一条路段都表示了一种出行活动,并产生一定的出行费用,该费用通过各路段的阻抗函数进行表述。本章包含了 4 种路段,分别为子网路段 $A_{m,\text{lev}}^{\text{sub}}$、上下网路段 $A^{\text{ali}}(N^0, H_m)$,$A^{\text{emb}}(H_m, N^d)$、换乘路段 $A^{\text{tra}}(H_m, H_m)$ 以及辅助路段 $A^{\text{aux}}(N_m, H_m)$。各路段阻抗函数分别如下:

(1)子网路段 $A_{m,\text{lev}}^{\text{sub}}$ 为用户在子网中的车辆内部时间。参考 Zhang 等[1]的研究,5 种类型的子网内部路段费用函数分别为:

$$u_a^{\text{sub}} = \Gamma_a^{\text{sub}}\left[1 + \theta_a^{\text{sub}}\left(\frac{v_a^{\text{sub}}}{\text{CAP}_a^{\text{sub}}}\right)\right]\delta_a^{\text{sub}} \quad (\forall a \in A_{\text{car}}^{\text{sub}} \cup A_{\text{bus}}^{\text{sub}} \cup A_{\text{ch}}^{\text{sub}}) \tag{6-8}$$

$$u_a^{\text{sub}} = \frac{\text{LEN}_a^{\text{sub}}}{\text{VEL}_{\text{mtr}}} + \Gamma_{\text{st}} \quad (\forall a \in A_{\text{mtr}}^{\text{sub}}) \tag{6-9}$$

$$u_a^{\text{sub}} = \frac{\text{LEN}_a^{\text{sub}}}{\text{VEL}_{\text{bic}}} \quad (\forall a \in A_{\text{bic}}^{\text{sub}}) \tag{6-10}$$

式中，u_a^{sub} 为路段的阻抗费用函数；Γ_a^{sub} 为路段的自由流通行时间；$\text{CAP}_a^{\text{sub}}$ 为路段承载力；v_a^{sub} 为路段的流量；θ_a^{sub} 和 δ_a^{sub} 是路段阻抗函数系数；$\text{LEN}_a^{\text{sub}}$ 为路段长度；VEL_m 为模式 m 的平均速度；Γ_{st} 为车辆的停站时间。

(2) 其次为上下网路段费用，包含了从起点步行至枢纽以及在对应枢纽内部的损耗时间和等待时间。首先是枢纽内部的损耗时间，对于轨道交通站来说，为枢纽内部的步行时间，而对于停车场来说，包括搜索车位和步行出停车场的时间。根据 Lam 和 Cheung[2] 以及 Tsai 和 Chu[3] 的研究，两者分别构建了以 BPR 函数为基础的轨道交通站内部通行阻抗函数以及停车场内部阻抗函数。而对于公交站和自行车桩，由于其内部规模较小，因此在本章中设为一个固定的值，$\Gamma_h^{\text{in-hub}}, \forall h \in H_{\text{bus}} \cup H_{\text{bic}}$。

$$u_h^{\text{in-hub}} = \Gamma_h^{\text{in-hub}} \left[1 + \theta_h^{\text{in-hub}} \left(\frac{v_h^{\text{in-hub}}}{\text{CAP}_h^{\text{in-hub}}} \right)^{\delta_h^{\text{in-hub}}} \right] \quad (\forall h \in H_{\text{car}} \cup H_{\text{mtr}}) \tag{6-11}$$

式中，$\Gamma_h^{\text{in-hub}}$ 为在枢纽内部的自由流通行时间；$\text{CAP}_h^{\text{in-hub}}$ 为枢纽的承载力；$v_h^{\text{in-hub}}$ 是经过枢纽的流量，即所有经过该枢纽的路径流量之和；$\theta_h^{\text{in-hub}}$ 和 $\delta_h^{\text{in-hub}}$ 为 BPR 函数系数。

等待时间对于公交和轨道交通来说，为等待车辆到达的时间，而对于网约车和公共自行车来说，分别为从预约至上车的时间，以及借用和归还车辆的时间，在此设为一个固定值。那么，等待时间的阻抗函数为：

$$u_a^{\text{wait}} = \frac{1}{\text{FRE}_a} \quad (a \in A_{\text{mtr}}^{\text{ali}} \cup A_{\text{bus}}^{\text{ali}}) \tag{6-12}$$

$$u_a^{\text{wait}} = \Gamma_a^{\text{wait}} \quad (a \in A_{\text{ch}}^{\text{ali}} \cup A_{\text{ch}}^{\text{emb}} \cup A_{\text{bic}}^{\text{ali}} \cup A^{\text{emb}}) \tag{6-13}$$

最终，对于上下网路段来说，还包含了从起终点步行至枢纽的时间，计为 u_a^{walk}，$a \in A^{\text{ali}} \cup A^{\text{emb}}$。那么所有上下网路段的阻抗函数 u_a^{ali} 以及 u_a^{emb} 则根据其连接的枢纽类型将 $u_h^{\text{in-hub}}$、u_a^{wait} 以及 u_a^{walk} 进行相加。

(3) 而对于换乘路段和辅助路段来说，其阻抗函数和上下网路段基本一致。不同的地方是除了根据连接的枢纽类型将 $u_h^{\text{in-hub}}$、u_a^{wait} 以及 u_a^{walk} 相加以外，换乘路段还包括纯惩罚(pure penalty) u_a^{pure}，其为一个固定值，以表述用户对换乘天生的抵触情绪，根据 Frei 等的研究，其在一次换乘中为 4.9min 而在两次换乘中为 10.7min，因此在本章中取近似值 5min。那么一条路径的费用即为其经过的所有路段费用之和，记路径 s 的费用为 c，那么 $C_s = \sum_a u_a I_s$，其中 $I_s = 1$ 表示路径 s 经过路段 a，$a \in A$，否则 $I_s = 0$。

6.6 巢式 Logit 方式划分函数

随着基础出行方式的增加，可能的组合出行方式会以指数的速度快速增长。对于一个有 n 个基础模式的多模式网络来说，单一模式会有 n 种，而采用 1 次换乘的组合出行模式可能有

n^2 种,而 k 次换乘的组合出行方式会有 n^{k+1} 种。这使得通过列举可能的组合模式池来描述用户的出行选择几乎是不可能的,而在进行计算时,每一种出行模式同时需要对应数量的路径进行支撑,导致计算的变量也将变得十分庞大。

然而出行方式的划分也可以从另外一个角度进行考虑。在绝大多数网络中,最大换乘次数不会超过 3 次[4],且其中有很多的组合出行模式在不同的网络环境中是罕见或是不存在的,如小汽车+公交或者自行车+小汽车等[5]。对于一个给定的多模式网络,虽然难以直接判断哪些组合出行方式是不存在的,但可以间接地从路径集合中所包含的路径模式进行判断,对于一个由最短路构成的路径集合来说,其不存在的组合出行模式可以不进行考虑。在这个思路的基础上,交通方式划分可以在路径所包含的模式中进行,可以将变量数目从模式数目乘以路径数目缩减到路径数目,这将大大减少计算的负担。

在基于路径集合中所有路径所包含的模式上进行方式划分时,需要对路径中所含的模式进行分类并与流量相关联。在以往的研究中通常采用交叉巢式 Logit 模型或者巢式 Logit 模型进行分类[6-8]。其中 Logit 模型中的层级表示换乘次数,而不同的子巢表示换乘的模式。由于多数方式划分模型数不会超过 1 次换乘,也使得模型的层数不会超过 3 层。为了描述路径集合可能涵盖的所有换乘次数和组合出行方式。本章提出了一种基于巢式 Logit 的方式划分函数,首先将组合模式按照换乘次数划分,然后根据每一次采用的模式按层进行划分,这使得该方式划分函数能够模拟用户的方式选择顺序,即当其已经确定一种出行方式之后,其下一个出行模式将如何选择。

假设 OD 对 w 的路径集合为 P^w,$w \in W$,且最大的换乘次数为 K。根据换乘次数,该路径集合可以分为 $K+1$ 个子集,即 $P_k^w, k=0,1,2,\cdots,K, p_{k,s}^w \in P_k^w$。$P_k^w$ 为 OD 对 w 采用 k 次换乘的路径集合。$p_{k,s}^w$ 为其中的第 s 条路径,$s=0,1,\cdots,S_k^w$。P_k^w 所对应的流量集合为 $F_k^w, f_{k,s}^w \in F_k^w$。

各路径的采用的出行方式可以根据其包含的换乘路段推导可得,假设路径集合 P_k^w 的模式组合集合为 $MC_k^w, mc_{k,s}^w \in MC_k^w$。由于一个采用了 k 次换乘的路径会包含 $k+1$ 个模式,因此 $mMC_{k,s}^w$ 可以记为 $mc_{k,s}^w(m_0, m_1, \cdots, m_n, \cdots, m_k)$,其中 m_n 是路径 $p_{k,s}^w$ 采用的第 n 种模式,$m_n \in M$,且 $n=0,1,2,\cdots,k$。在本章中 $mc_{k,s}^w$ 定义为 $p_{k,s}^w$ 的模式链。由于这些路径的出行模式将不可避免地存在相同的出行模式,因此通过抽取其中唯一的出行模式,本章构建了一个巢式 Logit 方式划分函数对路径集合中的出行方式进行分类,如图 6-3 所示。

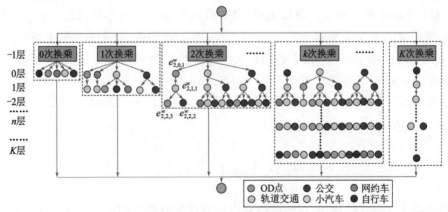

图 6-3 巢式 Logit 方式划分函数

为了与换乘链中的模式数目所对应,该巢式 Logit 方式划分函数被分为了 $K+2$ 层,在 -1 层时,根据路径的换乘次数,各路径被分至了 $0 \sim K$ 个巢中。然后从第 0 层开始,换乘次数 k 从 0 至 K,路径 s 从 1 至 S_k^n,抽取各路径的第一个唯一的模式 m_0,并记为巢 $e_{k,0,q}^w(m_0)$,其为巢式 Logit 方式划分函数中 OD 对 w,换乘次数为 k 的第 q 个巢。根据每条路径的换乘次数和第 1 个出行模式,这些路径被归入相对应的巢中,记关联矩阵为 $R_{k,0,q}^w(\gamma_{k,1}^w, \gamma_{k,2}^w, \cdots, \gamma_{k,s}^w, \cdots, \gamma_{k,S_k^w}^w)$,它记录了巢 $e_{k,0,q}^w$ 所包含的路径,$\gamma_{k,s}^w$ 为 1 时表示路径 $p_{k,s}^w$ 的模式链 $mc_{k,s}^w = e_{k,0,q}^w$,否则为 0。

在第 1 层,对所有 k 从 1 至 K,s 从 1 至 S_k^w,找到路径集合唯一的前两个模式 m_0 和 m_1,记为 $e_{k,1,q}^w(m_0, m_1)$,并根据巢的第 1 个模式 m_0 与第 0 层的巢相关联。同样,根据路径集合的前两个模式,将这些路径置入关联矩阵 $R_{k,1,q}^w$ 中。该步骤将会重复至第 K 层中,直到抽取了巢式 Logit 划分函数的每一个唯一的巢 $e_{k,n,q}^w$,并将路径归类至每一个巢的路径关联矩阵 $R_{k,n,q}^w$ 中,其中 $e_{k,n,q}^w \in E^w, q = 1, 2, \cdots, Q_n^w$。

在巢式 Logit 方式划分函数中,各巢的流量应满足相应的比例关系。假设 OD 对 w 的需求 g^w 是固定的。记选择 k 次换乘的用户数目为 g_k^w,那么有:

$$g^w = \sum_{k=0}^{K} g_k^w \tag{6-14}$$

$$g_k^w = \sum_{s=1}^{S_k^w} f_{k,s}^w \tag{6-15}$$

在 -1 层,对所有 $w \in W, k = 0, 1, 2, \cdots, K$,$g_k^w$ 以及 g^w 应满足如下的关系:

$$g_k^w = \frac{\exp[-(\alpha_{-1} + \beta_{-1} U_k^{w*})]}{\sum_{k=0}^{K} \exp[-(\alpha_{-1} + \beta_{-1} U_k^{w*})]} g^w \tag{6-16}$$

式中,U_k^{w*} 是采用 k 次换乘的所有路径的均衡路径费用;α_{-1} 和 β_{-1} 是 -1 层的巢式 Logit 模型系数。

记巢 $e_{k,n,q}^w$ 的流量为 $g_{k,n,q}^w$,即为巢 $e_{k,n,q}^w$ 所包含的所有路径的流量之和。由于这些路径已经被记入相对应的关联矩阵 $R_{k,n,q}^w$ 中,那么有:

$$g_{k,n,q}^w = F_k^w R_{k,n,q}^w \tag{6-17}$$

式 (6-17) 为找到 $e_{k,n,q}^w$ 所对应的关联矩阵 $R_{k,n,q}^w$,而其流量为 $R_{k,n,q}^w$ 所包含的所有路径流量之和。

那么从第 0 层至第 K 层,对所有 $w \in W, k = 0, 1, 2, \cdots, K, n = -1, 0, 1, \cdots, k, q = 1, 2, \cdots, Q_n^w$,每一个巢的流量 $g_{k,n,q}^w$ 和其对应的下层巢的流量 $g_{k,n+1,q}^w$ 应该满足如下的比例关系:

$$g_{k,n+1,q}^w = \frac{\exp\{-[\alpha_{kn+1} + \beta_{kn+1} U_{k,n+1,q}^{w*}]\}}{\sum_{q=1}^{Q_{n+1}^w} \exp\{-[\alpha_{kn+1} + \beta_{kn+1} \overline{U}_{k,n+1,q}^{w*} \ddot{j}_{k,n+1,q}^w]\}} g_{k,n,q}^w \tag{6-18}$$

$$\ddot{j}_{k,n+1,q}^w = \begin{cases} 1 & (e_{k,n+1,q}^w \in e_{k,n,q}^w) \\ 0 & (\text{其他}) \end{cases} \tag{6-19}$$

$$g_{k,n,q}^w = \sum_{q=1}^{Q_{n+1}^w} \overline{g}_{k,n+1,q}^w \ddot{j}_{k,n+1,q}^w \tag{6-20}$$

式中，$U_{k,n+1,q}^{w*}$ 是巢 $e_{k,n+1,q}^{w}$ 的均衡路径费用，$\overline{U}_{k,n+1,q}^{w*}$ 为第 $n+1$ 层的所有巢的均衡路径费用集合，而 $j_{k,n+1,q}^{w}$ 为一个决定巢 $e_{k,n+1,q}^{w}$ 是否属于上层巢 $e_{k,n,q}^{w}$ 的二进制系数，只有在巢 $e_{k,n+1,q}^{w}(m_0,m_1,\cdots,m_n,m_{n+1})$ 的模式 $m_0 \sim m_{n+1}$ 与巢 $e_{k,n,q}^{w}(m_0,m_1,\cdots,m_n)$ 的模式相同时为 1，否则为 0。式(6-20)表示了巢 $e_{k,n,q}^{w}$ 的流量应为其对应的下层巢的流量之和。需要注意的是，当 $n=-1$ 时，g_k^w 也被计为 $g_{k,-1,q}^w$，$R_{k,-1,q}^w$ 记录了采用 k 次换乘的所有路径。

为了建立一个统一的数学表达式，式(6-18)及式(6-19)应该改为与路径对应而不是巢对应。为了简便表达，将一条路径的模式链 $mc_{k,s}^w(m_0,m_1,\cdots,m_n,\cdots,m_k)$ 计为 $mc_{k,s}^w(k)$。而该路径的中间模式链计为 $mc_{k,s}^w(n)$，即其前 $n+1$ 个模式。

假设 $mc_{k,s}^w(n)$ 的流量为 $g_{k,s}^w(n)$，相似地，$g_{k,s}^w(n+1)$ 为 $mc_{k,s}^w(n+1)$ 的流量，对于这两个同一条路径的中间模式链，一定能够找到其在巢式 Logit 方式划分函数中所对应的巢。那么对所有 $w \in W, k=0,1,2,\cdots,K, n=-1,0,1\cdots,k, s=0,1,\cdots,S_k^w$，式(6-18)和式(6-19)可以修改为：

$$g_{k,s}^w(n+1) = \frac{\exp\{-[\alpha_{kn+1} + \beta_{kn+1} U_{k,s}^{w*}(n+1)]\}}{\sum_{q=1}^{Q_{n+1}^w} \exp\{-[\alpha_{kn+1} + \beta_{kn+1} \overline{U}_{k,s}^{w*}(n+1) j_{k,n+1,q}^w]\}} g_{k,s}^w(n) \quad (6\text{-}21)$$

$$j_{k,n+1,q}^w = \begin{cases} 1 & (e_{k,n+1,q}^w \in mc_{k,s}^w(n)) \\ 0 & (\text{其他}) \end{cases} \quad (6\text{-}22)$$

式中，$U_{k,s}^{w*}(n+1)$ 是中间模式链 $mc_{k,s}^w(n+1)$ 的均衡路径费用，同时也是其对应的巢 $e_{k,n+1,q}^w$ 的均衡路径费用。同样地，$(\overline{U}_{k,s}^{w*})(n+1)$ 是在 $n+1$ 层的所有巢的均衡路径费用集合。而 $j_{k,n+1,q}^w$ 为一个决定了巢 $e_{k,n+1,q}^w$ 是否属于 $mc_{k,s}^w(n)$ 所对应的上层巢 $e_{k,n,q}^w$。

根据 García 和 Marín[6] 的研究，假设 $U_{k,s}^{w*}(n)$ 为 $U_{k,s}^{w*}(n+1)$ 的对数和，那么有：

$$U_{k,s}^{w*}(n) = -\frac{1}{\beta_{kn+1}} \ln\left(\sum_{q=1}^{Q_{n+1}^w} \exp\{-[\alpha_{kn+1} + \beta_{kn+1} \overline{U}_{k,s}^{w*}(n+1) j_{k,n+1,q}^w]\}\right) \quad (6\text{-}23)$$

6.7 考虑方式选择和模式选择的统一模型

根据以上的流量关系，该巢式 Logit 方式划分模型应该同时满足以下三个条件：

条件1：路径的选择应该满足用户均衡条件。其表示为：

$$c_{k,s}^w - U_{k,s}^{w*}(k) \begin{cases} = 0 & (f_{k,s}^{w*} > 0) \\ \geq 0 & (f_{k,s}^{w*} = 0) \end{cases}$$

$$\forall w \in W, k=0,1,\cdots,K, s=1,2,\cdots,S_k^w \quad (6\text{-}24)$$

式(6-24)表示在一个路径集合中只有当路径的费用 $C_{k,s}^w$ 与均衡路径费用 $U_{k,s}^{w*}(k)$ 相同时，路径 $p_{k,s}^w$ 才能承载流量，否则路径的流量为 0。

条件2：换乘数目的选择，对所有 g_k^w，应满足式(6-16)的比例关系。当该比例满足之后，没有用户会产生改变换乘数目的意愿。

条件3：模式的选择，对所有 $g_{k,s}^w(n)$ 以及 $g_{k,s}^w(n+1)$，应满足式(6-21)的比例关系。当该比例满足之后,没有用户会产生改变换乘链的意愿。

6.7.1 统一均衡条件

在本节中提出了能够同时满足以上三个条件的统一均衡条件,其推导过程参考了García和Marín[6]的工作:

当条件3满足时,可以得到以下公式:

$$g_{k,s}^w(n+1) = \frac{\exp\{-[\alpha_{kn+1} + \beta_{kn+1}U_{k,s}^{w*}(n+1)]\}}{\sum_{q=1}^{Q_{n+1}^w} \exp\{-[\alpha_{kn+1} + \beta_{kn+1}\overline{U}_{k,s}^{w*}(n+1)j_{k,n+1,q}^w]\}} g_{k,s}^w(n) \quad (6-25)$$

根据式(6-23),可以得到:

$$\sum_{q=1}^{Q_{n+1}^w} \exp\{-[\alpha_{kn+1} + \beta_{kn+1}\overline{U}_{k,s}^{w*}(n+1)j_{k,n+1,q}^w]\} = \exp[-\beta_{kn+1}U_{k,s}^{w*}(n)] \quad (6-26)$$

将式(6-26)代入式(6-25),可以得到:

$$U_{k,s}^{w*}(n+1) = U_{k,s}^{w*}(n) + \frac{-\ln g_{k,s}^w(n+1) + \ln g_{k,s}^w(n) - \alpha_{kn+1}}{\beta_{kn+1}} \quad (6-27)$$

将式(6-27)中的 n 替换为 $k-1$,可以得到:

$$U_{k,s}^{w*}(k) = U_{k,s}^{w*}(k-1) + \frac{-\ln g_{k,s}^w(k) + \ln g_{k,s}^w(k-1) - \alpha_{kn+1}}{\beta_{kn+1}} \quad (6-28)$$

将式(6-27)中的 n 替换为 $k-2$ 并代入式(6-28)中以移除 $U_{k,s}^{w*}(k-1)$,重复以上的过程,可以得到:

$$U_{k,s}^{w*}(k) = U_{k,s}^{w*} + \sum_{n=0}^{k} \frac{-\ln g_{k,s}^w(n) + \ln g_{k,s}^w(n-1) - \alpha_{kn}}{\beta_{kn}} \quad (6-29)$$

当条件2成立时,可以得到以下的公式:

$$g_k^w = \frac{\exp[-(\alpha_{-1} + \beta_{-1}U_{k,s}^{w*})]}{\sum_{k=0}^{K} \exp[-(\alpha_{-1} + \beta_{-1}U_{k,s}^{w*})]} g^w \quad (6-30)$$

参考式(6-23),假设 U^{w*} 是 U_k^{w*} 的对数和,即:

$$U^{w*} = -\frac{1}{\beta_{-1}} \ln\{\sum_{k=0}^{K} \exp[-(\alpha_{-1} + \beta_{-1}U_k^{w*})]\} \quad (6-31)$$

和式(6-27)相同,有:

$$U_k^{w*} = U^{w*} - \frac{\ln g_{k,s}^w + \alpha_{-1}}{\beta_{-1}} + \frac{\ln g^w}{\beta_{-1}} \quad (6-32)$$

将式(6-32)代入式(6-29)中,可以得到:

$$U_{k,s}^{w*}(k) + \frac{\ln g_{k,s}^w + \alpha_{-1}}{\beta_{-1}} - \sum_{n=0}^{k} \frac{-\ln g_{k,s}^w(n) + \ln g_{k,s}^w(n-1) - \alpha_{kn}}{\beta_{kn}} = U^{w*} + \frac{\ln g^w}{\beta_{-1}} \quad (6-33)$$

当条件1成立时,即当 $f_{k,s}^w > 0$ 时,$c_{k,s}^w = U_{k,s}^{w*}(k)$,否则当 $f_{k,s}^w = 0$ 时,$c_{k,s}^w \geq U_{k,s}^{w*}(k)$,将该条件

代入式(6-33)中,可以得到:

$$c_{k,s}^w + \frac{\ln g_{k,s}^w + \alpha_{-1}}{\beta_{-1}} - \sum_{n=0}^{k} \frac{-\ln g_{k,s}^w(n) + \ln g_{k,s}^w(n-1) - \alpha_{kn}}{\beta_{kn}} - \left(U^{w^*} + \frac{\ln g^w}{\beta_{-1}}\right) \begin{cases} = 0 & (f_{k,s}^{w^*} > 0) \\ \geq 0 & (f_{k,s}^{w^*} = 0) \end{cases}$$
(6-34)

对于路径 $p_{k,s}^w \in P_k^w$, U^{w^*}、g^w 以及 β_{-1} 是相同的,记 $\frac{U^{w^*} + (\ln g^w)}{\beta_{-1}}$ 为 λ^{w^*} 且 $\frac{\ln g_{k,s}^w + \alpha_{-1}}{\beta_{-1}} - \sum_{n=0}^{k} \frac{-\ln g_{k,s}^w(n) + \ln g_{k,s}^w(n-1) - \alpha_{kn}}{\beta_{kn}}$ 为 Λ_k^w。由于 $C_{k,s}^w$、$\Lambda_{k,s}^w$ 以及 λ^{w^*} 是与流量相关的函数,此时记所有 OD 对最终的均衡流量向量为 F^*,那么统一以上三个条件的均衡条件为:

定理1:对所有 $w \in W, k \in 0,1,\cdots,K, n=-1,0,\cdots,k, s=1,2,\cdots,S_k^w$,只有当存在一个集合 λ^{w^*} 使得以下的公式成立时,向量 F^* 为同时满足 6.7 节的三个条件的均衡流量。

$$c_{k,s}^w(F^*) + \Lambda_{k,s}^w(F^*) - \lambda^{w^*}(F^*) \begin{cases} = 0 & (f_{k,s}^{w^*} > 0) \\ \geq 0 & (f_{k,s}^{w^*} = 0) \end{cases}$$
(6-35)

其中:

$$\Lambda_{k,s}^w(F^*) = \begin{cases} \dfrac{\ln g_{k,s}^w + \alpha_{-1}}{\beta_{-1}} & (k=0) \\ \dfrac{\ln g_{k,s}^w + \alpha_{-1}}{\beta_{-1}} - \sum_{n=0}^{k} \dfrac{-\ln g_{k,s}^w(n) + \ln g_{k,s}^w(n-1) - \alpha_{kn}}{\beta_{kn}} & (k=1,2,\cdots,K) \end{cases}$$
(6-36)

$$\lambda^{w^*}(F^*) = U^{w^*} + \frac{\ln g^w}{\beta_{-1}}$$
(6-37)

6.7.2 统一的最优化问题

根据 Nagurney[9] 的研究,非线性互补问题与变分不等式有相同的解。记 R_+^n 为 n 维向量 R^n 的非负象限,且 $F:R^n \to R^n$。那么在 R_+^n 中的非线性互补问题为:

$$\text{找到 } x^* \geq 0, F(x^*) \geq 0 \quad \text{且} \quad F(x^*)^T \cdot x^* = 0$$
(6-38)

如果该解存在的话,那么该非线性互补问题与变分不等式 $VI(F, R_+^n)$ 有着同样的解。

记式(6-36)中的 $c_{k,s}^w(F^*) + \Lambda_{k,s}^w(F^*) - \lambda^{w^*}(F^*)$ 为 $H^w(F^{w^*})$,那么式(6-36)可以很容易地转换为一个非线性互补问题,即对所有 $w \in W$:

$$H^w(F^{w^*})^T \cdot F^{w^*} = 0$$
(6-39)

$$H^w(F^{w^*}) \geq 0$$
(6-40)

由于 $F^{w^*} \geq 0$,那么该非线性互补问题与下面的变分不等式有着同样的解,即对所有 $w \in W$:

$$H^w(f^{w^*})^T \cdot (f^w - f^{w^*}) \geq 0$$
(6-41)

同时,变分不等式(6-41)的解集空间应该满足以下两个约束:

$$\sum_{k=0}^{K} \sum_{s=1}^{S} f_{k,s}^{w^*} = g^w$$
(6-42)

$$F^{w^*} \geq 0 \tag{6-43}$$

约束条件(6-42)是为了确保 OD 对 w 的路径流量之和与其总需求 g^w 相同,而约束条件(6-43)则表示流量为非负的。

由于变分不等式的解集空间式(6-42)以及式(6-43)能够转化为一个非空的 n 维多面体空间,即 $D = \{F \in \mathbb{R}^n \mid B \cdot F = \bar{G}, F \geq 0\}$。式中,$F \in \mathbb{R}^n$ 表示流量向量 F 为一个 n 维的实数向量;$\bar{G} = [g^1, \cdots, g^w, \cdots, g^W]^T$;$B$ 是式(6-42)中的关联矩阵,$B \in \mathbb{R}^{W \times n}$。那么变分不等式(6-41)就可以记为一个标准形式 $\text{VI}(H, F)$,参考 Aghassi[10]等的研究,该变分不等式能够转化为一个单层的非线性最优化问题,即:

定理 2:假设 D 为非空的 n 维多面体空间 $D = \{F \in \mathbb{R}^n \mid B \cdot F = \bar{G}, F \geq 0\}$,当流量向量 F^* 为变分不等式(6-41)的最优解时,则以下的非线性最优化问题 $\exists \xi^* \in \mathbb{R}^W$ 使得其最优值为 0 时,F^* 同样为其最优解。

$$\min H(F)^T F - \bar{G}^T \xi \tag{6-44}$$

$$\text{s.t.} \begin{cases} B \cdot F = \bar{G} & (6\text{-}45) \\ F \geq 0 & (6\text{-}46) \\ B^T \xi \leq H(F) & (6\text{-}47) \end{cases}$$

该标准形式的非线性最优化问题,可以通过现在的很多优化算法和商业软件进行计算,如 CPLEX、Gurobi 以及 matlab fmincon solver 等。同时也提供了一个很好的收敛标准,即目标值应该为 0。然而该问题的两组变量 F 以及 ξ 的数目,其分别与路径的数目以及 OD 对的数目相关,在应用于真实网络中也会变得非常大。在双层模型中,庞大的搜索空间中如果每一个方案都需要如此长的时间才能评判该方案的好坏,这将是难以接受的。

6.8 混合 K 最短路算法

由于本章的方式划分函数是建立在路径集合之上,一个合理路径集合是计算该问题至关重要的核心问题。在以往的交通均衡模型中,路径集合是通过最短路算法进行计算的,如 Dijkstra 算法、K 最短路算法、Bellman-Ford 算法、Floyd 算法和 SPFA 算法等,然而这些适用于单一网络的路径算法在大型的多模式网络中进行计算时,其生成的路径集合有着很大的相似性,各路径之间只有几个路段会有差别,这使得路径采用的模式几乎相同[11]。而在本章所需的路径集合既需要考虑路径费用同时也应该考虑出行模式组合的完备性,这就需要一种能够生成任意换乘次数以及模式组合,并确保其是联通的路径算法。因此,本章提出一种混合 K 最短路算法以生成合理的路径集合。

在说明算法之前,首先需要介绍一条组合出行路径的构成部分。对于一条采用了 k 次换乘的路径 $p_{k,s}^w$,记其第 n 条换乘路段为 $a_n^{tr}(h_n^1, h_n^2)$,h_n^1 是第 n 个换乘路段连接的第一个枢纽,h_n^2 是第二个枢纽。记上网路段为 $a^{emb}(n^0, h^0)$,n^0 为起点而 h^0 为上网路段所连接的第一个枢纽,同样,下网路段为 $a^{ali}(h^d, n^d)$。一条 k 次换乘的路径将会被 k 条换乘路段划分为 $k+1$ 条中间路径。记第 n 条中间路径为 $p_n^{int}(h_{n-1}^2, h_n^1)$,$h_{n-1}^2$ 为该中间路径的起点枢纽,h_n^1 为其终点枢纽。如图 6-4 所示。

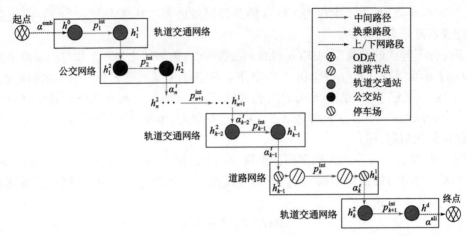

图 6-4 组合路径的构成

那么就可以通过锚定换乘路段来控制路径的出行模式。在锚定了换乘路段后,其相邻的两条换乘路段的枢纽 h_{n-1}^2 以及 h_n^1 可以作为中间路段 $p_n^{int}(h_{n-1}^2, h_n^1)$ 的起终点,从而利用 K 最短路算法生成相对应的中间路段。但是,当锚定了换乘路段后,在上下网过程以及中间路段就不应该再存在其他的换乘路段。因此,通过该算法生成的路径应该满足以下三个条件:

(1)对于中间路段 $p_n^{int}(h_{n-1}^2, h_n^1)$,其起点 h_{n-1}^2 以及终点 h_n^1 必须属于同样的子网络,同时如果 h_{n-1}^2 以及 h_n^1 为轨道交通站或是公交站,那么 h_{n-1}^2 以及 h_n^1 必须属于同一轨道交通线路或公交线路。

(2)对于上网路段,其连接的枢纽 h^0 与第一条换乘路段 $a_1^{tr}(h_1^1, h_1^2)$ 的第一个枢纽 h_1^1,对于下网路段,其连接的枢纽 h^d 与最后一条换乘路段 $a_k^{tr}(h_k^1, h_k^2)$ 的第二个枢纽 h_k^2 必须属于同一子网络。如果 h_1^1 与 h_k^2 为轨道交通站或是公交站,那么 h^0 和 h^d 必须与 h_1^1 和 h_k^2 所在线路的某一轨道交通站或是公交站相连。

(3)对于所有相邻的换乘路段 $a_n^{tr}(h_n^1, h_n^2)$ 以及 $a_{n+1}^{tr}(h_{n+1}^1, h_{n+1}^2)$,$h_n^2$ 和 h_{n+1}^1 不能为同一枢纽。对于上网路段 $a^{emb}(n^0, h^0)$ 以及第一条换乘路段 $a_1^{tr}(h_1^1, h_1^2)$,下网路段 $a^{ali}(h^d, n^d)$ 与最后一条换乘路段 $a_k^{tr}(h_k^1, h_k^2)$,h^0 和 h_1^1、h^d 和 h_k^2 不能为同一个枢纽。

在条件(1)中,如果不允许中间路段中出现其他换乘路段,那么中间路段的起点枢纽和终点枢纽就必须在同一子网中。而对于轨道交通或公交而言,其起点和终点必须在同一条线路中,否则也会出现同模式之间的换乘。在条件(2)中,h^0 与 h_1^1、h^d 与 h_k^2 必须同属于同一子网,否则在上下网过程中也将产生不必要的换乘,同时如果 h_1^1 为轨道交通站或是公交站,而用户不能直接从起点步行到 h_1^1 所属的线路中的任意站点(该步行距离过长以至于无法构建上网路段),那么用户就必须通过其他方式换乘到该线路上,这也会产生换乘,下网路段同理。而在条件(3)中,如果 h_k^2 和 h_{k+1}^1 为同一个枢纽,那么就认为该用户换乘至一种模式后又马上换乘回来,以至于根本没有使用该网络,这同样是不应该存在的。

混合 K 最短路的伪代码如下:

算法 6-1　混合 K 最短路算法

1: **for** OD 对 w 从 1 到 W
2: 调用 K 最短路函数生成 $P_{num}^w/2$ 条路径,并存入路径集合 P^w 中
3: 从换乘路段集合中随机选择 S_{max} 条换乘路段序列 $(a_1^{tr},\cdots,a_n^{tr},\cdots,a_k^{tr})$,其应满足上述 3 个条件。每个换乘路段序列的换乘路段数目从 0 至 K 中随机选择
4: **for** 换乘路段序列从 1 至 S_{max}
5: 对每个换乘序列中调用 K 最短路函数生成所有的中间路径
6: 使用换乘路段、上下网路段将所有路径串联起来,并存入临时路径集合 P_{temp} 中
　end for
7: 从 P_{temp} 中选择前 $P_{num}^w/2$ 条有着最小费用的路径并存入路径集合 P^w 中
　end for

在算法的第 2 行,路径集合中一半的路径通过 K 最短路算法得到,第 3 行随机生成了足够多的、换乘路段数目在 0~K 且符合上文三个约束条件的换乘路段组合 $(a_1^{tr},\cdots,a_n^{tr},\cdots,a_k^{tr})$。而第 4~6 行则通过 K 最短路算法生成了对应的中间路段并与上下网路段、换乘路段相连,并将生成的路径存入了备选路径集合中。最后,在第 7 行中,算法从备选路径集合中选取费用最少的另外一半数目的路径,与第 2 行生成的路径共同组成了最终的路径集合。该算法能够同时考虑路径集合中的最短出行费用以及出行方式的完备性,能够有效地运用于 GMS/TAP 的计算中。

6.9　混合 MSA 算法

由于 GMS/TAP 在本质上仍然是一个用户均衡的交通分配问题,MSA 算法作为交通分配问题广泛使用的最简单且有效的启发式算法[12],仅需使用固定的迭代步长,同时不依赖于任何其他衍生信息,使得它能够避免计算线性搜索问题以找到最优的迭代步长,极大地简化了算法规模。因此,本章将结合 MSA 算法的优点并结合所需解决的问题的特点,提出一种混合 MSA 算法以解决 GMS/TAP 问题。算法伪代码如下:

算法 6-2　混合 MSA 算法

1: 初始化:调用混合 K 最短路算法生成路径集合,设置循环数 $t=1$ 并生成一个随机的初始流量集合 $F(t)$
2: 对所有 OD 对,抽取其中的唯一模式链并构建巢式 Logit 模型 E^w
3: **while** $|F(t+1)-F(t)|>\vartheta$
4: 设 $\bar{F}(t)$ 为一个 0 向量,并在 $F(t)$ 的基础上计算路径费用向量 $C(t)$
5: 对所有 OD 对,对 k 从 0 至 K,从 $C(t)$ 找到 k 次换乘的所有路径中的最小费用,记为 U_k^{w*}。利用式(6-16)计算 g_k^w
6: 对 E^w 中的所有巢,找到属于巢 $e_{k,n,q}^w$ 的最小路径费用,记为 $U_{k,n,q}^{w*}$。利用式(6-18)计算所有的 $g_{k,n,q}^w$
7: 对所有底层巢 $e_{k,k,q}^w$,将 $g_{k,k,q}^w$ 全部分配给有着最小费用的路径中,并将得到的流量集合计为 $\bar{F}(t)$
8: 更新 $F(t+1)=F(t)+[\bar{F}(t)-F(t)]/t$
9: $t=t+1$
　end while

该混合 MSA 算法在传统的 MSA 算法上加上了巢式 Logit 方式划分函数,巢 $e_{k,n,q}^w$ 的均衡费用 $U_{k,n,q}^{w*}$ 认为是其包含的所有路径的最小路径费用。首先根据路径流量 $F(t)$ 计算每条路径的费用 $C(t)$,再根据式(6-16)及式(6-18)计算每个换乘次数下最后一层巢分配的流量之后,根

据全有全无的分配原则,将最后一层巢的流量全部分配至其所属路径中费用最少的路径中。将通过该方法得到的流量计为 $\overline{F}(t)$,并通过 $F(t+1)=F(t)+[\overline{F}(t)-F(t)]/t$ 更新 $F(t)$,其迭代步长为 $1/t$。该步骤会一直循环直到 $|F(t+1)-F(t)|$ 小于设定的阈值 ϑ。

6.10 算例分析

6.10.1 实验网络基本情况

为了验证广义方式划分/交通分配模型以及混合 MSA 算法的准确性和实用性,本章将该模型应用于 Wu 等[13]提出的九节点实验网络,如图 6-5 所示。其由小汽车和公交两个子网络构成,实线部分为道路子网路段,虚线部分为公交子网路段。其每个路段的阻抗函数采用的是 BPR 函数,路段旁边括号内的两个数字分别表示路段的自由流通性时间以及承载力。

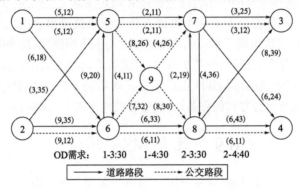

图 6-5 九节点网络

由于该网络是在传统网络构建方法下建立的,存在以下问题:

(1)网络节点同时包含多种功能。在该网络中单一节点同时包含了节点和枢纽两种作用,同时部分与 OD 点重合的节点还包含了 OD 点的功能。如节点 1,它同时承担了道路子网中道路节点、停车场,公交子网中的公交站以及 OD 需求点 4 种功能。

(2)公交子网络没有区分公交线路,导致在进行方式划分时难以进行公交和公交的换乘分析。

(3)由于节点功能的重叠,导致原网络省略了上下网路段、换乘路段以及辅助路段。

为了将该网络应用于本章的 GMS/TAP 模型,同时不破坏网络的属性,本章对网络进行了重构,并针对以上三个问题作出如下改变:

(1)针对网络节点的重叠,将道路、公交子网进行拆分,并提取 OD 对流量关系,如图 6-6 所示。需要注意的是,由于原网络中各节点并不包含坐标位置,在本节中对各节点添加了显示相对位置的 x 和 y 坐标,各节点位置与原网络保持一致,方便观测。其并不会影响计算结果。

其中,图 6-10a)为道路子网,由于原网络中道路网节点与停车场节点相同,在本实验中也同样如此,不单独设立停车场,即默认每个道路节点之上都存在一个停车场,各路段保留原网络的阻抗函数系数。图 6-6b)为公交子网。图 6-6c)为原网络中的 4 个 OD 对需求。

(2)针对公交线路没有区分,由于原网络九个节点组成的公交网络难以人为地区分公交线路(其有多种不同的方案,且添加后会影响实验结果),因此在本实验中并不区分公交线路,线网由原来的节点和路段组成,如图 6-6b)所示,并同样保留原来的阻抗函数系数。

第 6 章　多模式交通网络广义方式划分/交通分配模型

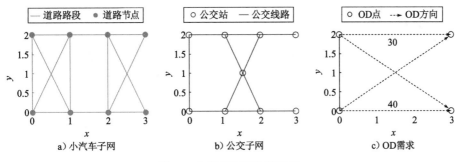

图 6-6　九节点网络子网平面图

（3）针对原网络没有构建三种辅助路段以及上文对网络的修改，在不破坏原网络的属性的基础上，本实验分别在对应节点和枢纽中添加了费用为 0 的上下网以及换乘路段，以衔接道路网、公交网以及 OD 点，如图 6-7 所示。

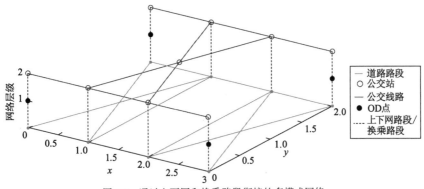

图 6-7　通过上下网和换乘路段衔接的多模式网络

具体的路段和节点编号如图 6-8 所示，其中左侧的小汽车网络的节点为 1~8，右侧的公交网络的节点为 9~17，OD 点的编号为 18~21。路段上的数字为路段编号，靠近节点一侧的编号代表路段的方向，如上网路段 18-1，其编号为 42。

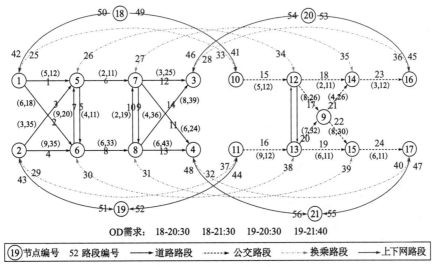

图 6-8　改变后的九节点网络

161

6.10.2 基础变量

在下文中，小汽车模式以及公交模式将被记为 c 以及 b。虽然在实际应用时并不需要列举所有可能的出行模式组合，但为了说明模型在处理不同模式组合时的表现，本章的组合模式包含：

(1) 0 次换乘，出行模式为 c 或者 b。

(2) 1 次换乘，出行模式为 $b+c$ 或者 $c+b$。

(3) 2 次换乘，其模式分别为 $b+c+b$ 或者 $c+b+c$。

每一种模式组合包含了 3 条路径。需要说明的是，由于本章的网络较小，为了保证能够找到足够多的路径，忽略了 6.8 节中的条件 (3)，同时当仍然无法找到足够的路径时，只选用能够找到的路径。

本章分别采用 matlab fmincon solver 计算了当最大换乘次数 K 为 0,1,2 时的结果，同时当 $K=2$ 时，也采用了混合 MSA 算法对其进行计算以与精确解进行对比。巢式 Logit 模型各层的系数分别设为 $\alpha_{-1}=0.5, \beta_{-1}=1, \alpha_0=1, \beta_0=0.9, \alpha_1=0.5, \beta_1=0.85, \alpha_2=0.5$ 以及 $\beta_2=0.8$。当 $K=2$ 时，所采用的路径见表 6-2，其中在路径栏中加粗的数字为换乘的枢纽。当 $K=1$ 时，每个 OD 对的路径集合为从模式 c 至模式 $c+b$。同样，当 $K=0$ 时，路径集合为模式 c 和模式 b。

各 OD 对的路径表 表 6-2

OD:18-20			OD:18-21		
编号	模式	路径	编号	模式	路径
1	c	18,1,5,7,3,20	18	c	18,1,5,7,4,21
2		18,1,6,5,7,3,20	19		18,1,5,7,8,4,21
3		18,1,5,7,8,3,20	20		18,1,6,5,7,4,21
4	b	18,10,12,14,16,20	21	b	18,10,12,9,15,17,21
5		18,10,12,9,14,16,20	22		18,10,1,5,7,4,21
6	$b+c$	18,10,1,5,7,3,20	23	$b+c$	18,10,12,5,7,4,21
7		18,10,12,5,7,3,20	24		18,10,12,14,7,4,21
8		18,10,12,14,7,3,20	25		18,1,5,7,4,17,21
9	$c+b$	18,1,5,7,14,16,20	26	$c+b$	18,1,5,7,8,15,17,21
10		18,1,5,7,3,16,20	27		18,1,5,7,8,4,17,21
11		18,1,5,12,14,16,20	28		18,10,1,5,7,4,17,21
12	$b+c+b$	18,10,1,5,7,14,16,20	29	$b+c+b$	18,10,12,5,7,4,17,21
13		18,10,1,5,7,3,16,20	30		18,10,12,14,7,4,17,21
14		18,10,12,5,7,14,16,20	31		18,1,10,12,5,7,4,21
15	$c+b+c$	18,1,10,12,5,7,3,20	32	$c+b+c$	18,1,5,12,14,7,4,21
16		18,1,5,12,14,7,3,20	33		18,1,10,12,14,7,4,21
17		18,1,10,12,14,7,3,20			

续上表

编号	OD:19-20 模式	路径	编号	OD:19-21 模式	路径
34		19,2,5,7,3,20	50		19,2,5,7,4,21
35	c	19,2,5,7,8,3,20	51	c	19,2,5,7,8,4,21
36		19,2,6,5,7,3,20	52		19,2,6,5,7,4,21
37	b	19,11,13,9,14,16,20	53	b	19,11,13,15,17,21
38		19,11,2,5,7,3,20	54		19,11,13,9,15,17,21
39	$b+c$	19,11,2,5,7,8,3,20	55		19,11,2,5,7,4,21
40		19,11,13,6,5,7,3,20	56	$b+c$	19,11,2,5,7,8,4,21
41		19,2,5,7,14,16,20	57		19,11,13,6,5,7,4,21
42	$c+b$	19,2,5,7,3,16,20	58		19,2,5,7,4,17,21
43		19,2,5,12,14,16,20	59	$c+b$	19,2,5,7,8,15,17,21
44		19,11,2,5,7,14,16,20	60		19,2,5,7,8,4,17,21
45	$b+c+b$	19,11,2,5,7,3,16,20	61		19,11,2,5,7,4,17,21
46		19,11,2,5,12,14,16,20	62	$b+c+b$	19,11,2,5,7,8,15,17,21
47		19,2,5,12,14,7,3,20	63		19,11,2,5,7,8,4,17,21
48	$c+b+c$	19,2,5,7,14,16,3,20	64		19,2,5,12,14,7,4,21
49		19,2,5,12,14,16,3,20	65	$c+b+c$	19,2,5,12,14,7,8,4,21
			66		19,2,5,7,8,15,17,4,21

6.10.3 数值验证

当 $K=0,1,2$ 时,采用 Matlab fmincon solver 计算得到的各路径均衡流量 F^*、最优目标值、使得 NLP 得到最优值的向量 ξ^* 以及均衡路径费用分别列在表 6-3~表 6-5 中,同时采用混合 MSA 算法得到的结果列在表 6-6 中。

$K=0$ 时的计算结果(Matlab fmincon solver)　　　表 6-3

OD:18-20			OD:18-21			OD:19-20			OD:19-21		
编号	流量	费用	编号	流量	费用	编号	流量	费用	编号	流量	费用
1	0	156.3	18	2.4	161.5	34	5.3	151.0	50	27.5	156.2
2	0	157.7	19	15.4	161.5	35	0	158.2	51	0.8	156.2
3	0	163.5	20	0	162.8	36	0	160.7	52	0	165.8
4	27.0	145.8	21	12.2	161.9	37	24.7	149.3	53	11.7	157.2
5	3.0	145.8							54	0	165.4
ξ					3.8485						
					18.9475						
					1.9212						
					10.5738						
目标值					9.5020×10^{-6}						
计算时间					1.312s						

$K=1$ 时的计算结果（Matlab fmincon solver） 表 6-4

OD:18-20			OD:18-21			OD:19-20			OD:19-21		
编号	流量	费用	编号	流量	费用	编号	流量	费用	编号	流量	费用
1	0	77.3	18	0.4	82.4	34	0	71.0	50	5.5	76.2
2	0	77.3	19	0.4	82.4	35	0	78.1	51	5.4	76.2
3	0	84.4	20	9.9	82.4	36	0	80.2	52	0	85.3
4	0	92.2	21	7.2	82.9	37	6.7	62.9	53	17.8	75.6
5	19.8	66.1	22	2.7	82.4	38	0	71.1	54	0	78.4
6	0	77.3	23	0	107.3	39	0	78.1	55	3.0	76.2
7	0	102.2	24	3.5	82.4	40	0	104.5	56	2.6	76.2
8	0	77.3	25	2.5	82.4	41	0	86.0	57	0	109.7
9	0	92.2	26	0	106.6	42	0	71.0	58	2.4	76.2
10	0	77.3	27	3.4	82.4	43	23.3	61.1	59	0	100.3
11	10.2	67.4							60	3.3	76.2
ξ						3.4393					
						17.8965					
						−2.0526					
						−3.5691					
目标值						1.5461×10^{-5}					
计算时间						6.482s					

$K=2$ 时的计算结果（Matlab fmincon solver） 表 6-5

OD:18-20			OD:18-21			OD:19-20			OD:19-21		
编号	流量	费用	编号	流量	费用	编号	流量	费用	编号	流量	费用
1	0	59.6	18	0	64.7	34	2.6	52.3	50	0.1	57.4
2	1.3	58.4	19	0	64.7	35	0	59.3	51	3.0	57.4
3	0	66.7	20	8.1	63.5	36	0	61.3	52	0	66.4
4	0	81.7	21	2.5	64.8	37	8.7	50.9	53	15.7	55.5
5	27.4	55.0	22	2.3	64.8	38	2.2	52.3	54	0	60.7
6	0.1	59.6	23	0	86.8	39	0	59.3	55	0.7	57.4
7	0	81.7	24	0	85.2	40	0	85.0	56	1.9	57.4
8	0	80.1	25	0.1	64.7	41	0	53.9	57	0	90.1
9	0	61.2	26	0	71.7	42	2.2	52.3	58	0.4	57.4
10	0	59.6	27	2.2	64.7	43	0.1	52.3	59	0	64.3
11	0	59.6	28	2.8	64.7	44	0	53.8	60	2.1	57.4
12	0	61.2	29	0	86.8	45	2.6	52.3	61	1.2	57.4
13	0.2	59.6	30	0	85.1	46	0.1	52.3	62	0	64.3
14	0	83.3	31	0	86.8	47	11.5	50.6	63	1.9	57.4

第6章 多模式交通网络广义方式划分/交通分配模型

续上表

OD:18-20			OD:18-21			OD:19-20			OD:19-21		
编号	流量	费用	编号	流量	费用	编号	流量	费用	编号	流量	费用
15	0	81.7	32	12.0	63.1	48	0	53.9	64	3.3	55.7
16	1.0	58.0	33	0	85.2	49	0	52.3	65	9.7	55.7
17	0	80.1							66	0	64.3
ξ						3.7509					
						11.0166					
						−4.4742					
						0.6910					
目标值						8.6484×10^{-6}					
计算时间						6.925s					

$K=2$ 时的计算结果(混合 MSA 算法)   表6-6

OD:18-20			OD:18-21			OD:19-20			OD:19-21		
编号	流量	费用	编号	流量	费用	编号	流量	费用	编号	流量	费用
1	0	59.4	18	0	64.6	34	3.0	52.2	50	0.8	57.3
2	1.3	58.4	19	0	64.6	35	0	59.3	51	3.0	57.3
3	0	66.5	20	8.4	63.5	36	0	61.3	52	0	66.4
4	0	81.8	21	2.6	64.8	37	8.8	51.0	53	15.8、7	55.7
5	27.3	54.8	22	1.9	64.6	38	1.9	52.2	54	0	60.9
6	0.1	59.5	23	0	86.7	39	0	59.3	55	0.4	57.3
7	0	81.6	24	0	85.3	40	0	85.1	56	1.6	57.3
8	0	80.1	25	0.4	64.6	41	0	53.8	57	0	90.2
9	0	61.1	26	0	71.6	42	1.8	52.2	58	0.4	57.3
10	0.1	59.5	27	1.5	64.6	43	0	52.4	59	0	64.4
11	0	59.6	28	3.2	64.6	44	0	53.8	60	1.6	57.3
12	0	61.1	29	0	86.7	45	3.1	52.2	61	0.8	57.3
13	0.3	59.4	30	0	85.3	46	0	52.4	62	0	64.4
14	0	83.2	31	0	86.7	47	11.3	50.8	63	2.8	57.3
15	0	81.6	32	12.0	63.1	48	0	53.8	64	2.6	55.9
16	1.0	58.0	33	0	85.3	49	0	52.4	65	10.3	55.9
17	0	80.1							66	0	64.4
ξ						3.7454					
						10.7520					
						−4.7402					
						0.4061					
目标值						3.5948					
计算时间						0.145s					

可以看出,在表6-3~表6-5中,当 $K=0,1,2$ 时,采用 fmincon solver 得到的最优值分别为 $9.5020×10^{-6}$、$1.5461×10^{-5}$ 以及 $8.6484×10^{-6}$,均非常接近要求的收敛指标0,这表明结果是收敛的。同时,对所有同一种模式的路径中,承载流量的路径均为费用最小的路径。比如表6-4中模式 $c+b$ 下的路径9、10和11,承载流量的路径为费用最小的路径11,而在模式 c 下的路径18、19、20均承载流量,而其费用也相一致,均为82.4。这说明6.7.1节的条件1满足用户均衡条件。

然后将观测条件2是否满足条件,以表6-5中OD对18-20为例,0次换乘的最小路径费用为模式 c 以及模式 b 所有路径的最小费用,为55.0,而1次换乘的最小费用为59.6,2次换乘的最小费用为58,由于三者之间的差距较大,根据式(6-16),几乎所有的流量将会分配给最小的55,即0次换乘的路径,而三者的总流量也分别为28.7、0.1和1.2,这也说明了计算结果是符合条件2的。

而对于条件3,以表6-3~表6-5中的OD对18-20为例,当 $K=0$ 时,此时只有两种模式,模式 c 的最小路径费用为156.3,模式 b 的最小路径费用为145.8,根据式(6-21),这将使得几乎所有流量都分配至模式 b 中,而其流量为0和30。而当 $K=1$ 时,由于0次以及1次换乘的路径费用分别为66.1和67.4,这使得两者的流量分别为19.8和10.2,而在0次换乘中,模式 c 以及模式 b 的费用分别为77.3和66.1,则所有流量分配至了模式 c 的路径中。而当 $K=2$ 时,结果也是相似的,因为2次换乘所分得的流量为1.2,而模式 $b+c+b$ 以及模式 $c+b+c$ 的费用分别为59.6和58,则两者的流量分别为0.2和1。表6-3~表6-5的结果说明了模型的结果是符合条件3的。

最后在表6-6中可以看到最后的目标值为3.5948,且三个条件也均满足。相对于表6-5的结果,其解也基本相似,虽然无法得到精确的解,但其计算时间从原来的6.925s下降到了0.145s,提升了47.8倍,在可接受的范围内以解的精确度交换计算速度也使得将GMS/TAP应用于多模式网络的融合设计能够实现。

6.11 模型应用

相比传统的方式划分/交通分配模型,GMS/TAP的优势在于能够描述全过程的出行活动以及全方式的出行选择,在与交通分配相结合后所得到的均衡路径流量,能够计算各OD出行方式流量,各枢纽、路段流量以及各枢纽间的换乘流量。这些指标一方面能够作为下文判断多模式网络一体化程度的重要指标;另一方面,在其他工程应用中,如枢纽设计时也能够提供数据支持。需要指出的是,下面的分析均基于matlab fmincon 函数在 $K=2$ 时得到均衡流量结果。

6.11.1 出行方式流量

各出行方式的流量可以帮助决策者从宏观侧面判断不同子网络的使用情况,而不同OD对中单方式以及组合出行的流量能够评估该OD对不同出行方式的可达性和换乘便捷性。通过累加相同出行方式的路径客流可以得到各OD对不同出行方式的流量,见表6-7。

第 6 章 多模式交通网络广义方式划分/交通分配模型

各 OD 对出行方式流量 表 6-7

出行方式	OD 对				总　计
	18-20	18-21	19-20	19-21	
c	1.3	8.1	2.6	3.1	15.1
b	27.3	2.5	8.7	15.8	54.3
$b+c$	0.0	2.3	2.2	2.5	7
$c+b$	0.0	2.3	2.2	2.5	7
$b+c+b$	0.2	2.8	2.7	3.0	8.7
$c+b+c$	1.0	11.9	11.5	13.0	37.4
总计	30	30	30	40	130

为方便观测,在剔除了每个 OD 对流量小于 1 的出行方式之后,将表 6-7 进行可视化表现后得到的各方式流量如图 6-9 所示,其中线条的粗细表示不同出行方式的流量大小。

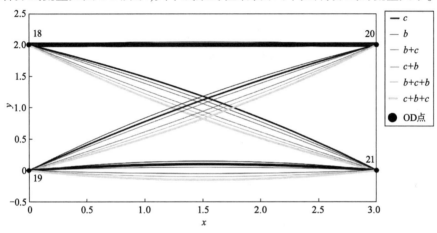

图 6-9　各 OD 对出行方式流量

可以看到,除了 OD 对 18-20 的流量集中于单方式公交车外,其他三个 OD 对的方式分布则相对均衡。在所有出行方式中,b 和 $c+b+c$ 的客流量是最高的,而其他 4 种方式的总客流量则基本相同。从经验来说,单一方式的客流量应该高于组合出行方式。但在本次实验中,由于沿用了原网络的路段阻抗,致使换乘费用并未考虑,这也使得组合出行和单一方式在本质上并没有区别,在一些情况下(如组合出行的路段能够绕开拥挤路段时)组合出行会优于单一方式出行,这也是实验结果与经验产生偏差的原因。

6.11.2　路段和枢纽流量

通过计算各路径经过的路段和枢纽并进行累加可以得到各路段和枢纽的客流量,用来指导不同子网络的具体设计。结果见表 6-8 和表 6-9。

各 路 段 流 量 表 6-8

编号	流量	编号	流量	编号	流量	编号	流量
1	20.7	3	45.4	5	0.0	7	9.5
2	9.5	4	0.0	6	38.0	8	0.0

续上表

编 号	流 量	编 号	流 量	编 号	流 量	编 号	流 量
9	20.7	21	36.1	33	0.0	45	0.0
10	0.0	22	2.5	34	37.6	46	0.0
11	30.9	23	36.2	35	0.0	47	0.0
12	23.8	24	18.4	36	5.0	48	0.0
13	20.7	25	5.4	37	0.0	49	0.0
14	0.0	26	0.0	38	0.0	50	0.0
15	29.9	27	37.4	39	0.0	51	0.0
16	24.6	28	0.0	40	10.7	52	0.0
17	29.9	29	10.5	41	35.2	53	41.3
18	37.6	30	0.0	42	24.8	54	18.7
19	15.8	31	0.0	43	35.0	55	29.0
20	8.7	32	0.0	44	35.0	56	41.0

各停车场和公交站流量 表 6-9

停车场编号	停车场流量	公交站编号	公交站流量
1	30.1	10	35.2
2	45.4	11	35
3	23.8	12	67.5
4	51.6	13	24.6
5	75.6	14	73.7
6	9.5	15	18.4
7	75.4	16	41.3
8	20.7	17	29
9	38.6	—	—

对上两张表进行可视化处理后,流量在网络中路段和枢纽的分布如图 6-10 所示。其中路段的粗细和枢纽的大小表示其流量的大小,正体的数字表示路段流量,斜体的数字表示枢纽的流量。

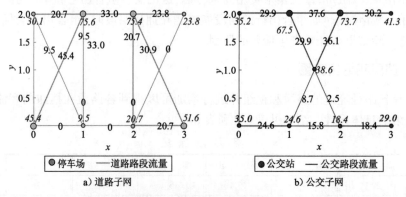

a) 道路子网　　　　　　b) 公交子网

图 6-10 路段及枢纽流量分布

可以看到,道路和公交的流量都集中于 y 轴的上半部,由于原网络并没有直接表达节点的空间关系,而在进行参数设定时,上半部的自由流通行时间明显小于下半部的通行时间,实际上上半部的路段是距离更近的,这也使得用户会集中于上半部的路段中。

最后,各枢纽间换乘路段的流量能够用来判断枢纽的客流组成,如图 6-11 所示。在图 6-10 的基础上,增加了黑色虚线的换乘路段,粗细代表换乘客流大小,加下划线的数字表示换乘路段的具体客流。而圆圈内部的数字代表该节点的编号。

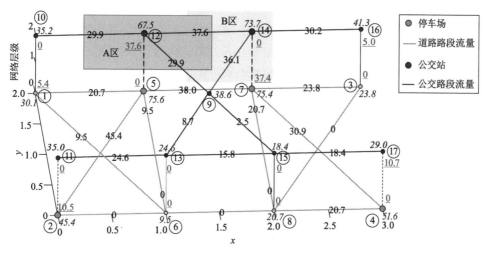

图 6-11 各枢纽的流量分布

以 A 区公交站 12 为例,其总客流 67.5 是由公交站 10 传递的 29.9 和停车场 5 换乘的 37.6 组成,而这部分公交客流中的 37.6 到达了公交站 14,29.9 到达了公交站 9。

B 区的公交站 14 同样如此,其共计 73.7 的客流是由公交站 12 的 37.6 和公交站 9 的 36.1 组成,而 37.4 通过换乘进入了停车场 7,剩下的 36.2 则进入了公交站 16。

以上数据可以对枢纽设计和客流组织进行指导,特别是综合客运枢纽,其建筑物内部通常包含了多种出行方式,铁路站台与地铁站、公交站、停车场等之间的关系能够用换乘路段表述,各枢纽之间的换乘流量能够指导站内通道、客流组织的布局,以帮助进行更大型客运枢纽的设计。

本章参考文献

[1] ZHANG L,YANG H,WU D,et al.Solving a discrete multimodal transportation network design problem[J].Transportation Research Part C:Emerging Technologies,2014,49:73-86.

[2] LAM W H K,CHEUNG C.Pedestrian Travel Time Functions for the Hong Kong Underground Stations-Calibration and Validation[J].HKIE Transactions,1998,5(3):39-45.

[3] TSAI M T,CHU C P.Evaluating parking reservation policy in urban areas:An environmental perspective[J].Transportation Research Part D:Transport and Environment,2012,17(2):145-148.

[4] PTV.Origin Destination Survey-Train[Z],2012.

[5] 吴炜光.多模式交通网络环境下典型多方式组合出行效用分析[D].南京:东南大学,2018.

[6] GARCÍA R, MARÍN A. Network equilibrium with combined modes: models and solution algorithms[J].Transportation Research Part B: Methodological,2005,39(3):223-254.

[7] LIU Z, CHEN X, MENG Q, et al. Remote park-and-ride network equilibrium model and its applications[J].Transportation Research Part B: Methodological,2018,117:37-62.

[8] NAGURNEY A. Network economics: A variational inequality approach[M].Dordrecht: Springer Science & Business Media,1998.

[9] AGHASSI M, BERTSIMAS D, PERAKIS G. Solving asymmetric variational inequalities via convex optimization[J].Operations Research Letters,2006,34(5):481-490.

[10] BEKHOR S, BEN-AKIVA M E, RAMMING M S. Evaluation of choice set generation algorithms for route choice models[J]. Annals of Operations Research, 2006, 144(1): 235-247.

[11] BAR-GERA H, BOYCE D. Solving a non-convex combined travel forecasting model by the method of successive averages with constant step sizes[J].Transportation Research Part B: Methodological,2006,40(5):351-367.

[12] WU D, YIN Y, LAWPHONGPANICH S. Pareto-improving congestion pricing on multimodal transportation networks[J]. European Journal of Operational Research, 2011, 210(3): 660-669.

第7章 基于广义枢纽协同优化的多模式网络一体化资源配置方法

城市多模式网络客流在各出行方式之间的分布不均是造成城市交通拥堵以及不可持续交通的重要原因之一。过多的客流集中于小汽车不仅浪费了公共交通的空闲客运能力,同时也造成了大量的污染。为了引导用户实现合理的方式转移,从而实现客流在多模式网络中的均衡分布,本章提出了一种基于广义枢纽协同优化的多模式网络一体化资源配置方法,在综合考虑建设费用和用户总出行时间的基础上,通过协同优化各出行方式枢纽以及配套线路,系统性地降低用户的换乘时间,以引导用户实现合理的出行方式转移以使各子网络达成均衡使用的状态。

本章的主要内容包括:①广义枢纽协调优化分析;②多模式网络一体化资源配置模型构建;③混合遗传算法求解;④算例分析。

7.1 广义枢纽协同优化分析

客流在不同交通方式中的不均衡分布是城市通行能力无法充分发挥的重要原因之一。在北京,快速的小汽车保有量增长造成的道路网拥堵迫使政府采取了控制小汽车需求并扩建轨道交通网络的措施以引导客流向公共交通转移。然而,增长的供给能力很快被需求所覆盖,被限制的小汽车用户又涌入了地铁网络,而轨道交通网络服务水平的提升又吸收了公交的客流,这使得小汽车网络没有明显提升的情况下,轨道交通出现了严重拥堵,而公交的客流却在逐年下降。

当前多数大城市都面临着和北京一样的问题。土地利用和多模式交通网络的基本成型使得大规模的扩建网络以提升网络供给能力的效果变的逐渐有限,而这种不均衡的分布又浪费了公共交通的客运能力,并进一步缩减了整个网络的供给能力。为充分利用整个网络的供给能力,需要实现从拥挤网络向空闲网络,特别是小汽车向公共交通的方式转移。

方式转移在很大程度上取决于一个设计良好的多模式网络。从工程角度来看,提升公共交通的吸引能力有两种方法:一是建设更多的直达线路以减少换乘;二是使线路间紧密衔接,以提升网络的覆盖率,并提供更广泛的终点选择。但正如上文所述,在具有完整的多模式网络的大城市中,主要交通走廊已经铺设了公共交通线路,难以建设更多的直达线路以提升网络容量。因此,更为高效的方法是通过枢纽衔接整个多模式网络。城市交通枢纽,包括各类停车场、公交站、轨道交通站以及自行车桩,起到了衔接各出行方式的作用,一个良好的城市广义枢纽布局不仅能够提升整个网络的覆盖度,同时也能为用户提供更多的组合出行选择,使其能够利用其他出行方式的空闲路段绕过拥挤路段,从而提升公共交通的使用率。

然而,组合出行由于换乘费用的存在[1],与单一方式出行相比是缺乏竞争力的。换句话说,用户只有当单一方式出行的拥堵费用高于组合方式出行的换乘费用后采用选择组合出行。

因此，通过广义枢纽协同优化实现方式转移就是通过合理布设城市广义枢纽，从而降低换乘费用，为不同 OD 对的用户提供更多有竞争性的组合出行选择。这可以通过提升当前枢纽的服务水平或配置枢纽从而生成新的组合出行方式来实现。

由于路段和枢纽的空闲运输能力分散在整个网络中，同时各 OD 对由于网络结构出行距离的不同，其可供选择的出行方式也不同。为充分利用整个多模式网络资源，实现各出行方式之间的合作互补，需要通过对整个多模式网络的各类枢纽进行协同优化[2]。因此，本章将以多模式网络一体化为核心目标，以广义枢纽协同优化为手段，研究其关键问题和解决方法，帮助挖掘城市多模式网络的潜在通行能力。

7.2 数学表达式

在本章中用到的符号见表 7-1。

广义枢纽协同优化模型符号表　　　　表 7-1

集合	描述
CN	备选点集合
TN	首末站节点集合，在本节中特指公交首末站
$\widetilde{MC}$	所有出行模式的集合
系数	描述
$ms_{l,\widetilde{mc}}$	当 OD 直线距离为 $l-1 \sim l$ km、模式 $\widetilde{mc}$ 改变 1 单位流量时的权重
L^w	OD 对 w 的直线距离
$cap_{h_m}^{lev}$	不同等级及模式的枢纽承载力
cap_a^{sub}	不同子网路段的承载力
TC	一个给定的多模式网络整合方案的总花费
$B_1 \sim B_5$	不同目标函数的权重值
$\psi(x)$	一个二进制系数，当 $x=1$ 时为 1，否则为 0
$dc_{bus}^{ter}, dc_{bus}^{int}$	公交首末站和中间站的拆除费用
$cc_{bus}^{ter}, cc_{bus}^{int}$	公交首末站和中间站的建设费用
dc_m^{sub}, cc_m^{sub}	子网 m 的枢纽的拆除和建设费用
BP	购买一辆公交车的费用
$\vartheta(x)$	一个二进制系数，当 $x>0$ 时为 1，否则为 0
OC	一辆公交车运行 1km 的运营费用
θ	确保当枢纽或者路段的承载力过高时会有更好的服务水平惩罚值的系数
R_{max}	公交子网的最大公交线路数目
$L_{min}^{stop}, L_{max}^{stop}$	最小及最大的公交站间距
L_{min}, L_{max}	最小及最大的公交线路长度
fre_{min}, fre_{max}	最小及最大的公交发车频率
FS_{min}, FS_{max}	最小及最大的公交车辆数目
PN_{min}, PN_{max}	最小及最大的停车场数目
BSN_{min}, BSN_{max}	最小及最大的自行车场站数目

续上表

变量	描述
$mf_{l,\widetilde{mc}}$	在给定的多模式整合方案中，OD 对直线距离 $l-1 \sim l\text{km}$ 中模式 $\widetilde{mc}$ 的总流量
$mf_{l,\widetilde{mc}}^{\text{ori}}$	在原来的多模式网络中，OD 对直线距离 $l-1 \sim l\text{km}$ 中模式 $\widetilde{mc}$ 的总流量
$sl_{h_m}^{\text{lev}}$	不同等级及模式的枢纽服务水平
$sl_{a_m}^{\text{sub}}$	不同子网路段的服务水平
X_{ojr}	当节点 j 为线路 r 的第一个节点时为 1，否则为 0
X_{ior}	当节点 i 为线路 r 的最后一个节点时为 1，否则为 0
X_{ijr}	当线路 $r(r=1 \sim R_{\max})$ 经过节点 i 之后接下来的节点为 j 时为 1，否则为 0
$X_{i\text{bus}}^{h^{\text{ter}}}, X_{i\text{bus}}^{h^{\text{ter,ori}}}$	当公交首末站分配至备选点 i 时为 1，否则为 0（分别为给定的多模式网络整合方案以及原来的多模式网络）
$X_{i\text{bus}}^{h^{\text{int}}}, X_{i\text{bus}}^{h^{\text{int,ori}}}$	当公交中间站分配至备选点 i 时为 1，否则为 0（分别为给定的多模式网络整合方案以及原来的多模式网络）
$X_{i_m}^{h_m^{\text{sub,lev}}}, X_{i_m}^{h_m^{\text{sub,lev,ori}}}$	当子网 m 的等级为 lev 的枢纽分配至备选点 i 时为 1，否则为 0（分别为给定的多模式网络整合方案以及原来的多模式网络）
l_{ijr}	线路 r 中节点 i 与 j 的距离
l_r	线路 r 的长度
fre_r	线路 r 的发车频率
fs_r, fs_r^{ori}	在给定的多模式网络整合方案中，以及在原来的多模式网络中线路 r 分配的车辆数目
$X_{i\text{car}}^{h^{\text{sub,lev}}}$	当等级为 lev 的停车场分配至节点 i 时为 1，否则为 0
$X_{i\text{bie}}^{h^{\text{sub}}}$	当自行车站分配至节点 i 时为 1，否则为 0

7.2.1 优化对象分析

本章中以 5 种城市主要出行方式（轨道交通、公交、小汽车、网约车以及公共自行车）进行研究，其枢纽可以分为三类。

（1）不包含枢纽：网约车。理论上，网约车的枢纽可以认为是管理部门在路段或是建筑物旁划定的接送客区域。但作为城市宏观规划层面的研究，管理层面的道路区域划分已经不在本章的研究范围内，因此，以网约车为代表的出行方式在本章中认为是不包含枢纽的出行方式。

（2）单一枢纽：小汽车和公共自行车。其所对应的枢纽：停车场和自行车桩在进行优化时只需考虑枢纽布局。

（3）线路型枢纽：公交车和轨道交通。其所对应的枢纽：公交站和轨道交通站在进行优化时除了和单一枢纽一样需要确定枢纽布局外，其枢纽还需要区分首末站以及中间站。由于该类型枢纽的改变将会导致线路结构的改变，因此，在优化枢纽的布局同时，还需要重新优化线路结构。

考虑到以上分类，在进行枢纽的协同优化时，根据不同种类的出行方式以及其对应的枢纽，将优化对象分为枢纽类型和线路类型。

枢纽类型:以小汽车和自行车网等为代表的优化对象仅为单一枢纽的类型。在进行优化时,需要确定增加以及减少的枢纽数量、位置以及等级。

线路类型:以公交和轨道交通为代表由枢纽和线路共同构成的类型。其优化对象包含了首末站和中间站的数量、位置以及等级、线路的构成以及发车频率。

在实际应用时,应先根据网络构成选取基础出行方式构建多模式网络,在此基础上,可以灵活选用需要协同优化的广义枢纽,并套用两个优化模块。例如:在本章的 5 种出行方式中,若只优化公交站,则只需套用线路类型模块即可。如果需要同时优化公交站和停车场,则需加上枢纽类型模块进行停车场的协同优化。

7.2.2 目标函数分析

由于本章的主要目的是在有限的资源下,通过优化枢纽布局实现合理的客流转移以实现网络的均衡使用,也就产生了三个目标,即方案建设费用、方式转移流量以及网络均衡使用评价指标。前两个指标相对容易实现,而子网络均衡使用评价指标在以往的研究中却很少涉及,通常由换乘次数、非换乘用户总量等指标进行侧面的评估。由于网络的均衡使用可以认为是在整个网络中各子网路段和枢纽都不出现过于拥堵的情况,本章将通过所有路段和枢纽的承载率函数之和进行判断。

除了以上三个指标外,为保障用户的效益,作为经常性使用的评估网络使用情况的指标,用户在网络中的总出行时间也将作为本章的目标函数之一。

7.2.3 数学表达式构建

基于以上分析,本章上层模型的数学表达式如下:

$$B_1 \sum_{w=1}^{W} \sum_{k=0}^{K} \sum_{s=1}^{S_k^w} f_{k,s}^w c_{k,s}^w + B_2 \sum_{\widetilde{mc}=1}^{\widetilde{MC}} \sum_{l=1}^{L} (mf_{l,\widetilde{mc}} - mf_{l,\widetilde{mc}}^{ori}) ms_{l,\widetilde{mc}} + B_3 \sum_{h_m^{lev} \in H} sl_{h_m^{lev}} + B_4 \sum_{a_m^{sub} \in A^{sub}} sl_{a_m^{sub}} + B_5 TC$$

(7-1)

$$\text{s.t.} \begin{cases} mf_{l,\widetilde{mc}} = \sum_{w=1}^{W} \sum_{k=0}^{K} \sum_{s=1}^{S_k^w} f_{k,s}^w \quad (mc_{k,s}^w(k) = \widetilde{mc} \text{ 且 } l-1 \leqslant L^w \leqslant l) & (7\text{-}2) \\ sl_{h_m^{lev}} = \exp(f_{h_m^{lev}}/cap_{h_m^{lev}} + \theta) & (7\text{-}3) \\ sl_{a_m^{sub}} = \exp(f_{a_m^{sub}}/cap_{a_m^{sub}} + \theta) & (7\text{-}4) \end{cases}$$

$$TC = \sum_{i \in CN} dc_{bus}^{ter} \psi(X_i^{h_{bus}^{ter},ori} - X_i^{h_{bus}^{ter}}) + \sum_{i \in CN} cc_{bus}^{ter} \psi(X_i^{h_{bus}^{ter}} - X_i^{h_{bus}^{ter},ori}) +$$

$$\sum_{i \in CN} dc_{bus}^{int} \psi(X_i^{h_{bus}^{int},ori} - X_i^{h_{bus}^{intX}}) + \sum_{i \in CN} cc_{bus}^{int} \psi(X_i^{h_{bus}^{int}} - X_i^{h_{bus}^{int},ori}) +$$

$$\sum_{i \in CN} \sum_{m \in \{car,bic\}} dc_m^{sub} \psi(X_i^{h_m^{sub,lev},ori} - X_i^{h_m^{sub,lev}}) +$$

$$\sum_{i \in CN} \sum_{m \in \{car,bic\}} cc_m^{sub} \psi(X_i^{h_m^{sub,lev}} - X_i^{h_m^{sub,lev},ori}) +$$

$$BP \sum_{r=1}^{R_{max}} \vartheta(fs_r - fs_r^{ori}) + oc \sum_{r=1}^{R_{max}} l_r fs_r \tag{7-5}$$

第7章 基于广义枢纽协同优化的多模式网络一体化资源配置方法

$$\sum_{j \in H_{\text{bus}}^{\text{ter}}} X_{ojr} = 1 \quad (r = 1 \sim R_{\max}) \tag{7-6}$$

$$\sum_{i \in H_{\text{bus}}^{\text{ter}}} X_{ior} = 1 \quad (r = 1 \sim R_{\max}) \tag{7-7}$$

$$\sum_{i \in H_{\text{bus}}^{\text{int}}, i \neq j} X_{ijr} - \sum_{i \in H_{\text{bus}}^{\text{int}}, i \neq j} X_{jir} = 0 \quad (j \in H_{\text{bus}}^{\text{int}}, r = 1 \sim R_{\max}) \tag{7-8}$$

$$\sum_{i \in H_{\text{bus}}^{\text{int}}, i \neq j} X_{ijr} \leq 1 \quad (j \in H_{\text{bus}}^{\text{int}}, r = 1 \sim R_{\max}) \tag{7-9}$$

$$\sum_{j \in H_{\text{bus}}^{\text{int}}, i \neq j} X_{ijr} \leq 1 \quad (j \in H_{\text{bus}}^{\text{int}}, r = 1 \sim R_{\max}) \tag{7-10}$$

$$X_{jjr} = 0 \quad (j \in H_{\text{bus}}^{\text{int}}, r = 1 \sim R_{\max}) \tag{7-11}$$

$$L_{\min}^{\text{stop}} \leq X_{ijr} l_{ijr} \leq L_{\max}^{\text{stop}} \quad (i \in H_{\text{bus}}^{\text{int}}, i \neq j, j \in H_{\text{bus}}^{\text{int}}, r = 1 \sim R_{\max}) \tag{7-12}$$

$$L_{\min} \leq l_r \leq L_{\max} \quad (r = 1 \sim R_{\max}) \tag{7-13}$$

$$fre_{\min} \leq fre_r \leq fre_{\max} \quad (r = 1 \sim R_{\max}) \tag{7-14}$$

$$fre_r = fs_r l_r / 2v_{\text{bus}} \tag{7-15}$$

$$FS_{\min} \leq \sum_{r=1}^{R_{\max}} fs_r \leq FS_{\max} \tag{7-16}$$

$$PN_{\min} \leq \sum_{i \in H_{\text{car}}^{\text{sub}}} X_i^{h_{\text{car}}^{\text{sub}},\text{lev}} \leq PN_{\max} \tag{7-17}$$

$$BSN_{\min} \leq \sum_{i \in H_{\text{bic}}^{\text{sub}}} X_i^{h_{\text{bic}}^{\text{sub}}} \leq BSN_{\max} \tag{7-18}$$

模型采用了传统的加权方法来构建目标函数,这是由于只要当决策者能够清楚地定义各目标函数的重要性关系,那么模型就能够在每次循环中给定一个结果,而不需要从多目标函数中的 pareto 最优解集中去判断哪一个是最优解[3]。将该模型应用于实际大小的网络中,能够大大地降低运算的负担。

目标函数(7-1)共由四部分组成,其中第一项为网络用户的总出行时间。第二项为模式转换值,为了评价在不同长度下的模式转换,在不同 OD 对下的出行模式流量根据 OD 对的直线距离按照每 1km 的间隔进行了划分,而当在一定长度间隔下的模式流量相对于原有网络的模式发生 1 单位的流量改变后,它会乘以对应长度和模式下的模式转移系数,而最终的模式转移值即为所有长度,所有模式的加权转移值之和。通过对方式转移系数的调整,该值有助于管理者控制方案的方式转移对象。

目标函数的第三项和第四项为不同枢纽及子网路段的服务水平,其通过枢纽和路段的流量与承载力比例进行计算。为了避免出现高负载的枢纽或是路段,服务水平值由一个指数函数进行计算,当某个枢纽或是路段的服务水平超过 1 时,将会产生更高的惩罚。由于多模式网络的均衡使用程度从另一角度来说,就是尽可能地控制所有子网不出现过于拥堵的路段,该指标也是本章评价网络均衡使用的核心指标。

目标函数的第五项为给定的多模式网络融合设计方案的总花费,由四部分组成,包括拆除原有枢纽的费用、建设新枢纽的费用、当总公交车数目超过原有数目时购买新车的费用以及公交车运行费用。

在该模型中,每一个方案将采用第 6 章的 GMS/TAP 流程获得均衡路径流量 F,并从 F 中推导得到各方式流量,各路段和各枢纽流量,从而计算各目标函数的取值。式(7-2)~式(7-5)

说明了目标函数的计算方法,其中式(7-2)说明了模式流量 $mf_{l,\widetilde{mc}}$ 是直线距离在 $l-1\sim l\mathrm{km}$ 范围内的 OD 对所包含的所有出行模式为 $\widetilde{mc}$ 的路径流量之和。式(7-3)和式(7-4)则为指数函数形式的服务水平值,并通过加上系数 θ 以确保高负载枢纽或路段会得到更高的惩罚值。式(7-5)为总费用的计算方法,其中第一项和第二项为拆除和建设公交首末站的费用,第三项和第四项为拆除和建设公交中间站的费用,第五项和第六项为拆除和建设需要优化的子网枢纽的费用,第七项为当新方案的总车辆数超过原方案时购买公交车的费用,最后一项为所有车辆的运行费用。

而约束条件(7-6)和(7-7)要求公交线路必须开始和终结于公交首末站。约束条件(7-8)要求每个公交中间站必须存在一个前面和后面的中间站。约束条件(7-9)~(7-11)要求每一个公交站点最多被一条线访问至多一次(公交站点重复约束)。约束条件(7-12)~(7-14)分别为公交站间距约束、公交线路长度约束以及公交发车频率约束。约束条件(7-16)~(7-18)分别为公交车辆总数、停车场和自行车桩总数目约束。这六个约束都限制了相应的变量需要在一个合理的范围之内。由于公交的发车频率可以认为是发车频率已知的情况下分配给该线路的车辆数目,因此在本章中将用车辆数目来计算线路发车频率,这样就可以把原来连续的搜索空间限制于一个范围内的离散数值,减少计算负荷,发车频率通过式(7-15)进行计算。

7.3 算法框架

对于一个公交网络设计问题,即使只包含枢纽及线路优化,不包括发车频率优化,也已经是一个 NP 难问题[6]。而由于该问题的变量既包含整数变量也包含连续变量,这使得该问题是一个非线性的混合整数规划问题,即 NP 难问题。同时该问题需应用于大型的网络中,而一个解集又由多个串联的变量同时构成,这使得解集的搜索空间规模比起以往的网络设计问题呈指数倍的增加。为了解决这种类型的问题,只能采用启发式或元启发式算法进行计算。

为了解决这个包含了线路构成、发车频率、停车场数目、等级以及自行车桩数目共 5 组变量协同优化的问题,同时该问题又是由公交站点重复、公交站间距、公交线路长度、公交发车频率、公交车辆总数、停车场和自行车桩总数目约束共计 7 个约束条件所构成的大型搜索空间问题,本章参考 Vidal[5,4]等的研究提出了一种带自适应多样性控制的混合遗传算法(a hybrid genetic algorithm with adaptive diversity management,HGSADC)进行求解。HGSADC 是一种结合了遗传算法的探索功能,基于有效本地搜索的改进程序和多样性管理机制的混合式元启发式算法。HGSADC 采用了种群控制机制,通过将解分为可行解集和不可行解集,引入动态变化的惩罚函数,并利用个体多样性贡献度构建了偏向适应度函数,极大地提升了解集的搜索范围,有效地避免解集陷入局部最优解中。其伪代码如下:

算法 7-1 带自适应多样性控制的混合遗传算法框架

1:初始化:输入轨道交通、小汽车、网约车和自行车子网络(除决策变量外,包括公交道路、公交频率、停车场和自行车桩)
2:初始化结果集合 S;初始化公交线路以及发车频率、停车场以及自行车桩布局
3:**while** 结果没有得到提升的迭代数$<It_{\mathrm{NI}}$ **do**
4:**while** 没有达到最大的解集数目 **do**

续上表

　　选择父代解 S_1 和 S_2，调用线路型以及枢纽型交叉算子生成子代 O，将子代放入解集合（交叉算子）
　end while
5：选择解 S_1 并调用线路型以及枢纽型变异算子（变异算子）
6：对每一个解 S_1，if 不可行 then
7：以概率 P_{rep} 修复 S_1（修复算子）
　　if 修复完成 then
　　　　将解存入可行子集
　　else
　　　　将解存入不可行子集
　　end if
8：elseif S_1 可行 then
　　　　将解存入可行子集
　　end if
9：调用 GMS/TAP 计算目标函数值
10：计算偏向性适度值
　　　　选择存活的解
11：if 最优解在 It_{div} 个循环后尚未得到提升 then
　　　　多样化种群
12：调节不可行解的惩罚系数
　end while
　输出最优解

在第 1 行中首先输入无须改变的子网元素，由于共有 5 个子网构成，而变量为公交子网、停车场以及自行车桩。因此，输入的初始变量包括了小汽车子网（不包含停车场）、自行车子网（不包含自行车桩）、共享小汽车子网以及轨道交通网。算法的第 2 行通过初始化算子，生成了初始解集，即公交线路结构、发车频率、停车场布局、等级以及自行车桩布局。在第 3 行和第 4 行中，随机选取父代解，通过线路和枢纽类型交叉算子构建了子代解，并与父代解共同构成了新的解集。在第 5 行中，在不改变最优解的基础上，通过变异算子，为解集添加了新的遗传材料。由于通过交叉和变异运算后，会非常容易产生不满足约束条件的不可行解，因此，在第 7 行中，以 P_{rep} 的概率对不可行解进行修复，此时可以将解集划分为可行子集和不可行子集。在第 8 行中，将两个子集中的解分别与第 1 行输入的子网元素构成新的网络，然后通过 GMS/TAP 确定各解的目标函数值。不可行子集的目标函数值通过乘以惩罚函数后与可行子集的目标函数共同进入第 10 行的偏向适应度函数计算中，通过将多样性贡献值加入目标函数中，可以选择进入下一代遗传的解集。同时，当最终的解在经过 It_{div} 个循环后仍然没有得到改善，会激活多样性控制机制以加入新的遗传材料。该算法会一直循环，直到进行到足够大的预设循环数 It_{NI} 后停止。

7.4 初始化算子

7.4.1 公交线路初始化

在公交线路初始化中包含了确定公交站点数目、位置以及它们在各公交线路中的连接顺序。初始化的解应该满足公交站间距约束、线路长度约束以及公交站点重复约束。其伪代码如下：

算法 7-2　公交线路初始化算法

1: **for** 线路 r 从 1 至 $R_{\max}$

2: 以概率 P_{ter}^s 以及 P_{ter}^e 决定是否需要建立新的首末站

3: 决定每条线路的起始点和终点：如果通过 P_{ter}^s，从 CN 中选择一个节点作为线路 r 起始点 n_r^s。如果通过 P_{ter}^e，从 CN 中选择一个节点作为线路 r 的终点 n_r^e。如果未通过，则从 TN 中选择两个节点作为线路 r 的起始点和终点

4: **while** 线路 r 的第 t 个节点 $n_r(t)$ 不是 n_r^e，同时线路不满足线路长度约束、站间距约束和公交路段重复约束，且总时间 $<T_{\max}$ **do**

5: 找到距离 $n_r(t)$ 满足站间距约束的所有节点集合 $N_r^{\text{stop}}(t)$

6: **if** $N_r^{\text{stop}}(t)$ 是空集且其中所有的节点已经被访问

7: $n_r(t)=0, t=t-1$

8: **elseif** $N_r^{\text{stop}}(t)$ 是非空集

9: 随机从 $N_r^{\text{stop}}(t)$ 中尚未被访问过的节点中选择一个节点 $n_r^{\text{stop}}(t)$

10: **if** $|n_r^e - n_r^{\text{temp}}(t)| < |n_r^e - n_r(t)|$

　　$n_r(t+1) = n_r^{\text{temp}}(t)$

　elseif $|n_r^e - n_r^{\text{temp}}(t)| \geq |n_r^e - n_r(t)|$

　　将 $n_r^{\text{stop}}(t)$ 标记为已访问

　end if

　end if

　end while

11: **if** 线路 r 可行 **then**

　　将 r 存入初始化解集

12: **elseif** 线路 r **then**

　　回到第 2 行

　end if

　end for

在第 2 行和第 3 行，首先判断起点和终点是否要建新的公交首末站，如果不需要，则从原有的首末站中随机选取两个站点作为线路的首末站。如果需要，则从备选点集合（剔除了原来的首末站）中选取新的站点作为公交首末站。当确定所有线路的起点和终点后，在第 4~10 行，从起点开始，从备选点集合中找到和起点站满足站间距约束条件的站点集合，随机从中选择一个站点，如果该站点能够使其比起点至终点的距离更近的话，则将该站点作为线路的下一个站点。重复该过程时会出现两种情况：一种情况为与当前站点不存在满足站间距约束条件的点，则删除当前站点并退回前一个站点重新循环；另一种情况为虽然与当前站点满足站间距关系的站点集合不为空集，但每一个点都不能缩短与终点的距离，也应该退回前一个站点进行计算。当计算至最后一个站点且该站点为预设的终点站，同时生成的线路满足线路长度约束、站间距约束以及路段重复度约束之后，输出该线路。为了避免算法陷入死循环，当计算时间超过 $T_{\max}$ 后将停止算法，若此时输出的线路不满足情况，将重新选取首末站重复该算法。算法7-2中第4~10行也称为公交线路生成函数，在下文中将多次调用该函数。

7.4.2 公交发车频率初始化

由于发车频率可以看作当线路长度一定时分配给线路的车辆数目,这使得公交发车频率的初始化能够通过式(7-15),将随机数目的车辆分配给已经生成的线路中,并计算其发车频率。若随机生成的发车频率违反了发车频率约束,且各线路的车辆数目之和违反了公交车辆数目约束,则重复该过程直到这两个条件得到满足。

7.4.3 停车场和自行车桩初始化

停车场的初始化包括了确定各停车场的数目、位置以及等级。其初始化时在原有的停车场布局中,通过从备选点集合中增加或是在原有方案中删除停车场以确定性的停车场布局,同时当确定新的停车场布局后,各停车场的等级也将随机生成。自行车桩的初始化也同样如此。

7.5　交　叉　算　子

由于问题的复杂性,需要根据变量特点设计新的交叉和变异算子。不同于以往对二进制数字进行的交叉,线路类型的交叉实际上包含了两个层面,即不同公交线网方案中不同线路的组合以及同一线路中不同站点序列的组合。为了提升算法的搜索能力并能够使交叉之后的子代能够尽可能地满足约束条件,参考 Ngamchai 和 Lovell[5-6] 的研究,本章对线路类型设施提出了两种交叉算子,即线路交叉算子和站点交叉算子。

7.5.1 线路交叉算子

线路交叉算子是通过随机选择两个线网方案,随机选择两个方案中各一条线路,并交换这两条线路来实现线路的交叉。此时一条线路将被作为构成元素,该算子旨在尝试不同的线路组合以扩展算法的搜索能力。同时,当两条线路经过线路交叉之后,其对应的发车频率也应该进行交换。

7.5.2 站点交叉算子

而站点交叉算子则在一个解的两条线路之间存在可以拼接的站点序列时出发。其目的是测试不同的站点序列组合以提升搜索空间,此时交叉算子的构成元素为站点序列。站点交叉算子的伪代码如下:

算法 7-3　站点交叉算子

1: 选择父代线路 r_1 和 r_2
2: **for** r_1 从第二个节点到终点
　　for r_2 从第二个节点到终点
　　　if n_{1a} 和 n_{2b} && n_{1a+1} 和 n_{2b-1} 满足站间距约束
　　　　将点对 (n_{1a}, n_{2b}) 存入断点集合 break_set
　　　end if

　　　　　　　　　　　　　　　　　　　　　　　　　　　　　　　续上表

　　end for
　　end for
3: 从 break_set 随机选择两个点对 (n_{1a}, n_{2b}) 和 (n_{1c}, n_{2d})
4: if r_1 线路中从 n_{1a} 到 n_{1c+1} 的站点序列或者 r_2 线路中从 n_{2b-1} 到 n_{2d} 的站点序列非空
　　　交换两个站点序列并构建新的子代
　　end if
5: 删除父代线路将新的线路存入线路集合

该算法在第 2 行中首先通过随机选择两条线路 r_1 和 r_2，找到 n_{1a} 和 n_{2b} 同时 n_{1a+1} 和 n_{2b-1} 满足站间距约束条件的点对，将其存入断点集合中。在第 3 行中，从断点集合中随机选取两组点对 (n_{1a}, n_{2b}) 和 (n_{1c}, n_{2d})，此时只要线路 r_1 中站点 n_{1a} 到 n_{1c+1} 的站点序列或是线路 r_2 中站点 n_{2b-1} 到 n_{2d} 的站点序列其中之一不为空集，那么这两个站点序列就可以进行交换，如图 7-1 所示。

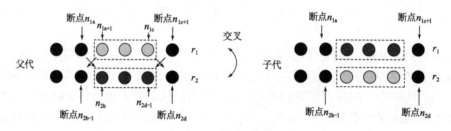

图 7-1　站点交叉算子

首先，需要找到两条线路中两组相邻站点，其能够交叉满足站间距约束条件，即图 7-1 中的 n_{1a} 和 n_{2b}、n_{1a+1} 和 n_{2b-1}。将这样的点对记为 (n_{1a}, n_{2b})，此时只需要再有另外一对具有相同性质的点对 (n_{1c}, n_{2d})，就说明 n_{1a} 到 n_{1c+1} 和 n_{2b-1} 到 n_{2d} 的站点序列是能够相互交换的，因为彼此之间都能够与其所拼接的线路满足站间距约束。同时，如果其中一条站点序列不是空集，就可以将另外一条的站点序列移至该线路中。

7.5.3　停车场及自行车桩交叉算子（枢纽类型）

枢纽类型设施的交叉算子则相对较为简单，由于无须考虑站点序列的关系，需要考虑不同解中不同站点组合的影响，因此通过随机选取两个解中的任意两个枢纽，如果这两个枢纽是不同的，且交换过后不会出现站点的重复，则交换这两个枢纽。

7.6　变异算子

变异算子和交叉算子一样，通过线路组合中的某些构成元素的突变，以给子代提供更多的遗传片段。参考 Szeto 和 Wu[3] 的研究，根据线路类型设施的特点，本章提出了 4 种针对线路类型设施的变异算子，分别为插入、删除、交换和转移变异算子。

其中，插入变异算子是通过随机选择一条线路 r_1，若在该线路中存在两个连续站点 n_{1a} 和 n_{1a+1}，可以从备选点集合 CN 中找到一个枢纽能够与该两个站点都满足站间距约束，则在这两个站点间插入一个枢纽。而删除变异算子也基本类似,是在随机线路 r_1 中找到一个节点 n_{1a},若 n_{1a-1} 和 n_{1a+1} 的站间距满足站间距约束条件,则删除枢纽 n_{1a}。

交换算子和线路类型枢纽的交叉算子大致相同,不同的是此时的变异构成元素为一个单一的站点,而不是站点序列,同时在找到两个断点之后,断点间的枢纽也不允许为空集,如果以上条件成立,则交换这两个站点,如图 7-2 所示。而转移变异算子基本相似,不同的是两个断点间的枢纽要求一个为空集、另一个为单一的枢纽,如果存在,则将单一的枢纽转移的空集的线路中,如图 7-3 所示。

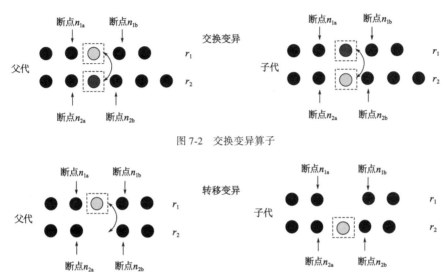

图 7-2　交换变异算子

图 7-3　转移变异算子

枢纽类型的变异算子则相对简单,只包含插入和删除变异算子。其中,插入算子插入的枢纽必须为原有的解中不存在的枢纽,删除算子则从原有的解中随机的删除一个枢纽。同时在插入新的枢纽后,其对应的等级也应该随机生成。

7.7　修复算子

在进行交叉和变异操作后,生成的解可能会违反其中部分的约束条件,如果直接舍弃这些解,那么交叉和变异的作用将会大大下降,但若采用了这些解,又需要衡量违反约束条件的惩罚。一套合理处理非可行解的方法将会极大地影响算法的效率,并帮助得到更高质量的解。因此,在本章中首先提出一套对非可行解进行修复的方法,以提升可行解的比重。其中,对于线路类型设施的约束包含了线路长度、站间距、路段重复以及发车频率约束,对于枢纽类型设施的约束则包含了枢纽数目的约束。

对于线路类型的设施,在修复过程中很容易出现对其中一个约束修复之后新生成的线路违反其他的约束条件。因此,本章提出了一种新的四阶段修复策略对线路进行修复。只要存在违反 4 个约束条件之一的线路都将经过这 4 个修复算子,以生成新的线路,其顺序分别为线路长度、站间距、站点重复度以及线路发车频率修复算子。首先,线路长度修复算子的伪代码如下:

算法 7-4　线路长度修复算子

1: **for** 线路 r 从 1 到 R_{max}
2: **while** r_1 的长度小于 L_{min} 且时间 $<T_{max}$ **do**
3: 在 r_1 中随机选择两个节点 n_{1a} 和 n_{1b}
4: 从 CN 中随机选择一个没有出现在线路 r_1 的节点 n_{1c}
5: 调用公交线路生成函数以获得两个站点序列,其一以 n_{1a} 作为起点, n_{1c} 作为终点,其二以 n_{1c} 作为起点, n_{1b} 作为终点
6: 删除 r_1 中 n_{1a} 和 n_{1b} 原有的站点序列,并将两个站点序列放入 r_1 中
　end while
7: **while** r_1 的长度大于 L_{max} 且时间 $<T_{max}$ **do**
8: **if** 在 r_1 中存在两个节点 n_{1a} 和 n_{1b} 满足站间距约束
9: 删除 n_{1a} 和 n_{1b} 之间的站点序列
10: **elseif**
11: 随机在 r_1 中选择两个节点 n_{1a} 和 n_{1b},两点的间距需超过 L_{rep}
12: 调用公交线路生成函数以获得一条以 n_{1a} 作为起点, n_{1b} 作为终点的站点序列,且该站点序列的长度应短于原来的站点序列
　end if
13: 删除 r_1 中 n_{1a} 和 n_{1b} 之间的原有站点序列,并将得到的序列存入 r_1
　end while
　end for

在进行线路长度的修复时,将会出现 3 种可能的情况,如图 7-4 所示。在算法的第 2~4 行,当需要修复的线路 r_1 过短时,算法将会在该线路中随机选择两个站点 n_{1a} 和 n_{1b},并在其中间插入一个随机的站点 n_{1c}。随后调用公交线路生成函数,分别生成以 n_{1a} 和 n_{1c}、n_{1c} 和 n_{1b} 为起终点的中间线路,并替换原来线路中 n_{1a} 至 n_{1b} 的站点序列。

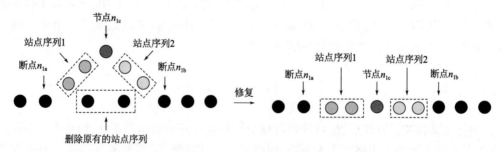

图 7-4　线路长度修复算子的情况 1

当线路长度过长时,可能会出现两种情况。首先,如图 7-5 所示,在第 8 行和第 9 行,如果线路中存在两个站点 n_{1a} 以及 n_{1b},且两个站点间的距离满足站间距约束条件,则删除这两个站点间的站点序列。若这样的点对不存在,则如图 7-6 所示,在第 10~13 行,通过在线路中随机选取两个站点 n_{1a} 以及 n_{1b},同时两个点对间的线路长度应该为一个足够长的长度 L_{rep},以确保有足够的空间来缩减线路的长度。然后通过调用公交线路生成函数生成以 n_{1a} 和 n_{1b} 为起终点的公交序列,并判断该生成的序列是否比原来的序列更短,如果不是,则重新选择点对并生成线路,直到达到设定的计算时间。

随后是站间距修复算子,其伪代码如下:

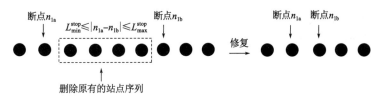

图 7-5　线路长度修复算子的情况 2

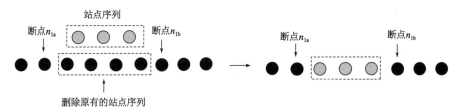

图 7-6　线路长度修复算子的情况 3

算法 7-5　站间距修复算子

1: **for** 线路 r 从 1 到 R_{max}
2: **for** 线路 r 从起点至终点
3: 找到违反最大站间距约束的站点序列
4: **while** 线路 r_1 的长度满足线路长度约束
5: **if** 站点序列只包含两个节点 n_{1a} 和 n_{1a+1}
6: 从 CN 中找到节点 n_{1c},其需与 n_{1a} 和 n_{1a+1} 都满足站间距约束
7: 将 n_{1c} 存入 n_{1a} 和 n_{1a+1} 之间
8: **elseif** 得到的站点序列包含两个以上的节点
　　调用线路生成函数并获得以 n_{1a} 作为起点,n_{1a+k} 作为终点的站点序列
9: 删除 n_{1a} 和 n_{1a+k} 之间的原有站点序列,并将得到的焊点序列存入 r_1
　　end if
10: 找到违反最小站间距的站点序列
11: **if** 站点序列只包含两个节点 n_{1a} 和 n_{1a+1}
12: **if** n_{1a} 和 n_{1a+2} 满足站间距约束
　　删除 n_{1a+1}
13: **elseif**
　　从 CN 中找到一个节点 n_{1c},其需与 n_{1a} 和 n_{1a+2} 满足站间距约束
　　删除 n_{1a+1} 并将 n_{1c} 存入 n_{1a} 和 n_{1a+2} 之间
　　end if
14: **elseif** 站点序列包含两个以上节点
　　调用公交线路生成函数并获得以 n_{1a} 作为起点,n_{1a+k} 作为终点的站点序列
15: 删除 r_1 中 n_{1a} 和 n_{1a+k} 之间的站点序列,并将得到的站点序列存入 r_1 中
　　end if
　　end while
　　end for
　　end for

在一条线路中违反了站间距约束的站点序列,可能只包含两个站点,也可能包含连续的多个站点均违反了站间距约束条件。当站间距过长且该站点序列只包含两个枢纽 n_{1a} 和 n_{1a+1} 时,

如图 7-7 所示。在算法的第 5 行和第 7 行将会从备选节点集合中找到一个中间节点 n_{1c}，它需要与 n_{1a} 和 n_{1a+1} 均满足站间距约束条件，将它插入 n_{1a} 和 n_{1a+1} 中间。而当违反站间距约束的站点序列长度超过两个枢纽，其起终点分别为 n_{1a} 和 n_{1a+k} 时，如图 7-8 所示。由于公交线路生成函数能够生成一条指定起终点且满足站间距约束条件的站点序列，因此，以 n_{1a} 和 n_{1a+k} 为起终点调用该函数，从而生成新的公交站点序列以替换原来的站点序列。

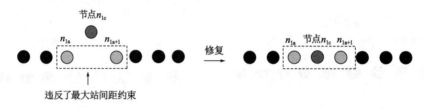

图 7-7　站间距修复算子情况 1（站间距过长）

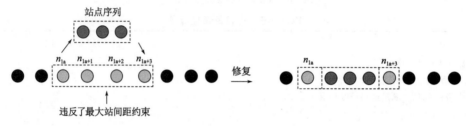

图 7-8　站间距修复算子情况 2（站间距过长）

当站点序列为两个点且 n_{1a} 和 n_{1a+1} 的站间距过短时，找到一个站点 n_{1c}，若与 n_{1a} 和 n_{1a+2} 均满足站间距约束，则删除 n_{1a+1} 并以 n_{1c} 替换。而当站点序列为多个站点时，其与站间距过长的修复方式一致。同时，为了避免生成的新线路为违反线路长度约束，在第 4 行限制了新生成的线路长度。

在线路长度和站间距约束都修复之后，线路可能出现重复的站点，此时线路将触发重复站点修复算子。由于重复的站点至少有两个，因此，随机选取一个站点无须改变，对所有重复的站点 n_{1a}，若从备选点集合中找到一个站点能够与 n_{1a-1} 和 n_{1a+1} 均满足站间距约束条件，则将该点替换 n_{1a}。

在修复了以上 3 个约束条件后，发车频率的修复就较为简单，对违反发车频率的线路，只需通过增加或删除一辆分配的公交车，直至发车频率满足条件后结束算法。同时枢纽类型设施的修复由于只包含枢纽总数的约束，其修复手段与发车频率修复相同，只需在每次删除或添加一个枢纽，直至枢纽总数满足条件之后结束循环即可。

在经过四阶段的修复算子之后，绝大多数的解都能够得到修复，这将在案例部分进行说明。但是经过修复的解可能会破坏原有解中包含的有效遗传片段，因此在修复时按照 P_{rep} 的百分比进行修复，这可以保留一部分的不可行解进入选择阶段。

7.8　多样性控制机制以及种群数目控制

当初始化的解集经过交叉和变异并通过修复算子之后，各解将会根据其是否满足约束条件而放入可行解集和不可行解集。此时需要进入选择阶段，以判断哪些解应该进入下一个循环。然而判断一个解的优劣实际上包含了 3 个层面,首先是其经过 GMS/TAP 得到的目标函数,其次是其是否为可行解,最后是其相对于最优解来说本身的多样性。一个具有多样性的解既包含了最优解所不包含的遗传片段,也能够从更广的角度扩展算法的搜索空间。因此,首先介绍如何计算一个解的多样性。

在传统的遗传算法中,多样性是通过汉明距离进行计算的。因此,本章采用解 S 与拥有最优目标值的解 S_{best} 的汉明距离来表示解 S 的多样性,计为 ΔS,也称为解 S 多样性贡献度。由于在本章中一个解 S 包括了公交线路结构、公交线路发车频率、停车场编号、停车场等级以及自行车桩编号,故这个解包含了几种不同的数据类型。首先发车频率和停车场等级为一个数值,这两个变量的汉明距离可以根据传统的汉明距离计算方法得到,即两个字符串对应位置的不同字符的个数计算,分别计为 $hd_{fre}(S)$ 和 $hd_{car}^{lev}(S)$。停车场和自行车桩则为多个不同的枢纽编号,因此其汉明距离通过该方案与最优方案不同的枢纽编号总数计算,在此分别计为 $hd_{car}(S)$ 和 $hd_{bic}(S)$。因为通过二进制计算的汉明距离显然会超过十进制数的距离,因此,对于发车频率以及停车场等级的汉明距离,本章采取平均汉明距离,即 $\overline{hd}_{fre}(S) = hd_{fre}(S)/R_{max}$,$\overline{hd}_{car}^{lev}(S) = hd_{fre}(S)/N_{h_{car}^{sub}}$。

公交线路结构则比较特殊,由于一个解是由多条线路组成,每条线路又由不同的站点序列组成,本章引入了 Szeto 和 Wu[5] 的研究,通过如下方法计算公交线路结构的汉明距离:

算法 7-6　公交线路汉明距离算子

1: $hd_{bus}(S) = 0$
2: 找到有着最优目标值 $Z(S)$ 的解 S_{best}
3: **for** 解 S 从 1 到 N_{max}
4: **for** 线路 r 从 1 到 R_{max}
5: **for** 起始节点至终点节点
6: **if** $(n_{Sa}, n_{Sa+1}) \neq (n_{S_{best}a}, n_{S_{best}a+1})$
　　$hd_{bus}(S) = hd_{bus}(S) + 1$
　end if
　end for
　end for
　end for

公交线路的汉明距离是由解 S 与最优解 S_{best} 对应的线路中对应的不同连续点对数目进行计算,因此最终的多样性贡献函数为:

$$\Delta S = \overline{hd}_{fre}(S) + \overline{hd}_{car}^{lev}(S) + hd_{car}(S) + hd_{bic}(S) + hd_{bus}(S) \tag{7-19}$$

随后不可行解的目标函数值应该乘以一个惩罚函数,故在本章中引入了一个动态的惩罚函数,以控制不可行解的数目在一个合理的范围内。假设在解集中可行解和不可行解的数目分别为 N_{inf} 以及 N_{fea},两者之和 N_{max} 是固定的。在一个基础的不可行解的惩罚值 $\tilde{\omega}$ 下,每隔 μ 个循环后,当 N_{inf} 增加 1,$\tilde{\omega}$ 会下降 $\lambda\%$,同样,当 N_{inf} 减少 1,$\tilde{\omega}$ 会增加 $\lambda\%$。

最终存活至下一个循环的解将通过目标函数以及多样性贡献度的排序进行计算,$fit(S)$ 为目标值 $Z(S)$ 的排序,对于不可行解,其 $Z(S)$ 将会乘以惩罚函数 $\tilde{\omega}$,而 $hdr(S)$ 为 ΔS 的排序,

那么引入了多样性贡献度的偏向适应度函数 $BF(P)$ 为:

$$BF(S) = fit(S) + \left(1 - \frac{N_{\text{elite}}}{N_{\text{max}}}\right) hdr(S) \tag{7-20}$$

式中,N_{elite} 为确保精英解能够存活至选择阶段的系数。

最终,为了避免解会陷入局部最优解中,当解集的最优值在 It_{div} 个循环后不再提升,HGSADC 将会生成调用初始化算法生成新的 $N_{\text{max}}/2$ 个解,以替换当前解中表现最差的 $N_{\text{max}}/2$ 个解。

7.9 算例分析

7.9.1 小网络基本情况

为了验证该 HGSADC 的计算特性,本章将首先在一个改进的九节点网络中测试多样性控制机制以及种群控制机制、各交叉变异算子以及以各目标值权重对实验的影响。采用的多模式网络如图 7-9 所示,x、y 轴代表各点空间位置。

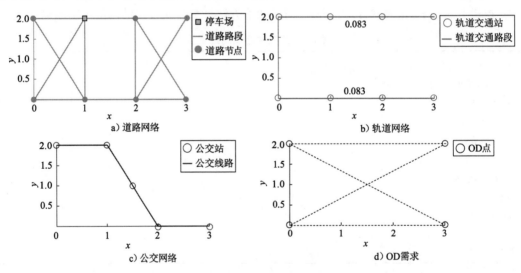

图 7-9 实验网络平面图

各路段和枢纽的编号以及对应的 BPR 函数系数,如图 7-10 所示。而在各枢纽旁括号内部的两个数字代表了枢纽内部的自由流通行时间以及承载力,而各路段旁括号内部的数字分别代表了路段的自由流通行时间以及承载力。

在所有实验中,最大公交线路数设为 2,发车频率限制为 0.0833~0.5h,停车场限制为 1~6 个,两条线路的总公交车数目为 5。总时间、建设费用、方式转移以及服务水平值的权重分别为 1、1、2、3。最大换乘次数 K 设为 1。停车场和公交站的备选点集合为原网中公交子网的九个节点,首末站集合为现有网络中公交线路的起点和终点。由于网络较小对线路长度不设约束,同时由于本章网络中备选点间的路段长度在 1~2 的范围内,因此站间距约束也设为 1~2,以避免出现跨越原网络路段的公交线路。

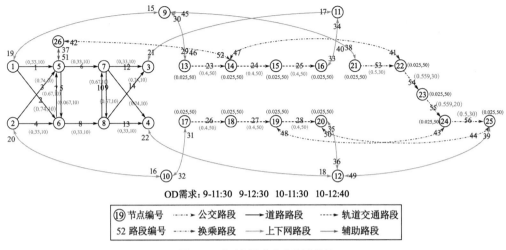

图 7-10 实验网络节点和路段编号

7.9.2 不同控制机制的结果分析

为了测试多样性控制机制以及种群控制机制对模型结果的影响，本章设计了 4 种遗传算法：

GA1：不包含偏向适应度函数以及种群控制的普通遗传算法。
GA2：只包含偏向适应度函数的遗传算法。
GA3：只包含种群控制的遗传算法。
HGSADC：本章提出的带有片向适应度函数以及种群控制的遗传算法。

在该实验中，每一个遗传算法的终止循环数均设为 500，以确保有足够的空间提供给多样化机制以生成新的遗传片段，使结果不会陷入局部最优。同时，为了避免不同初始解对结果产生的影响，各实验均运行 20 次。在最后所有 80 次实验中，由于最大的收敛循环仅为 181 次，因此，在绘制收敛曲线图时只显示前 200 次的收敛曲线。图 7-11 所示为其中一组解的收敛曲线。

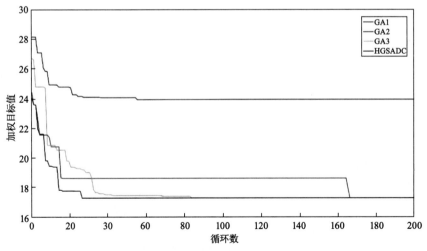

图 7-11 4 种遗传算法的收敛曲线

原网络以及 4 个算法中的平均结果见表 7-2。在所有 20 次实验中，GA2、GA3 以及 HGSADC 的实验结果均收敛至同样的加权目标值 17.3641，由于搜索空间较小，可以认为实验已经收敛至最优解。而 GA1 却陷入了局部最优解中，其平均的目标值为 21.1058，在有着相似的平均建设费用的情况下，出行时间、模式转移和服务水平值比起最优方案都有较大程度的下降。

4 种遗传算法的平均结果 表 7-2

指标	原方案	GA1	GA2	GA3	HGSADC
加权目标值	—	21.1058	17.3641	17.3641	17.3641
出行时间	296.2606	292.3744	289.5535	289.5535	289.5535
建设费用	—	33016.72	30084.72	30084.72	30084.72
模式转移值	—	−31.1918	−38.0772	−38.0772	−38.0772
服务水平值	478.1152	451.1113	405.3683	405.3683	405.3683
收敛所需循环数	—	39.7	111.3	92.4	47.2
计算时间（s）	—	97.1	122.5	103.4	193.4

对比 GA2、GA3 以及 HGSADC 三个实验结果，可以发现多样性控制机制以及种群管理机制均能有效地提升算法的搜索能力。在比较平均迭代所需循环数时可以发现，综合两种搜索空间提升机制的 HGSADC 的平均收敛循环数远低于只带其中一种机制的遗传算法，虽然在调用多样性控制和种群控制机制时会产生更多的计算时间，也使得 HGSADC 的总计算时间远高于其他算法，但该时间是 500 个循环的总时间，由于其早已收敛，剩余的时间实际上均为无效计算时间，这种快速的收敛速度对小型网络的计算并没有显著的帮助，但在大型搜索空间中将至关重要。

7.9.3 小网络方案结果分析

为更详细地分析各方案，在本节中分别对原方案、GA1 以及最优方的具体表现进行研究。由于 GA1 的方案各有不同，在分析方案时随机选取 20 次实验中的一个进行研究。方案构成以及各目标值见表 7-3。

原方案、GA1 方案以及最优方案 表 7-3

方案构成	停车场	公交线路	线路车辆数	线路发车频率（h/辆）	总时间	总建设费用	模式转移值	服务水平值
原方案	5	1-5-9-8-4	5	0.25	296.2606	—	—	478.1152
GA1 方案	5、6	2-6-8-3	2	0.2494	288.2229	25187.08	−32.1860	443.0906
		1-5-9-8-4	3	0.113				
HGSADC 方案	5	2-6-9-7-3	3	0.1130	282.1800	30084.72	−38.0772	405.3683
		1-5-9-8-4	2	0.1694				

GA1 和 HGSADC 的具体方案如图 7-12 和图 7-13 所示。

GA1 方案在原有网络中增加了一个停车场并添加了一条平行于 x 轴的公交线路 1-5-7-3。该方案没有改变当前的总公交车辆数，两条公交线路分配的车辆数分别为 2 和 3，使得发车频率分别为 0.12h/辆 和 0.113h/辆。而 HGSADC 方案没有改变原来的停车场，并增加了一条公交线路 2-6-9-7-3。同样在没有改变总公交车辆数目的情况下，两条线路的发车频率分别为 0.1130h/辆 和 0.1694h/辆。

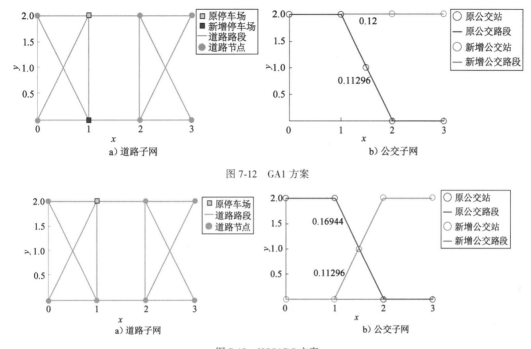

图 7-12 GA1 方案

图 7-13 HGSADC 方案

(1) 原网络使用情况

在进行方案对比之前,首先对原网络的使用情况进行分析。如图 7-14 所示,其为原网络各路段和枢纽流量以及各枢纽间的换乘流量。圆圈内的数字为节点和枢纽的编号。其中小汽车子网的节点编号为 1~8,两条轨道交通路段分别为 13~16 以及 17~20,公交路段编号为 21~25,而停车场编号为 26。换乘路段加下划线的 20.1 和 3.7 为 car+mtr 以及 bus+mtr 换乘路段流量,均为换乘至轨道交通站的客流;反白表示的 8.9 和 8.2 为 mtr+car 以及 mtr+bus 换乘路段流量,均为从轨道站换乘至其他方式的客流。

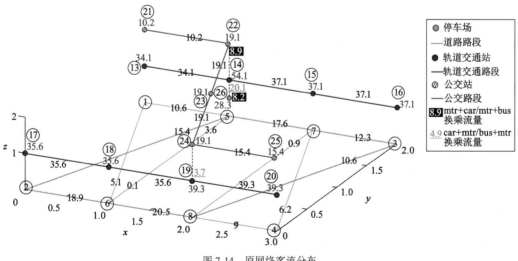

图 7-14 原网络客流分布

在图 7-14 中,节点的客流为到达该节点的路段客流之和,如轨道交通站 14,其 54.1 的客流由路段的 34.1、停车场 26 换乘而来的 20.1 共同组成(在绘制该图时流量经过四舍五入可能会有 0.1 的偏差)。如 O 点 9,别与公交站 21、轨道交通站 13 以及小汽车节点 1 相连,其总需求 60 由公交路段 21-22 的 10.2、轨道交通路段 13-14 的 34.1,以及小汽车路段 1-5 和 1-6 的 10.6 和 5.1 组成。

在需求层面,本章包含了两个平行的 OD 对 9-11 和 10-12 以及两个对角线的 OD 对 9-12 和 10-11。而在供给层面,小汽车速度为 30,承载力为 10,轨道交通速度为 25,承载力为 50,而公交速度为 20,承载力为 30。两条容量为 50 的轨道交通线路可以很好地覆盖两个需求分别为 30 和 40 的平行 OD 对,但由于小汽车的速度快于轨道交通,这部分客流会优先选择小汽车,当小汽车路段由于拥堵,费用大于轨道交通之后才会选择轨道交通路段。对应的小汽车路段 1-5-7-3 和 2-6-8-4 的流量均在 10 以上,由于小汽车路段的承载力均为 10,这也说明这部分的小汽车路段均处于承载率大于 1 的严重拥堵状态。而对应的轨道交通线路 13-14-15-16 以及 17-18-19-20 的承载率在 0.5~0.8 之间,仍有空间容纳更多的客流。

对于两个对角线的 OD 对 9-12 和 10-11,轨道交通线路已经无法提供直达服务,这部分的客流需要通过小汽车和公交进行衔接。从左上至右下的 9-12 需求为 30,其存在一条直达的公交线路 21-22-23-24-25,但同样因为小汽车速度快于公交,9-12 的客流会优先选择小汽车,随后才是公交,对应的公交路段 22-23-24 的承载率为 0.64,而小汽车路段 1-6 和 7-4 的承载率为 0.52 和 0.62。而对于左下至右上的 OD 对 10~11,其需求为 30,且只能由小汽车网络进行衔接,其对应的路段 2-5 和 8-3 都处于严重拥堵的状态,而 6-5 和 8-7 由于距离过远而客流较少。

对于换乘客流,由于小汽车路段 5-7 和 7-3 处于严重拥堵状态,有 20.1 的用户在停车场 26 换乘至轨道交通站 14 以避开这两个拥挤路段,但这也使得该停车场的承载率达到了 2.8。而在轨道交通站 14 和公交站 22、公交站 24 和轨道交通站 19 之间也存在着部分组合出行。

分析原网络的使用情况可以发现,该网络小汽车路段和停车场处于严重拥堵状态,而公交和轨道却有着充足的空间,应该引导用户从小汽车向公共交通转移,使得网络能够达到均衡使用状态。

(2) GA1 实验结果

GA1 方案的客流分布如图 7-15 所示。

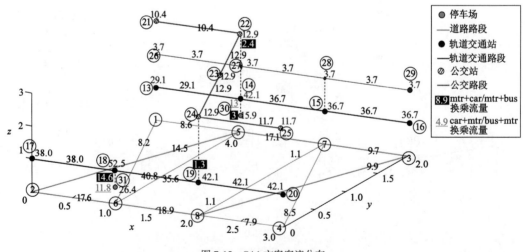

图 7-15 GA1 方案客流分布

190

GAI 方案增加了一条平行于 OD 对 9-11 的公交线路 26-27-28-29,以及在小汽车子网节点 6 上增加了停车场 31。新增的公交线路吸引了 3.7 的客流,使得小汽车路段 1-5-7-3 以及轨道线 13-14-15-16 的客流有所降低,并使得停车场 30 的客流从原来的 28.3 降低至了 15.9。而新增的停车场 31 也使得 14.6 的用户采用了 P+R 模式,略微降低了小汽车路段 2-6-8-4 的承载率,使客流向轨道线路 17-18-19-20 进行转移。

(3) HGSADC 实验结果

HGSADC 方案的客流分布如图 7-16 所示。

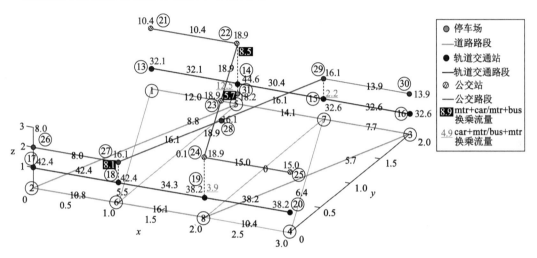

图 7-16 HGSADC 方案客流分布

HGSADC 方案在不改变停车场布局的情况下,新增了一条对称于原公交线路的线路 26-27-28-29-30。该线路自身吸引了 8 的用户,同时也使得更多的用户从轨道路段 17-18 换乘至轨道交通站 27,而不是采用小汽车出行,这很好地缓解了原来对角线 OD 对 10-11 的客流压力,使得对应的小汽车路段 2-5 以及 8-3 的承载率降到了 0.88 以下,同时也降低了其他小汽车路段的承载率。由于在本章中,承载率大于 1 的路段和枢纽服务水平值将会很高,严重拥堵的小汽车路段承载率的降低也使得 HGSADC 方案的服务水平相比原网络有了大幅的下降。

7.9.4 实际网络基本情况

随后在南京市建邺区的多模式网络进行测试,其占地 80.87km^2,人口为 48.98 万人。该网络由 5 个子网所构成,分别为自行车、小汽车、网约车、轨道交通和公交子网。如图 7-17 所示,从上至下分别为公交子网包含了 11 条公交线路和 95 个公交站;轨道交通子网包含了 2 条轨道交通线路和 18 个轨道交通站;网约车、小汽车和自行车子网共用一个物理网络,由 125 个节点和 428 条路段构成,另外,小汽车和网约车流量在同一路段相互叠加;在小汽车子网之上,有 45 个由正方形表示的停车场,而在自行车子网上,有 55 个由菱形表示的自行车桩。

该行政区划分为 22 个交通小区并包含了 462 个 OD 对,各子网以及 OD 对具体分布可见图 7-18。

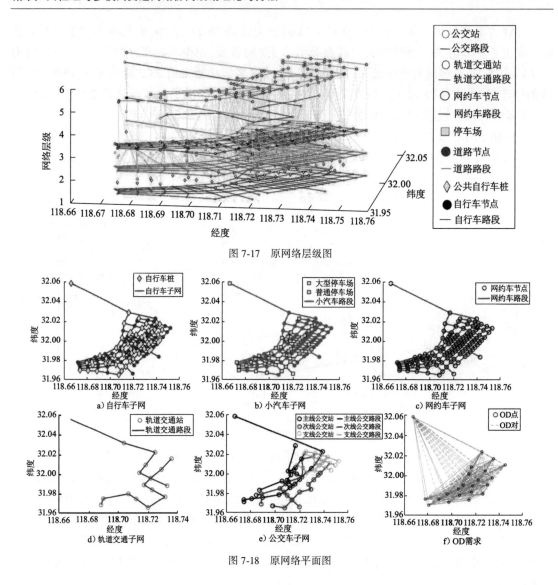

图 7-17 原网络层级图

图 7-18 原网络平面图

7.10 实际网络结果分析

该实验的决策变量为自行车桩、停车场、公交线网布局以及发车频率。循环数为 3000,最大换乘次数为 2。公交线路数量和原网保持一致,为 11 条。而自行车桩、停车场以及公交站的数量限制分别为 50~200、45~100 和 80~200。公交站间距约束为 0.3~2km,公交发车频率为 0.083~0.5h/辆。公交线路约束条件为 5~25km。每个 OD 对选取 40 条路径,以确保混合 MSA 能够得到稳定的结果。

最优解收敛于第 2335 个循环,并耗时 172417.54s。最优解包含了 51 个停车场、74 个自行车桩、11 条公交线路以及 117 个公交站。如图 7-19 所示,在建设费用为 11566314.32 的情况下,总出行时间从 749042.8h 下降至 680345.5h,改善了 9.2%。由于该研究集中于多模式网络的一体化,比起专注于提升一个网络表现的研究,如 Szeto 等[3]的研究中,公交线网的出行时间降低了 22.7%，本实验中对总出行时间的改善并不明显。

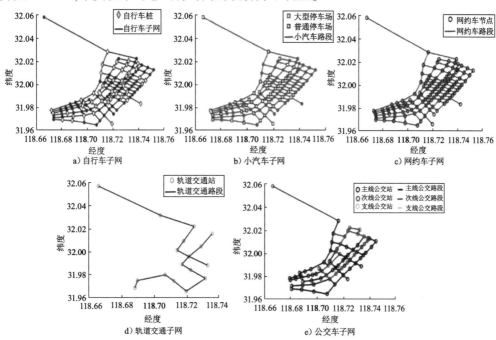

图 7-19 最优解平面图

网络的服务水平值从 40253.82 下降至 29903.51，改善了 25.71%。如图 7-20 所示，在原网络中，道路和轨道交通网络存在着严重的拥挤情况，而自行车和公交线网则相对空闲。

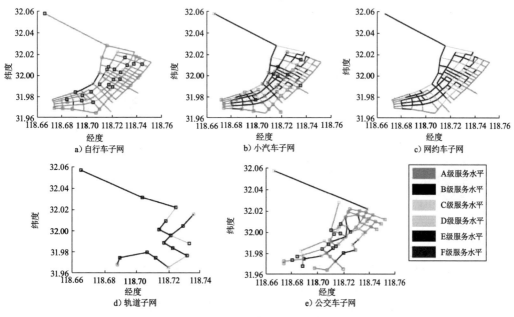

图 7-20 原网络服务水平分布

而在最优解中，尽管道路网中东西方向的主要客流走廊仍然处于拥堵状态，但道路网和轨道网中承载率大于 1 的路段和枢纽仍然下降了 21 个和 3 个。而这部分客流转移到了公交和自行车网络中,并提升了 36 个以及 44 个路段和枢纽的使用率,如图 7-21 所示。

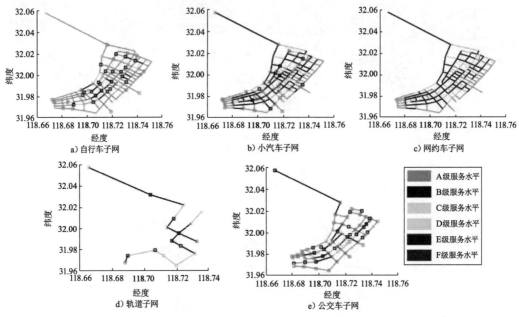

图 7-21 原网络服务水平分布

模式转移值为 -131305.2,在删除了总流量小于 2000 的模式之后,单一方式、一次换乘以及两次换乘的客流分别如图 7-22 所示:在 x 轴中,5 种基础出行方式,自行车、小汽车、网约车、公交和轨道分别记为 b、c、h、m 和 B,组合出行方式如小汽车+轨道则记为 cm。在 y 轴,各 OD 对按照直线距离每 1km 将划分了 11 块。z 轴为各模式的流量。

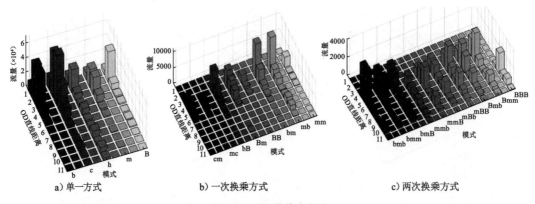

图 7-22 原网络模式流量

在原网络中,77.33% 的流量为单一方式,且其中 37.17% 的客流为单一小汽车。由于整个区域只有两条轨道交通线,因此单一轨道交通的客流较少,其主要在组合出行中使用。自行车主要在短距离出行中,在中长距离中,其主要作为组合出行方式的一部分,可以看到 bm、mb 以及 bB 是客流量最多的一次换乘客流。网约车相比小汽车流量较少,且集中于单一方式。

模式转移矩阵被划分为 7 列 3 行,见表 7-4,其中负值代表了期望引导该模式的客流增加,反之,则为期望减少。考虑到道路子网已经处于拥堵状态,因此单一小汽车应该减少,而自行车和公交车则应该为主要引导转移的模式。这能够使在短距离的1次换乘客流,以及短中距离的两次换乘客流相应降低。

模式转移权重矩阵　　　　　　　　　　　　　　　　　表 7-4

出行模式	b	c	m	h	B	一次换乘模式	两次换乘模式
短距离(0~4km)	-3	3	-1	-1	-2	1	2
中距离(5~8km)	-2	2	-1	-1	-3	-1	1
长距离(9~11km)	-1	1	-1	-1	-3	-2	-2

最优解的模式流量如图 7-23 所示。其中,单一方式和两次换乘方式的客流分别下降了 6885 和 12797,这部分客流都转移至一次换乘的模式中。在单一方式中,小汽车减少的 27768,自行车、轨道和公交增加的 4853、14860 以及 20853 贡献了 -163681 的模式转移值。而一次换乘模式的客流并未如期望改变,增加的 19682 客流集中于短距离的 OD 对中,特别是在 bm 以及 mb 模式中,使得模式转移值反而增加了。但从另一角度来说,这也代表了新的自行车站布局方案提升了自行车与轨道子网的联通度,提升了这两种模式的使用率。而对两次换乘的客流来说,由于总量较少,其并没有对模式转移值产生明显的影响。

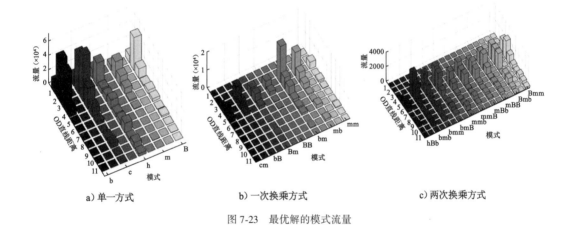

a) 单一方式　　　　b) 一次换乘方式　　　　c) 两次换乘方式

图 7-23　最优解的模式流量

本章参考文献

[1] GARCIA-MARTINEZ A,CASCAJO R,JARA-DIAZ S R,et al.Transfer penalties in multimodal public transport networks[J].Transportation Research Part A:Policy and Practice,2018,114:52-66.

[2] BANISTER D,GIVONI M.Integrated transport:from policy to practice[M].London;New York:Routledge,2010.

[3] SZETO W Y,WU Y.A simultaneous bus route design and frequency setting problem for Tin Shui Wai,Hong Kong[J].European Journal of Operational Research,2011,209(2):141-155.

[4] MAGNANTI T L,WONG R T.Network design and transportation planning:Models and algorithms[J].Transportation science,1984,18(1):1-55.

[5] VIDAL T,CRAINIC T G,GENDREAU M,et al.A hybrid genetic algorithm with adaptive diversity management for a large class of vehicle routing problems with time-windows[J].Computers & operations research,2013,40(1):475-489.

[6] NGAMCHAI S,LOVELL D J.Optimal time transfer in bus transit route network design using a genetic algorithm[J].Journal of Transportation Engineering,2003,129(5):510-521.

第8章 轨道站点出入口与周边道路交通资源配置优化

作为城市广义枢纽的主要构成,轨道站点出入口起到了聚集与疏散乘客、保证车辆运行、连接土地和空间资源的作用,但在实际应用中,轨道站点出入口附近存在着公交站点布设不合理、行人组织混乱等问题,因此需要对轨道站点出入口附近的公交站点和行人过街设施进行优化。本章针对轨道站点出入口与周边公交站点以及过街设施的资源展开研究,利用 VISSIM 进行仿真,得出不同情形下行人、机动车及公交车的行程时间和延误数据,并据此给出不同情形下公交站点合理布设的建议。

本章的主要内容包括:①轨道站点出入口设施功能定位及布设情况分析;②轨道站点出入口行人过街设施优化;③公交站点与轨道站点出入口衔接优化;④轨道站点出入口路段公交站点的合理布设;⑤实例分析。

8.1 轨道站点出入口设施功能定位及布设情况分析

8.1.1 轨道站点出入口设施功能定位

1)轨道站点出入口功能定位

城市轨道交通具有快速、便捷、运量大等特点,城市轨道交通线网沿着城市交通走廊布设,连接城市主要的客运交通枢纽、商业文化中心、生活住宅区、办公区等,承担着城市的绝大部分客流。合理的轨道交通站点和线路布设,不仅能够缓解城市快速发展带来的交通问题,推动城市公共交通的发展,还有利于城市空间布局的形成。

轨道站点出入口属于广义的交通枢纽,是多种交通方式进行交互的节点。乘客从出发地到目的地,需要经过多种交通方式间的转换,才能完成一次完整的交通出行。通过合理的时空资源分配,在轨道站点出入口周边把多种交通方式、多种交通资源有机结合,使其具有客流集散、中转换乘、运营组织等功能[1]。轨道站点出入口的功能主要由3个层次组成,具体见表8-1。

轨道站点出入口的功能分类 表8-1

功　　能	具体体现	辅　助　设　施
基本功能	聚集与疏散乘客	站台、楼梯、扶梯、通道
辅助功能	保证车辆运行	设备、管理用房
拓展功能	土地与空间资源	商业、娱乐与餐饮

根据轨道站点在城市中不同的交通功能,通常将轨道站点分为枢纽站、换乘站及一般站。

(1)枢纽站

枢纽站一般位于城市客流集散较大的区域,是多条交通线路交汇处,主要有轨道交通、地面公交、自行车、出租车、长途汽车、城际铁路等不同交通方式,以满足乘客多样化的出行需求。同时这些地区通常配备有大型购物中心、商务中心等配套设施,集出行、居住、商业娱乐等功能于一体,实现交通与生活服务功能。枢纽站是交通方式转换的重要节点,是改善综合交通运输系统、解决出行换乘、提高公共服务和运营效率的重要节点。

(2)换乘站

换乘站是指乘客能够转换交通方式的车站,包括同方式之间的换乘及不同交通方式的换乘,一般位于轨道交通运量较大的站点或者轨道交通的首末站,换乘站与城市各级道路网络紧密结合。换乘站能够为乘客提供必要的基础设施,方便乘客到达出行目的地。

(3)一般站

一般站是指轨道交通线路上的中间站点,是城市公共交通中较为常见的车站,周围以居民区为主,主要功能是满足居民通勤出行的需要,方便乘客的上下车。

2)轨道站点出入口公交功能定位

轨道站点出入口附近的公交是指以城市轨道交通站点为基准,以轨道交通客流集散为目的的常规地面公交方式。地面公交因为投资成本较低、建设周期较短、站点及线路的调整较容易、可达性高,在满足城市居民中短途出行方面具有更好的优势,所以在我国地面公交也具有不可替代的作用。在城市公共交通系统,不同交通方式之间应能够进行连续顺畅的客流交互,才能更好地发挥城市公共交通的作用。从轨道站点出入口的布设位置、数量、功能等规划要素出发,研究如何使轨道站点出入口周边公交站点达到合理配置,在提高乘客出行的效率的同时减少不同交通方式引起的延误。具体来说,轨道站点出入口附近的公交具有以下三方面作用。

(1)地面公交可以作为轨道交通线网的延伸[2]。由于轨道交通起步较晚,很多城市都开通几条轨道交通线路,且以城市中心区为主,线网发展尚不成熟,大部分轨道交通线路仍处于规划或建设阶段,没有形成完善的轨道交通线网,无法满足城市外围及郊区的居民出行要求。而地面公交能够弥补轨道交通的不足,作为轨道交通线路的延伸,满足城市外围居民的出行要求,提高轨道交通的可达性,也扩大了公共交通的辐射区域。

(2)地面公交为轨道交通集散客流。受城市轨道交通站点及线网布设的限制,轨道交通的客流吸引范围有限,需要地面公交作为轨道交通的补充,对轨道交通的客流进行接驳与传送,扩大轨道交通线网的吸引范围,提高公共交通系统吸引力,充分发挥公共交通的运输潜能。

(3)地面公交能够促进城市综合交通运输体系的协调发展。地面公交与轨道交通互相补充,充分发挥各自的功能与优势,进行城市客流的运输与传送,提高公共交通的运输效率,推动城市公共交通资源的有效整合,推动城市多模式交通网络的协同发展。

3)轨道站点出入口慢行交通设施功能定位

慢行交通设施作为轨道站点出入口设施的一部分,若不合理规划,将导致轨道站点出入口

周边行人交通组织混乱,使延误增加,甚至引发安全问题,因此需要对行人过街设施进行合理设置。慢性交通的作用主要有以下3点:

(1)慢行交通是综合交通系统的重要组成部分。步行和非机动车是日常生活中常见的交通出行方式,乘客完成一次完整的出行,通常需要通过不同的交通方式。而慢行交通作为乘客出行必备的交通方式,具有不可替代的作用,是城市交通系统的重要组成部分。

(2)慢行交通是公共交通的延伸。乘客在乘坐地面公交或轨道交通之前,需要通过步行或者非机动车到达相应站点,因此慢行交通作为公共交通的辅助性工具,能够更好地解决乘客出行点对点的问题,扩大公共交通的吸引范围,是轨道交通和地面公交的延伸。

(3)慢行交通促进综合交通协调发展。慢行交通设施的设置直接影响着乘客的出行效率和出行舒适度,良好的慢行交通能够保障各种交通方式有效运行,促进综合交通的协调发展。图 8-1 为乘客完成一次出行所采用的交通方式图。

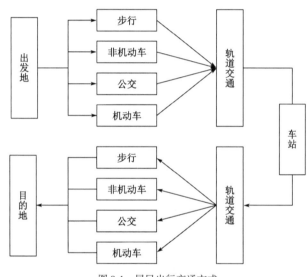

图 8-1 居民出行交通方式

8.1.2 轨道站点出入口道路交通布设情况分析

基于轨道站点出入口道路交通设施的功能定位,对一些城市不同类型地铁出入口道路交通设施开展相关调查,主要包括轨道站点出入口的布设、道路条件、公交站点的布设情况、行人过街及非机动车停放设施情况等,并利用百度地图对现状调查进行补充完善,然后进行整合统计,分析存在的问题。

1)轨道站点出入口布设情况

通过对南京、上海等城市轨道交通线路的轨道站点出入口进行实地调查与网上调研,总结出轨道站点出入口与周边道路交通设施空间布局模式主要分为跨路口站位、偏路口站位和两路口站位,具体如图 8-2~图 8-4 所示。

对轨道站点出入口设置数量、布设形式、与道路关系及与周边道路交通的空间布局模式进行总结,见表 8-2。

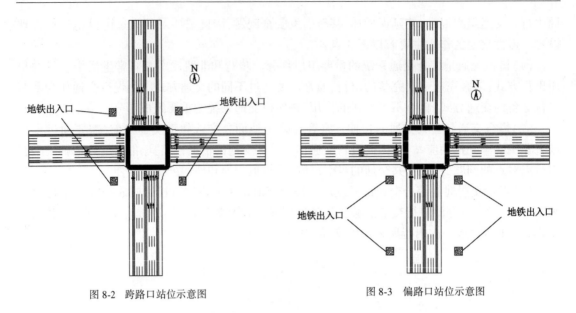

图 8-2 跨路口站位示意图　　　　　图 8-3 偏路口站位示意图

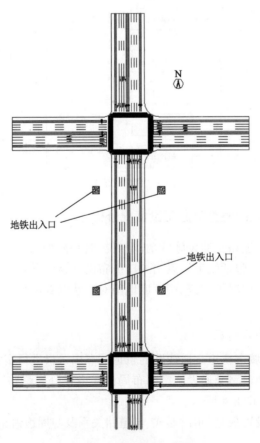

图 8-4 两路口站位示意图

第8章 轨道站点出入口与周边道路交通资源配置优化

轨道站点出入口布设情况分析　　　　　　　　　　　　　表8-2

轨道站点出入口类型	出入口数量(个)	布设形式	与道路关系	与交叉口距离(m)
枢纽站	≥5	以合建式为主	以跨路口站位为主	<50
换乘站	3~5	两者都有	跨路口站位、两路口站位	50~200
一般站	一般2~3	独立式	两路口站位、偏路口站位	>200

轨道枢纽站出入口的设置不仅方便乘客从不同的出入口进行换乘,而且缩短了乘客的步行距离,减少了乘客与其他交通方式的交通冲突。换乘站的出入口设置较枢纽站来说,可达性稍差。一般站的出入口设置较前两者可达性与便捷性更低,乘客需要步行一段距离才能进行换乘。

2)轨道站点出入口道路条件设施状况

对轨道站点出入口周边道路基础设施进行调查,调查内容包括道路的车道数、车道分布、车道宽度、非机动车道和中央分隔带布设情况,见表8-3。

轨道站点出入口周边道路基础设施状况　　　　　　　　　　　表8-3

轨道站点类型	车道数	车道分布	车道宽度(m)	非机动车道布设情况	布设中央分隔带所占百分比
枢纽站	以六车道为主	左转、直行、右转车道都有,但存在左转、直行和直行、右转共用车道的情况	≤3.25	有,但车道宽度较窄,且经常被占用	20%~25%
换乘站	六车道或八车道	也存在共用车道的情况	3.25~3.5	有,车道宽度适中,存在被占用的情况	60%~70%
一般站	以八车道为主	左转、直行、右转车道都有,一般设有专用左转和专用右转车道	≥3.5	有,车道宽度正常且很少被占用	90%~95%

轨道枢纽站周边为满足不同的出行需求,建设较多基础设施和公共服务设施,建设用地较为紧张,车道数一般为双向六车道,车道宽度一般为3.25m或者更窄,分别布设左转、直行和右转车道,但存在左转、直行和直行、右转共用车道的情况,对车辆的正常通行有一定的影响;同时中央分隔带设施较少,以护栏隔离设施为主;非机动车道的宽度也受到压缩,有的划出路内停车泊位以供停车及其他用途。换乘站较枢纽站来说,车道数与车道分布相差不大,车道宽度一般为3.25m;一般都设有中央分隔带。一般站周边用地条件较为宽松,车道数、车道分布、车道宽度、非机动车道都能够满足周边的交通出行需求,并设有中央分隔带,但可能会存在道路资源利用率低的情况,造成资源的浪费。

3)轨道站点出入口公交站点布设情况

在进行轨道站点出入口公交站点布设情况分析之前,首先对轨道站点附近公交车站的布设方式进行简单介绍。公交停靠站主要依托于城市道路,按照0.5~2km的间距布置,为方便轨道站点与公交的换乘,公交车往往布设在轨道站点出入口附近,在空间位置上分为一对一、一对多、多对一和多对多的位置关系和布设方式[3],具体如图8-5~图8-9所示。

根据轨道站点的类型,对不同类型轨道站点的出入口公交站点布设数量及形式、经过线路、与轨道站点出入口的位置关系及与交叉口停车线的位置关系进行调查分析,见表8-4。

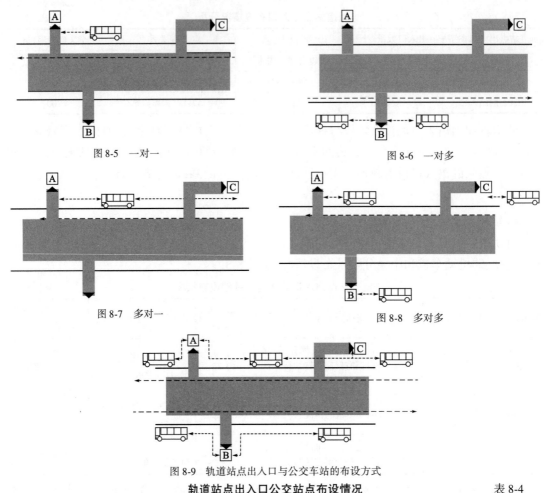

图 8-9 轨道站点出入口与公交车站的布设方式

轨道站点出入口公交站点布设情况 表 8-4

轨道站点类别	布设形式	公交站台数（个）	接驳公交线路数（条）	距轨道站点出入口距离（m）	距交叉口停车线距离（m）
枢纽站	以直线式为主	≥4	>10	<50	<50
换乘站	两者都有	2~4	5~10	50~200	50~200
一般站	以港湾式为主	≤2	<5	>200	>200

轨道枢纽站周边公交设施配套较为齐全，公交停靠站数量较多，接驳公交线路条数也较多；距离轨道站点出入口较近，距交叉口的停车线距离也较近，设施布局较为紧凑，方便乘客换乘；大多轨道站点出入口附近都有同侧换乘公交站台，乘客步行距离较短，换乘效率较高；但受到道路条件的限制，站台布设形式以直线式停靠站为主。换乘站较枢纽站而言，道路交通条件相对宽松，公交站台距轨道站点出入口有一定的距离，且不是所有的轨道站点出入口附近都有公交站台，乘客需要步行一段距离进行换乘，直线式与港湾式停靠站两种形式都有。一般站出入口周围用地较为宽松，相应的公交站台距离也较远，大多数公交站台需要经过交叉口才能到达，公交站台数量较少，换乘的公交线路较少，多为港湾式停靠站。

通过对公交站点衔接情况的总结，发现南京市很多区域的公交枢纽站、首末站都依托于轨道交通站点建设,几乎所有的轨道站点出入口附近都有公交停靠站,但公交站点位置与公交线路数量不一,有的距离最近的轨道站点出入口的步行距离小于50m,有的大于500m。并且在地铁1号线开通以后,南京市对部分公交站点做了优化调整,但仍存在公交站点距轨道站点出入口太远,不利于公交与轨道站点换乘的问题。公交站点的设置应尽量靠近轨道站点出入口,距离不应超过120m。同时很多站点虽然设置很多出入口,但更多考虑的是与周边建筑的衔接,没有考虑与地面公交的衔接,很多乘客需要步行很长一段时间去换乘地铁,导致换乘时间的增加,影响换乘效率。轨道交通与地面公交的连接通道大多为人行横道,很多轨道站点的乘客需要穿越交叉口去换乘公交,增加了换乘时间的同时降低了安全性。

4) 轨道站点出入口行人过街设施情况

除上述归纳的几种情况以外,轨道站点出入口道路交通设施调查还包括行人过街设施与非机动车停放设施调查。通过调查发现,在轨道枢纽站附近,行人过街设施以地下通道为主,有些设置人行过街天桥,基本实现人车分离,交通冲突较少,或利用交叉口的人行横道进行过街。换乘站与一般站都以人行横道为主,地下通道和人行天桥布设较少,且行人过街时都没有信号控制。通过调查发现,轨道站点出入口一般都设有非机动车停放设施,根据周围用地情况设施规模不一,在用地较为紧张的地区,规模较小;在用地较为宽松的条件下,规模相对较大。

(1) 轨道站点是各种交通方式的换乘节点。首先是轨道交通和公共汽车间的换乘。一般情况下,为了鼓励行人利用公共交通出行,在设置公交路线时会结合轨道交通路线设置。因此,为了减少换乘距离过远带来的不便,轨道站点附近大都设有公交站台。公交站台的设立势必会带来更多的过街需求。其次是轨道交通和非机动车间的换乘,这里的非机动车包含自行车。如今,随着共享单车和电动车发展的逐步成熟,越来越多的人选择共享单车或电动车来完成出发地点到轨道站点出入口的接驳,许多站点口也因此设立了非机动车停放点。非机动车停放点的设立会引起非机动车过街交通需求的增加,从而对行人过街交通产生不利影响,增加交叉口交通的复杂性。

(2) 轨道站点一般布设在等级较高的城市道路上。高等级道路的机动车交通具有速度快、交通量大的特点。同时,高等级道路的车道数多,道路宽度大,行人过街距离长。以上因素都会给行人过街带来不便。

(3) 轨道站点一般会设置多个出入口,经过合理设计的站厅内部可以作为行人过街通道。若有合理的标识指引,轨道站点内部通道可以在一定程度上缓解地面过街交通的压力。

(4) 轨道站点是重要的交通集散点,会产生较大的行人产生量和吸引量,由此带来大量的过街需求。轨道站点是人们出行的一个重要集散点,轨道站点出入口的人流流动通常较为密集,存在较大的行人过街需求,特别是在出行的高峰时段。除此之外,由于轨道交通列车到站是有一定时间间隔的,行人是一群一群离开轨道站点的,因此轨道站点出口附近的过街需求会呈现一定的不均匀性和非随机性,存在群体性过街交通。这点与道路其他位置的过街需求特性不太一致,需要引起关注。

8.1.3 现状问题总结

通过对轨道站点出入口周边道路交通设施的调查与分析,归纳总结出轨道站点出入口不同道路交通设施存在的问题,主要体现在以下两个方面:

1) 公交站点设置及布设情况不合理

(1) 公交站台布设形式及站台长度不合理

由于缺乏合理的规划，轨道站点出入口周边的公交站点设置形式各异，有的为直线式停靠站，有的为港湾式停靠站，没有根据周边道路交通条件合理设置公交停靠站形式，容易造成轨道站点出入口交通组织混乱。站台长度没有根据轨道交通换乘客流量进行合理的设置，导致公交对轨道换乘客流的承担力不足，起不到很好的接驳作用。

(2) 公交站点名称不规范

同一轨道站点周边公交站点名称不统一，导致乘客在进行公交换乘时容易混淆，增加乘客换乘实际难度，影响乘客换乘效率。

(3) 公交站点数量及公交线路设置不合理

公交站点数量没有根据轨道站点出入口进行相应的调整，与轨道站点出入口数量不匹配。同时经过轨道交通站点的公交线路数量不一，容易造成线路的重复及资源的浪费。

(4) 公交站点距轨道站点出入口距离

公交站点距轨道站点出入口的距离长短不一，距离较短的小于20m，距离较长的超过400m，有的还需要通过交叉口才能到达，造成乘客步行距离的增加，轨道站点出入口周边道路交通资源没有进行很好的整合。

2) 行人组织混乱

由于轨道站点出入口公交站点布置的不合理，导致轨道站点出入口周边行人交通组织混乱，行人乱穿马路、机动车不避让公交车和行人等现象时有发生。由于没有进行合理的人车分离及合理的车辆分流，存在行人与非机动车、非机动车与机动车、机动车与公交车之间的冲突，影响轨道站点出入口乘客的换乘及道路交通的正常运行。且我国轨道站点出入口附近很少有明确的行人指示标志，不能正确引导行人的前进方向，导致乘客在轨道站点出入口停留时间延长，影响乘客换乘的畅通性与轨道站点出入口客流的疏散。同时，轨道站点出入口附近的行人过街设施以人行横道为主，地下通道和人行天桥的配置数量不足，导致乘客换乘时的不安全性增加。在无信号控制道路交叉口，容易引起交叉口的交通冲突，导致交叉口交通组织混乱。同时，我国的大部分轨道站点出入口没有设计无障碍通道，增加了行动不便乘客的换乘难度，有待进一步完善和提高。

8.2 轨道站点出入口行人过街设施优化

本节结合过街设施的间距要求建立了人行过街设施的选址模型；基于不同情况下的行人延误模型和机动车延误模型给出了人行过街设施的选型流程；根据行人过街特性提出了人行横道宽度和安全岛的设置方法。

8.2.1 人行过街设施规划

1) 人行过街设施的位置

人行过街设施的选址应着重考虑两个方面：人行过街设施的服务范围、周边建筑的行人吸引率。

人行过街设施为其服务范围内的行人提供便捷、安全的过街环境。当行人在过街设施的服务范围外时,行人到达过街设施的距离超过行人可接受的绕行距离,行人极有可能放弃选择使用该设施过街。因此,可以选用行人可接受绕行距离为人行过街设施的服务半径。

过街行人交通量的空间分布取决于道路两侧的用地类型。道路两侧的建筑物或设施(如学校、商场、轨道站点等)会产生或吸引行人,称为行人源。各行人源之间的出行会产生一定的过街需求。因此,在确定过街设施位置时应考虑周边建筑的行人吸引率。在城市的不同地区,同一性质的建筑物或设施的行人吸引率并不是一致的,见表 8-5。

不同用地类型的行人吸引率(单位:人次/m²)　　表 8-5

用地类型	客运枢纽	医疗卫生	行政办公	文体休憩	中小学校	大专院校	银行邮局
市核心区	1.23	0.24	0.12	0.14	0.45	0.3	0.23
中心区	1.34	0.71	0.06	0.67	0.33	0.04	0.15
外围区	0.78	0.13	0.04	0.14	0.26	0.03	0.10
郊区	0.05	0.11	0.1	0.31	0.19	0.02	0.05

在确定过街设施的建设位置之前,需要选定相邻设施间的合理间距,尽量避免由于过街设施缺乏便捷性而导致行人随意穿越马路的现象。过街设施间距的确定可参考相关规范里的要求和建议,也可根据研究区域内的行人可接受绕行距离确定。假如所研究的区域为城市步行密集区,过街设施间距的最大值可取为 250m。除此之外,在轨道站点附近设置过街设施时,需要特别注意,轨道站点出入口与过街设施的距离不应过大。结合我国规范和学者的研究,轨道车站与过街设施的最大距离可取为 100m。

2) 人行过街设施的选型

轨道站点的设置一般采取两种形式:地下式和架空式。这两种形式轨道站点内的大厅基本都会设置有非付费区和付费区。其中,非付费区是有连接轨道交通站的出入口。对于多个出入口分布于道路两侧的轨道交通站而言,非付费区一般要兼顾过街功能,方便行人过街。据笔者观察,地下式轨道站点的出入口人行过街设施类型有:①地面过街为主,站内过街为辅;②均走地下通道过街,无地面过街设施。同样地,架空式轨道站点的出入口过街设施类型有:①地面过街为主,站内过街为辅;②均走人行天桥过街,无地面过街设施。

无论何种类型的轨道站点,均会涉及人行过街设施的信号控制方式以及是否采用立体过街的方式这两个问题。本节将根据不同情形下的行人过街延误来确定过街设施的类型。

对于路段处的过街地点,可以依据行人的延误来判断是否需要采取信号控制方式或设置立体过街设施。对于交叉口处的过街地点,信号控制方式的选择一般取决于机动车的延误,是否考虑设置立体过街也可以根据行人延误大小判断。

(1) 无信号控制过街设施

① 行人延误。

根据行人过街的心理特性,当机动车交通量不大时,大部分行人会选择逐条车道穿越过街的方式。但是,当机动车交通量大时,行人多倾向于等待一个较大的间隙以实现一次性穿越多条车道。

② 机动车延误。

人行横道过街不同于自由过街,机动车在到达人行横道时必须减速或停车让行。若机动车车头时距小于行人可穿越间隙,驾驶员只需减速观察后再通过;若机动车的车头时距大于行人可穿越间隙,且行人间的到达间隙大于机动车穿越行人的可穿越间隙,驾驶员也只需减速观察后再通过;但若行人间的到达间隙不大于机动车的可穿越间隙,机动车应在人行横道前停止等待行人通过。

(2) 有信号控制过街设施

设有信号控制装置的过街设施处的延误主要与信号配时方案有关。

①行人延误。

考虑到研究的对象是邻近轨道站点的人行过街设施,其行人到达率具有一定的不均匀性,可以采用以下模型来计算行人过街的总体延误。

$$D_{p2} = D_G + \frac{k_{NU}kR_E^2}{2C} \tag{8-1}$$

$$R_E = C - (G + 0.67A) \tag{8-2}$$

$$k = 1 - [1 - (-0.08 + 0.90q)]P_W \tag{8-3}$$

式中:D_G——绿灯时间内到达行人的平均延误,可取为2.1s;

k_{NU}——行人非均匀到达的调节因子,可直接取为0.92;

R_E——有效红灯时间,s;

q——机动车到达率,s;

C——信号周期长度,s;

G——绿灯时间,s;

A——包括绿灯闪烁时间和全红时间,s;

P_W——行人违章过街的概率。

②机动车延误。

1958年提出了Webster延误计算模型,但该模型在拥挤状态时的计算误差较大。因此,出现交通拥挤的情况时推荐采用微观仿真软件来确定机动车延误。该模型主要考虑均衡相位平均延误和随机平均延误这两个方面。均衡相位平均延误是假设通行能力和各进口道上的车辆平均到达率在整个研究时间段内不变。其计算公式为:

$$d_e = \frac{C \times (1-\lambda)^2}{2 \times (1-x\lambda)} \tag{8-4}$$

式中:C——一个信号周期长度,s;

λ——绿信比,即绿灯时间和周期长度的比值;

x——进口道饱和度,即机动车交通量和道路通行能力的比值。

实际上,机动车的到达是随机波动的,这种波动可能造成短暂的过饱和现象出现。这会使得在一次绿灯时间内,停车线后的车辆无法全部离开,进一步导致延误。该情况下的延误称为随机延误,计算公式为:

$$d_r = \frac{x^2}{2q \times (1-x)} \tag{8-5}$$

式中:q——进口道机动车流率,pcu/h。

则有信号控制的机动车总延误为:

$$D_{v2} = d_e + d_r = \frac{C \times (1-\lambda)^2}{2 \times (1-x\lambda)} + \frac{x^2}{2q \times (1-x)} \tag{8-6}$$

过街设施类型的选择应先考虑无信号控制再考虑信号控制,优先采用平面过街的方式。下面基于行人过街可忍耐等待时间,分别给出交叉口和路段处过街设施的选型流程。

a.交叉口过街设施的选型。

假设交叉口已设置信号控制,确定该交叉口是否需要设置立体过街设施。先确定行人过街可忍耐等待时间 T,再计算有信号控制下各个人行横道的行人延误。若所有人行横道的行人延误均不大于 T,则该交叉口不需要建设立体过街设施;否则,该交叉口需要考虑建设立体过街设施。

b.路段过街设施的选型。

先确定行人过街可忍耐等待时间 T,再通过以下步骤确定过街设施类型(图 8-10)。

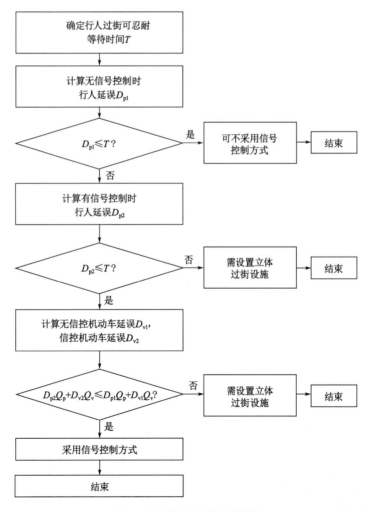

图 8-10 路段过街设施选型流程

步骤一：计算出路段无信号控制时的行人过街延误，若延误小于可忍耐时间，则选型结束，该过街地点可不设置行人过街信号；否则，转至步骤二。

步骤二：首先确定信号配时方案，再计算出路段有信号控制时的行人延误，若延误小于可忍耐时间，则转至步骤三；否则，转至步骤四。

步骤三：分别计算路段无信号控制机动车延误 D_{v1} 和有信号控制的机动车延误 D_{v2}。比较两种情况下的行人和机动车总延误。若有信号控制时的总延误小于无信号控制时的总延误（即 $D_{p2}Q_p + D_{v2}Q_v \leq D_{p1}Q_p + D_{v1}Q_v$），则选型结束，考虑信号控制方式；否则，转至步骤四。

步骤四：考虑结合轨道站点出入口的布设，采用立体过街的方式，选型结束。

8.2.2 人行过街设施设计

1) 几何参数设计

几何参数设计中最关键的一部分就是确定人行过街设施的宽度。本节主要讨论人行横道宽度的确定。人行横道宽度可依照行人过街需求及信号配时方案来确定。宽度过小会导致行人急于离开过街设施而与机动车或非机动车发生冲突，甚至危害行人的人身安全。若人行横道宽度过大，机动车停车线需要后移且机动车的红灯时间应增加，这会增加机动车的延误从而降低道路通行能力。目前国内许多规范均给出了人行横道宽度设置要求。

《深圳市步行和自行车交通系统规划设计导则》要求人行横道的宽度至少大于或等于4m，可结合行人交通量加宽，具体的设置要求见表8-6。

人行横道推荐宽度   表8-6

高峰小时的双向过街人数(人)	人行横道推荐宽度(m)
3000~5000	5~8
5000~10000	8~15
>10000	15~20

2) 安全设施设计

安全设施设计的主要目的是减少机动车和行人的冲突、降低行人穿越道路的危险性。安全设施设计主要包括安全岛设计，具体设计要求见表8-7。

安全岛设计要求   表8-7

人行过街设施位置	几何设计要求	安全岛类型
交叉口	宽度不宜小于2m，面积不宜小于14m²；改建、整治时宽度不宜小于1.5m，面积不宜小于10m²	有中央分隔带时推荐使用栏杆诱导式安全岛，无分隔带时推荐采用倾斜式安全岛
路段	宽度不宜小于2m，面积不宜小于12m²；改建、整治时宽度不宜小于1m，面积不宜小于8m²	有中央分隔带时推荐使用栏杆诱导式安全岛，无分隔带时推荐采用倾斜式安全岛

当行人所需穿越的道路的宽度较大时，行人难以找到可以一次性过街的安全间隙，行人直接在马路上停留容易发生事故，此时应考虑设置安全岛。

8.3 公交站点与轨道站点出入口衔接优化

城市综合交通运输体系中存在多种交通方式,轨道交通与地面公交是城市综合交通运输系统最重要的两种交通方式,承担着城市的绝大部分客流。为提高公共交通系统的换乘效率,需要将轨道交通与地面公交进行合理的衔接布局,合理布设公交站点的位置及数量,减少乘客换乘时间及不同交通方式的延误,同时应结合轨道站点周边交通组织,尤其是步行交通组织,优化公交站点位置。

8.3.1 轨道站点出入口公交站点优化原则与目标

1) 公交站点的优化原则

公交站点的设置决定了轨道站点出入口客流的主要行走路线、附近道路机动车的行驶状态、客流与车流之间的干扰等问题。一般来说,在进行公交站点布设时,应尽量靠近轨道站点出入口与道路交叉口,避免各个站点过于集中,同时应考虑轨道站点出入口的设置形式及数量与交叉口设计等情况,分方向设置。在进行优化时应遵循以下原则[4]:

(1) 换乘的连续性

换乘的连续性是指乘客完成不同交通方式之间的转换是连续畅通的,地面公交与轨道交通的换乘位置的设置应避免进出客流的相互干扰以及机动车、非机动车与客流的干扰,从而保证换乘的连续性。

(2) 换乘的高效性与舒适性

换乘的高效性是指乘客在进行轨道与其他交通方式之间的换乘时,各交通方式的总延误时间最小,包括行人、公交车及机动车延误,缩短乘客的步行距离以及减少不同交通方式之间的交通冲突,提高换乘系统效率与舒适性,在满足换乘需求的同时不造成交通资源的浪费。

(3) 公交站点的安全性

公交站点的设置应尽量减少对周边道路交通的影响,合理设置公交站点,避免多条线路交叉于一点换乘,减少公交车与机动车、行人、非机动车等不同交通方式的相互干扰,以提高换乘的安全性,保证道路交通的安全运行。

2) 公交站点的优化目标

通过公交站点的合理优化,在满足城市居民交通出行需求的同时,促进城市公共交通一体化发展,通过轨道站点出入口的枢纽功能来优化配置周边道路交通资源。具体目标包括以下两个方面:

(1) 减少不同交通方式延误,提高城市交通系统整体效能

通过轨道站点出入口公交停靠站位置及布设形式的优化,使轨道站点出入口、公交站点、机动车、非机动车及步行设施合理衔接,有效整合轨道站点出入口道路交通资源,减少不同交通方式之间的相互干扰,减少公交车、行人、机动车的延误,提高城市交通系统的整体运行效能。

(2)提高道路交通资源集约度,促进交通协调发展

对轨道站点出入口道路交通资源进行优化配置,提高城市交通资源集约度,促进城市公共交通的协调发展,提升城市公共交通一体化服务水平。

8.3.2 轨道站点出入口与公交站点换乘模式

地面公交与轨道交通存在多种换乘模式,地面公交与轨道交通换乘设施的布局影响着乘客的换乘效率、周边的道路交通资源配置乃至整个综合交通系统的运行,因此通过对不同换乘设施的空间布局分析研究,有利于更好地对周边道路交通资源进行合理分配。现总结出以下4种换乘模式:

1)地面公交路边停靠换乘

地面公交直接在轨道交通车站的路边停靠。轨道交通位于道路的一侧,地面公交站点的设置都位于轨道交通的一侧站台,乘客经过地下通道或者人行天桥选择不同的出入口到达公交站台进行换乘[5]。公交站点的设置距连接通道的距离尽可能短,站台设置的数量及长度根据换乘客流量的不同而有所不同。这种换乘方式条件较好,对于一般的轨道中间站,当轨道交通与公交换乘客流不均匀系数较大时及用地条件相对宽松的情况下,会采取这种路边停靠的换乘模式,如南京的浮桥站。地面公交路边停靠换乘示意如图 8-11 所示(s 表示轨道站点)。

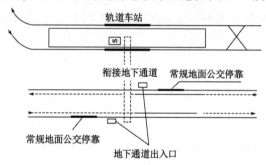

图 8-11 地面公交路边停靠换乘示意图

2)轨道交通与地面公交合用站台换乘

当轨道交通与地面公交处于同一平面时,轨道交通与地面公交合用站台,两个侧式站台通过地下通道联系,地面公交到达站(出发站)与轨道交通出发站(到达站)位于同一侧站台,公交到发站通过地下通道连接,这样两个方向的换乘条件都较好。这种换乘模式步行距离短,在发达国家较为常见,我国较少使用这种站台。轨道交通与地面公交合用站台换乘示意如图 8-12 所示(其中,Ank 表示到达站,Abf 表示出发站)。

图 8-12 轨道交通与地面公交合用站台换乘示意图

3)轨道交通与地面公交不同平面换乘

当轨道交通与地面公交位于不同的平面时,使地面公交的到达站和轨道交通的出发站位于同一侧,而地面公交的出发站与轨道交通的到达站位于另外一侧。使乘客换乘尽量遵循就近原则,减少了不同方向换乘客流的干扰。在地面公交线路较少的情况下,可以采用这种方式,保持地面公交的单向客流,但容易出现公交车进出站与其他道路交通相互干扰的情况。这种模式在我国较为常见,但随着出行量的增多,容易发生交通拥堵,因此在规划和建设时应考虑合用站台或多站台换乘模式。轨道交通与地面公交不同平面换乘示意如图8-13所示。

4)轨道交通与地面公交多站台换乘

在城市客流较大的地区,轨道交通衔接的公交线路很多,若采用上述3种换乘模式,会因空间不足造成交通拥堵,给周边道路交通增加负担。为改善此类情况,可以设置多站台换乘模式,避免客流与进出站车流的相互干扰,每个站台都以地下通道与轨道交通连接。我国的轨道枢纽站大多采用这种换乘模式,多站台换乘示意如图8-14所示。

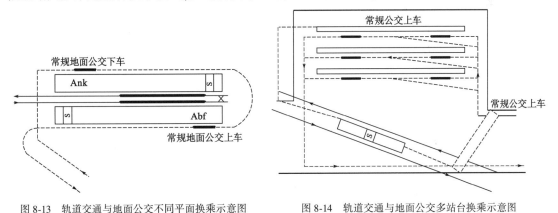

图8-13 轨道交通与地面公交不同平面换乘示意图　　图8-14 轨道交通与地面公交多站台换乘示意图

8.3.3 轨道站点出入口公交站点优化目标权重的确定

1)优化目标

轨道站点出入口公交站点优化影响因素众多,受到不同交通方式之间的影响。在进行公交站点优化时,需要对道路交通条件做一些假设。通过分析,从道路交通资源配置的角度出发,以延误为优化指标,包括机动车延误、公交车延误及行人延误。

(1)行人延误最小

换乘时间是指乘客从轨道交通出来到坐上公交车或者从公交车下来到坐上轨道交通所需的时间,其中包括步行时间以及在换乘过程中的延误。乘客换乘时间可以分为4个部分:乘客在轨道交通站点等待及上下车的时间、购票检票时间、轨道交通与地面公交停靠站之间的步行时间、乘客在地面公交的等待及上下车时间。换乘时间越短,说明乘客在进行换乘时受到的干扰越少。在进行交通仿真时,乘客换乘时间通过乘客的行程时间与延误来体现。

(2) 公交车延误最小

公交车在进站和离站时，由于车辆加减速、车辆换道及乘客上下车的影响，会产生公交车延误，同时周围机动车与公交车的冲突，也会产生公交车辆的延误。通过仿真，可以采集公交车的延误数据。

(3) 机动车延误最小

机动车在公交站点附近行驶时，由于公交车进出站进行换道时会对机动车产生干扰，影响机动车的正常通行，产生相应的延误，也可以通过仿真获得机动车的延误数据。在确定优化指标时，需要将这三者的延误结合起来，以三者的总延误最小为优化目标，通过仿真得到三者的延误数据。

2) 影响因素及权重的确定

(1) 确定影响因素集

根据轨道站点出入口的道路交通条件作出一些假设，进行相关约束后，概括出行人、公交车及机动车延误的主要影响因素，具体包括5个方面，见表8-8。

优化目标影响因素的具体内容　　　　　　　　　　表8-8

主要影响因素	影响因素的具体内容
公交站点的布设形式	直线式停靠站、港湾式停靠站
机动车流量(pcu/h)	1000、1100、1200、1300、1400、1500、1600
公交车发车频率	不同发车频率
公交站点距停车线距离(m)	20、30、40、50、60、70、80
公交站点距轨道站点出入口距离(m)	20、30、40、50、60、70、80

(2) 确定影响因素的权重

在确定影响因素的具体内容之后，需要对影响因素的权重进行分析，以获取最重要的影响因素，并采取合理的方法对其进行改进。本章采用层次分析法确定不同影响因素的权重，具体步骤如下[6]：

① 建立递阶层次结构。

分析研究各因素之间的关系，将体系结构分为3层，分别是目标层、准则层、指标层。其中目标层是指轨道站点出入口道路交通资源配置达到最优化，准则层是指通过优化目标来体现，指标层是指影响优化目标的影响因素。轨道站点出入口公交站点优化目标体系结构如图8-15所示。

其中，主要从公交车、行人及机动车延误来进行优化。轨道站点出入口道路交通的延误反映了乘客换乘的连续性、机动车及公交车的运行状态，公交站台的布设形式、机动车流量的高低、公交车的发车频率、公交停靠站距停车线的距离及公交停靠站距轨道站点出入口的距离同时影响着轨道站点出入口道路交通的延误。

② 构造判断矩阵。

道路交通资源配置优化有3个优化目标，即公交车延误、行人延误和机动车延误，因此是个多目标优化问题。每个优化目标有5个影响因素，针对这些影响因素，把它们两两对照，将第 i 个因素($i=1,2,3,4,5$)给第 j 个因素($j=1,2,3,4,5$)的相对关键称为 a_{ij}，判断矩阵的取值参照表8-9。

第 8 章　轨道站点出入口与周边道路交通资源配置优化

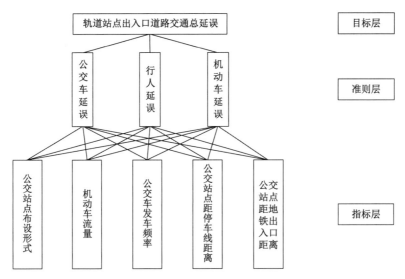

图 8-15　轨道站点出入口公交站点优化目标体系

重要性判断矩阵 A 元素取值　　　　　　　　　　　　　表 8-9

量 化 值	i 因素比 j 因素	量 化 值	i 因素比 j 因素
1	同等重要	7	强烈重要
3	稍微重要	9	极端重要
5	较强重要	2,4,6,8	两相邻判断的中间值

通过比较公交车、行人及机动车在综合交通系统中的比重,结合公共交通优先的思想,判断出公交车、行人及机动车的重要程度,构造判断矩阵见表 8-10、表 8-11。

判断矩阵 A-C　　　　　　　　　　　　　　　　　　表 8-10

A	C_1	C_2	C_3
C_1	1	3	5
C_2	1/3	1	3
C_3	1/5	1/3	1

判断矩阵 C_i-$P(i=1,2,3)$　　　　　　　　　　　　表 8-11

C_i	P_1	P_2	P_3	P_4	P_5
P_1	1	2	2	1/3	1/3
P_2	1/2	1	1/2	1/3	1/3
P_3	1/2	2	1	1/3	1/3
P_4	3	3	3	1	1/3
P_5	3	3	3	3	1

③层次单排序及一致性检验。

根据重要性构造判断矩阵后,依据判断矩阵求出最大特征值 $\lambda_{\max}$,并根据特征方程解出供应的特征向量并进行归一化,就得到同一层不同因素相对于上一层某个因素的重要性权重。由于在构造判断矩阵时存在较大的主观性,因此在进行权重的计算时精度相对较低。本章采用和法近似计算判断矩阵的最大特征值的特征向量。具体计算步骤如下:

a. 将判断矩阵的每一列归一化:

$$\bar{a}_{ij} = \frac{a_{ij}}{\sum_{k=1}^{n} a_{kj}} \quad (i,j = 1,2,\cdots,n) \tag{8-7}$$

b. 将每一列经过归一化后的矩阵按行相加:

$$M_i = \sum_{j}^{n} \bar{a}_{ij} \quad (i = 1,2,\cdots,n) \tag{8-8}$$

c. 将向量 $M = (M_1, M_2, \cdots, M_n)^T$ 归一化,就可以得到权重矩阵:

$$W_i = \frac{M_i}{\sum_{j=1}^{n} M_j} \quad (i = 1,2,\cdots,n) \tag{8-9}$$

然而,在对判断矩阵的因素进行两两比较时,由于事物本身具有复杂性,加上自身判断具有主观性与片面性,在构造判断矩阵之后,需要进行一致性检验。一致性指标用 CI 计算,CI 越小,说明一致性越大。定义一致性指标为 $CI = (\lambda_{max} - n)/(n-1)$,式中,CI 为层次单排序一致性检验指标;$n$ 为判断矩阵的阶数;λ_{max} 为判断矩阵的最大特征值。

当 $\lambda_{max} \approx n$ 时,$CI \approx 0$,判断矩阵满足一致性检验;当 $\lambda_{max} > n$ 时,$CI \geq 0$,不满足条件。同时当 n 的维数较大时,为衡量 CI 的大小,引入一致性指标 RI 进行修正,$RI = (CI_1 + CI_2 + \cdots + CI_n)/n$。其中,随机一致性指标 RI 和判断矩阵的阶数有关,一般情况下,矩阵的阶数越大,出现一致性随机偏离的可能性也就越大,其对应关系见表8-12。考虑到一致性的偏离可能是由于随机原因造成的,因此在检验判断矩阵是否具有满意的一致性时,还需将 CI 和随机一致性指标 RI 进行比较,得出检验系数 CR,公式为 CR=CI/RI。如果 CR<0.1,则认为该判断矩阵具有一致性,否则就不具有一致性。构造判断矩阵及权重计算得到的值见表8-13。

平均随机一致性指标 RI 标准值   表8-12

矩阵阶数	1	2	3	4	5	6	7	8	9	10
RI	0	0	0.58	0.90	1.12	1.24	1.32	1.41	1.45	1.49

权重值计算表   表8-13

指标	C_1	C_2	C_3	P_1	P_2	P_3	P_4	P_5
权重值	0.6334	0.2605	0.1061	0.1454	0.0831	0.1118	0.2613	0.3984

④层次总排序。

计算某一层的每个因素对最高层相对重要性的权值,叫作层次总排序。这一过程是由上而下依次进行的。若上层 A 有 m 个元素,总排序权值为 $a_1, a_2, \cdots, a_m$,本层 B 包含 n 个元素,其相对于上一层第 j 个元素的单排序权值为 $b_{1j}, b_{2j}, \cdots, b_{nj}$,则此因素排序权值为 $B_i = \sum_{j=1}^{m} a_j b_{ij}$,$i = 1, 2, \cdots, n$。利用层次分析法得出权重系数,并进行排序,结果见表8-14。

轨道站点出入口公交站点优化目标权重系数　　　　　　　表 8-14

目标层 A	准则层 C	指标层 P		
	子因素（权重）	具体指标 P	P 相对 C 权重	P 相对 A 权重
总延误	公交车延误 C_1（0.6334）	公交站台布设形式 P_1	0.1454	0.0921
		机动车流量 P_2	0.0831	0.0526
		公交车发车频率 P_3	0.1118	0.0708
		公交站点距停车线距离 P_4	0.2613	0.1655
		公交站点距轨道站点出入口距离 P_5	0.3984	0.2523
	行人延误 C_2（0.2605）	公交站台布设形式 P_1	0.1454	0.0379
		机动车流量 P_2	0.0831	0.0217
		公交车发车频率 P_3	0.1118	0.0291
		公交站点距停车线距离 P_4	0.2613	0.0680
		公交站点距轨道站点出入口距离 P_5	0.3984	0.1038
	机动车延误 C_3（0.1061）	公交站台布设形式 P_1	0.1454	0.0154
		机动车流量 P_2	0.0831	0.0088
		公交车发车频率 P_3	0.1118	0.0120
		公交站点距停车线距离 P_4	0.2613	0.0277
		公交站点距轨道站点出入口距离 P_5	0.3984	0.0423

8.4　轨道站点出入口路段公交站点的合理布设

通过上一节对不同影响因素权重值的确定,本节要根据权重值对仿真输出结果进行计算。通过设定不同的仿真情形,得出不同情形下影响优化目标的最重要的因素,并根据优化目标作出相应调整,合理优化公交站点的位置。本节设定标准四相位十字形交叉口为仿真基础,通过运用 VISSIM 仿真软件,探究不同的公交站点布设形式、公交站点距停车线的距离、公交站点距轨道站点出入口的距离的影响,以行人延误、公交车与机动车的加权平均延误为指标,分析不同机动车流量、公交车发车频率下,加权平均延误最小时公交站点的布设位置。

8.4.1　VISSIM 仿真参数标定

1) 仿真的基本假设

轨道站点出入口公交站点优化涉及因素众多,在进行仿真建模之前,需要对仿真的场景作出一些假设,以简化仿真场景中的要素。仿真的基本假设主要包括以下 10 个方面：

(1) 轨道站点出入口周边道路条件为双向八车道,且车道分布固定,设有中央分隔带与非机动车道。

(2) 轨道站点出入口附近交叉口形式为十字形交叉口,且信号配时与相位固定,为标准四相位。

(3)轨道站点出入口数量及布设形式固定,为4个出入口,跨路口站位。

(4)轨道站点出入口周边道路的机动车流量已知。

(5)地面公交的发车频率和运营速度已知。

(6)乘客在公交站台的等待时间已知,且每位乘客的等待时间相同。

(7)现有公交停靠站的布局固定,且公交停靠站的调整不影响换乘的客流量。

(8)公交停靠站局部范围的调整不会影响公交线路发车频率和稳定性,线路期望发车频率和方差保持不变。

(9)不考虑乘客步行速度的差异,乘客的步行速度采用默认值。

(10)乘客的步行线路及范围已知,乘客只能在规定的线路及范围内行走。

2)仿真参数的标定

在利用VISSIM软件进行仿真之前,需要对相关仿真参数进行标定,仿真参数设定的合理与否直接影响着仿真的结果输出。下面针对仿真场景的主要参数标定进行说明[7]。

(1)交叉口形式与渠化

本章所选用的交叉口为典型的十字形交叉口,东西与南北向均为双向八车道,有左转专用车道、右转专用车道与直行车道,并设有非机动车道。交叉口具体信息见表8-15。

仿真交叉口进口道具体信息 表8-15

进口道名称	车道数	车道分布	车道宽度(m)
东进口	8	左转、右转车道各一个,直行车道两个	3.5
西进口	8	左转、右转车道各一个,直行车道两个	3.5
南进口	8	左转、右转车道各一个,直行车道两个	3.5
北进口	8	左转、右转车道各一个,直行车道两个	3.5

(2)仿真流量的设定

车流量是仿真的基础,包括机动车流量、行人流量及公交车发车频率。公交车及行人流量的设定将在下文提及,此处不做赘述。此处主要进行机动车流量的设定。由相关规范可知,进口车道的基本饱和流率为1900pcu/h,运用相应的修正系数进行修正后,取各进口道的机动车流量,并设置相应的左转、直行、右转比例,见表8-16。

交叉口进口道车流量 表8-16

进口道	车流量(pcu/h)							左转比例	直行比例	右转比例
	方案一	方案二	方案三	方案四	方案五	方案六	方案七			
东进口	1000	1100	1200	1300	1400	1500	1600	0.12	0.76	0.12
西进口	1000	1100	1200	1300	1400	1500	1600	0.15	0.7	0.15
南进口	1000	1100	1200	1300	1400	1500	1600	0.2	0.6	0.2
北进口	1000	1100	1200	1300	1400	1500	1600	0.18	0.64	0.18

(3)公交车参数设定

公交参数的设定影响着公交站点的最优布设位置。公交参数的设定包括公交到达分布、泊位数与站台长度、公交车停靠时间。在进行本次仿真时,设定公交线路为6条。

①公交到达分布：本次仿真根据公交车不同的发车频率决定公交车的到达分布。

②泊位数与站台长度计算：根据《城市道路交叉口规划规范》[8]，单个公交站点经过的公交线路不能超过6条；根据公交车本身的长度可知，公交站台的泊位数宜取3；站台长度应根据《城市道路交叉口规划规范》中公式 $L_b = p(l_b + 2.5)$ 计算，式中，L_b 为站台长度；p 为公交站台停靠泊位数；l_b 为公共汽车车辆长度。通过计算，得到站台长度为43.5m。

③公交车停靠时间：公交车的停靠时间会影响乘客的步行速度等，从而影响乘客换乘的时间。每条线路停靠时间按照 $t_s = \max(t_a \times a, t_b \times b) + t$ 计算，式中，t_a、t_b 为乘客上、下车所需的平均时间；a、b 为上、下车的乘客数；t 为其他时间（损耗时间）。假定每辆公交车的停靠时间相同，拟定公交车线路表，见表8-17、表8-18。

拟定公交线路站台停靠信息表　　　　　　　　　　　　表8-17

停靠站	位置	停靠站类型	距交叉口停车线(m)	距轨道站点出入口(m)
停靠站一	南进口	直线式（港湾式）	20、30、40、50、60、70、80	20、30、40、50、60、70、80
停靠站二	北出口	直线式（港湾式）	20、30、40、50、60、70、80	20、30、40、50、60、70、80

拟定公交车线路表　　　　　　　　　　　　表8-18

线　路	平均停靠时间(s)	发车频率(min)	占有率(人)	备　　注
1		2	20	
2		3	25	
3	21.8	5	30	6条公交线路共用站点
4		10	35	
5		15	40	
6		20	45	

（4）行人参数设定

在本次仿真中，行人是不可或缺的一部分。乘客在进行不同交通方式换乘时，换乘节点会产生行人流量。本次仿真的行人只考虑换乘客流量，交叉口行人及其他经过的行人暂不考虑。行人的参数设定主要包括以下几个方面。

目前使用的VISSIM版本中，行人模块不会预先设定行人的移动轨迹，可以较好地模拟行人的移动，具有较真实的仿真效果。VISSIM的行人模块主要包括面域、障碍物、斜坡楼梯等模块；检测器包括行程时间检测、面域检测、测量面域检测；行人参数设置主要包括行人类型、行人类别、行走行为、面域行为类型、期望速度、最大加速度等。

①行人类型的设置：行人的模型分布、可变长度、可变宽度高度差都设定为默认值。

②行人类别的设置：设定行人使用类型颜色，男性、女性的分布。

③面域行为类型：行人的面域行为类型采用默认值。

④行走行为：正常行走时设为默认值，遇到障碍物时会发生改变。

⑤期望速度：除乘客遇到障碍物以外，乘客在自由流下的期望速度设为默认值5km/h，行人的期望速度符合正态分布，并认为行走速度不变（即匀速走）。由于行人在不同设施的走行速度不同，需要对仿真模型中的不同设施进行参数设定。主要对连接类设施进行设定，包括自动扶梯、换乘通道等，自动扶梯的速度设为0.5m/s。

⑥行人达到分布:行人的到达与轨道交通、公交车的发车频率有关。

通过上述相关仿真参数的设定,本章设定场景示意如图 8-16 所示。

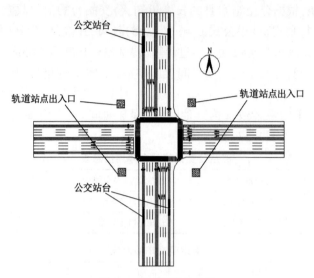

图 8-16 设定场景示意图

8.4.2 仿真结果输出

仿真结束后,需要根据前文得到的延误的权重对仿真输出结果进行分析。本章设置的输出数据包括行人行程时间与行人延误、机动车行程时间与机动车延误、公交车行程时间与公交车延误。由于对不同的机动车流量(车流量取值范围为 1000~1600pcu/h,以每 100pcu/h 为间隔)和不同的停靠站形式,公交站点设置情景相同,根据影响因素设定机动车流量为 1000pcu/h 时的仿真情形见表 8-19。

不同影响因素仿真情形表(直线式停靠站)   表 8-19

仿真情形序号	机动车流量(pcu/h)	公交站点距停车线(m)	公交站点距轨道站点出入口(m)
1	1000	20	20
2		30	30
3		40	40
4		50	50
5		60	60
6		70	70
7		80	80

根据上述表格所列情形分别对直线式停靠站和港湾式停靠站进行仿真,输出公交车、行人及机动车数据。对输出数据进行处理,可以得到不同情形下的行人、机动车、公交车在检测区域内的平均行程时间及延误数据,并运用 8.3.3 节不同延误的权重值加权得到平均延误。由此获得不同情形下的输出数据,数据包含行人平均行程时间、行人平均延误、机动车平均行程时间、机动车平均延误、公交车平均行程时间、公交车平均延误、加权平均延误,

单位均为 s。

1) 不同仿真情形下变化总趋势

对获得的上述延误数据进行分类统计,将不同影响因素对行人、机动车、公交车的行程时间及延误的影响进行对比,绘制出折线图(图 8-17~图 8-20)。

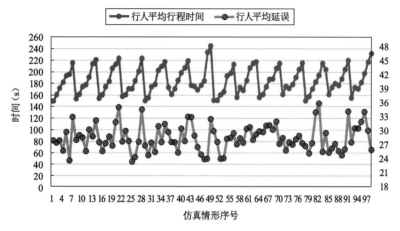

图 8-17　不同情形下行人行程时间及延误数据

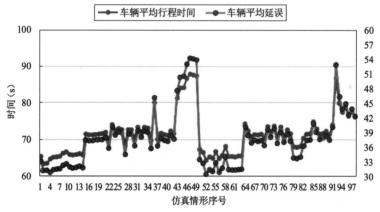

图 8-18　不同情形下机动车行程时间及延误数据

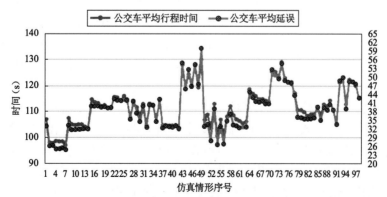

图 8-19　不同情形下公交车行程时间及延误数据

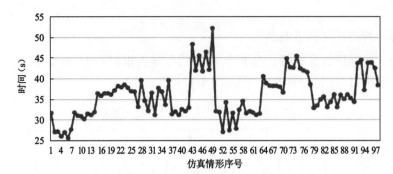

图 8-20　不同情形加权平均延误数据

通过上述折线图可以看出,行人的平均行程时间与平均延误的变化趋势是一致的,机动车与公交车亦是如此,且两者都在某一情形下达到最高值或最低值,即不同影响因素的改变对平均行程时间和平均延误的影响具有一致性。对不同主体的影响程度略有不同,对行人的影响随着公交站点距离的改变呈现周期性的变化,对机动车和公交车的影响存在某个最高峰和最低谷。将不同情形下的加权平均延误绘制成折线图,可以看出,加权平均延误的变化趋势与公交车的变化趋势最为接近,表明公交车的运行质量影响着整个轨道站点出入口道路交通的运行,对公交站点的改善有助于提高整个综合运输系统的运行水平。

2) 单个影响因素改变对输出结果的影响

将不同影响因素的改变对不同主体的影响分别绘制成折线图,分析这些影响因素的改变分别对行人、机动车、公交车的影响变化,如图 8-21～图 8-30 所示。

(1) 公交站点位置改变对行人、机动车、公交车和加权平均延误的影响

公交站点位置改变对行人、机动车、公交车平均行程时间及平均延误的影响如图 8-21～图 8-25 所示。

通过分析公交站点位置改变对行人、机动车、公交车及加权平均延误的影响,从绘制的折线图可以看出:随着公交站点距轨道站点出入口距离的增加,行人的行程时间也相应增加,且行程时间增加的幅度较快;而行人的延误在公交站点距停车线 60m 处达到最大值之后逐渐趋于稳定。公交站点位置的改变对机动车的行程时间与延误的影响趋势是一致的,增降幅度大致相同。随着公交站点距停车线距离的增大,机动车行程时间与延误呈逐渐减小的趋势,即随着公交站点远离交叉口,对机动车的影响逐渐减小,当公交站点与交叉口停车线达到一定距离之后,机动车行程时间及延误趋于一个稳定值。公交站点位置的改变对公交车的行程时间与延误的影响趋势也是一致的,且在公交站点距离轨道站点出入口 40m 处达到最小值,之后趋于一个稳定值,这也说明随着公交站点远离交叉口,公交站点受到的影响也随之减小,并达到一个固定值。公交站点位置的改变对加权平均延误的影响主要有两个方面:直线式停靠站和港湾式停靠站。直线式停靠站的曲线变化略微有些波动,但总体趋势是一致的,都在 70m 处降到低点后急速上升,说明公交站点设在距交叉口停车线及轨道站点出入口 70m 处,行人、机动车及公交车的加权平均延误最小;港湾式停靠站与直线式停靠站相比较,变化幅度较小,说明不同机动车流量情况下公交站点位置的改变对加权平均延误的影响曲线更一致。

第 8 章 轨道站点出入口与周边道路交通资源配置优化

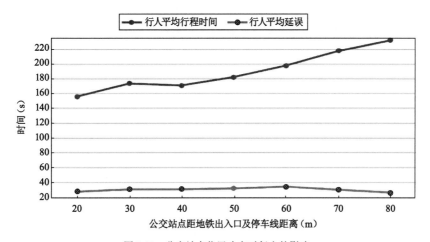

图 8-21 公交站点位置改变对行人的影响

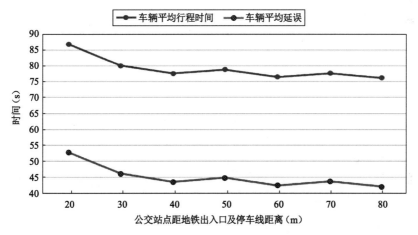

图 8-22 公交站点位置改变对机动车的影响

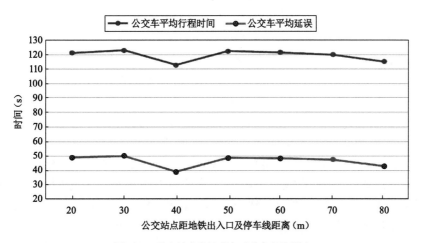

图 8-23 公交站点位置改变对公交车的影响

221

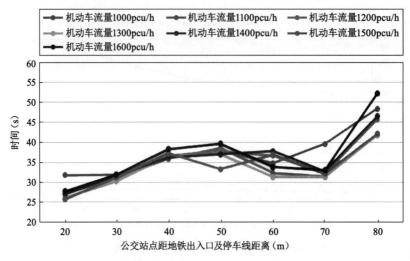

图 8-24　公交站点位置改变对加权平均延误的影响(直线式停靠站)

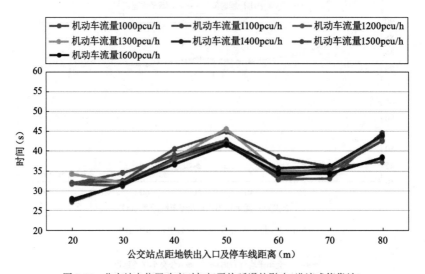

图 8-25　公交站点位置改变对加权平均延误的影响(港湾式停靠站)

(2)机动车流量改变对行人、机动车、公交车及加权平均延误的影响

机动车流量改变对行人、机动车、公交车平均行程时间及平均延误的影响及加权平均延误如图8-26~图8-30所示。

通过以上折线图可以看出,随着机动车流量的增加,行人的行程时间和平均延误相应增加,且行程时间幅度大于平均延误增加的幅度;机动车和公交车的行程时间和平均延误随着机动车流量的增加趋于一个稳定值。机动车流量改变对加权平均延误的影响分为直线式停靠站和港湾式停靠站:直线式停靠站在公交站点距停车线80m时变化较明显,且随着机动车流量从1500pcu/h急剧增加到1600pcu/h,说明此时交通量趋于饱和;港湾式停靠站的加权平均延误随着机动车流量的增长,变化曲线较为接近,且都趋于一个稳定值,说明在港湾式停靠站下,随着公交站点远离交叉口,机动车流量的改变对加权平均延误的影响逐渐减小。

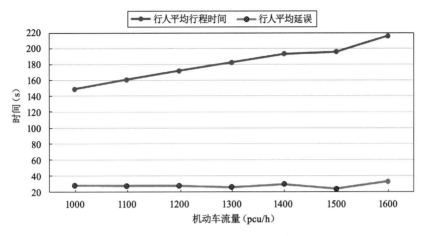

图 8-26　机动车流量对行人的影响

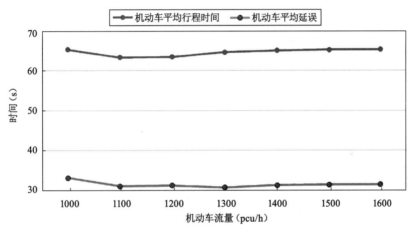

图 8-27　机动车流量对机动车的影响

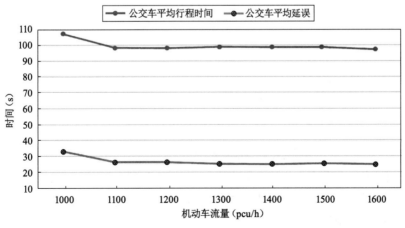

图 8-28　机动车流量对公交车的影响

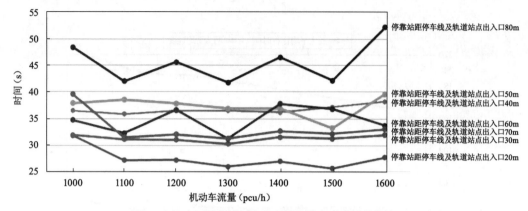

图 8-29　机动车流量改变对加权延误的影响(直线式停靠站)

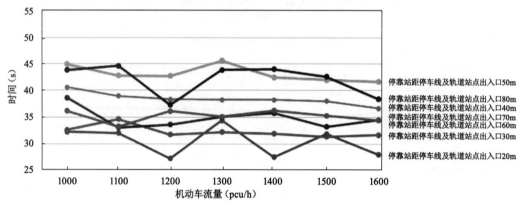

图 8-30　机动车流量改变对加权延误的影响(港湾式停靠站)

(3) 公交站点布设形式对行人、机动车及公交车的影响

公交停靠站的形式改变对行人、机动车、公交车平均行程时间及平均延误的影响如图 8-31 所示。

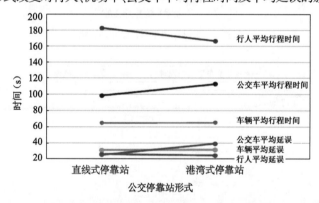

图 8-31　公交停靠站形式对行人、机动车、公交车影响

通过对比可以发现,不同的公交站点布设形式对不同的主体影响不同:港湾式停靠站布设使行人的行程时间与延误减小,公交车的行程时间与延误增加较多,机动车的行程时间与延误略微增加。

3) 仿真输出结果总结

通过对以上不同影响因素变化得出的折线图进行分析,可以总结出以下 5 点内容:

(1) 得出不同影响因素的仿真情形下,公交站点最合理的布设位置,见表 8-20。

不同仿真情形公交站点最合理的布设位置　　　　表 8-20

仿真情形	公交站点最合理布设位置
直线式停靠站,机动车流量为 1000pcu/h	距停车线、轨道站点出入口 70m
直线式停靠站,机动车流量为 1100pcu/h	距停车线、轨道站点出入口 50m
直线式停靠站,机动车流量为 1200pcu/h	距停车线、轨道站点出入口 30m
直线式停靠站,机动车流量为 1300pcu/h	距停车线、轨道站点出入口 70m
直线式停靠站,机动车流量为 1400pcu/h	距停车线、轨道站点出入口 50m
直线式停靠站,机动车流量为 1500pcu/h	距停车线、轨道站点出入口 50m
直线式停靠站,机动车流量为 1600pcu/h	距停车线、轨道站点出入口 50m
港湾式停靠站,机动车流量为 1000pcu/h	距停车线、轨道站点出入口 40m
港湾式停靠站,机动车流量为 1100pcu/h	距停车线、轨道站点出入口 50m
港湾式停靠站,机动车流量为 1200pcu/h	距停车线、轨道站点出入口 80m
港湾式停靠站,机动车流量为 1300pcu/h	距停车线、轨道站点出入口 80m
港湾式停靠站,机动车流量为 1400pcu/h	距停车线、轨道站点出入口 30m
港湾式停靠站,机动车流量为 1500pcu/h	距停车线、轨道站点出入口 30m
港湾式停靠站,机动车流量为 1600pcu/h	距停车线、轨道站点出入口 40m

在上述所有情形中,加权平均延误最小的情形为直线式停靠站,机动车流量为 1000pcu/h,公交站点的布设位置为距轨道站点出入口与停车线 70m,说明在机动车流量较小、公交站点远离交叉口和轨道站点出入口、公交站点布设形式为直线式时,行人、机动车及公交车的加权平均延误最小。通过上表可以发现,公交站点的合理布设位置大多远离停车线,说明当公交站点远离交叉口功能区时,行人、机动车、公交车的加权平均延误相应减少。

(2) 公交站点对加权平均延误的影响受其他因素影响较小。

在不同的仿真情形下,公交站点位置改变对加权平均延误的影响不会随着其他影响因素的改变而改变,即不同仿真情形下公交站点位置改变对加权平均延误的影响变化曲线是一致的,且在公交站点距停车线由 70m 变化为 80m 时,加权平均延误急剧增加;在公交站点远离停车线时,加权平均延误相应减少。

(3) 机动车流量改变对不同主体的影响趋势大致相同。

机动车流量的改变对行人、机动车及公交车的行程时间和延误的影响是一致的,且行程时间变化的幅度大于延误的变化幅度。机动车流量的改变对直线式停靠站和港湾式停靠站的影响存在差异,对港湾式的影响总体小于直线式,且直线式的变化幅度较大。

(4) 加权平均延误是一个综合值,要使总体延误最小必须要牺牲一些主体的利益。

加权平均延误是行人、机动车与公交车依据不同权重值加权得到的平均延误,在进行权重的确定时,不同的主体权重值不同。加权平均延误最小只能说明在此情况下,权重值最大的主体延误最小,而其他主体延误并不是在此情况下达到最小,即在此情况下,要牺牲其他主体的利益。

(5) 仿真情形其中某一因素变化时,公交站点最优布设位置相应改变,但总体趋势不变。

轨道站点出入口附近公交站点的布设形式、机动车流量、公交车发车频率、公交停靠站距停车线与轨道站点出入口距离不同因素之间相互作用,某一因素的改变都将影响公交站点最优布设位置的改变,共同影响着轨道站点出入口道路交通资源的优化配置,影响着城市交通系统的整体运行。

8.5 实 例 分 析

根据上一节仿真得到的结论,选取南京市轨道交通 3 号线的东大九龙湖校区站轨道站点出入口进行仿真验证,并进行方案对比与优化,得出轨道站点出入口公交站点最合理的布设位置。

8.5.1 东大九龙湖校区站点道路交通设施布设状况

1) 轨道站点出入口布设情况

东大九龙湖校区站是南京市轨道交通 3 号线的中间站,位于双龙大道—吉印大道交叉口附近,该轨道站点设有 3 个进出口站,分别布设于双龙大道道路的两侧。1 号口位于双龙大道西侧,距离双龙大道—吉印大道交叉口约 216m;2 号口也设置在双龙大道西侧,距离交叉口约 70m;三号口设置在双龙大道东侧,距离交叉口约 50m。具体布设位置如图 8-32 所示。

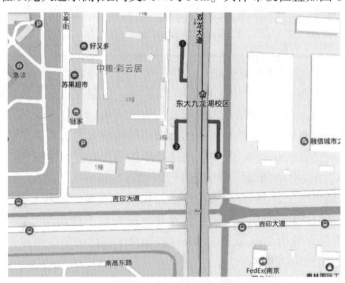

图 8-32　轨道站点出入口布设现状图

通过图 8-32 可以看出,此站点属于偏路口站位,即轨道站点出入口都布设在双龙大道那侧。并对每个轨道站点出入口的布设形式进行调查,具体如图 8-33~图 8-35 所示。

图 8-33　轨道交通 1 号口布设形式图

图 8-34　轨道交通 2 号口布设形式图

2) 轨道站点出入口公交站点布设情况

东大九龙湖校区站的两侧轨道站点出入口附近都设有公交停靠站,站点名称为双龙大道—吉印大道站。双龙大道—吉印大道站(由南向北)距离上游交叉口约 80m,双龙大道—吉印大道站(由北向南)距离下游交叉口约 90m,站台设置形式都为港湾式停靠站,停靠站设置在机非分隔带上,经过的公交线路有 851 路、852 路、868 路、838 路、816 路,夜间线路有 Y36 路。具体情况如图 8-36 所示。

图 8-35 轨道交通 3 号口布设形式图

图 8-36 轨道站点出入口公交站点布设图

从图 8-36 中可以看出,公交站台长度较长,可同时容纳 2~3 辆公交车停靠,距轨道交通 1 号口和 2 号口的距离都较近,但乘客在进行轨道交通与公交的换乘时,需要穿越非机动车道,容易造成交通冲突。

3) 轨道站点出入口交叉口情况

东大九龙湖校区站周边的交叉口为双龙大道—吉印大道交叉口,双龙大道—吉印大道交叉口为十字交叉口,东西方向为吉印大道,南北方向为双龙大道。其中,交叉口南进口道由 5 条机动车道和 1 条非机动车道组成,其中机动车道分为 3 条直行、1 条左转和 1 条右转车道,出口道分为 4 条机动车道和 1 条非机动车道;交叉口北进口道由 5 条机动车道和 1 条非机动车道组成,其中机动车道分为 3 条直行、1 条左转和 1 条右转车道,出口道分为 4 条机动车道和 1 条非机动车道;交叉口东进口道由 1 条左转车道、1 条直行车道和 1 条直右转车道组成,而出口道由 2 条机动车道和 1 条非机动车道组成;交叉口西进口道由 1 条左转车道、1 条直行车道和 1 条直右转车道组成,而出口道由 2 条机动车道和 1 条非机动车道组成。其渠化设计如图 8-37 所示。

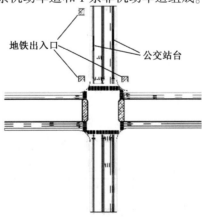

图 8-37 双龙大道—吉印大道交叉口渠化图

通过现场调查,得到双龙大道—吉印大道现状交通量,见表8-21。同时观测到交叉口的信号相位及配时为四相位,信号周期为102s,其相位相序示意图及配时方案,见表8-22。

双龙大道—吉印大道交叉口现状交通量 表8-21

进口道		机动车交通量(veh/h)	公交车交通量(veh/h)	非机动车交通(veh/h)	合计交通量(pcu/h)
东	左	48	0	16	56
	直	120	12	48	162
	右	84	12	16	110
	掉头	0	0	0	0
西	左	204	0	44	226
	直	252	0	64	284
	右	108	0	12	114
	掉头	0	0	0	0
南	左	216	12	0	234
	直	996	48	128	1132
	右	36	0	8	40
	掉头	12	0	0	12
北	左	164	0	4	166
	直	512	20	76	580
	右	112	20	8	146
	掉头	0	0	0	0
合计		2864	124	424	3262

双龙大道—吉印大道交叉口配时方案 表8-22

相序方案	相位一	相位二	相位三	相位四
相位方案	南北左转	东西直行	东西左转	南北直行
绿灯时间(s)	15	25	20	30
黄灯时间(s)	3	3	3	3
红灯时间(s)	84	74	79	69
周期(s)	102			

8.5.2 轨道站点出入口公交站点仿真优化

1)东大九龙湖校区轨道站点出入口仿真

根据现状调查得到的数据及道路交通设施情况对东大九龙湖校区站轨道站点出入口进行仿真,仿真参数标定及仿真模型的建立按照8.4节所述步骤进行,得到现状仿真数据,见表8-23。

轨道站点出入口交通仿真输出数据 表8-23

行人平均行程时间(s)	行人平均延误(s)	机动车平均行程时间(s)	机动车平均延误(s)	公交车平均行程时间(s)	公交车平均延误(s)	加权平均延误(s)
96.14	3.74	69.61129	24.12373	105.4492	18.04221	14.96173

从行人、机动车及公交车的平均行程时间及加权平均延误等数据可以看出,行人、机动车及公交车的运行没有达到最优情况,即公交站点的布设位置不在最优位置,因此需要依据 8.4 节的仿真结论进行公交站点的优化改善。

2) 东大九龙湖校区轨道站点出入口公交站点优化

根据现场调查情况,轨道站点出入口周边公交站点的布设位置分别距停车线 80m、90m(双向),距轨道站点出入口 40m、50m(双向)。根据 8.4 节仿真得到的结论,并针对东大九龙湖校区站的轨道站点出入口道路交通状况,优化方案应为公交站点距轨道站点出入口的距离为 70m。为了验证 8.4 节的结论,并进行相应对比,给出一些对比方案,见表 8-24。

公交站点布设方案　　　　　　　　　　　　　　　　　　　　　　　表 8-24

方　案	序　号	公交站点距停车线距离(m)	公交站点距轨道站点出入口距离(m)
验证方案	1	90、100	30、40
	2	100、110	50、60
	3	110、120	60、70
对比方案	4	60、70	10、20
	5	70、80	20、30
	6	120、130	70、80

进行验证方案和对比方案的仿真,输出相关数据,具体见表 8-25 和表 8-26,并绘制成折线图,如图 8-38 所示。

公交站点不同布设方案仿真输出结果　　　　　　　　　　　　　　　表 8-25

方案序号	行人平均行程时间(s)	行人平均延误(s)	机动车平均行程时间(s)	机动车平均延误(s)	公交车平均行程时间(s)	公交车平均延误(s)	加权平均延误(s)
1	96.09	3.17	69.60159	24.11779	105.995	18.07094	14.83082
2	98.99	2.98	69.4843	24.00495	106.0576	18.39782	14.97639
3	89.80	2.55	69.47234	23.99448	105.148	18.29201	14.79625
4	101.76	4.73	69.60517	24.11976	105.893	18.21814	15.33064
5	101.62	4.82	69.61729	24.1279	105.6698	17.84384	15.11787
6	88.26	3.69	69.46982	23.99354	105.421	18.28637	15.08955

不同方案及输出数据对比　　　　　　　　　　　　　　　　　　　　表 8-26

方　案	公交站点布设位置	加权平均延误(s)
现状	距停车线 80(90)m,距轨道站点出入口 40(50)m	14.96173
验证方案	距停车线 90(100)m,距轨道站点出入口 30(40)m	14.83082
	距停车线 100(110)m,距轨道站点出入口 50(60)m	14.97639
	距停车线 110(120)m,距轨道站点出入口 60(70)m	14.79625
对比方案	距停车线 60(70)m,距轨道站点出入口 10(20)m	15.33064
	距停车线 70(80)m,距轨道站点出入口 20(30)m	15.11787
	距停车线 120(130)m,距轨道站点出入口 70(80)m	15.08955

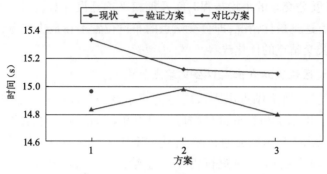

图 8-38 不同方案对比图

将现状仿真输出数据与验证方案、对比方案的输出数据进行对比,可以得出现状公交站点的布设位置尚且合理,但不是最优布设位置。通过上表可以发现,公交站点最优布设位置为距离停车线110、120m(双向),距离轨道站点出入口60、70m(双向),是在验证方案下得出的,说明根据8.4节仿真得出的结论是正确的,且在验证方案下的加权平均延误都小于对比方案的加权平均延误,再一次验证了8.4节结论的正确性。将优化前后公交站点的布设位置进行对比,结果见表8-27。

优化前后公交站点布设位置对比　　　　表 8-27

项目	公交站点距交叉口停车线距离(m)	公交站点距轨道站点出入距离(m)
优化前	80、90	40、50
优化后	110、120	60、70

本章参考文献

[1] 胡列格.交通枢纽与港站设计[M].北京:人民交通出版社,2004.
[2] 蔡顺利.城市轨道交通在城市公共交通体系中的骨干作用[J].城市管理科技,2002,14(2):41-45.
[3] 刘尔辉.面向轨道交通的常规公交衔接模式优化方法与评价研究[D].广州:华南理工大学,2016.
[4] 毛保华.城市轨道交通规划与设计[M].北京:人民交通出版社,2006.
[5] 朱顺应,郭志勇.城市轨道交通规划与管理[M].南京:东南大学出版社,2008.
[6] 王禄为.城市轨道交通与常规公交的换乘模式分析与评价[D].北京:北京交通大学,2014.
[7] 苏杜彪.基于VISSIM的信控交叉口处公交停靠站设置仿真研究[D].乌鲁木齐:新疆农业大学,2015.
[8] 中华人民共和国住房和城乡建设部.城市道路交叉口设计规程:CJJ 152—2011[S].北京:中国建筑工业出版社,2010.

第9章 城市轨道交通站点共享单车设施布局配置方法

本章以基于轨道换乘衔接共享单车和停放设施为研究对象,将提升换乘骑行量、降低广义出行成本、保障设施服务水平作为目标,研究轨道站点周边共享单车的换乘骑行影响区,对共享单车设施布局配置提出优化流程和评价指标。本章首先分析轨道站点共享单车换乘骑行的时空特性,确定设施布局配置的关键时段及相关参数,可视化分析南京共享单车换乘轨道出行时空分布规律。使用高斯混合聚类方法将站点分类,选取关键指标揭示不同类别站点换乘骑行差异。然后整合多源数据构建轨道站点共享单车换乘骑行指标体系,基于地理信息平台计算轨道交通站点共享单车换乘骑行的时空圈层,对换乘骑行指标与换乘骑行时空圈层进行网络叠加分析,获取轨道站点的共享单车换乘影响区。并量化计算共享单车换乘轨道交通及相关组合出行方式的广义出行成本,为设施布局配置的建模计算提供可能。用二维空间聚类预测备选点方案,构建双层规划布局配置模型,并采用启发式遗传算法进行求解。最后以南京市轨道交通典型站点为例,通过实例计算轨道换乘影响区共享单车设施布局配置的优化方案,对本章所提出的模型和算法进行验证,并对参数进行敏感性分析,提出共享单车换乘轨道交通在设施和运营协调方面的结论。

本章的主要内容包括:①基于换乘骑行特性的轨道站点分类;②换乘共享单车影响区分析;③换乘区共享单车设施布局配置;④案例分析。

9.1 基于换乘骑行特性的轨道站点分类

城市轨道交通站点周边共享单车的骑行特性能较直观反映出共享单车换乘城市轨道交通的特点。因此,本节基于站点周边共享单车的骑行订单数据对城市轨道交通站点进行聚类分析,分析不同类型的城市轨道交通站点周边共享单车的换乘特性。

9.1.1 高斯混合聚类分析

目前常用的聚类分析算法主要包括 K-means 算法、DBSCAN 算法等,但在对交通数据的分析中能够发现,交通类数据具有一定高斯分布特征。混合高斯模型即多个高斯分布函数的线性组合,理论情况下混合高斯模型可以拟合任意类型的分布[2]。因此,本节选择混合高斯聚类模型对城市轨道交通站点进行分类,根据模型产生的后验概率分析站点的换乘骑行属性特征。

1)聚类分析模型

基于混合高斯聚类模型的城市轨道交通站点分类是使用后验概率测评分类精度的方法,

给出车站从属于某一特定类型的概率,一定程度上可以判断车站的混合类型。通过对轨道交通站点分类,每一类车站均由一个单高斯分布生成,然而具体车站属于哪个单高斯分布未知,因此假设每一个车站分别由 K 个单高斯分布的混合模型表示,即轨道交通车站由高斯混合模型生成的概率密度函数为:

$$P(x) = \sum_{k=1}^{K} p(k) p(x \mid k) = \sum_{k=1}^{K} \pi_k \eta(x \mid \mu_k, \sigma_k) \tag{9-1}$$

式中,x 为维度为 d 的向量;k 为单高斯模型的数量;π_k 为第 k 个单高斯分布被选中的概率;μ_k、σ_k 为第 k 个单高斯分布的均值和方差被选中的概率;$\eta(x \mid \mu_k, \sigma_k)$ 为第 k 个单高斯分布的概率密度函数,可表示为:

$$\eta(x \mid \mu_k, \sigma_k) = \frac{1}{\sqrt{2\pi \mid \sigma_k \mid}} e^{-\frac{1}{2}(x-\mu_k)^T \sigma^{-1}(x-\mu)} \tag{9-2}$$

2) 聚类指标选取

综合考虑全天换乘骑行情况、早晚高峰时期共享单车借还特性的影响,选取以下 4 个因素作为聚类分析的初始变量。各个变量的编号及主要反映的车站客流信息如下:

F1:工作日早高峰共享单车换乘流入量/工作日全天共享单车换乘流入量;
F2:工作日晚高峰共享单车换乘流入量/工作日全天共享单车换乘流入量;
F3:工作日早高峰共享单车换乘流出量/工作日全天共享单车换乘流出量;
F4:工作日晚高峰共享单车换乘流出量/工作日全天共享单车换乘流出量。

这些变量主要反映轨道站点工作日早晚高峰的共享单车客流特性,结合特性分析早高峰取 7:00—9:00,晚高峰取 17:00—19:00。

3) 指标的标准化

在进行站点聚类前,需要对参与聚类的指标进行标准化处理。本节采用 Z-Score 法标准化,如式(9-3)所示。

$$x_{ij} = \frac{x_{ij} - \overline{\alpha}_j}{\beta_j} \tag{9-3}$$

式中,x_{ij} 为第 i 个样本的第 j 个指标;$\overline{\alpha}_j$ 为第 j 个指标的均值;β_j 为第 j 个指标的方差。

整理上述数据指标,编写 Python 程序,实现高斯混合聚类分析算法。

9.1.2 轨道站点分类结果

根据上述聚类变量,使用高斯混合聚类模型进行聚类分析,结合常见的 CH 指标(Calinski-Harabasz)判定划分类别的个数,如图 9-1 所示。

由图 9-1 可知,Calinski-Harabasz 指标随聚类簇数的增大而逐渐增大,在聚类簇数等于 5 时达到峰值,此后逐渐减小。聚类簇数为正整数,考虑分类的简洁性,图 9-1 试算了划分类别为 2~8 时 CH 值的变化。结果发现分为 2~5 类时 CH 值递增,分为 5~8 类时递减。

考虑到 Calinski-Harabasz 值越大聚类效果越好,因此,最佳分类方案为分为 5 类。

轨道站点的高斯混合聚类结果如图 9-2 所示。

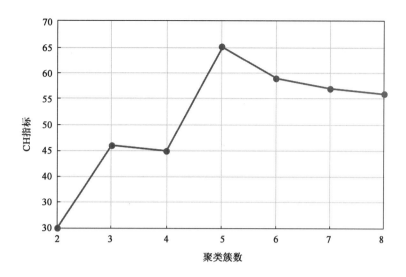

图 9-1 轨道站点的高斯混合聚类结果图

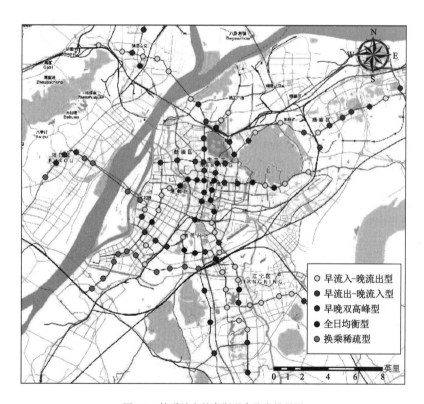

图 9-2 轨道站点的高斯混合聚类结果图

由图 9-2 可知,聚类结果将南京市的轨道站点划分为 5 类,通过对每类轨道站点 4 个初始聚类变量进行横向对比,分析早晚高峰期间每类轨道交通站点共享单车换乘骑行流入流出的差异性,将 5 类站点划分为:早流入-晚流出型、早流出-晚流入型、早晚双高峰型、全日均衡型、换乘稀疏型。各类站点聚类变量见表 9-1。

轨道站点高峰时期共享单车流入流出情况表　　　　　　　　　　表 9-1

站点类型	早高峰换乘流入/全天换乘流入量	晚高峰换乘流入/全天换乘流入量	早高峰换乘流出/全天换乘流出量	晚高峰换乘流出/全天换乘流出量
早流入晚流出型	34.13%	21.63%	22.57%	28.16%
早流出晚流入型	21.72%	27.04%	28.53%	21.65%
早晚双高峰型	28.28%	26.52%	27.80%	26.47%
全日均衡型	23.76%	22.40%	22.13%	21.86%
换乘稀疏型	27.19%	24.53%	25.18%	23.49%

综合分析以上图表，5 类站点的具体划分结果如下：

1) 早流入-晚流出型

此类车站早高峰换乘流入量以及晚高峰换乘流出量占全天流入流出比重高，这类站点多为以居住为导向的车站，高峰时段特征与用户的通勤行为紧密相关。对南京市早流出-晚流入型轨道站点进行统计，结果见表 9-2。

早流入-晚流出型轨道站点　　　　　　表 9-2

站点类型	站点数量	典型站点
早流入-晚流出型	37	安德门、诚信大道、竹山路、河定桥、兴隆大街、经天路、九龙湖、林场、柳州东路、天润城、龙眠大道、胜太西路、明发广场等

2) 早流出-晚流入型

此类车站早高峰换乘流出量以及晚高峰换乘流入量占全体流入流出比重高，这类站点多为以就业为导向的车站，多为通勤用户早高峰目的站点。对南京市早流入-晚流出型轨道站点进行统计，结果见表 9-3。

早流出-晚流入型轨道站点　　　　　　表 9-3

站点类型	站点数量	典型站点
早流出-晚流入型	20	鼓楼、小市、元通、中珠江路、苏宁总部、奥体中心、百家湖、大明路、花神庙、化工园、吉印大道、金马路、九华山、西安门、小行等

3) 早晚双高峰型

此类车站早晚高峰时段同时存在较大的流入车辆和流出车辆，高峰流入流出量均占有较高比重，呈现双高峰态势，说明该站点既是通勤出发站点又是目的站点，表现出较为明显的职住错位属性。对南京市早晚双高峰型轨道站点进行统计，结果见表 9-4。

早晚双高峰型轨道站点　　　　　　表 9-4

站点类型	站点数量	典型站点
早晚双高峰型	25	新模范马路、浮桥、东大九龙湖校区、翠屏山、大厂、河海大学、龙江、明故宫、南京交院、南京林业大学、五塘广场、仙林中心、信息工程大学、学则路、羊山公园、中国药科大学等

4) 全日均衡型

此类车站早高峰及晚高峰特征相对不明显，通勤性质不突出，全天流量较为均衡，多为大型商业区站点、景区站点和交通枢纽站点,由于商业区站点土地利用类型多样,具有大量的持续性的购物休闲客流,景区站点全天客流较为均衡,与交通枢纽类站点特征类似。对南京市全日均衡型轨道站点进行统计,结果见表9-5。

全日均衡型轨道站点 表9-5

站点类型	站点数量	典型站点
全日均衡型	27	新街口、常府街、大行宫、夫子庙、三山街、张府园上海路、南京南站、南京站、汉中门、鸡鸣寺、莫愁湖、苜蓿园、胜太路、天隆寺、文德路、武定门、仙林湖、孝陵卫、玄武门等

5)换乘稀疏型

此类站点多为郊区站点,不在共享单车投放范围,但仍存在少量单车,或者单车投放数量较低。对南京市换乘稀疏型轨道站点进行统计,结果见表9-6。

换乘稀疏型轨道站点 表9-6

站点类型	站点数量	典型站点
换乘稀疏型	31	六合开发区、方州广场、铁心桥、贾西、景明佳园等

根据上述的分类结果,由于换乘稀疏轨道站点在5类轨道站点中属于特例,涉及的骑行数据体量与其他4类轨道站点差异较大,不适合直接做比较分析,在剔除换乘稀疏型轨道站点数据的基础上,对其他4类轨道站点历史骑行数据的骑行时间进行统计分析,结果见表9-7。

各类轨道站点周边共享单车出行时空范围表 表9-7

轨道站点类型	百分位骑行时间			百分位骑行距离(m)		
	50%	70%	90%	50%	70%	90%
早流入-晚流出型	0:06:46	0:09:24	0:15:31	850	1214	2214
早流出-晚流入型	0:06:16	0:08:44	0:14:18	724	1104	1943
早晚双高峰型	0:06:40	0:09:17	0:15:14	829	1181	2026
全日均衡型	0:06:23	0:09:01	0:14:27	779	1126	1995

由表9-7可知:

(1)早流入-晚流出型轨道站点的骑行时间和骑行距离均是最大的,这是由于该类型站点周边的建成环境以居住区为主,大部分分布于城市外围地区,轨道站点设置间距较大,换乘骑行可以接受的时间和距离也相应较大。

(2)早流出-晚流入型轨道站点的骑行时间和骑行距离均是最小值的,这是因为早高峰时段在早流出-晚流入型轨道站点取车骑行者的出行终端大部分为工作地,作为最后一公里的换乘方式,这种出行模式对时间和距离具有较高的敏感性。

(3)全日均衡型轨道站点大部分位于城市中心区,换乘骑行时间和距离相对较小,这是由于混合型轨道站点周围的建成环境相对其他两类轨道站点更为成熟,骑行者在这样的建成环境下只需骑行较短的距离即可到达目的地。

(4)早晚双高峰型轨道站点的换乘出行时间和距离与早流入-晚流出型轨道站点接近,该类站点周边的用地性质相对复杂,同时拥有居住和就业属性。

综合以上分析，可以认为在 4 类轨道交通站点中，早流出-晚流入型轨道交通站点共享单车换乘骑行的时空范围相对较小，其次为全日均衡型轨道站点，相对较大的为早晚双高峰型轨道站点和早流入-晚流出型轨道站点。

9.2 换乘共享单车影响区分析

9.2.1 共享单车换乘骑行指标的构建

1) 换乘骑行指标层次划分

城市轨道交通换乘影响区受不同因素影响，所以在进行换乘影响区分析之前首先需要明确建立骑行指标体系的目标，即目标层；其次在建立骑行指标体系时，需要从不同的角度来进行分析和评价，即准则层；最后从不同的角度选用合适的指标对轨道交通换乘影响区的相关因素进行合理量化，即指标层。因此，本节主要基于"总目标-准则-指标"的三层骑行指标体系来对轨道站点共享单车换乘影响区进行评价和分析。

目标层：构建骑行指标的主要目标是在考虑轨道站点骑行特性的同时，结合分析站点周边道路交通条件、土地利用等因素的影响，尽可能全面地分析城市轨道交通换乘共享单车的影响范围，为共享单车换乘轨道交通的设施配置提供依据。

准则层：在遵循指标体系的基本评价原则的前提下，从交通设施建设、骑行发生量和土地利用情况[3]3 个方面分别考虑，选择以"交通通达度""骑行活力度"和"空间多元度"3 个指标作为城市轨道交通换乘影响区评价体系的准则层指标。

指标层：为了更加深入地分析和量化共享单车换乘影响区的各项因素，在准则层的基础上，分别从每个角度进一步提取若干个指标。从交通通达度的角度，主要选取"交通设施数量""道路网长度"和"交叉口数量"；从骑行活力度的角度，主要选取"骑行订单数量""骑行时空圈层"；从空间多元度的角度，主要选取"餐饮设施数量""休闲设施数量""购物设施数量""生活服务设施数量""公园景点设施数量"。

综上所述，可以得到城市轨道交通换乘影响区骑行指标体系，如图 9-3 所示。

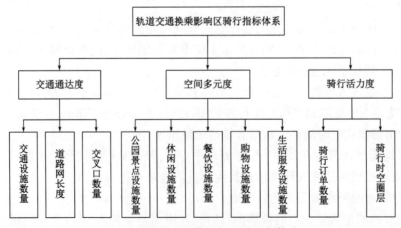

图 9-3 轨道交通换乘影响区骑行指标体系

(1) 交通通达度

交通通达度主要包括交通设施数量、交叉口数量和道路网长度。交通设施通过POI数据获取,包括公交站点、轨道站点等,对应的数量越高体现该区域交通换乘的便捷度越高[4]。交叉口的数量和道路网的长度通过GIS网络分析获取,其中交叉口是自行车停驶、转向、疏散的关键环节,而过多的交叉口会引起通行延误。道路网长度一定程度上可以反映城市道路建设水准。相应地,单位面积内道路网长度越大则道路的利用率越高,整体路网抗干扰能力越强。综上所述,可知交通设施数量、道路网长度为正影响因子,交叉口数量为负影响因子。

(2) 骑行活力度

骑行活力度主要指共享单车骑行订单数量,通过起终点数量获取。骑行订单数量反映该区域的骑行便捷性和可达性,其数值越大说明该区域越容易作为换乘骑行的起终点。结合第3章轨道站点周边的共享单车高峰时段以及轨道交通运营时间,选取早晚高峰时期共享单车订单数据作为骑行活力度的依据。综上所述,可知骑行订单数量为正影响因子。

(3) 空间多元度

空间多元度主要包括轨道交通站点周边的餐饮、休闲、购物、生活服务及公园景点等可以吸引出行者骑行前往的设施数量。区域内设施数主要通过POI数据统计获取。相应地,POI设施数量越多则反映研究区域内的空间多元度越高。综上所述,可知POI设施数量为正影响因子。

基于上述分析,可以得到上述指标的量化方法与影响趋势,具体见表9-8。

各项因子的量化方法与影响趋势　　　　　　　　　表9-8

分　　类		量化方法	备　注
交通通达度	交通设施数量	POI数据统计	正影响
	交叉口数量	GIS网络分析	负影响
	道路网长度	GIS网络分析	正影响
骑行活力度	骑行订单数量	订单数据统计	正影响
	骑行时空圈层	GIS网络分析	正影响
空间多元度	餐饮设施数量	POI数据统计	正影响
	休闲设施数量	POI数据统计	正影响
	购物设施数量	POI数据统计	正影响
	生活服务设施数量	POI数据统计	正影响
	公园景点设施数量	POI数据统计	正影响

由于轨道交通换乘影响区骑行指标体系包含多个指标,而各个指标的含义和量化方法也各不相同,这就造成各个指标的量纲各不相同。因此,在对上述指标进行网络叠加分析之前,需要先对各个指标进行无量纲化处理,将各个指标的属性值转换至[0,1]区间内。因为指标类型不同,各指标的转换处理方法也有所差异,常用的几种处理方法如下[5]。

成本型指标无量纲化函数:

$$y_i = \frac{\max\{x_i\} - x_i}{\max\{x_i\} - \min\{x_i\}} \tag{9-4}$$

效益型指标无量纲化函数:

$$y_i = \frac{x_i - \min\{x_i\}}{\max\{x_i\} - \min\{x_i\}} \tag{9-5}$$

适度型指标无量纲化函数如下。

当 $\min\{x_i\} \leq x_i \leq x_{i0}$ 时：

$$y_i = \frac{x_i - \min\{x_i\}}{x_{i0} - \min\{x_i\}} \tag{9-6}$$

当 $x_{i0} \leq x_i \leq \max\{x_i\}$ 时：

$$y_i = \frac{\max\{x_i\} - x_i}{\max\{x_i\} - x_{i0}} \tag{9-7}$$

式中，y_i 为评价指标的无量纲化值；x_i 为各指标的实际值；x_{i0} 为该指标的最佳取值。

2) 换乘骑行指标赋权方法

1977 年美国运筹学家 T.L.Saaty 提出了一种兼顾了定量和定性分析的层次分析法[6]。该方法首先通过系统的逻辑建立出相应的评价指标体系，然后两两对比每个层级的所有指标，同时依据标度值建立相应的判断矩阵，最后根据矩阵的特征向量归一化结果确定所有指标权重。通过数学方法进行计算使得该方法的结果十分可靠，并且具备适用性高和逻辑性强的优点。需要注意的是，由于判断矩阵是通过主观判断建立的，因此对于使用者的判断准确性要求较高。

通过层次分析法对指标进行赋权主要包括构造判断矩阵、计算指标权重、一致性检验、判断矩阵调整、层次总排序一致性检验 5 个步骤，具体如下：

(1) 构造判断矩阵

层次分析法确定指标权重首先需要构造判断矩阵，本节构造判断矩阵使用的标度法如表 9-9 所示，采取专家调查问卷的形式，从最低层开始对同层指标相对上层指标的重要性进行比较，建立判断比较矩阵。因此，指标体系中的各指标上下层之间有明确的隶属关系，如上层元素 A_k 对下层元素 $a_1, a_2, \cdots, a_n$ 有支配关系，就可以建立以 A_k 为判断准则的下层各元素间 $a_1, a_2, \cdots, a_n$ 两两比较判断矩阵，如果判断矩阵记作 $A = [a_{ij}]_{n \times n}$，则其矩阵形式如式 (9-8) 所示。

$$A = \begin{bmatrix} a_{11} & a_{12} & \cdots & a_{1j} & \cdots & a_{1n} \\ a_{21} & a_{22} & \cdots & a_{2j} & \cdots & a_{2n} \\ \vdots & \vdots & & \vdots & & \vdots \\ a_{i1} & a_{i2} & \cdots & a_{ij} & \cdots & a_{in} \\ \vdots & \vdots & & \vdots & & \vdots \\ a_{n1} & a_{n2} & \cdots & a_{nj} & \cdots & a_{nn} \end{bmatrix}_{n \times n} \tag{9-8}$$

矩阵中元素 a_{ij} 表示指标 a_i 相对于指标 a_j 的重要程度，此矩阵是一个互反矩阵，即有如下性质：

$$a_{ij} > 0, a_{ij} = \frac{1}{a_{ji}}, a_{ii} = 1 \tag{9-9}$$

假设调查对象有 m 位专家，基于问卷调查，目标层和准则层的每个指标都可以得到 m 个两两比较矩阵,判断矩阵标度定义见表9-9。

判断矩阵标度定义　　　　　　表9-9

标　度	含　义
1	表示两个指标相比,同等重要
3	表示两个指标相比,前者比后者稍微重要
5	表示两个指标相比,前者比后者明显重要
7	表示两个指标相比,前者比后者强烈重要
9	表示两个指标相比,前者比后者极端重要
2,4,6,8	表示上述相邻判断的中间值
倒数	若因素 i 与因素 j 的重要性之比为 a_{ij},则因素 j 与因素 i 重要性之比为 $a_{ij}=\dfrac{1}{a_{ji}}$

（2）计算指标权重

根据获得的判断矩阵就可以计算各层指标的权重：针对目标层或准则层某一指标,假设其下层各指标的最大特征向量为 $B=(\beta_1,\beta_2,\cdots,\beta_n)^{\mathrm{T}}$,可以通过求解下列方程式得到 B 和 $\lambda_{\max}$,它们分别对应判断矩阵 A 的特征向量和最大特征值。

$$AB = \lambda_{\max} B \tag{9-10}$$

把计算出来的特征向量 $B=(\beta_1,\beta_2,\cdots,\beta_n)^{\mathrm{T}}$ 进行归一化处理,可得到权重向量 $W=(w_1,w_2,\cdots,w_n)^{\mathrm{T}}$,即：

$$w_i = \dfrac{\beta_i}{\sum_{i=1}^{n}\beta_i} \tag{9-11}$$

（3）一致性检验

计算一致性指标 CI：

$$\mathrm{CI} = \dfrac{\lambda_{\max} - n}{n - 1} \tag{9-12}$$

式中, $\lambda_{\max}$ 为判断矩阵的最大特征值。

查找一致性指标 RI,见表9-10。

判断矩阵标度定义　　　　　　表9-10

N	1	2	3	4	5	6	7	8	9	10	11	12	13	14
RI	0	0	0.52	0.89	1.12	1.24	1.26	1.41	1.46	1.49	1.52	1.54	1.56	1.58

计算一致性比例 CR：

$$\mathrm{CR} = \dfrac{\mathrm{CI}}{\mathrm{RI}} \tag{9-13}$$

当 CR<0.10 时,认为判断矩阵的一致性是可以接受的;否则,应对判断矩阵作适当修正。

（4）判断矩阵调整

由于换乘骑行指标的影响因素比较复杂,即使是经验丰富的专家在对其进行分析评价时也可能存在一定的片面性,这样使构造出的判断矩阵往往不具有一致性,就需要对不一致的判

断矩阵进行调整,具体的调整步骤如下[7]:

假设存在判断矩阵 $A=[a_{ij}]_{n\times n}$(其中,$1<i\le n$,$1<j\le n$),首先计算比较变量 $b_{ij}=\dfrac{a_{ij}}{\bar{a}_{ij}}$;

如果 $b_{ij}<1$ 且 $a_{ij}=9$,则不需要计算偏离距离 d_{ij};如果 $b_{ij}>1$ 且 $a_{ij}=\dfrac{1}{9}$,也不需要计算偏离距离 d_{ij}。除了上述两种情况外,其他情况都需要计算偏离距离 d_{ij}。d_{ij} 的计算公式为:

$$d_{ij}=\left|1-\dfrac{a_{ij}}{\bar{a}_{ij}}\right| \tag{9-14}$$

比较出最大的 d_{ij},并记录元素的下标值 i 和 j,取 1~9 标度中最接近 $\bar{a}_{ij}$ 的数代替元素 a_{ij}。根据调整后的判断矩阵重新计算 $\lambda_{\max}$,并继续检验其一致性,如果不一致,按照以上方法继续进行调整,直到满足一致性为止。

(5)层次总排序一致性检验

除了检查指标层相对于准则层的一致性外,还需要检验指标层相对于目标层的总排序一致性。层次总排序一致性检验方法具体如下:

设准则层 A 包含 n 个指标 $A_1,A_2,\cdots,A_n$,其层次权重值分别为 $a_1,a_2,\cdots,a_n$,如果指标层 B 的指标对于 A_i 单排序的一致性指标 CI_i,相应的平均随机一致性指标为 RI_i,则指标层的总排序随机一致性比率为:

$$\mathrm{CR}=\dfrac{\sum_{i=1}^{n}a_i\mathrm{CI}_i}{\sum_{i=1}^{n}a_i\mathrm{RI}_i} \tag{9-15}$$

当 CR<0.10 时,认为层次总排序结果满足一致性要求。

9.2.2 基于 ArcGIS 平台空间叠加分析

1)轨道站点 Voronoi 划分

在确定轨道站点的换乘影响区时,以居民出行选择距离最近的轨道交通站点并且避免邻近站点换乘影响区重叠为原则,将研究范围划分为不同的范围。基于此原则,引入 Voronoi 图(又称泰森多边形)理论[8]。

本节采用 Voronoi 图分割整个研究区域,界定相邻站点的服务范围。Voronoi 图由荷兰气候学家 A.H.Thiessen 提出,是由一组连接两邻点线段的垂直平分线组成的连续多边形,一个 Voronoi 图内的任一点到构成该多边形的控制点的距离小于到其他多边形控制点的距离。其特点如下:每个 Voronoi 图内仅含有一个离散点数据;Voronoi 图内的点到相应离散点的距离最近;位于 Voronoi 图边上的点到其两边的离散点的距离相等。

Voronoi 图数学描述如下:设平面区域 B 上有一组离散点 (x_i,y_i)(其中 $i=1,2,3,\cdots,k$,k 为离散点的点数),若将平面区域 B 用一组直线段分成 k 个互相邻接的多边形,使得:

(1)每个多边形内含有且仅含有一个离散点;

(2)若区域 B 上任意一点 (x_1,y_1) 位于含离散点 (x_i,y_i) 的多边形内,存在不等式(9-16):

$$\sqrt{(x_1-x_i)^2-(y_1-y_i)^2}<\sqrt{(x_1-x_j)^2-(y_1-y_j)^2} \tag{9-16}$$

在$i\neq j$时恒成立；

(3)若点(x_1,y_1)位于含有离散点(x_i,y_i)和(x_j,y_j)的两个多边形的公共边上,则存在等式(9-17)：

$$\sqrt{(x_1-x_i)^2-(y_1-y_i)^2}=\sqrt{(x_1-x_j)^2-(y_1-y_j)^2} \qquad (9-17)$$

则由此用直线连接每两个相邻多边形内的离散点形成的多边形叫Voronoi图。

在本节中,离散点即为轨道交通站点,每个Voronoi图即为此轨道交通站点所承担换乘骑行需求的空间范围。具体的实现步骤如下。

步骤一：加载基础数据。导入已经获取的南京市轨道线网数据,校核地理坐标系。

步骤二：调用工具箱。在ArcGIS平台的邻域分析工具箱中选择创建泰森多边形工具,输入轨道站点shapefile要素文件,调整输出Voronoi图文件类型与输出字段。

步骤三：绘制Voronoi图。批量绘制轨道站点Voronoi图,将划分结果添加至图层。轨道站点的Voronoi图划分结果如图9-4所示。

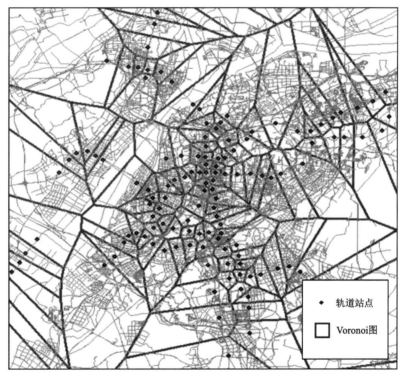

图9-4 南京市轨道交通站点Voronoi划分

2)换乘骑行时空圈层分析

传统的骑行时空圈层采用以轨道站点为圆心,百分位出行距离为半径的多环同心圆。该方法简单明了,便于理解,但是忽略了骑行过程中出行者实际受到道路网络的约束,出行起讫点距离可能会因为路网状况而增加。本节基于ArcGIS平台的网络分析功能,以研究区域道路网络为研究基础对换乘影响骑行时空圈层进行分析,与之对应的分析结果不再是规则图形,而是一定时间范围内出行者通过道路网所能抵达的范围。

ArcGIS 平台网络分析[9]主要包括最佳路径分析、服务区分析、最近设施点分析、OD 成本矩阵分析、车辆配送分析、位置分配分析,本节选用服务区分析功能。服务区分析的原理是:在给定的一个地理网络 $A(V,O,C)$ 内,V 表示该地理网络中所有节点的集合,O 表示该网络所有边的集合,C 表示该网络上的一个轨道交通站点;假定 m_{ij} 表示网络边 c_{ij} 的时间,t 表示网络上的任意一个节点到中心点(V_i,V_c)的某条路径,t_{ic} 表示该路径所需花费的时间,t_w 为设置的时间阈值,那么该设施的服务范围为满足下列条件的所有网络边和网络节点的集合 Q:

$$Q = \{v_i \mid t_{ic} \leq t_w, v_i \in t\} \cup \{c_{ij} \mid t_{ic} + m_{ij} \leq t_w, v_i \in t\} \qquad (9\text{-}18)$$

在本节中,轨道交通换乘影响区服务区中心为轨道站点,线为城市道路网,节点为各道路交汇点,阻抗用来存储每个轨道站点服务区不同多边形的中断值,即设定不同时间、距离的阈值表示可以到达的区域,模拟分析以轨道站点为中心点,特定时间内能在道路网换乘骑行覆盖的区域。具体的实现步骤如下。

步骤一:加载基础数据。导入已经获取的南京市轨道线网数据、OpenStreetMap 抓取的南京市城市路网数据,校准地理坐标系。

步骤二:建立网络数据集。通过对城市道路要素的几何计算获取长度数据,基于共享单车平均骑行速度批量处理骑行花费时间,本节选取南京市共享单车早晚高峰平均骑行速度 8km/h,设置网络数据集向导,并完成相关参数的选择及设置。

步骤三:阻抗中断设置。以骑行时长设置阻抗值,结合第 3 章南京共享单车换乘骑行的特性分析,确定以各类站点 50%百分位骑行时间、70%百分位骑行时间、90%百分位骑行时间为中断值,充分体现各类站点的换乘骑行时空特征,见表 9-11。

各类轨道站点周边共享单车出行时空范围　　　　表 9-11

轨道站点类型	百分位骑行时间			百分位骑行距离(m)		
	50%	70%	90%	50%	70%	90%
早流入-晚流出型	0:06:46	0:09:24	0:15:31	850	1214	2214
早流出-晚流入型	0:06:16	0:08:44	0:14:18	724	1104	1943
早晚双高峰型	0:06:40	0:09:17	0:15:14	829	1181	2026
全日均衡型	0:06:23	0:09:01	0:14:27	779	1126	1995

步骤四:绘制时空圈层。基于轨道站点周边的路网数据,绘制相应换乘骑行时空圈层图,将划分结果添加至图层。

参考上述步骤,以早流入-晚流出型兴隆大街站、早流出-晚流入型元通站为对比,生成相应轨道站点的时空圈层,绘制结果如图 9-5 所示。

3) 指标网络空间叠加分析

通过地理信息系统服务区分析获取的时空圈层不考虑供给设施点数量和骑行环境,只考虑路网的出行阻抗,不能直接作为轨道交通换乘影响区。因此,本节提出将南京城区划分为若干等大方格网作为交通计算网格,基于考虑各站点周边交通可达性、设施多元性及共享单车骑行活力度的换乘骑行指标,对时空圈层进行网络空间叠加分析,获取轨道交通换乘影响区范围。具体的实现步骤如下。

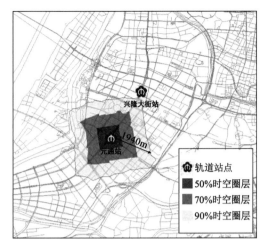 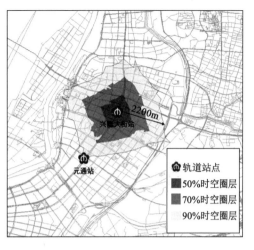

图 9-5　南京市典型轨道交通站点时空圈层对比

步骤一：划分计算网格。在轨道交通开发相关导则中[10]，街区尺度均控制在 200m 内。结合南京实际情况及换乘影响区精度，本节确定方格网大小为边长 100m。

步骤二：统计指标参数。统计每个方格网内交通设施数量、交叉口数量、道路网长度、骑行订单数量、餐饮设施数量、休闲设施数量、购物设施数量、生活服务设施数量及公园景点设施 POI 数量，并且归一化处理指标参数。

步骤三：核算衰减系数。计算每个方格的质心距离其所在对应轨道站点的距离。考虑到轨道交通站点对周边区域的影响力随距离的增加而有规律地衰减，即各个影响因子的影响力与距轨道交通站点的距离成反比。结合第 2 章换乘骑行特性分析中出行距离的累计分布曲线，通过换乘骑行使用率与距离之间的衰减函数计算其中的内在联系程度，如式(9-19)所示。

$$U = \begin{cases} 100 & (d \leq 500\text{m}) \\ 397.43\text{e}^{-0.468d/100} & (d > 500\text{m}) \end{cases} \tag{9-19}$$

步骤四：网络叠加分析。结合上述层次分析法确定评价指标各因子权重。网络叠加分析计算公式如式(9-20)~式(9-23)所示。

$$T_i = 0.2 \times M_i U_i - 0.3 \times N_i U_i + 0.5 \times R_i U_i \tag{9-20}$$

$$P_i = 1.0 \times D_i U_i \tag{9-21}$$

$$S_i = 0.2 \times C_i U_i + 0.2 \times L_i U_i + 0.2 \times B_i U_i + 0.2 \times K_i U_i + 0.2 \times G_i U_i \tag{9-22}$$

$$F_i = 0.4 \times T_i + 0.45 \times P_i + 0.15 \times S_i \tag{9-23}$$

式中，i 为第 i 个方格网；U 为影响率衰减系数；M、N、R、D 为交通设施数量、交叉口、道路网、共享单车骑行量归一化数值；C、L、B、K、G 为餐饮、休闲、购物、生活服务、公园景点 POI 数据归一化数值；T 为交通通达度；P 为骑行活力度；S 为空间多元度；F 为基础骑行指数。

根据上一节的时空圈层分析结果，通过 ArcGIS 平台将 Voronoi 图层文件与时空圈层相交，划分相邻站点的时空圈层归属，再分别将处于 3 个圈层内的方格网分别赋值 90、70、50，其余为 0，得到每个方格网换乘骑行距离的时空圈层指数。根据数据分析、层次分析法确定时空圈层指数和基础骑行指数的叠加权重系数，见表 9-12。

时空圈层指数和基础骑行指数权重指标　　　　　表 9-12

类　　别	权　　重
时空圈层指数	0.7
基础骑行指数	0.3

通过 ArcGIS 平台的 Modelbuilder 模块将以上一系列地理处理工具串联在一起,网络叠加分析的算法步骤如图 9-6 所示。调试运行网络空间叠加分析,计算轨道站点周边每个网格的换乘骑行指标结果。

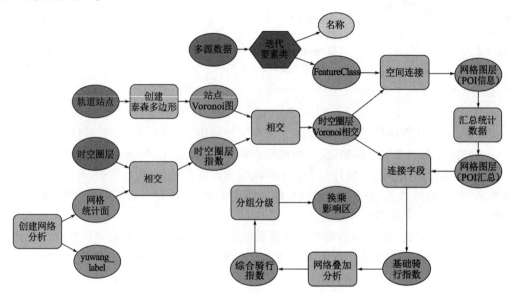

图 9-6　网络空间叠加分析 Modelbuilder 模块实现

步骤五:影响区界定。自然间断点分级法基于数据中固有的自然分组,对分类间隔加以识别,对相似值进行最恰当的分组,使各个类之间的差异最大化。针对各轨道交通站点时空圈层与换乘骑行指数叠加结果,通过使用 ArcGIS 平台自然间断点分级法处理工具进行分级分组,分别得到核心圈层、辐射圈层与外围圈层。其中,核心圈层内主要完成共享单车与轨道交通的换乘衔接;辐射圈层内,换乘骑行相比较其他换乘轨道交通出行方式优势明显;外围圈层是"轨道交通+共享单车"组合出行模式的最大影响区范围,作为下一节轨道交通换乘影响区共享单车设施布局配置的空间边界。以上 3 个圈层共同组成各个站点的换乘影响区。

9.3　换乘区共享单车设施布局配置

基于上文轨道交通换乘影响区的研究基础,设施布局配置的对象包括影响区内轨道站点的共享单车设施,也包括影响区内的服务于商业、办公、居住等较远处的共享单车设施,这些远端的共享单车设施与轨道交通站点的共享单车设施形成"OD 点对"。因此,共享单车设施布局配置首先需要确定换乘影响区内主要轨道交通出口、商办居住区设施备选点的位置与车辆初始投放数量。本节针对共享单车自带 GPS 定位系统已经产生了大量真实用户出行数据的特点,提出共享单车设施备选点预测方法,合理确定影响区内共享单车换乘轨道交通设施备选点的位置与初始投放数量。

9.3.1 轨道换乘影响区设施备选点预测

1) 设施备选点配置方法建立

共享单车设施布局配置首先需要确定设施备选点的位置与初始配车量。由第3章预处理的换乘骑行订单数据可知,大量的骑行的起讫点位置一定程度上反映了共享单车出行的空间移动特征。考虑到共享单车上一次出行终点和下一次出行起点绝大部分情况下都是重合的,选取出行起点为研究对象。因此,可以按照空间相关性标准将骑行订单的起终点位置划分为不同的组合,进而较为准确地确定共享单车设施备选点的位置与初始配车量。

K-Means二维空间聚类分析是一种能够把研究对象按空间相似性程度划分为不同空间类别的方法。实现二维空间聚类的原理如下:

(1) 随机选取 K 个对象作为初始的聚类中心。
(2) 计算每个对象与各个初始聚类中心之间的距离,把每个对象分配给距离它最近的聚类中心。
(3) 将各个类别内的算术平均值作为新的聚类中心。
(4) 这个过程将不断重复,直到满足没有对象被重新分配给不同的聚类、没有聚类中心再发生变化或者误差平方和局部最小为止。

通过对第3章经过预处理的换乘骑行订单数据进行聚类,从而找出骑行订单转移次数较为频繁密集的空间点。根据聚类中心的位置和服务范围内高峰小时车辆使用数即可预测研究中出行共享单车设施备选点的位置和初始配车数量。

2) 设施备选点聚类评价指标

用户使用共享单车的典型流程为:步行到达可用车辆停放位置,开锁骑行到达目的地。当步行找车距离过长时,用户会放弃使用共享单车,改用其他交通方式。根据上一节广义出行成本分析,当共享单车和步行广义出行成本相等时,此时即为共享单车出行的最大可接受步行找车距离。相应地,最大可接受步行找车距离就是聚类分析中的设施备选点的最大服务范围半径[11]。

共享单车出行订单数据分析表明,平均换乘骑行距离为1.2km,平均出行时间为9min。相关研究显示,为简化计算单位出行时间价值 $\lambda = \dfrac{Income}{T} \cdot \varphi$,取5.1元/h,步行速度一般为4km/h,骑行速度为8km/h。假定步行找车距离为 Xkm,出行距离为1.2km时,步行出行时间 T_{walk} 是16min。共享单车广义出行成本为步行找车时间 T_{walk}、起终点间骑行时间 T_{bike}、骑行租金的 δ_{bike} 之和。当共享单车出行效能和步行效能相等时,得到下述等式:

$$C_{\text{walk-R}} = \lambda_t \times T_{\text{walk}} = 5.1 \times \frac{1.2}{4} \tag{9-24}$$

$$C_{\text{bike-R}} = \lambda_t \times (T_{\text{walk}} + T_{\text{lock}} + T_{\text{bike}}) + \delta_{\text{bike}} = 5.1 \times \left(\frac{X}{4} + \frac{2}{60} + \frac{9}{60}\right) + 0.5 \tag{9-25}$$

令 $C_{\text{walk-R}} = C_{\text{bike-R}}$,此时 $X \approx 0.233\text{km} = 233\text{m}$,取整处理为250m。即共享单车出行能接受的最大步行找车距离大约为250m。站点服务方位半径可以作为共享单车聚类结果的评价指标,聚类结果需要满足最大半径要求。

3）设施备选点聚类分析流程

本节主要研究骑行换乘轨道交通的共享单车，因此，选取换乘轨道交通且其起点或终点落在轨道交通站点换乘影响区内的共享单车。为了聚类结果准确真实，将坐标系投影变换为 ArcGIS 中 WGS_1984_UTM_Zone_50N 投影坐标系。因为用户是在备选点服务范围内步行可达的车辆停放位置，所以使用欧几里得距离作为聚类分析中使用的距离，式（9-26）如下：

$$D_{ij} = \sqrt{(x_i - x_j)^2 + (y_i - y_j)^2} \tag{9-26}$$

选取摩拜单车订单数据的出行起点作为研究对象，对典型站点换乘影响区内共享单车出行起点进行聚类分析，将聚类中心拟定为相应的设施备选点，分析聚类结果后得到合理有效的设施备选点数量和位置。具体聚类过程如下：

（1）筛选某一天中终点坐标为典型轨道交通站点各个出站口 50m 范围内的共享单车订单数据，认为这些共享单车为换乘轨道交通的共享单车。

（2）再次筛选换乘轨道交通的共享单车，得到起点坐标位于轨道交通站点换乘影响区，即通过轨道交通站点网络叠加分析并结合实际地块修正获取的换乘影响区内的共享单车。

（3）将筛选出的共享单车的起点坐标进行聚类，不断调整聚类数目，使聚类数目足够大，能够使同一个类的起点坐标组成的凸包的面积足够小，在步行可达范围内。

（4）将结果数据整合导入 ArcGIS 工具，进行聚类结果的可视化处理，标注聚类中心，并绘制聚类边界。

4）设施备选点聚类结果分析

（1）典型站点设施备选点分析

以南京轨道交通 2 号线的早流入-晚流出型兴隆大街站为例。由获取的兴隆大街换乘影响区范围，参照上述设施备选点预测的实现步骤，调用 Python 程序对共享单车订单数据进行二维空间聚类，并且反复迭代计算不同 K 值下的二维空间聚类误差平方和，相应的结果图如图 9-7 所示。

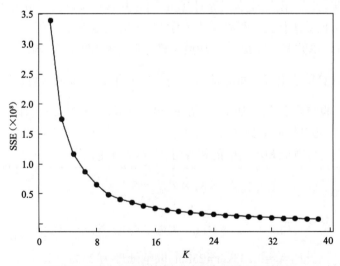

图 9-7 兴隆大街站共享单车分布聚类误差平方和结果

由图9-7可知,当 K 大于24时,误差平方和趋于稳定,即大于24的 K 值均可以被接受。考虑同一类的起点坐标组成的凸包服务半径小于250m,进而使其处于出行者步行寻车可接受距离之内,需要为了增加设施备选点方案的灵活性,选择数量多于拐点的方案,即 K 取30。

经过调试,将所有的坐标分为30类时的分类效果良好,将分类完成的数据导入ArcGIS,作出兴隆大街站共享单车分布聚类结果图,如图9-8所示。

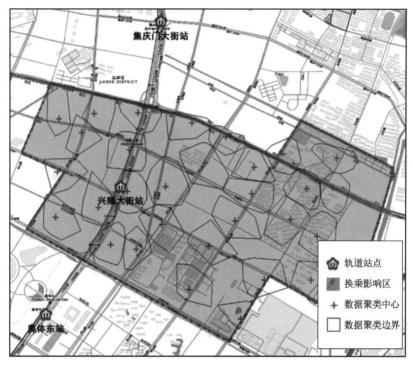

图9-8 兴隆大街站共享单车分布聚类结果

由图9-8可知,每一类的共享单车起点坐标所围成的凸包的面积约为 $0.16km^2$,约等于半径为200m的圆,是出行者可以接受的步行距离。共享单车的分布与预测一致,除少数GPS定位漂移外,共享单车的使用主要聚集在居民区和学校出入口处等。可以认为该分布是有效的,且聚类效果良好。换乘影响区内的共享单车设施备选点位置依据上述订单数据聚类中心并结合实际道路、用地情况设定。

(2)设施备选点初始配置方法

由第3章换乘骑行特性分析可知,共享单车换乘轨道交通具有明显的潮汐特性,一天中的共享单车使用量变化明显。对于共享单车的每一个设施备选点,其使用量是在不断变化的,因此对应的需求量和供应量在一天之中也是变化的。对于共享单车的时空资源配置来说,合理的投放是最主要的内容。

特别的,城市轨道交通站点的出入口是共享单车换乘衔接的关键节点,出行者在出入口附近大量的取还车需求使得轨道站点出入口处不同于其他设施备选点而必须设置共享单车设施点,且需要满足高峰小时的共享单车换乘骑行需求。因此,结合换乘骑行订单数据,共享单车的使用量转化为初始供应量可由式(9-27)表示。

$$C = U \times \frac{\alpha}{\beta} \tag{9-27}$$

式中：C——共享单车设施备选点的初始供应量；

U——共享单车的使用量；

α——共享单车的供应比例，一般取 0.9~1；

β——共享单车的单位时间周转率，高峰小时取 2，平峰时期取 0.5。

9.3.2 基于备选点的双层规划配置模型

基于备选点的双层设施规划布局配置模型的基本原理，是在满足供应以及需求约束下，结合共享单车设施备选点的服务能力覆盖范围追求（包含提高共享单车换乘轨道交通的数量、降低设施配置运营费用、减少总体广义出行成本），优化共享单车设施布局配置方案，从而引导出行者选用共享单车换乘轨道交通，促进多种组合出行方式间的运能转化。

1) 双层规划布局配置模型假设

为更好地抽象化建立模型对换乘影响区内的共享单车设施进行布局配置，对以下部分条件需要做一定的假设与简化：

(1) 假设轨道换乘影响区内各交通小区出行者具有相同的性质。

(2) 利用手机信令可以得到的各交通小区全天前往轨道站点出行 OD 和高峰时段的出行 OD，假设等于各个交通小区前往轨道站点的潜在人数。

(3) 模型着重关注与共享单车直接竞争的步行及公共交通出行方式，不予考虑采用小汽车等出行方式前往轨道交通站点或抵达出行终点。

(4) 假设选择共享单车以及常规公交换乘轨道交通，均以轨道交通站点为出行终点，并且抵达两种出行终点后的广义出行成本相同。

(5) 假设出行者共享单车骑行换乘轨道交通的天气、交通条件良好条件，考虑服务范围内的多个设施点。

(6) 假设出行者选择乘用常规公交换乘轨道交通时，为简化计算，只选择距离出发点最近的公交车站乘坐常规公交。

(7) 假设常规公交运营正常并且按时刻表发车，不考虑公交拥堵造成的等待或运行时间过长等情况。

2) 双层规划布局配置模型建立

在上一节设施备选点的研究基础上，共享单车设施布局配置的优化属于双层规划问题[12]。上层模型的决策者是规划管理者，下层模型的决策者是交通小区出行者。管理者在考虑配置成本、服务水平等条件下根据设施备选点制定共享单车设施的布局配置方案，引导出行者的出行选择，与管理者布局配置方案相应地可以生成新的多出行方式选择。出行者根据新规划配置的共享单车设施，对自己从出行发生点至换乘轨道交通站点的出行广义成本进行估计，从步行、共享单车、公交 3 种出行方式中选择合适的换乘出行方式。

第9章 城市轨道交通站点共享单车设施布局配置方法

与之对应的,规划管理者能够参考出行者的出行选择,调节共享单车系统的布局和规模,此时设施布局配置方案与出行行为选择彼此作用,最终达到一个较优的平衡状态。为了求解以上问题,考虑规划管理者和出行者形成的主从博弈关系,分别从共享单车配置方案的综合目标效益最大化和用户广义出行成本最小化的角度出发建立上、下层模型,构建轨道换乘影响区共享单车设施布局配置的双层规划模型。

(1) 上层模型

结合备选点,管理者通过设置不同的共享单车设施点规划方案,调整多方式换乘的广义出行成本,从而对出行者换乘轨道交通出行选择起到一定的引导作用。管理者根据轨道交通站点换乘影响区内出行者的设施点需求,可以求得规划方案的综合效益。上层模型是一个共享单车设施整体最优问题,规划管理者希望在有限的资源投入下吸引更多的人选用共享单车+轨道交通换乘出行,并保障共享单车系统的服务水平。本节主要用共享单车换乘轨道交通出行量、共享单车设施建设运营成本、系统广义出行成本对设施布局配置的综合效益进行量化。因此,上层模型的目标函数如下:

① 共享单车换乘骑行量。

共享单车换乘骑行量即轨道换乘影响区内交通小区需求点前往采用单车骑行换乘轨道交通人数,可以表示为:

$$F_1 = \sum_{i=1}^{I} \sum_{j=1}^{J} N_{ij}^{\text{bike}} \tag{9-28}$$

② 设施运营成本。

设施运营资源成本主要包括单车设施点运营成本与换乘骑行配车过载浪费惩罚,可以表示为:

$$F_2 = \sum_{j=1}^{J} (pX_j + qW_j) \tag{9-29}$$

③ 总体广义出行成本。

轨道换乘影响区内总体广义出行成本包括步行前往轨道站点、常规公交前往轨道站点以及共享单车换乘轨道站点的广义成本,可以表示为:

$$F_3 = \sum C_{\text{walk-R}} + \sum C_{\text{bike-R}} + \sum C_{\text{bus-R}} \tag{9-30}$$

事实上,受投入资金、城市发展情况、规划区域开发强度等因素的限制,共享单车系统的建设很难做到一步到位。共享单车系统的建设应该是一个从稀疏到密集、从少量到大量的循序渐进、不断完善的过程。在不同的规划期内,规划目标应有所不同,因此共享单车应满足不同的覆盖要求,即对于同一个交通小区,随着共享单车系统的逐步完善,能够为该交通小区提供服务的设施点应逐渐增多。结合渐进覆盖的思想,建立双层规划的共享单车设施布局配置模型,上层模型的约束条件如下:

$$C_j = \max \frac{\sum_{i=1}^{I} N_{ij}^{\text{bike}}}{\alpha_{\text{周转率}}} \leqslant GX_j \quad (\forall j \in J) \tag{9-31}$$

$$\sum_{j=1}^{J} X_j \leqslant P \tag{9-32}$$

$$d_{mn} \geqslant X_m X_n d_{\min} \quad (\forall m,n \in J; m \neq n) \tag{9-33}$$

$$W_j = \begin{cases} C_j - U_{\max} & (C_j > U_{\max}) \\ 0 & (U_{\min} < C_j < U_{\max}) \\ C_j - U_{\min} & (C_j < U_{\min}) \end{cases} \tag{9-34}$$

$$f_i(D_{ij}) = \begin{cases} 1 & (D_{ij} < R_{\min}) \\ \dfrac{1}{2} + \dfrac{1}{2}\cos\left[\dfrac{\pi}{R_{\max} - R_{\min}}\left(D_{ij} - \dfrac{R_{\max} + R_{\min}}{2}\right) + \dfrac{\pi}{2}\right] & (R_{\min} < D_{ij} < R_{\max}) \\ 0 & (R_{\max} < D_{ij}) \end{cases} \tag{9-35}$$

$$\sum_{j=1}^{J} f_i(D_{ij}) X_j \geqslant V \quad (\forall i \in I) \tag{9-36}$$

$$X_j \in \{0, 1\} \tag{9-37}$$

$$C_j \geqslant 0, 且均为整数 \tag{9-38}$$

式中,i 为区域内交通小区需求点编号,$i \in \{1,2,3,\cdots,I\}$；G 为极大的正数；P 为最大设施点个数；j 为区域内共享单车备选停放点编号,$j \in \{1,2,3,\cdots,J\}$；N_{ij}^{bike} 为从交通小区需求点 i 步行前往设施点 j 骑行抵达轨道交通站的人数；X_j 为是否选择在备选点 j 建立停放点,是为1,否为0；C_j 为计划期初应在备选停放点 j 投放的单车数量；p 为在设施备选点 j 的建设成本及日常运营管理成本；q 为被选中的设施点每超过或者少于上下限单车数量一辆将增加的建设和管理费用；W_j 为被选中的设施点每超过或者少于基本单车的数量；$U_{\max}$ 和 $U_{\min}$ 为被选中的设施点基本单车数量的上下限,分别取值10、50；$f_i(D_{ij})$ 为共享单车设施备选点 i 对需求点 j 的覆盖程度；D_{ij} 为交通小区需求点 i 与备选点 j 之间的距离；$R_{\max}$ 与 $R_{\min}$ 为各备选点覆盖交通小区需求点的衰减半径的上下限；V 为交通小区需求点最低覆盖度限制,建设初期取小值,后期取值可适度逐步增加。

其中：

式(9-31)表示当某一备选点被选择作为设施点才能在该点投放配置车辆；

式(9-32)表示实际建立设施停放点的数量不得超过计划建立设施停放点的数量；

式(9-33)表示各设施停放点之间的距离不得小于规定的最小间距；

式(9-34)表示设施点实际投放的单车数量对应的换乘过载惩罚；

式(9-35)表示设施点对应需求点的覆盖程度计算值,该函数在阈值 $R_{\max}$ 与 $R_{\min}$ 附近的覆盖度变化较小,而在曲线中间变化较大；当距离超过最大半径 $R_{\max}$ 时,覆盖度为0,表示该设施点不能为该交通小区需求点服务；

式(9-36)表示每个交通小区需求点被覆盖的程度不得小于规定值；

式(9-37)和式(9-38)表示设施备选点变量是否被选中以及设施点配车数量的取值范围。

根据以上目标函数与约束条件分析,上述多目标优化问题可以采用线性加权法[13]转化为如下单目标优化问题进行处理,即上层模型设施布局配置的总体效益目标函数为：

$$\max F = \lambda_1 \varphi_1(x) - \lambda_2 \varphi_2(x) - \lambda_3 \varphi_3(x) \tag{9-39}$$

式中,各目标权重系数满足 $\lambda_1 + \lambda_2 + \lambda_3 = 1$；$\varphi_i(x)$ 是采用如下无量纲化方法对原始各个目标函数 $F_i(x)$ 进行处理得到的：

$$\varphi_i(x) = \frac{F_i - F_i^{\min}}{F_i^{\max} - F_i^{\min}} \tag{9-40}$$

(2)下层模型

下层模型的决策者是小区出行者,上层决策者制定轨道换乘影响区共享单车设施布局配置方案,各个需求点出行者基于前往轨道站点换乘的广义出行成本对出行方式进行选择,出行者的选择行为大量集聚形成步行、共享单车、公交换乘轨道交通的流量变化。出行者根据上层管理者优化的共享单车设施点布局方案进行出行方式选择,从而产生多种组合出行换乘轨道交通的出行需求。下层决策者通过各种组合出行方式的出行生成量,对上层模型的布局配置方案进行反馈,凭借出行生成量来求得上层模型目标函数中的共享单车系统综合效益。

期望换乘轨道交通的出行者倾向于选择广义出行成本最少的衔接换乘方式,这一过程可以抽象为多方式组合出行的方式划分问题[14]。基于上述分析,以广义出行成本最小化为原则构建出行者下层方式选择 Logit 模型,出行者在步行、共享单车、常规公交 3 种衔接换乘轨道交通的出行方式中选择。其中,P_n 为选择出行方式概率,c_n 为出行者以该方式出行的单位广义出行成本,计算公式如下:

$$P_n = \frac{\exp(-\beta C_n)}{\sum_n \exp(-\beta C_n)} \quad (n = \{\text{bus-R}, \text{bike-R}, \text{walk-R}\}) \tag{9-41}$$

为了避免指数级增长使误差增大,需要对式子进行均值化处理,即各指数项部分除以各出行方式的平均广义出行费用 $\bar{C}$,其中 β 为修正系数,一般取 3~3.5[15],所以改进后的模型为:

$$P_n = \frac{\exp(-\beta C_n/\bar{C})}{\sum_n \exp(-\beta C_n/\bar{C})} \quad (n = \{\text{bus-R}, \text{bike-R}, \text{walk-R}\}) \tag{9-42}$$

结合本章广义出行成本分析,轨道交通站点换乘影响区内步行、共享单车、公交换乘轨道交通总广义出行成本根据下式进行计算:

$$\sum C_{\text{walk-R}} = \sum_{i \in I}\sum_{j \in J} C_{\text{walk-R}} N_i^{\text{walk}} = \sum_{i \in I}\sum_{j \in J} \left(\lambda \times \frac{D_{iR}}{V_{\text{walk}}}\right) \times N_i^{\text{walk}} \tag{9-43}$$

$$\sum C_{\text{bike-R}} = \sum_{i \in I}\sum_{j \in J} C_{\text{bike-R}} N_{ij}^{\text{bike}} = \sum_{i \in I}\sum_{j \in J} \left[\lambda \times \left(\frac{D_{jR}}{V_{\text{bike}}} + T_{\text{lock}} + \frac{D_{ij}}{V_{\text{walk}}}\right) + \delta_{\text{bike}}\right] \times N_{ij}^{\text{bike}} \tag{9-44}$$

$$\sum C_{\text{bus-R}} = \sum_{i \in I}\sum_{j \in J} C_{\text{bus-R}} N_i^{\text{bus}} = \sum_{i \in I}\sum_{j \in J} \left[\lambda \times \left(\frac{D_{ik}}{V_{\text{walk}}} + T_{\text{wait}} + \frac{D_{kR}}{V_{\text{bus}}}\right) + \delta_{\text{bus}}\right] \times N_i^{\text{bus}} \tag{9-45}$$

式中,λ 为单位出行时间价值,元/h;D_{iR} 为小区需求点 i 步行前往轨道交通站点的距离;D_{ij} 为从小区需求点 i 步行到第 j 个共享单车设施点的步行距离;D_{jR} 为从第 j 个共享单车设施点到轨道站点的骑行距离;D_{kR} 为从常规公交站点 k 到轨道站点的距离;N_i^{walk} 为从小区需求点 i 步行前往轨道交通站点的人数;N_{ij}^{bike} 为从小区需求点 i 步行前往设施点 j 换乘骑行抵达轨道交通站点的人数;N_i^{bus} 为从小区需求点 i 乘坐常规公交换乘轨道交通的人数;V_{walk}、V_{bike}、V_{bus} 为出行者的步行、共享单车骑行以及乘坐常规公交的行程速度;T_{lock} 为共享单车的开关锁时间;T_{wait} 为常规公交的平均候车时间;δ_{bike} 为单次骑行共享单车的平均花费;δ_{bus} 为单次乘用常规公交的平均花费。

其中:

式(9-43)表示步行换乘轨道交通的广义出行成本；

式(9-44)表示共享单车换乘轨道交通的广义出行成本；

式(9-45)表示常规公交换乘轨道交通的广义出行成本。

根据以上分析，下层规划模型约束条件：

$$\sum_{j=1}^{J} N_{ij}^{n} = O_i \times P_n = O_i \times P_n \quad (n = \{\text{walk}, \text{bike}, \text{bus}\}) \tag{9-46}$$

$$N_{ij}^{\text{bike}} \leq Gf(D_{ij})X_j \tag{9-47}$$

约束条件方面：

式(9-46)表示各个小区需求点的换乘轨道交通的出行需求均能被满足；

式(9-47)表示共享单车出行者只选择在覆盖范围内且已建成的共享单车设施点。

3) 双层规划布局配置模型求解

本章构建的轨道换乘影响区双层规划模型属于设施布局配置问题的范畴，参考已有文献可知传统的设施布局配置问题已经被证明是 NP-hard 问题[16]。因此，作为传统问题的扩展及变形，本节有待求解的考虑出行方式选择的优化问题也是典型的 NP-hard 问题。对于此类问题，当问题规模很小时使用精确算法即可求得最优解，而当问题规模逐渐增大时，求解时长则以指数速度爆炸式增长，精确求解全局最优解几乎变得不可能。因此，运用启发式算法求解复杂的组合优化问题，在可接受的运算时间内寻求近似最优解更具现实意义。

遗传算法(genetic algorithm)是模拟生物界进化过程中物种基因在多代遗传的规则而设计的算法，一方面对目标函数、约束条件等无限制，不强制要求函数连续性，具有自调节特性，搜索更为灵活；另一方面，并行计算，寻找最优解的速度较快[17]。

遗传算法通过交叉、变异操作多次迭代模拟自然环境中的遗传和进化。优化过程中有种群大小、迭代最大次数、交叉概率和变异概率 4 个重要参数，它们起着决定性作用。种群和最大迭代次数取值确定计算和搜索时间。交叉和变异决定能否稳定搜索。种群大小和迭代次数取值决定搜索精度和计算时间。变异和交叉概率决定过程稳定性以及最优控制变量的获取。算法的详细步骤如下：

步骤一：算法初始化。设置初代种群规模 f_n、最大遗传代数 T、交叉概率、变异概率，在上层规划的界约束内随机生成 f_n 个初始解作为初始种群 $P(0)$，设置进化代数 $t=0$。转步骤二。

步骤二：个体评价。根据种群中的每个个体，生成对应的广义出行成本，按照广义出行成本进行方式划分，得到各个交通小区每种出行方式的分担率，进而将出行方式划分的结果代入上层规划的目标函数中，得到共享单车换乘骑行量及设施建设运营成本。转步骤三。

步骤三：选择运算。遵循优胜劣汰，根据个体适应度函数取值在整个群体综合取值的比重，确定个体被认为是优胜个体的概率。常用方法为轮盘赌选择法，选择后的个体随机组成交配对。转步骤四。

步骤四：交叉运算。交叉运算是遗传算法的核心算子，首先判断父代个体是否交叉及交叉节点，采用单点交叉算子，随即寻找另一个个体及其交叉节点，将这两个个体根据节点位置进行交叉，组成两个新个体。转步骤五。

步骤五：变异运算。变异是随机改变群体中部分个体的某些值。遗传算法通过变异算子可以维持群体多样性，防止出现未成熟收敛现象，避免局部最优解，并提高局部搜索能力，加速向最优解收敛。转步骤六。

步骤六:生成群体。群体经过选择、交叉和变异运算后得到下一代群体。令 $t=t+1$ 生成新的种群后代 $P(t+1)$。转步骤七。

步骤七:停止条件。根据最优个体适应度或最大遗传代数 T 等停止规则,满足条件,算法终止,否则重复步骤二~六,直至满足条件为止。

算法流程如图 9-9 所示。

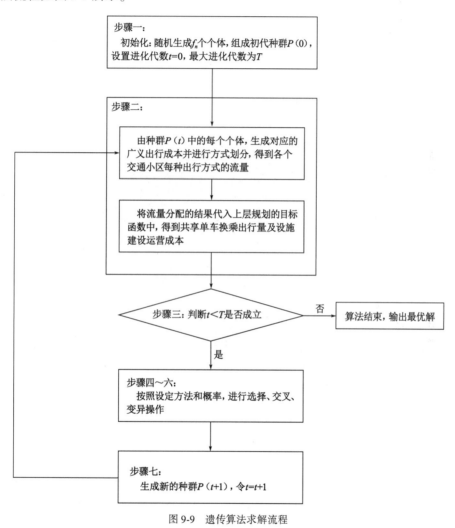

图 9-9 遗传算法求解流程

9.4 实例分析

9.4.1 案例研究背景

兴隆大街站为南京轨道交通 2 号线的车站,位于南京市建邺区江东中路与兴隆大街交叉路口。站点呈东西向布置,车站的建筑面积是 $12377m^2$,共设置 2 个出入口,其中 1 号出口靠近中国农业银行建业支行、欧洲城凯旋丽都花园,2号出口靠近龙文教育。本节算例选取兴隆大街站换乘影响区域作为主要研究区域,该研究区域的范围是西至华山路,东至西城路,北至内环南线,南至梦都大街。

使用设施备选点预测方法,选取该区域换乘骑行数据进行二维空间聚类分析,以获得的订单骑行数据的聚类中心为参考,得到散落于换乘影响区内部各处的30个设施备选点,将换乘骑行数据根据欧氏距离最小原则划入设施备选点。图9-10为设施备选点空间分布情况。

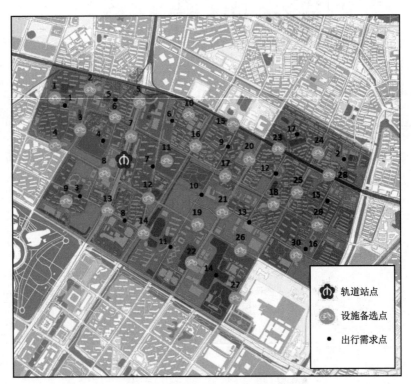

图9-10 兴隆大街站共享单车设施备选点预测

9.4.2 模型求解结果分析

基于所提出的双层设施布局配置优化模型,采用Python编程实现遗传算法进行优化求解。遗传算法编码方式为二进制编码,求解模型的具体设置见表9-13。经过多次试验计算,本节提出的算法在处理器为Intel(R)Core(TM)i7-4510U、内存为12G的笔记本电脑上运行。

遗传算法具体设置参数　　　　　　　　　　表9-13

参数名称	遗传代数	种群规模	交叉概率	变异概率
设定数值	200	100	0.5	0.2

经过选择、交叉、变异计算后可以获得相对满意的染色体可行解,目标函数的种群均值变化和解的变化如图9-11所示。从算法的收敛曲线可以看出,本节设计的遗传算法可以达到收

敛,此时种群趋于稳定,不会产生太大的变化。计算机算法程序在经历了69代的迭代运算之后,得到该算例的模型最优求解结果。

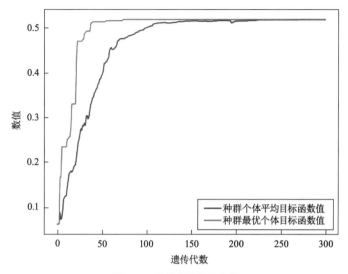

图 9-11　遗传算法收敛曲线

通过提取遗传算法迭代运算中初代与最优设施布局配置方案,在满足模型基本约束条件的前提下对比分析初代与最优方案的差异。图 9-12 为共享单车设施点初代方案空间分布情况,图 9-13 为共享单车设施点最优方案空间分布情况。

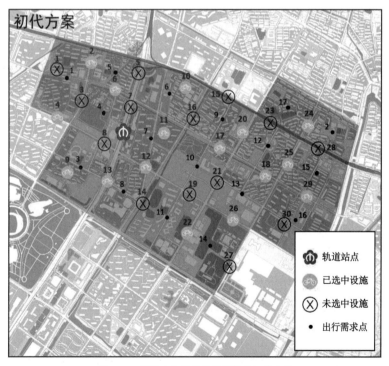

图 9-12　兴隆大街站共享单车设施初代方案

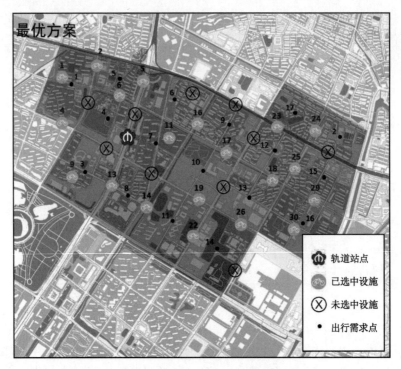

图 9-13 兴隆大街站共享单车设施最优方案

参考初始配车量计算方法,轨道站点出入口处初始配车数量根据换乘骑行订单数量计算为125辆,初代备选点配车数量以及优化后的备选设施点设施配车数量,见表9-14、表9-15。

共享单车设施点初代方案及配车数量　　　　　　　　表9-14

设施备选点	配车量(辆)	设施备选点	配车量(辆)	设施备选点	配车量(辆)
1	0	11	10	21	0
2	47	12	23	22	49
3	0	13	35	23	0
4	27	14	0	24	44
5	0	15	0	25	30
6	33	16	0	26	40
7	0	17	22	27	0
8	0	18	17	28	0
9	20	19	0	29	54
10	11	20	16	30	0

共享单车设施点优化方案及配车数量　　　　　　　　表9-15

设施备选点	配车量(辆)	设施备选点	配车量(辆)	设施备选点	配车量(辆)
1	20	4	20	7	0
2	33	5	25	8	0
3	0	6	29	9	21

续上表

设施备选点	配车量(辆)	设施备选点	配车量(辆)	设施备选点	配车量(辆)
10	0	17	25	24	42
11	14	18	18	25	30
12	0	19	28	26	41
13	34	20	0	27	0
14	29	21	0	28	0
15	0	22	40	29	39
16	24	23	28	30	19

结合以上图表进行对比分析,得到以下结论:

(1)从总体供给的角度来看,最优方案相比初代方案增加了设施点数量,能够提供更多的共享单车,满足潜在的换乘骑行需求。在满足基本约束条件的前提下,初代方案配置16个共享单车设施点,共计477辆共享单车,设施点平均配车量为30辆;最优方案配置20个共享单车设施点,共计560辆共享单车,设施点平均配车量为28辆。

(2)从空间位置的角度来看,最优方案与初代方案存在一定差异。最优方案在增设设施点5、14、19、23、30协同服务相邻的交通小区,因此最优方案的交通小区1、5、11、16、17的出行者有了更多可以进行换乘骑行的选择,从方便出行者换乘骑行的角度,减少了换乘骑行的广义出行成本。此外,最优方案不存在如17、22设施点单独服务于某个交通小区的问题,避免了单个设施点承受过多换乘骑行需求、配车过多的问题,减少了设施运营成本的换乘过载惩罚,因此,也一定程度提升了综合目标函数的效益值。

(3)从单点配车的角度来看,最优方案相比初代方案的设施点互为补充,配车量相对更加均衡。初代方案的最大配车量为54辆,最小配车量为10辆,设施点配车量方差较大,且存在配车量超过基本配车数导致引起过载惩罚的情况;与之相对应的,最优方案的最大配车量为41辆,最小配车量为14辆,配车数量均满足设施点基本配车量,结合高峰时期良好的实时共享单车车辆调度,能够避免可能出现的车辆堆积与无车可用的问题。

初代方案与最优方案各项指标的对比情况见表9-16。

双层布局规划各项指标对比 表9-16

指 标	初代方案	最优方案	变 化 值
开放站点数(个)	16	20	25%
换乘骑行量(人次)	955	1121	17.4%
广义出行成本(元)	32300	30235	6.4%
设施运营成本(元)	17600	20000	13.6%
综合评价指标	0.04	0.52	0.48

由表9-16可知,优化后共享单车设施点数量为20个,总出行成本为30235元,减少3259元。相比初代方案:开放站点总数增加了4个,共享单车换乘轨道交通骑行人数为1121人,换乘骑行量提高了17.4%;广义出行成本降低了6.4%,设施运营成本增加了13.6%,综合评价指标提升了0.48。

以上结果表明,模型对设施备选点优化效果较好,究其原理,主要包含以下两方面:

(1)模型优化效果与换乘影响区设施布局的多目标权重博弈相关。理论上,一方面考虑换乘骑行量最大化与设施点最少化,需要尽可能降低换乘骑行的广义出行成本,尽可能选取步行距离最短的设施点,并提供充足的共享单车满足骑行需求。另一方面,如果设置过于少的设施点,则大量共享单车堆积会增加对应换乘骑行量的过载惩罚;反之,过多的设施点则会因为供过于求触发资源浪费惩罚,所以最优布局配置方案需要同时考虑多目标优化的综合效果,求解综合效益最优的布局配置方案。

(2)模型优化效果与输入共享单车设施布局配置模型的参数相关。双层规划模型是上层选址方案与下层方式划分互相影响、动态变化的寻优模型,假定总体出行需求不变的前提下,共享单车、常规公交的单次使用成本参数设定会改变广义出行成本,引起出行方式分担率的变动,进而间接影响设施备选点方案。设施点总供给数量与基本配车数量会直接影响设施备选点方案的个数与配置车辆数,进而对方式划分出行分担率的最终结果产生影响。

本章参考文献

[1] 樊东卫,何勃亮,李长华,等.球面距离计算方法及精度比较[J].天文研究与技术,2019,16(1):69-76.

[2] 张可,徐晓燕.共享单车与轨道交通接驳利用率研究——以合肥地铁一号线为例[J].华中建筑,2019,37(10):62-68.

[3] GUO Y,HE S Y.Built environment effects on the integration of dockless bike-sharing and the metro[J].Transportation Research Part D:Transport and Environment,2020,83:102335.

[4] LI W,TIAN L,GAO X,et al.Effects of dockless bike-sharing system on public bike system:Case study in Nanjing,China[J].Energy Procedia,2019,158:3754-3759.

[5] 程龙.城市公共自行车租赁点选址及调度模型研究[D].南京:东南大学,2019.

[6] 刘梦丽.公共自行车系统使用者满意度的多层次模糊综合评价[D].镇江:江苏大学,2016.

[7] 曹芳洁.基于POI和OSM数据的城市意象要素识别[D].济南:山东师范大学,2019.

[8] 葛奔,蔡琳,王富.基于泰森多边形服务分区的常规公交站点布局优化[J].武汉工程大学学报,2018,40(6):668-672.

[9] ENTERPRISE ARCGIS.网络分析服务—文档 | ArcGIS Enterprise[EB/OL].[2022-02-15].https://enterprise.arcgis.com/zh-cn/server/10.4/publish-services/windows/network-analysis-services.htm.

[10] 南京市城市与交通规划设计研究院.南京市以公共交通为导向的土地利用发展导则[EB/OL].[2022-02-15].http://www.nictp.com/news/1627-cn.html.

[11] AI Y,LI Z,GAN M.A solution to measure traveler's transfer tolerance for walking mode and dockless bike-sharing mode[J].The Journal of Supercomputing,2019,75(6):3140-3157.

[12] HE L,LI X,CHEN D.An optimization model of the layout of public bike rental stations based on B+R mode[M].Cham:Springer,2014.

[13] 林闯,陈莹,黄霁崴,等.服务计算中服务质量的多目标优化模型与求解研究[J].计算机学报,2015,38(10):1907-1923.

[14] 裴玉龙,马部珍,杨世军.基于广义费用的公共交通与私人交通竞争强度研究[J].重庆理工大学学报(自然科学),2020,34(1):169-175.

[15] 何素贞.基于广义费用的城市居民出行方式选择行为分析[J].现代交通技术,2016,13(1):79-83.

[16] 段澄莹.考虑设施中断的公共自行车租赁点布局优化研究[D].西安:长安大学,2017.

[17] 周昕,凌兴宏.遗传算法理论及技术研究综述[J].计算机与信息技术,2010(4):37-39.

第10章 城市多模式网络机动车换乘设施布局优化与配置方法

城市小汽车与公共交通的换乘,对于促进城市多模式交通网络资源的运能协调优化,缓解局部网络交通拥堵具有重要的意义。对于以小汽车为主要出行方式的中长距离通勤者来说,停车换乘(Park and Ride,P+R)和临停换乘(Kiss and Ride,K+R)是两种行之有效的换乘接驳方式,也是国内外研究的热点。但是,现有研究更侧重P+R的选址布局,对于P+R与K+R协同配置及整体换乘效用的分析缺乏理论方法支撑。

本章的主要内容包括:①机动车停车换乘特性分析;②机动车停车换乘设施选址整体架构及空间分析;③机动车停车换乘设施多目标选址优化模型;④停车换乘设施布局方法与算例分析。

10.1 机动车停车换乘特性分析

机动车停车换乘设施的联合配置主体包含P+R设施和K+R设施,不同设施的特性会直接影响优化策略的实施。合理的空间位置是充分发挥各类型设施效用的重要保障,客流时变特征是确定设施容量限制、判定潜在客流需求的主要依据,与通勤行为相关的时长、距离、费用等是影响出行方式选择的重要因素。因此,深入挖掘P+R与K+R的时空特性、方式选择,是揭示不同设施规律差异、不同方式转移规律、提高设施配置准确性、针对性的前提。

10.1.1 机动车停车换乘设施空间特征

机动车停车换乘设施是指在城市中心区以外轨道交通车站、公交枢纽站以及高速公路旁置停车换乘场地,低价收费或免费为私人汽车、自行车等提供停放空间,辅以优惠的公共交通收费政策,引导乘客换乘公共交通进入城市中心区以减少私人小汽车在城市中心区域的使用,缓解中心区域交通压力。由于小汽车需在该设施内长时停放,因此该类设施对土地资源要求比较高。

P+R设施的设置形式通常有两种:

(1)独立设置的小汽车换乘设施停车场、停车楼或停车库。这类设施适合建造在土地资源充足、需求量较大的位置。它需要占用大量的城市土地资源,且会影响到公交线路周边的景观和环境,不适宜广泛建造。

(2)与周边地块开发相结合设施停车泊位。这一方式适用于站点有较多停车需求,但周边用地空间较为有限的情况。通常的设置方法为,与周边建筑配建共同设置停车泊位或利用轨道高架桥下方空间设置停车泊位,达到与周边土地利用相协调的效果。

K+R设施是指在大型综合交通枢纽站点、轨道站点、公交站点旁设置停车位、候客区,使出行者以即停即走的方式进行换乘。该方式既满足了出行者的换乘需求,又减少了停车泊位的空间占用。

K+R 设施的设置形式通常有 3 种：

（1）独立设置临时停车位。这类站点与公共交通站点分开设置，主要是考虑道路条件、无一体化设计的条件，独立设置的变数度较高。

（2）集合公交占位一体化设置。这类设施一般布局于公交站位后方，对道路条件有较高要求。

（3）设施出租车候客区。此种模式一般针对出租车换乘较大的站台，如起讫站点、对外交通枢纽站点等，可以有效规范临时停车秩序。

P+R 设施和 K+R 设施在区位布局上也有各自的特征。

（1）P+R 设施空间布局特征

由于标准选取的差异，P+R 设施布局模式的分类方法也不尽相同。以设施到城市中心的距离为依据，城市 P+R 设施布局模式通常可分为市区、郊区和外围 3 种类型。

①市区 P+R。该类型布局模式将设施建立在都市区内，通常在距离中央商务区（CBD）1.6~6.4km 的位置，形式一般为非正式或共享使用的停车设施，多建立在公园边缘、商业区的额外停车位等，提供私人小汽车向公共交通或非机动车转换的服务。

②郊区 P+R。该类型布局模式是规划和设计停车换乘设施时的传统模式，将设施建立在城市中心城区边缘至郊区的范围内，根据美国国家公路协会标准，定义该设施距离 CBD 通常为 6.4~48.3km，基于公路干线网络或轨道、公共交通网络提供私人小汽车模式向公交模式的转换服务。这些设施的地段通常是城市中心区生活成本过高而导致的迁移，从用户的角度来看，使用私人小汽车出行会增加个人成本，因此需要使用此类设施减少拥堵加剧、平均行车速度降低以及总体服务质量下降，是转换通勤客流的主要方式。

③外围 P+R。该类型布局模式将设施建立在各组团中心和卫星城镇间的公路网络基础上，服务于卫星城镇与中心城镇之间的通勤交通。主要功能是引导卫星城镇居民选择公共交通方式出行，缓解市区内停车供需矛盾，减少中心城镇的停车设施建设，减少能源消耗和空气污染。

以 P+R 设施所接驳的交通主体为标准，布局模式又分为基于轨道交通网络的 P+R 布局模式，干线公交为主、支线公交为辅的 P+R 布局模型，基于公路网的 P+R 布局模式 3 种类型。

P+R 的布局模式受到城市布局、城市交通模式和路网结构类型等多个因素的影响。由于各大城市之间的社会经济水平、交通拥堵程度和战略规划不同，P+R 的布局模式也会呈现差异性。我国的机动化进程较慢，基础设施建设水平不够完善，但人口规模宏大，P+R 需求通常出现在大型、职住分离程度严重的城市。

上海市自 2009 年开始在市区内推行 P+R 设施试点建设并在之后以世博会的契机推动P+R 设施的快速发展，使其进入常态化运营，减少城市小汽车出行量，降低整体碳排放[1]。上海市的 P+R 设施主要依托城轨线网进行布局[图 10-1a)]，共布设了 17 个 P+R 设施，分别设置在了 1、2、3、7、8、9、11 号线及金山铁路外围站点附近，基本覆盖了城市外围区域的轨道交通接驳点，平均泊位数量约为 350 个，覆盖城市东南西北四个方位，为城市外围居民提供更多的出行选择。

北京市为缓解交通压力，同时节约碳排放，减少城市内部小汽车出行量，大力推行 P+R 设施的建设和普及。北京市交通部门计划于 2020 年在 71 个轨道交通站点建成 P+R 设施[2]，如图 10-1b)所示。这些设施可以提供城市外围居民与城区轨道交通的良好衔接，在城市郊区区域实现 P+R 设施的普遍覆盖。

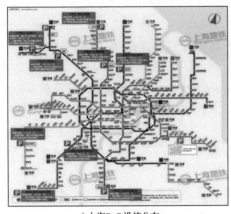 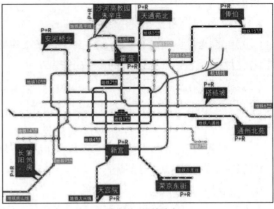

a) 上海P+R设施分布　　　　　　b) 北京P+R设施分布

图 10-1　国内城市 P+R 设施分布

(2) K+R 设施空间分布特征

K+R 是一种新兴的换乘方式,在公共交通服务不够完备的郊区,出行者乘坐网约车或出租车到达轨道交通站点,换乘轨道交通进入城市中心区。若这一换乘站周边需求量大,会自发形成 K+R 接驳换乘点的聚集。识别接驳换乘点,对于研究 K+R 接驳聚集点空间分布特点具有重要的意义。本节同样选取网约车出行占比较高且基础数据丰富的成都对 K+R 空间分布特征进行分析。

在成都,每 10 个人中就有 6 个人使用过智能出行服务,智能出行服务每天服务约 150 万人次出行。K+R 出行模式也受到很多出行者的欢迎,有越来越多的通勤人群选择网约车出行到达轨道交通站换乘轨道交通[3]。通过 POI 数据分析,可以发现成都 K+R 最热的地点主要有三类(图 10-2):位于大型商业区的站点,如城市中心春熙路站、天府广场站,该部分用户需求可能与休闲娱乐相关;位于交通枢纽的站点,如成都东站、武侯立交、成都站、北门客运站,它们都位于城市中心区边缘,同时也是轨道交通换乘站、大型交通枢纽站;位于科研产业聚集区的站点,一般位于二环路附近,如金融城站。

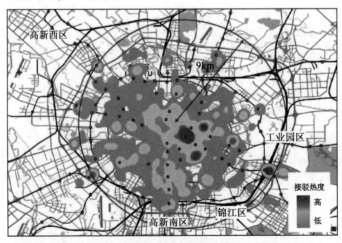

图 10-2　K+R 接驳换乘热点图

10.1.2 机动车停车换乘时间特性和方式选择特性

1) 基础数据类型及作用

本节的主要研究对象是停车换乘设施和停车换乘行为,首先从需求角度分析停车换乘时空特性,其次从用户角度入手分析用户的出行行为选择特点。为了保证研究具有充足可靠的数据基础,数据准备是极为重要的环节。

从规划的角度来看,了解停车换乘设施布局模式和供给现状,有助于从宏观角度把握布局的规律,挖掘现状问题。P+R 设施的特征可通过现有规划材料获得,但 K+R 仍处于发展阶段,尚未形成系统的规划模式,K+R 的形式多为自发形成的聚集点,因此需要从接驳行为入手,进行接驳换乘聚集点的识别、接驳规律的挖掘,因此获取与 K+R 接驳行为相关的网约车订单数据很有必要。

从用户的角度来看,停车换乘设施的本质并不是简单的停车设施,它还承担着促进小汽车用户向公共交通转换的功能,而出行者是换乘的主体,他们对于 P+R、K+R 与单一小汽车这三种方式的选择,可能与他们的出行距离、出行费用以及舒适度等因素有关。因此,通过问卷调查的形式获得出行者的现状出行方式以及与出行方式相关的影响因素,是了解用户方式选择特性的有效手段。

本章的研究对象是通勤行为,这一行为一般发生在早晚高峰时段,且使用该设施的客流会随着时间的变化发生变化。了解高峰时段的客流变化规律,对设施使用情况、承载力的把握有一定作用。与单一公共交通方式、共享单车等方式不同,使用停车换乘设施的客流难以通过刷卡数据来识别,因此需要进行现场调查,以人工计数的方式获得数据。综上,本节通过调查的方法主要获取两个方面的数据:

(1)停车换乘时间特性数据;
(2)用户行为选择数据。

出行者是接驳换乘的主体,为了获取出行者对出行方式的偏好,作为研究行为选择特性和方式选择预测的基础,采用问卷调查的方式获取相关数据。

2) 数据获取

对于 P+R 和 K+R 时间特性的分析,基础数据采取现场调查和问卷调查相结合的方式。

(1)现场调查数据

南京 P+R 设施分布如图 10-3 所示,现场调查信息见表 10-1。

现场调查信息 表 10-1

调查地点	南京地铁经天路站
调查对象	在换乘枢纽采取 P+R 换乘或 K+R 换乘的出行者
调查时间	工作日早高峰时段
调查形式	在停车场与地铁站接驳处统计客流量,在各地铁进出站口统计 K+R 换乘客流

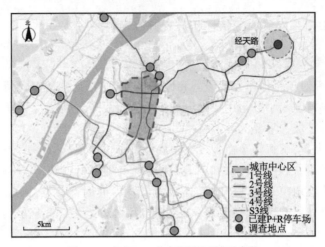

图 10-3　南京 P+R 分布及调查地点示意图

（2）通勤行为问卷调查

问卷设计方法选择：本章采用 SP、RP 调查相结合的方式设计问卷。选取可能影响通勤共享停车选择的影响因素，调查通勤者个人属性及情景选择结果。

调查内容主要包括：

①出行者个人信息：如性别、年龄、职业、月收入以及家庭拥有小汽车的数量等。

②出行者现状出行方式：如通勤出行采用的出行方式、对应的行程时间、对各出行方式满意程度的评价等。

③出行者虚拟情境下出行方式：设置不同的出行时间、出行费用组合，调查出行者在该情境下对 P+R、K+R 与单一小汽车出行的选择偏好。

3）停车换乘设施客流时变特性

根据现场调查数据，得到 P+R 与 K+R 的客流时变规律，如图 10-4 所示，其中柱状表示高峰客流量。

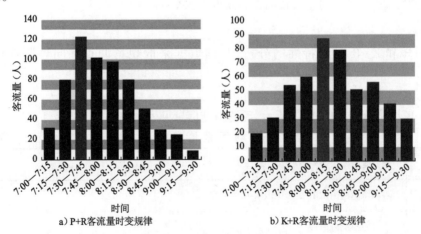

a）P+R 客流量时变规律　　　　　b）K+R 客流量时变规律

图 10-4　停车换乘客流时变规律

（1）P+R 客流量从 7:00 开始增加，在 7:30—7:45 区间内达到顶峰，此后开始缓慢下降。在

9:15之前,客流量已基本减少到10人/15min。这一变化规律与出行者通勤时间较为吻合。

(2)K+R客流高峰时间比P+R晚30min,它的客流从7:00开始逐渐上升,在8:00—8:15区间内才到达顶峰,且峰值为88人/15min,较P+R低。在8:15之后下降缓慢,直到9:30还未完全消散。这可能由部分K+R的用户并非通勤客流所导致。

4)出行方式选择特性

停车换乘系统包含P+R与K+R设施,它们的作用是引导小汽车出行的用户向公共交通转移。为了使系统的促转换效能最大化,需要对小汽车用户的出行方式选择进行研究,研究出行时间、距离等因素对方式选择的影响。根据问卷调查数据,得到方式选择特性。

(1)出行者基本特性分析

共发放调查问卷245份,得到220份有效问卷,得到受访者的个人属性,具体情况如下:

①性别与年龄。

如图10-5所示,从性别来看,受访者中男女比例约为1∶1,较为合理。从受访者年龄来看,21~30岁的比例最高,为50.64%;31~40岁、41~50岁的调查者比例分别为28%和17%,这也与本次通勤出行的调查目的较为符合。

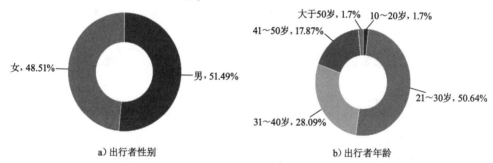

图10-5 出行者个人属性

②职业与收入。

受访者的职业、收入如图10-6所示。从图中可以看出,受访者的职业以政府部门、企事业单位工作者、教师医生为主,该类职业大多为固定工作时间,与研究目标相符。

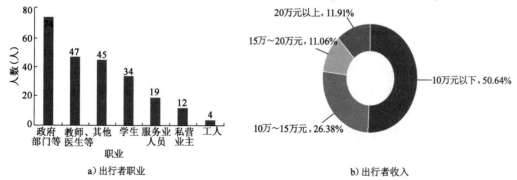

图10-6 出行者社会经济属性

③交通工具。

如图10-7所示,从受访者拥有的交通工具数量来看,绝大部分受访者拥有至少1辆机动车;36%的受访者拥有1辆非机动车,32.24%的受访者没有非机动车。

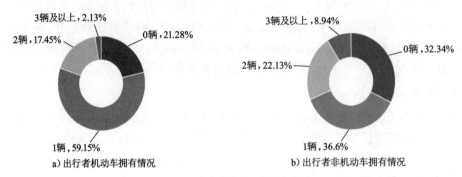

图 10-7　出行者交通工具拥有情况

(2) 出行方式特性分析

① 不同出行方式出行时间分布。

图 10-8 为 P+R、K+R 与单一小汽车出行的出行时长对比,不同颜色表示不同的出行时间,横轴为不同出行时间的分布比例。

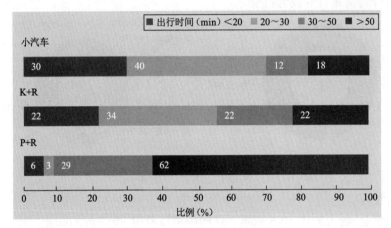

图 10-8　不同出行方式时间特征

由图 10-8 可知:

a. 小汽车用户多为短时通勤者,其中出行时间小于 20min 的通勤者占 30%,20~30min 的通勤者占 40%,即小于 30min 的通勤者比例已达 70%。

b. K+R 用户在不同出行时长区间内分布比较均匀,20~30min 的通勤者比例稍高,为 34%,表明如果其他条件较为合适,各个通勤时长的用户都有可能选择 K+R 这一出行方式,20~30min 的通勤者选择这一方式出行的概率稍高。

c. P+R 用户多为长时间通勤者,出行时间大于 50min 的通勤者占 62%,30~50min 的通勤者占比接近 30%,小于 30min 的通勤者占比不足 10%。

以上分析表明,随着通勤时长逐渐增加,出行方式可能会向 K+R、P+R 转移。

② 不同出行方式通勤距离特性。

图 10-9 为不同通勤方式出行距离分布图,不同颜色表示不同的出行距离,横轴为不同出行距离的分布比例。

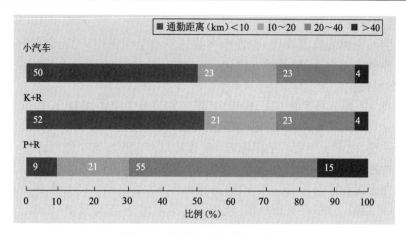

图 10-9　不同出行方式通勤距离特征

由图 10-9 可知：

a.K+R 与单一小汽车出行距离特征较为相似，优势距离为 10km 以内，占比约 50%，10～20km、20～40km 各占 20%，大于 40km 的通勤者非常少，不足 5%。

b.P+R 用户的优势出行距离为 20～40km，占比达 55%，10～20km 次之，占比为 21%，大于 40km 也有一定比例，小于 10km 的通勤者非常少，仅占 9%。

③不同出行方式通勤费用特性。

图 10-10 为不同出行方式出行费用特征。

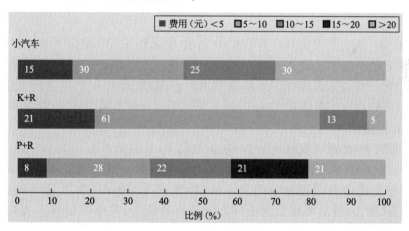

图 10-10　不同出行方式出行费用特征

由图 10-10 可知：

a.K+R 的出行费用集中在 5～10 元，基本为网约车起步价格，大于 10 元的比例比较小。单一小汽车出行费用在 5～10 元，>20 元的比例较高，为 30%，其次为 15～20 元。

b.P+R 用户的出行费用在 5～10 元区间内占比较高，为 28%，在 10～15 元、15～20 元、>20 元区间内分布比较均匀，各占 20%。

10.1.3　停车换乘设施类别划分

上述内容主要研究了 P+R 设施和 K+R 设施的差异与共性，主要表现为以下 4 个方面：

(1) 空间占用特性

P+R 对于空间资源的要求较高,平面 P+R 设施不仅空间占用高,还会影响轨道交通站周边景观。K+R 空间占用少,设置灵活方便。

(2) 设施布局特性

在 P+R 与 K+R 的空间特性方面,按市内、郊区和边缘 3 个类型划分,P+R 设置在距离市中心 1.6~6.3km、6.3~48.3km 和 48.3km 以外的位置。但是在对美国、欧洲以及国内的 P+R 设置情况调研中发现,由于土地资源的限制,P+R 通常只设置在城市边缘,无法满足靠近城区的一部分停车换乘的需求。K+R 目前尚未有系统的规划,但是通过对成都、北京两个城市网约车用户的轨道交通接驳行为分析,可以识别到通勤者自发形成的接驳换乘点,这些换乘接驳地点一部分与 P+R 相似,分布在城市外围、轨道交通首末站,一部分较 P+R 而言更加靠近城市中心区。

(3) 服务范围

在服务范围上,P+R 的服务范围均值为 6.3km,75% 的设施服务范围为 8km 以内,K+R 的服务范围一般为 3~6km,说明采用 K+R 进行换乘的乘客接驳距离可能比 P+R 的要小。

(4) 方式选择影响因素

而在出行者的行为选择方面,两种方式的选择受到出行距离、时间、费用等多方面的因素的影响。

因此,根据两者的差异与共性,将它们都作为停车换乘系统的重要组成部分,进行联合配置,是发挥其各自优点、规避局限性,提升系统运输效能的关键。本章将停车换乘设施分为两大类:

①K+R 设施。该类别设施只服务于 K+R 需求,它适用于停车换乘需求达到一定水平,但受到空间资源限制不能够建设 P+R 停车场,或需求量不足以建设 P+R 停车场的地点。

②P+R 设施。该类别设施以服务 P+R 需求为主,K+R 需求为辅,它适用于建设在停车换乘需求水平较高的地点。在该设施内,当 P+R 需求超过设施承载力,产生需求溢出时,可将需求转移到 K+R 设施。

同时,由现有 P+R 建设现状可知,不同位置的 P+R 设施所提供的服务能力也不相同,随着地点的变化,K+R 的需求也不相同,因此为了更加深入细致地对停车换乘设施进行布局配置,本章将上述两类设施分为两个等级,如图 10-11 所示。根据客流调查数据、现有 P+R 设施规划状况,为每个等级设置不同的设施服务能力,具体的划分方法和层级阈值见表 10-2。

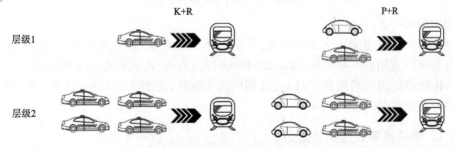

图 10-11 停车换乘设施层级结构示意图

停车换乘设施服务能力(单位:辆/日) 表 10-2

层　　次	P+R($k=1$)	K+R($k=2$)
层级 1	$C_{总}(C_1^{11},C_1^{12})$	$C_{总}(C_1^{21},C_1^{22})$
	1400(800,600)	200(0,200)
层级 2	$C_{总}(C_2^{11},C_2^{12})$	$C_{总}(C_2^{21},C_2^{22})$
	1800(1200,600)	300(0,300)

表中列出了两类设施、两个等级的服务能力上限值,即每天最大服务车辆数,在应用过程中可根据停车场的周转率换算为泊位数量。表中设施的服务水平表示为 $C_{总}(C_j^{km},C_j^{km})$,其中,C 表示设施服务能力,k 表示枢纽类型,j 表示设施等级,m 表示需求类型。

10.2 机动车停车换乘设施选址整体架构及空间分析

机动车停车换乘作为一种有效的需求管理手段,其选址不是简单的选点布局,还必须从系统的角度来考虑,综合地考虑停车与用地规划、道路网络系统、潜在客流需求等因素,构建停车换乘设施选址的系统架构。

10.2.1 机动车停车换乘设施选址整体架构

1) 机动车停车换乘设施选址原则

停车换乘设施选址的主旨是促进小汽车-公共交通转换的效能最大化,提升整个停车换乘系统的运输效益。但除此之外,还要考虑在换乘接驳过程中使用者的接驳体验、设施的经济效益、设施周边交通条件等诸多因素。设施的选址是规划建设中一项极为关键的步骤,选址的原则具体包括[4]:

(1) 投入产出比值最小化

P+R 设施是一项长久使用的设施,一经建成很难再做他用,因此选址需要在投入产出、经济效益方面进行仔细考察与评估。城市不同位置土地成本不同、建造价格有所差异,而不同位置建造的设施所带来的经济效益也不尽相同。因此,要合理评估投入产出比重,科学确定设施容量,防止车位的浪费或极度不足。也可选择灵活的办法对溢出的设施需求进行处理,如与现有运营停车场合并、设置 K+R 车位进行补充等。

(2) 周边交通可达性最优化

停车换乘设施是衔接私人小汽车与公共交通网络的重要节点,因此停车换乘设施通常选择在道路交通可达性较优的地区,完善的道路网、轨道交通网是提高客流吸引力的保障,也可以最大限度地减少小汽车到达设施所需的时间,提高换乘体验。

(3) 客流吸引最大化

停车换乘设施的主要作用是吸引潜在客流,缓解城市中心区交通压力,引导私人小汽车流量向公共交通网络上转移。因此,停车换乘设施宜选在卫星城、边缘组团与主城区连接道路上、主城区边缘客流高密度区域、进入城区规律性拥堵走廊等位置。

(4)设施接驳最优化

停车换乘设施通常毗邻公共交通、城轨站点、重要的枢纽换乘站,换乘接驳质量与公共交通现状客流、承载力息息相关。若现状客流量较大,会降低换乘用户的舒适度。公共交通的发车频率、运行速度、准点率等也是能否满足换乘用户需求、吸引用户使用该方式换乘的重要因素。因此,在设施选址规划之前,应对接驳站点现状进行调研。

2)停车换乘设施选址影响因素

停车换车设施选址的影响因素错综复杂。从城市规划的层面来看,城市规划策略、土地资源情况会产生影响;从交通的层面来看,与设施向衔接的道路交通可达性、轨道交通服务水平等也会产生影响;从管理的层面来看,城市中心城区交通拥堵收费、停车补贴政策、公交优先等都会影响设施选址布局。

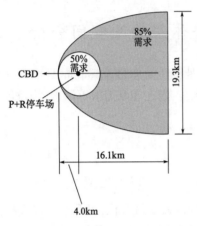

图 10-12　停车换乘设施影响区范围示意图

(1)设施的影响区域

现有的设施影响区仅为针对 P+R 设施的影响区界定。设施的影响区表示受到该设施吸引的最大范围。在该范围内,出行者将会以相对合理的出行成本来选择 P+R 出行,若超出该范围,由于出行成本的限制,出行者将放弃该方式而选择其他方式出行。如图 10-12 所示,在美国西雅图进行的 P+R 设施使用者调查[5]发现,在以停车场为圆心、4km 为半径的圆形区域内,吸引着 50% 的换乘需求。在抛物线的区域内,吸引着 85% 的换乘需求。该划分方式的权威度较高。

(2)设施周边道路可达性

设施周边的道路可达性是指用户通过道路交通网络到达设施的便捷程度,设施可达性与用户对设施的使用意愿呈正相关。因此,在设施选址规划时通常选择靠近城市快速路、主干道或者是高速公路附近的交叉口等出入城市的道路交通条件较好的位置。本章采用计算设施周边的道路密度来量化设施周边交通可达性。

(3)设施周边土地特性

设施周边的土地特性是影响设施选址的重要因素。由于通勤出行的特征,出行者通常由家出发,在停车换乘设施点进行换乘,并到达上班场所。因此,以居住用地为主的地区比以办公用地为主的地区更为适宜建造停车换乘设施。除了土地的职住特征以外,土地本身的价格也是限制停车换乘设施建造的重要影响因素。

(4)其他因素

政府出台的政策,诸如私人小汽车限购、限号出行、城市中心拥堵收费策略、公共交通优惠补贴策略等均会直接或者间接地对设施选址产生影响。但由于这类措施的不可控、不可量化的特点,本章仅选择设施影响区范围内潜在需求量、设施建造成本、设施周边道路交通可达性 3 个因素为主要影响因素来进行设施的空间分析。

3)停车换乘设施选址主要模型方法

(1)基于空间分析技术的停车换乘设施选址模型

基于空间分析技术的停车换乘设施选址模型,是一种运用设施选址标准和评价指标,综合各地理空间信息,建立具有决策支持能力的选址模型,为设施备选点进行排序的方法[6]。该类模型的优点是空间分布广、数据来源丰富、可视化效果好、操作过程简单可行、选择结果直观明确,它的局限性也随之而来,在利用空间分析理论的决策过程中,对于输入数据的数量和质量要求较高。

(2)基于优化理论的停车换乘设施选址模型

基于优化理论的停车换乘设施选址模型,是一种以特定优化结果为目标,综合影响该目标函数的各类因子,建立优化模型进行求解的方法。它的优点是目标针对性强、严格定量化、结果准确。可针对网络流量、用户成本、经济效益等多目标进行优化,将停车换乘设施需求分配到各备选点上,充分量化影响因素,同时可灵活调整优化目标及影响因子,给出设施选址具体方案、评估优化效果[8]。该类模型适用于优化目标明确,影响因子较为单一的选址场景。

4)停车换乘设施选址布局目标

(1)促进方式转换

随着城市的逐步扩张,居民的通勤距离逐渐增长,以小汽车为主的方式受到城市道路交通网络资源等条件的限制,因此发展以轨道交通网络为骨干,以常规公交为补充的交通模式是必要的。这一方式由于容量大、准点性高对通勤者有着较强的吸引力。

因此,基于轨道交通网的停车换乘设施将是今后的主体部分,承担着衔接区域间大运量长距离的出行交通。对基于轨道交通网的停车换乘设施进行规划时,将以实现站点需求最大化、促进方式转换为主要考虑因素,以达到减少道路交通网中小汽车车流量、提高组团间的通勤效率,实现城区多功能一体化的目标。

(2)提升停车换乘系统效能

外围的轨道交通站点无法对郊区客流提供点到点的服务,因此需要完备的接驳系统来扩大轨道交通站点的影响区域,将更大范围的通勤者吸引到轨道交通上来。对于小汽车这一部分流量而言,接驳方式分为停车和临时停靠两种。P+R这一传统方式的供给能力是确定的,当设施周边的土地规划、交通系统等因素发生变化,需求也会随之改变,就可能出现供需不匹配的情况。K+R作为一种新兴的换乘方式,可以起到弹性调节的作用,解决一部分小汽车-轨道交通出行者由于P+R泊位数量限制,无法采取停车换乘这一方式进入城市中心区的需求。因此,选址不应只面对P+R设施,而应综合考虑P+R和K+R在停车换乘系统中的作用,对它们进行联合配置。

5)停车换乘设施选址布局流程

在使用任何一种方法解决实际的规划问题时,很难将停车换乘设施选址中的所有因素都考虑进去,即使最大限度地去考虑,也难以量化成模型中的约束条件,比如上一节中所提到的设施周边的道路交通状况、土地利用状况等,因此需要寻求更多元的解决手段。

因此,本章综合空间分析理论、行为分析理论和多目标优化理论,以地理信息系统、数学模型为手段,构建以空间分析-方式选择预测-选址优化为主体的停车换乘设施布局选址架构。

首先应用 ArcGIS 工具,采用空间分析理论对数据量大且难以量化的影响因素进行计算与评估,并进行可视化的处理,作为初始备选点确定的依据。其次,建立非集计模型,对通勤者的方式选择偏好进行刻画,计算 P+R、K+R 与小汽车出行的分担率,预测方式需求量。最后,对截流量、换乘效用等可量化的因素采用优化模型进行优化,对 P+R 和 K+R 进行联合配置,确定选址的方案。

如图 10-13 所示,具体流程为:

(1)选取影响因素进行设施周边空间分析,以确定备选点位。

(2)根据出行方式选择特性,建立基于方式选择预测模型,分别预测 P+R 和 K+R 的需求。

(3)按照设施服务对象和功能的不同将设施分为不同类型,即 P+R 设施和 K+R 设施。

(4)根据两种设施的服务水平差异,建立选址模型进行枢纽类别和位置的确定。

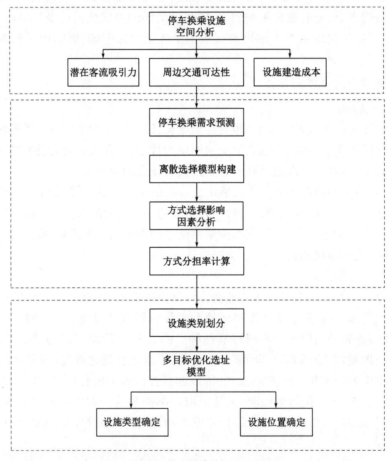

图 10-13 停车换乘设施选址流程

10.2.2 停车换乘设施空间分析

本节主要进行停车换乘设施备选点周边的空间分析,基本思路是首先在分析选址原则和影响因素的基础之上,进行空间分析模型的选择。其次获取研究区域内道路线网、轨道交通站点等各项地理空间信息,作为分析的基础。分别对影响因素进行单因子的适宜性分析,计算适宜建造指数。最后选择多因子权重计算方法,对单一因子进行叠加计算,给出备选点位的综合适宜建造指数,作为停车换乘设施初始备选点的参考。

1) 空间分析模型的选择

在规划停车换乘设施的过程中,要想得到科学合理的选址结果,首先需要考虑客流需求、交通状况、建造价格等多重因素在地理空间上的综合影响,构建空间分析模型来完成多源数据的多层次空间分析任务,将多源数据进行综合分析,评价各个备选点建设停车换乘设施的适宜程度来辅助决策。

在停车换乘选址过程中,影响选址的因素较多,如何分析研究各个因素对最终选址结果的影响关系?仅仅借助空间分析原理是难以有效地组织多源的相关数据进行综合分析的。因此,需要构建加权适宜性模型,研究选址涉及的各个影响因素及其重要程度,完成停车换乘设施的空间分析。

在确定采用加权适宜性模型对停车换乘设施周边空间进行分析后,制定停车换乘设施的空间分析流程,如图 10-14 所示。

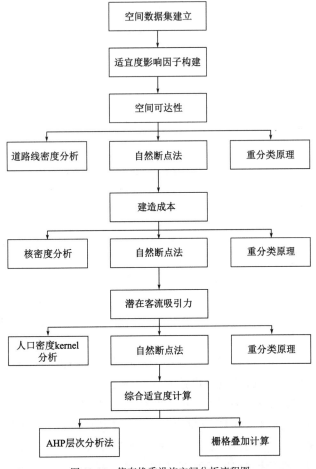

图 10-14 停车换乘设施空间分析流程图

具体步骤为:

(1) 划定研究范围,获取研究范围内空间数据,建立空间数据集。

(2) 分别构建单一适宜度影响因子,具体包括以下 3 个层面:空间可达性、建造成本和客流吸引力。

(3) 在各单一影响因子的基础之上,进行因子分析计算各影响因子权重,得到综合建造适宜度指数。

(4) 进行备选站点服务区分析,得到基于道路网的轨道交通站点 1000m 服务半径服务范围。

(5) 将数值提取到点,得到各个备选站点的综合适宜建造指数,并进行排序,得到初选站点集。

2) 设施周边可达性适宜性评估

选址点周边道路交通状况是停车换乘设施使用效率的重要保障因素,因此评价道路可达性对于设施选址十分关键。在进行设施选址时,尽量使设施周边道路可达性较好或设在主干道附近等出入城市道路交通状况良好的地区,保证设施位于主干道、城市交通走廊上。减少小汽车到达停车换乘设施的时间,提高方式转化概率。

由于本章的研究对象是停车换乘设施,设施周边的道路可达性具体表现为道路的分布密度,设施周边道路网条件越完善,可达性就越好。因此,选择线密度分析的方法[4]进行可达性适宜性评估。

线密度分析原理是,将离散的道路线数据进行内插,落在搜索区域内的线具有相同的权重,先对搜索区域内所有线密度值求和,再除以搜索区域大小,从而得到每个线状要素的密度值。

图 10-15 所示是栅格像元与其圆形邻域。以某像元为例,密度值的计算方法为:

$$D = \frac{(l_1 \times V_1) + (l_2 \times V_1)}{A} \quad (10-1)$$

式中,l_1 和 l_2 为各条线上落入搜索圆内部分的长度;V_1 和 V_2 为线相应的属性字段值;D 表示该像元的密度值;A 为搜索区域面积。

线密度分析的输入数据为道路交通网数据,利用 ArcGIS 可以输出线密度栅格数据作为可达性计算结果。

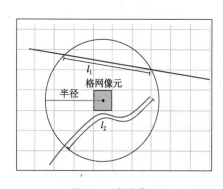

图 10-15 栅格像元

本章以成都为研究对象,进行线密度计算,得到线密度曲面,利用自然断裂法将密度值分为十级,绘制如图 10-16 所示的道路可达性分级图。

从道路可达性的适宜角度来看,道路可达性较好的站点依次为:

(1) 天府立交周边。该区域主要为商业聚集区、高新产业园区,包括成都南站、金融城、孵化园和锦城广场这些站点。其中成都南站是交通枢纽站点,同时也是地铁 1 号线和 7 号线的换乘站点,金融城、孵化园周边多为高新技术产业的办公区域,也有成都银泰、九方等大型购物中心。锦城广州站点周边有桂溪生态公园、锦城公园等具有建设停车换乘设施土地资源的公园。

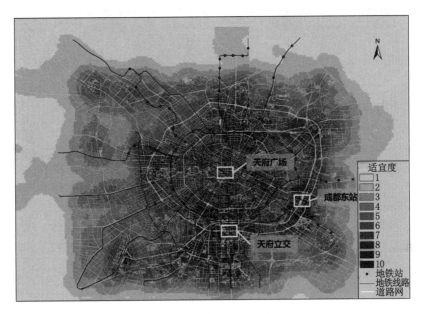

图 10-16　道路可达性适宜分级

（2）位于城市西南部的成都东站。该站点是地铁 2 号线和 7 号线的换乘站点，附近有大量居民住宅区，适合作为换乘的起点，以及四川师范大学、四川职业技术学院等院校，这些院校周边能够提供建造停车换乘设施的土地利用条件。

（3）位于城市中心区的天府广场周边的站点。这与实际情况是相符的，但是该站点并不太需要建造停车换乘设施，同时建造成本比较高。

通过上述分析可以得知，对道路可达性的适宜度分析和计算基本上符合现实条件，也与现有规划 P+R 站点有部分重合，因此可以一定程度上证明本节对于可达性适宜指数的计算是科学可靠的。

3）潜在客流吸引力适宜性评估

在进行设施选址时，考虑吸引范围内人口因素的影响，对合理选址有重要参考作用。

本章应用核密度分析法来进行潜在客流吸引力适宜性评估[4]。核密度分析法是一种研究数据集分布特征的方法。它的原理是通过搜索像元所在范围内落入点的数量来计算该像元附近的核密度值。设置特定的搜索半径，则在该范围内的事件发生量与搜索区域面积的比值，为该点的核密度值。具体表示为：

$$\lambda(S) = \sum_{i=1} \frac{1}{\pi r^2} k\left(\frac{d_{ir}}{r}\right) \tag{10-2}$$

式中，$\lambda(S)$ 表示点 S 处的核密度值；k 表示核函数；d_{ir} 表示点 i 事件点 S 的距；r 为半径。

人口数据来源于国家地理信息勘测平台，将人口数据载入 ArcGIS，利用自然断裂法，将客流吸引力核密度曲面分为十级,进行 1~10 重新赋值,数值越大表示越适宜,越小表示越不适宜。客流吸引力和客流吸引力适宜建造指数如图 10-17 所示。

图 10-17　客流吸引力适宜度

从客流吸引力角度来看,客流的密集程度与道路交通网密度相关性较强,在城市路网密集的地方,客流也较为聚集。

除了中心城区客流吸引力较强之外,在成都绕城高速公路之外,也有许多客流密集的站点,该部分客流集聚在外围轨道交通站点,他们或许是最有可能选择停车换乘设施进入城市中心区的人群,即本节的目标用户群体。

4) 建造成本适宜性评估

设施的建造成本是影响设施建设效益的重要因素。城市主城区内土地利用状况紧张、可利用土地资源少,土地价格高,使得 P+R 设施建设成本较高,主城区边缘、近郊区、卫星城与主城区连接处土地资源较为丰富且建造价格较低,更为适宜建造 P+R 设施。

设施的建造成本也采用核密度分析的方法,将输入参数变为成都土地价格数据。对建造成本进行适宜性评价,将建造成本数据集转为栅格数据,应用自然断点法将土地价格分为 10 个级别。结合重分类原理对价格数据进行重新赋值,得到建造成本适宜度指数为 1~10,1 表示最不适宜建造,10 表示最适宜建造。

如图 10-18 所示,从建造成本来看,整体的趋势是城市中心和商业聚集区的建造成本较高,城市外围建造成本较低。从适宜建造的角度来看,城市边缘地区、地铁站点首末站颜色较深,例如犀浦站、石犀公园站,在这些站点建造停车换乘设施会节约建造成本。同时这些站点也是满足城市外围通勤者换乘进入城市中心的理想站点,符合研究预期。

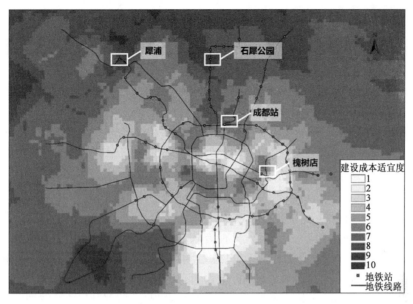

图 10-18　建造成本适宜度分级

10.2.3　综合适宜建造指数

上一节已经对设施潜在客流吸引力、设施周边交通可达性、建造成本 3 个指标进行了适宜指数的计算,但是各个指标对于选址的影响程度不同,因此本节提出 AHP 层次分析法,用来计算综合适宜建造指数。

AHP 层次分析法是一种解决多目标复杂问题的定性和定量相结合进行计算决策权重的研究方法。该方法将定量分析与定性分析结合起来,用决策者的经验判断各衡量目标的相对重要程度,并合理地给出每个决策方案的每个标准的权数。步骤如下:

步骤一:标度确定和构造判断矩阵。
步骤二:特征向量、特征根计算和权重计算。
步骤三:一致性检验分析。
步骤四:分析结论。

具体的 AHP 计算结果以及综合适宜指数的计算结果将在算例分析中给出。

10.3　机动车停车换乘设施多目标选址优化模型

在设施的运营过程中,部分设施会出现供需不匹配的情况。一些设施需求大于供给,出行者需要提前出行来获得停车位,而另一些设施供给大于需求,可能导致资源的浪费。造成这一问题的主要原因是设施的选址布局不够合理,未对设施备选点的目标用户、潜在需求、交通运行状况等进行准确的判断;另一个原因是 P+R 泊位的供给不够弹性。为了解决此类问题,需要准确预测备选点需求,对需求溢出 P+R 设施进行补充的停车换乘设施层级配置模式,建立选址模型。

10.3.1 停车换乘方式选择预测模型

停车换乘设施本质上是一种方式转换的设施,通过这一设施可以充分发挥轨道交通大运量、高准点和小汽车灵活机动的特点,实现二者的优势互补,达到以下目的:减少小汽车流量,缓解城市中心区的交通拥堵状况;提升公共交通方式分担率,促进可持续发展交通模式的形成;减少尾气排放,减少环境污染。

从出行者的角度来看,停车换乘是一种与出行方式相关的选择行为,它涉及 P+R、K+R 和单一小汽车 3 种方式的博弈。在选择出行方式的过程中,出行个人的属性、该方式所对应的距离、费用等因素都会影响出行者的决策,从而影响各方式的需求量。本章所研究的对象包含 P+R 和 K+R 两种设施,因此,这两种需求方式的选择预测值是选址模型的重要输入条件,对设施选址和供给规模的决策都具有重要的意义。

本节将以 P+R、K+R 和单一小汽车 3 种方式为选择分支,建立非集计模型,预测 3 种方式的分担率。以潜在小汽车通勤出行用户总量为基数,计算 3 种方式的需求量,作为选址模型的输入条件。同时,通过这一模型的建立,可以识别出行者在方式选择过程中的关键影响因素,量化各因素对于出行者方式选择的影响程度,这有助于研究方式转移的规律特性。

1) 多项 Logit 模型建立

当出行者有两种或两种以上的出行方式可以选择时,可以建立 Logit 模型来预测出行者的选择概率。该模型认为每个出行者都会遵守效用最大化理论。当出行效用的随机项 ε_{ij} 服从独立同分布的 Gumbel 分布时,出行方式的选择符合多项 Logit(Multi-Nominal Logit, MNL)模型。

本章的目标人群是以小汽车为主要通勤方式的出行者,当他们在通勤过程中遇到交通拥堵、出行成本增加的情况,有一定的概率使用 P+R 或 K+R 的方式进行通勤。因此,将 P+R、K+R 和单一小汽车出行设置为 Logit 模型的选择分支,如图 10-19 所示。

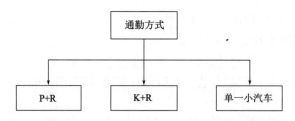

图 10-19　多项 Logit 模型方式划分示意图

在确定了 Logit 模型的选择分支之后,对影响方式选择的变量进行定义。基于多项 Logit 的出行方式选择模型的变量由两类组成:出行者个人属性变量和出行方式属性变量,选取出行者属性变量性别、年龄、收入、小汽车拥有量和非机动车拥有量,以及出行方式属性变量出行费用、出行距离、换乘接驳时间、第一段车内(小汽车内)时间、第二段车内(公共交通工具内)时间作为影响变量,带入模型进行参数标定和显著性检验。

定义用于建立多项 Logit 模型的变量,见表 10-3。

变量定义表　　　　　　　　　　　　　　　　　　　　　　　　　　　表 10-3

类别	变量名	变量含义	单位
个人属性	male	男性	—
	female	女性	—
	age1	10~20:年龄为 10~20 岁	—
	age2	20~30:年龄为 20~30 岁	—
	age3	30~40:年龄为 30~40 岁	—
	age4	40~50:年龄为 40~50 岁	—
	age5	>50:年龄为 50 岁以上	—
	income1	<10:收入为 0~10 万元/年	—
	income2	10~15:收入为 10 万~15 万元/年	—
	income3	15~20:收入为 15 万~20 万元/年	—
	income4	20~30:收入为 20 万~30 万元/年	—
	income5	>30:收入大于 30 万元/年	—
	n1	0:不拥有汽车	—
	n2	1:拥有一辆小汽车	—
	n3	>2:拥有不少于两辆小汽车	—
	n4	拥有一辆非机动车	—
方式属性	cost	出行费用	元
	distance	出行距离	min
	ttransfer	换乘接驳时间	min
	tinveh1	第一段车内时间	min
	tinveh2	第二段车内时间	min

2) 多项 Logit 模型数据获取与处理

(1) 数据获取

建立多项 Logit 模型所需数据通过出行者问卷调查获得。其中,个人属性、出行距离从 RP 部分获得,出行费用、时间等变量从问卷 SP 部分获得。SP 的设计步骤主要包括:

① 问卷内容的确定。

问卷 SP 虚拟情景设计,主要为受访者设计一个出行场景,在该场景内有 3 种出行方式:小汽车、P+R 和 K+R,调整每个场景内变量的属性值来得到受访者对于方式选择的概率。

② 属性值和属性值水平的确定。

本章的变量如上文所述,包含出行费用、第一段车内时间、接驳换乘距离、第二段车内时间,变量的属性值水平设计见表 10-4。

变量属性值水平　　　　　　　　　　　　　　　　　　　　　　　　　表 10-4

变量	属性值水平	单位
出行费用	3,5,9,10,15	元
第一段车内时间	2,5,8,10,15	min

续上表

变量	属性值水平	单位
接驳换乘时间	2,4,6,8,10	min
第二段车内时间	10,15,20,30,40	min

③虚拟场景设计。

虚拟场景设计即选择合适的方法进行属性值水平的组合,每一种组合方式视为一种场景。本章选取在交通调查中广泛应用的正交设计法。正交设计是利用正交表来设计与分析多因素试验的一种方法。通过正交性原则从所有可能的属性组合中选取具有代表性的组合了解实验情况。

(2) 数据处理

本章运用 Stata 软件对调查数据进行多项 Logit 模型的建立,操作步骤如下：

①数据标签设置。

首先需要对3种出行方式选择这一变量进行数据标签的处理,多项 Logit 模型的建立以最小值为对照项(base),由于研究目的是预测 P+R、K+R 的需求量,探究二者从小汽车的转移特性,因此将小汽车这一分支作为对照项,即将它的数据标签设置为1,P+R、K+R 依次设置为2、3。

②哑元变量设置。

对于不能够定量处理的变量,如性别、收入等,需要进行哑元变量的设置(表10-5),该步骤的目的是提高模型精度,降低误差自由度。若该变量纬度为 m,则需要设施 $m-1$ 个哑元变量。

哑元变量表　　　　　　表10-5

ID	Mode	Choice	gender	age1	age2	age3	age4	n1	n2	……
1	CAR	1	1	0	1	0	0	1	0	……
1	P+R	0	1	0	1	0	0	1	0	……
1	K+R	0	1	0	1	0	0	1	0	……
2	CAR	0	1	0	1	0	0	0	1	……
2	P+R	1	1	0	1	0	0	0	1	……
2	K+R	0	1	0	1	0	0	0	1	……

3) 多项 Logit 模型参数估计

在保留了95%以上显著水平的变量后,各方式的效用函数 V 为：

$$V_{\text{P+R}} = 0.59\text{distance} - 0.26\text{tinveh1} + 0.03\text{tinveh2} - 0.83\text{ttransfer} - 1.06\text{income5} - 0.89\text{income3} \tag{10-3}$$

$$V_{\text{K+R}} = 0.43\text{distance} - 0.07\text{tinveh1} - 1.01\text{ttransfer} - 1.57\text{income2} - 1.59\text{income3} - 1.56\text{income4} - 3.45\text{income5} \tag{10-4}$$

各方式需求预测值的计算方法为总需求与各方式选择概率的乘积。

$$q_i = Q \times p_i = Q \times \frac{\mathrm{e}^{V_i}}{\sum_i \mathrm{e}^{V_i}} \tag{10-5}$$

式中,V 为效用;Q 为总需求;q 为各方式需求量;p 为方式选择概率;其他变量见变量定义表。

观察参数标定结果可知：

(1) 出行距离系数绝对值最大且呈正效用，说明该因素是影响 P+R、K+R 方式选择的最主要因素。出行距离越长，出行者选择这两种方式出行的概率就越大。P+R 的距离系数大于 K+R，说明 P+R 在长距离出行中更为优势。

(2) 换乘时间的系数都呈负效用，且 K+R 系数的绝对值比 P+R 大，说明 K+R 用户对换乘时间更为敏感，这也可能是该用户群体选择 K+R 方式的重要原因。这一结果与 K+R 即停即走的优势较为吻合。

(3) 在第一段车内时间方面，两种方式的系数都为负，说明在换乘第一段过程中，车内时间越长，用户选择停车换乘方式的意愿就越低。

10.3.2 停车换乘设施多目标选址优化模型

1) 问题描述

目前，国内 P+R 设施在运营过程中问题频发。以上海为例，在早高峰时段，不同位置的停车场使用状况大不相同，1 号线汶水路站停车泊位过剩，停泊车辆很少；7 号线大杨镇站只能停满一半的泊位。同时，有些 P+R 停车场确实需求远远大于供给，如 1 号线锦江乐园站、8 号线沈杜公路站，这些停车场泊位供不应求，需要出行者早晨 5:00 开始抢占车位，与建立 P+R 停车场的初衷相违背。

P+R 停车场运营状况差别迥异，供需关系均衡性差的原因，有以下两个方面：

(1) 不合理的设施选址。例如，在高密度区建立了 P+R 停车场，设施周围人流车流过于密集，给换乘造成不便，加剧了交通拥堵；或未对停车换乘需求识别准确，建设站点并不具备吸引大量通勤客流的能力等原因。

(2) 多种换乘方式整合的匮乏。在对 P+R 设施的实地调研中发现，在一部分换乘枢纽附近建有非机动车停车场，周边也有大量的共享单车停放，说明一大部分通勤者认为自行车/共享单车换乘轨道交通会比小汽车换乘更为方便。在一些换乘枢纽附近也会存在大量的网约车、出租车换乘轨道交通的出行者，这一部分客流还是认为小汽车换乘更具吸引力，但是选择 K+R 的方式可避免停车产生的时间浪费，也说明该方式分担了 P+R 的客流。除了在 P+R 停车换乘枢纽附近，城市内也会存在自发形成的"停车换乘"站点，起到了类似 P+R 的作用。

因此，本章考虑 K+R 与 P+R 两种设置的联合布局规划模式，加入新方式的 K+R 与 P+R 联合规划，期望解决 P+R 设施供需不匹配的情况。当停车 P+R 需求量过小的时候，不建设 P+R 设施，考虑建设 K+R 车位来满足这部分用户需求；当 P+R 需求溢出时，考虑补充建设 K+R 车位来满足溢出需求。

2) 停车换乘设施层级结构划分

停车换乘设施的层级结构划分是选址的基础。根据 10.1.3 节的分析，本章将设施分为两大类两水平，如图 10-11 和表 10-2 所示。针对不同备选点的两类需求，建立层级选址模型。

3) 模型假设

为了便于选址模型的构建与求解，并使之与实际情况相匹配，对问题进行一定程度的假设与简化。

(1) 仅在候选点的一定辐射范围内考虑枢纽节点的位置。
(2) 同一层级的枢纽辐射范围为同一定值。
(3) 高层级枢纽包含了低层级枢纽所能提供的功能,即枢纽之间具有嵌套性。
(4) 没能成为高层级枢纽的候选点可成为低层级候选点。

4) 符号说明

(1) 集合

M:需求类型的集合,$M=\{1,2\}$,$m=1$ 为 P+R 需求,$m=2$ 为 K+R 需求。
K:设施类型的集合,$K=\{1,2\}$,$k=1$ 为 P+R 枢纽,$k=2$ 为 K+R 枢纽。
J:设施层级的集合,$J=\{1,2\}$,$j=1$ 为一级枢纽,$j=2$ 为二级枢纽。
I:$I=\{1,2,\cdots,i\}$,枢纽备选点的集合。

(2) 参数

q_i^m:第 i 个备选站点的 m 类需求量(单位:辆/日)。
f_i^m:在供给能力限制条件下,第 i 个备选站点能满足的 m 类需求量(单位:辆/日)。
d_i:备选站点到城市总心区距离。
V_m:m 类需求的效用值。

(3) 决策变量

X_{ij}^k:在第 i 个备选点上第 j 个等级的 k 类枢纽。

5) 优化目标

(1) 网络截流最大化

需求从用户出行起点开始,到出行目的地结束,在遇到停车换乘设施后,可能会选择改变出行方式,换乘公共交通出行。根据停车换乘设施的功能作用,该设施最主要的目的是截断中心城区外围小汽车,避免其进入中心城区,减少中心区道路负荷,尽量使最大数量的小汽车能在出行早期完成换乘[9-10]。

现有的截流模型运行机理是,如果该点设置了停车换乘设施,则该点小汽车车流全部消失,默认该点的需求量可全部被满足,这与实际情况不符。在设施的实际运营过程中,设施具有最大服务能力的限制,一旦超过该服务能力,停车换乘需求就不会得到满足,该部分用户仍然有可能使用单一小汽车出行方式进入中心城区。因此,在本模型中,当停车换乘需求大于建设下限而小于停车换乘承载力时,截取流量的值取需求值,而当停车换乘需求大于停车设施承载力时,截取流量以设施服务水平为准。模型可表示为:

$$\max Z = \sum_i \sum_j \sum_m \sum_k f_i^m d_i X_{ij}^k \tag{10-6}$$

式中,f_i^m 为在供给能力限制条件下,第 i 个备选站点能满足的 m 类需求量;d_i 为备选站点到城市总心区距离;X_{ij}^k 为在第 i 个备选点上第 j 个等级的 k 类枢纽。

(2) 换乘效用最大化

在规划设施选址布局时,还需要从用户出行的角度体现设施对于方式转换的引导作用,体现换乘效用的最大化,因此第二个优化目标为换乘效用最大化。在该模型中,考虑对 P+R 需求溢出量的处理,当 P+R 需求溢出,且该点位 K+R 仍有空位时,将 P+R 需求转移到 K+R 上去。模型可表示为：

$$\max U = \sum_i \sum_j \sum_m \sum_k V_m f_i^m X_{ij}^k \tag{10-7}$$

式中，V_m 为 m 类需求的效用值；f_i^m 为在供给能力限制条件下，第 i 个备选站点能满足的 m 类需求量；X_{ij}^k 为在第 i 个备选点上第 j 个等级的 k 类枢纽。

6) 约束条件

(1) 在备选点建设停车换乘设施的下限条件

由于 P+R 设施的建设成本较高，若在建成之后的运营中，出现泊位过剩的情况，将会对 P+R 的经济效益造成影响，也说明前期需求调研的不足和设施选址布局的不合理。因此，需要对建设 P+R 设施进行下限条件的约束，只有当该站点的需求大于这个下限值，才存在建设 P+R 设施的可能性，否则不考虑设置。

$$q_i^1 \geqslant \varGamma^1 \tag{10-8}$$

式中，$\varGamma^1$ 为 P+R 枢纽建设下限。

同理，对于 K+R 设施，当 K+R 需求小于一定值时，若在该下限条件之下的流量对道路交通造成的影响十分有限，则不需要对 K+R 换乘车辆进行特殊的管理控制与车位施划。该约束条件表示为：

$$q_i^2 \geqslant \varGamma^2 \tag{10-9}$$

式中，$\varGamma^2$ 为 K+R 枢纽建设下限。

(2) 停车换乘设施承载力上限约束

本模型考虑不同类型、不同水平的停车换乘设施的承载力。根据 P+R 与 K+R 需求量选择合适的设施类型与设施层级，需求应满足承载力上限约束。

$$\begin{aligned} &\text{若 } q_i^m \geqslant C_j^{km}, \text{则 } f_i^m = C_j^{km} \\ &\text{若 } q_i^m \leqslant C_j^{km}, \text{则 } f_i^m = q_i^m \end{aligned} \tag{10-10}$$

(3) 设施数量限制

规划建设停车换乘设施的数量是确定的，模型应满足建设数量为 p 的限制。

$$\sum_i \sum_j \sum_k X_{ij}^k = p \tag{10-11}$$

(4) 变量取值约束

在 i 点建设 k 类 j 级设施，X_{ij}^k 值为 1，不建设值为 0。

$$X_{ij}^k = \begin{cases} 0 & (\text{不在 } i \text{ 点建设第 } k \text{ 类第 } j \text{ 级的设施}) \\ 1 & (\text{在 } i \text{ 点建设第 } k \text{ 类第 } j \text{ 级的设施}) \end{cases} \tag{10-12}$$

(5) 需求转移条件

当 P+R 需求溢出，且该点位 K+R 仍有空位时，将 P+R 需求转移到 K+R。

$$\text{若 } q_i^1 \leqslant C_j^{11}, q_i^2 \leqslant C_j^{12}, \text{则 } f_i^1 = q_i^1, f_i^2 = q_i^2;$$
$$\text{若 } q_i^1 \geqslant C_j^{11}, q_i^2 \geqslant C_j^{12}, \text{则 } f_i^1 = C_j^{11}, f_i^2 = C_j^{k2};$$
$$\text{若 } q_i^1 \geqslant C_j^{11}, q_i^2 \leqslant C_j^{12}, \text{则 } f_i^1 = C_j^{11}, f_i^2 = q_i^2;$$
$$\text{若 } q_i^1 \leqslant C_j^{11}, q_i^2 \geqslant C_j^{12}, \text{则 } f_i^1 = C_j^{11} + (q_i^2 - C_j^{k2}), f_i^2 = C_j^{12} \tag{10-13}$$

依据调查分析所得 K+R 高峰小时换乘客流流量、现状各等级 P+R 设施容量调查，设施的服务类型及水平见表10-2。表中设施的服务水平表示为 $C_{总}(C_j^{km}, C_j^{km})$。

7) 优化模型流程

基于优化理论的多目标选址模型的运行流程如下：

(1) 基于 Logit 模型进行设施 P+R、K+R 方式选择预测，分别计算二者需求量；
(2) 进行枢纽类型、枢纽层级选择；
(3) 判断各类别需求是否符合设施承载力阈值；
(4) 若需求超过设施承载力，则计算溢出需求并进行再分配；
(5) 计算不同方式出行换乘效用并进行比选。

10.4 停车换乘设施布局方法与算例分析

10.4.1 停车换乘设施选址布局方法与流程

本节整合前文研究内容，建立完整的停车换乘设施选址布局方法和流程。具体步骤如下：

1) 设施周边空间分析

这一步骤以 ArcGIS 为手段，基于加权适宜度分析模型，计算设施周边交通可达性、设施建造成本和潜在客流需求 3 个因子的适宜建造指数，量化 3 个影响因素的影响程度，以适宜建造指数为标准，对备选点位进行分析和筛选。

(1) 设施周边交通可达性适宜指数计算。输入数据为道路网数据，利用线密度分析工具，计算站点周边的线网密度，应用重分类原理，为道路可达性派生数据进行重新赋值，输出道路可达性的适宜建造指数。

(2) 设施建造成本适宜指数计算。输入数据为土地价格数据，利用核密度分析工具，计算土地价格核密度，应用重分类原理，为建造成本派生数据进行重新赋值，输出建造成本的适宜建造指数。

(3) 潜在客流吸引力适宜指数计算。输入数据为人口密度数据，利用核密度分析工具，计算潜在客流吸引力，应用重分类原理，客流吸引力派生数据进行重新赋值，输出客流吸引力适宜建造指数。

(4) 综合适宜建造指数计算，利用 AHP 层次分析法计算 3 种影响因子的权重，得到综合适宜建造指数。

在空间分析这一部分，可根据当地的交通条件、规划策略，选取想要评估的影响因素，采取上述方法流程进行评估；也可以根据当地的规划重点，重新计算 3 个因子的权重。

2) 停车换乘设施方式选择预测

这一步骤利用非集计模型，基于出行者的出行方式选择偏好数据，进行出行方式分担率的计算，用潜在小汽车通勤出行总量与分担率相乘，得到 P+R、K+R 和单一小汽车的潜在需求量，作为下一步骤的输入变量。

(1) 组织调查，获取出行者选择偏好数据。

(2)基于出行者选择偏好数据建立多元 Logit 模型。设置 P+R、K+R 和小汽车为 3 个选择分支,进行模型参数标定,识别影响显著的关键因子。

(3)在模型参数标定的基础上,计算 3 种方式的分担率,得到 3 种方式的需求预测值,作为下一步的输入变量。

(4)调整显著变量水平,分析时间、距离、费用的变量的变化对方式选择的影响程度,可作为设施布局、策略制定的参考,有利于对通勤者实行更有针对性的出行方式引导。

在停车换乘设施方式选择预测部分,方式划分的模型可以在当地进行更为翔实的调查,也可基于本章的模型标定结果,利用模型移植的方法,结合当地实际情况进行优化。

3)多目标选址优化

这一步骤首先对枢纽类型进行了划分,利用多目标优化理论,以截流最大化、换乘效用最大化为优化目标,对备选点进行停车换乘枢纽的配置。

(1)以方式选择预测获得的需求量和设施到市中心的空间距离为输入变量,设定停车换乘设施的选址的优化目标。

(2)划分停车换乘设施类别和等级,将停车换乘设施分为 P+R 和 K+R 两类,并将两类设施按照承载能力高低分为两个水平。

(3)设置约束条件,对设施数量、设施承载力上下限进行约束,同时制定模型判断规则,即进行枢纽类型、枢纽层级选择。判断各类别需求是否符合设施承载力阈值;若需求超过设施承载力,则计算溢出需求并进行再分配。

10.4.2 算例分析

基于上述理论方法,选取成都为研究地点,应用并检验相关方法和模型。

成都属于高密度单中心城市,以轨道交通为骨干运输方式,轨道交通线网完备。但由于中心城区日常交通出行流量高,拥堵时间长,道路交通压力大,并且城区外围居民出行需求高。成都也在推进 P+R 停车换乘设施的建设,目前完成建设的 P+R 停车换乘设施分别为锦城广场站、升仙湖站、犀浦站、行政学院站、大源站 5 个停车换乘设施,如图 10-20 所示。

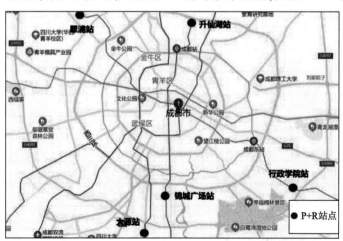

图 10-20 成都市已建 P+R 设施

10.4.3 基于空间分析理论的初选模型

1) 影响因素权重确定

在设施的空间分析中已经对设施客流吸引量、设施建造成本和设施周边交通可达性分别进行了适宜建造指数的计算,为了保证综合适宜指数计算结果的准确性,本节采用 AHP 评价法来计算 3 个指标的权重系数。

本问题的权重计算结果见表 10-6。

AHP 层次法权重结果汇总 　　表 10-6

指 标	权重系数	指 标	权重系数
潜在客流吸引量	42.92%	设施建造成本	24.96%
设施周边交通可达性	32.12%	—	—

由计算结果可知,潜在客流吸引量所占权重最大,为 42.92%,说明客流吸引力是影响设施选址最重要的指标,只有保证建设点位具有足量的停车换乘选址需求,才能使设施良好、可持续运营。设施周边交通可达性的权重为 32.12%,只有用户通过通达的道路交通网驾驶小汽车到达设施,才能保证设施的使用率;如果设施周边交通状况差,用户难以到达,会降低他们使用该设施的意愿。

2) 初始备选点分析

根据上文计算的各影响因素的权重,利用 ArcGIS 软件的栅格计算器对 3 个影响因子进行叠加,计算停车换乘设施的综合适宜建造指数。共计算了 114 个站点,将部分计算结果列于表 10-7。

参考成都市对于 P+R 的远期规划值 17,本章选取综合适宜指数为前 20 的站点为设施初选址结果,当作优化的备选点位,进行下一步的选址,20 个备选点如图 10-21 所示。

综合适宜建造指数计算结果 　　表 10-7

地铁站名	经度(E)	纬度(N)	地铁线路	综合适宜建造指数
军区总医院	104.120705	30.750375	3	5.80
理工大学	104.141812	30.680155	7	5.80
华兴	104.007519	30.604082	10	5.80
琉璃场	104.107251	30.613074	7	6.90
火车北站	104.08027	30.701344	1,7	7.70
火车南站	104.073405	30.610999	1,7	7.10
成都东客站	104.147367	30.635164	2,7	7.00
中坝	103.970435	30.679178	4	5.30
动物园	104.109793	30.719401	3	6.40
龙爪堰	104.015004	30.657332	7	6.80
韦家碾	104.093568	30.723299	1	6.00

续上表

地铁站名	经度(E)	纬度(N)	地铁线路	综合适宜建造指数
桐梓林	104.073642	30.621375	1	7.40
牛市口	104.114378	30.64367	2	6.80
洪河	104.164163	30.611089	2	5.70
成都大学	104.188039	30.652961	4	5.70
金融城	104.070573	30.588679	1	6.20
四川师大	104.122597	30.615096	7	6.80
二仙桥	104.132876	30.686753	7	5.50
石犀公园	104.066296	30.766473	5	5.10
熊猫大道	104.114584	30.731354	3	6.50

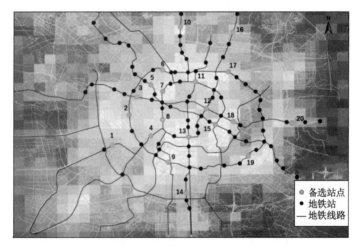

图 10-21 初选模型计算的设施备选点

10.4.4 停车换乘方式选择预测

根据方式选择预测方法,建立 P+R、K+R 和小汽车 3 种方式的多项 Logit 模型并进行参数的标定,标定结果如 10.3.1 节所示。根据参数标定结果,可以预测得到小汽车、P+R 和 K+R 的分担率分别为 53%、35% 和 12%。

参考成都人口数据和成都居民出行方式比例[12],计算得到小汽车客流量,将小汽车出行用户定为潜在使用停车换乘设施使用者,得到各个备选点的全天停车换乘总需求量,见表 10-8。根据方式选择预测公式(10-12)进行计算,得到各备选点位的 P+R、K+R 全天需求量,见表 10-9。

各备选点位总需求量　　　　表 10-8

站点编号	出行需求(辆)	站点编号	出行需求(辆)
1	2203	3	1331
2	4129	4	2309

续上表

站点编号	出行需求(辆)	站点编号	出行需求(辆)
5	1194	13	2311
6	2831	14	4049
7	2326	15	4589
8	2609	16	1351
9	677	17	1686
10	3977	18	1220
11	2280	19	617
12	3826	20	1226

需求量预测表　　　　　　　　　　　表10-9

站点编号	P+R需求量(辆)	K+R需求量(辆)	距离(km)
1	771	161	7
2	1445	301	6
3	466	97	5
4	808	169	6
5	418	87	6
6	991	207	5
7	814	170	3
8	913	190	3
9	237	50	6
10	1392	290	13
11	798	167	1
12	1339	279	3
13	809	169	2
14	1417	295	6
15	1606	335	4
16	473	99	12
17	590	123	6
18	427	89	5
19	216	45	9
20	429	90	10

10.4.5　基于多目标优化理论的选址布局模型

1）现状方案评价

成都目前已建的P+R停车换乘设施分别为锦城广场站、升仙湖站、犀浦站、行政学院站、大源站这 5 个停车换乘设施,为城市外围居民进入中心城区提供了一定的便利,在环境保护方面产生了一定的效益。根据这些站点的现状 P+R 配置方案,停车换乘系统的效益计算结果见表 10-10。

成都现状 P+R 效益　　　　　　　　　　　　　　　　　　　　　表 10-10

指　　标	成都现状停车换乘设施布局方案
截流车公里数(辆公里)	38840
换乘效用	52310
P+R 需求溢出满足率	0

现状布局方式的效益为,截流车公里数 38840,换乘效用 52310。同时根据对现状情况的调研,这些站点的运营情况不一致,例如,锦城广场站是大型停车换乘枢纽,共设置泊位近 2000 个,供应大于需求,早上 8:00 是换乘高峰期;而成都行政学院站,由于车位较少,上班早高峰期往往"一位难求",早上 7:00 左右进入停车场才有可能抢占到停车位。

2) 优化方案

针对现状 P+R 的问题,本节采用停车换乘层级决策模型进行选址布局,考虑到现状已建 P+R 设施的数量为 5,因此初次设置 P+R 设施的数量为 5,运行模型进行计算,得到如表 10-11 所示的优化结果。

初 代 优 化 结 果　　　　　　　　　　　　　　　　　　　　　表 10-11

设 施 类 别	设置站点编号	满足 P+R 量(辆)	满足 K+R 量(辆)
P+R level1	1	771	161
	2	800	500
	10	800	600
P+R level2	14	1200	512
	15	1200	600

目标函数:70000　　　　　　截流车公里数:49700 辆公里
换乘效用:68299　　　　　　P+R 溢出需求满足率:65%

通过表 10-11 中 P+R 和 K+R 的需求满足量可以计算得到停车换乘设施泊位的数量,P+R 泊位计算公式为:

$$N_{P+R} = \frac{Q_{P+R}}{\gamma \times \alpha} \tag{10-14}$$

式中,N_{P+R} 为 P+R 泊位设置数量;Q_{P+R} 为 P+R 需求量,辆/日;γ 为泊位利用率;α 为停车周转率。此处考虑到地铁吸引小汽车停车换乘都是在外围区进行,γ 取 0.95,α 取 1。

K+R 的泊位数计算公式为:

$$N_{K+R} = \frac{Q_{K+R}}{\gamma \times \alpha} \tag{10-15}$$

式中,N_{K+R} 为 K+R 泊位设置数量;Q_{K+R} 为 K+R 需求量,辆/日;γ 为泊位利用率;α 为停车周转率。此处 γ 取 1,α 取 40%。

由此得到初代优化方案一中各个备选点的泊位规模,见表10-12。

初代优化方案泊位规模数　　　　　　　表10-12

设置站点编号	P+R 泊位数	K+R 泊位数
1	812	4
2	842	12
10	842	15
14	1263	12
15	1263	15

图10-22为优化选址方案图。由计算结果可知,在站点1、2、10设置一级P+R枢纽,在站点14、15设置二级P+R枢纽。

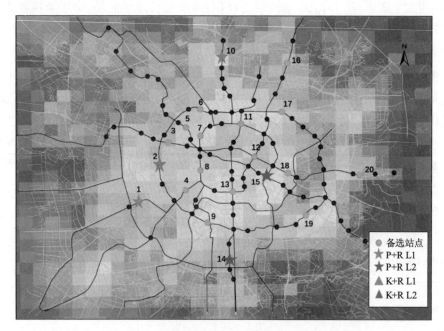

图10-22　初代优化方案图

从已有设施的空间位置来看,5个配置的P+R设施的位置以主城区外围和城市边缘处为主。这一结果与P+R配置现状较为相符,即市区P+R较少,郊区、边缘P+R较多。

从设施设置和需求量的匹配度来看,5个站点的P+R需求水平都比较高,说明设施已经优先设置在高需求的位置,优先满足高需求地区用户的需求。这还说明设施选址与需求量的匹配程度较好,能够保证停车换乘设施持续有效地运营。

从优化结果来看,这一选址方案减少了49700车公里数,使得换乘效用提升了68299,满足了65%的P+R溢出需求,达到了一定的截取小汽车流量、分担P+R需求溢出的目的。

3) 优化布局方案与现有布局方案的对比

为了进一步探讨模型的特性,将优化后的结果与成都现状P+R设施的效果进行对比。

图10-23为现状停车换乘与优化选址方案的对比图。由图可知,站点14与现状已建设站

点一致,重合的原因可能为站点 14 锦城广场站这一区域汇集了大量高新技术产业,通勤特征明显,同时这里也是商业聚集区,将商业建筑与换乘枢纽进行一体化建设,有助于提升换乘枢纽的吸引力。

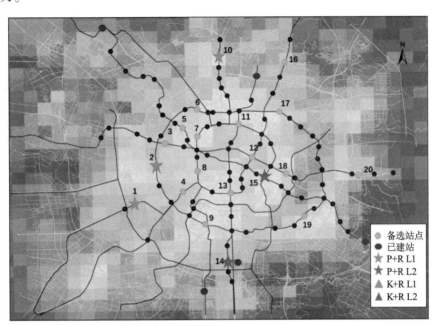

图 10-23 现状与优化后选址方案

表 10-13 为现状设施与优化方案的截流效果和换乘效用对比结果。结果表明,优化方案与现状布局方案相比,截流公里数提升了 27%,换乘效用提升了 31%,P+R 需求溢出满足率提升了 65%,说明优化效果较好。

现状布局方案与优化后布局方案对比 表 10-13

指标	现状停车换乘设施布局方案	优化后布局方案	提升
截流车公里数(辆公里)	38840	49700	27%
换乘效用	52310	68299	31%
P+R 需求溢出满足率	0	65%	65%

优化模型与传统的 P+R 布局模式比较起来,优越性主要体现在以下两个方面:

(1)传统的 P+R 设施由于受到土地资源的限制,多设在城市外围,只能够满足郊区通勤者的需求。优化的布局方案在市区内和市区边缘均有停车换乘设施的布置,还能够满足市区内的停车换乘需求。

(2)优化的布局模型采用 P+R 与 K+R 联合配置的方式,满足了弹性供给的要求,当 P+R 需求溢出时,溢出需求可转移到 K+R 设施。本例中,只增设了 58 个 K+R 换乘泊位,就满足了 65% 的 P+R 换乘需求溢出,以低廉的成本,很大程度地扩充了停车换乘设施的承载力,减少了网络中的小汽车公里数,提升了换乘效率。

但是,初代的优化方案仍然存在一定的问题:在设施数量方面,参考现状 P+R 设施方案所设置的 5 个 P+R 的数量不够合理,对溢出需求的满足率只有 65%;在设施规模方面,现有的规划方案中站点 2、10 的 P+R 与 K+R 设施规模均已达到该类别设施承载力的上限,造成这一现象的原因可能还是设施数量的不足。因此,需要对设施的数量对优化效果的影响进行分析,从而获得能够满足停车换乘需求的最优方案。

4) 设施数量对优化结果的影响

为了分析设施数量对于优化结果的影响,分别计算不同设施数量下的优化效果,并总结变化规律。由于 P+R 的建设可能受到空间资源、建设成本等多种条件的约束,P+R 的建设数量决策应当慎重考虑,故首先调整 P+R 设施的数量约束来判断 P+R 数量对结果的影响。具体操作为:将 K+R 的数量约束值设置为 0,调整 P+R 数量限制,重复运行模型并记录结果。分别计算 P+R 数量为 5~12 的优化效果值,列于表 10-14 中,变化趋势列于图 10-24 中。

目标优化值与 P+R 数量关系 表 10-14

P+R 设施数量	总 目 标	截流车公里数(辆公里)	换 乘 效 用
5	70000	49700	68299
6	71236	50540	68985
7	73160	52080	70266
8	82959	59080	79597
9	84451	60200	80836
10	85997	61320	82257
11	87422	62440	83272
12	88032	62790	84140

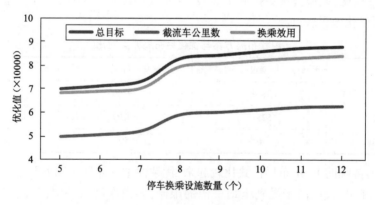

图 10-24 目标优化值与设施数量关系

由图 10-24 可知,3 个指标值与 P+R 设施数量呈非线性正相关。随着设施数量的增长,3 类目标优化值都呈现缓慢增长-快速增长-趋于稳定的态势。

在该轨道交通线网和停车换乘需求水平下,规划建设停车 P+R 换乘数量的最优区间在 [8,10] 内。在该区间内,优化效果增速最快,且已经达到较高水平,即使数量继续增加,系统的边际效用也十分有限。

因此,新的方案设置换乘设施数量为 10。同时,为了最大限度地满足网络中的停车换乘需求，将剩余的 11 个备选点都设计为 K+R 站点。经过迭代求解模型，结果显示站点 3、19 的 P+R 和 K+R 需求均未达到设置设施的下限值，因此将这两个点位排除。最终得到 18 个设施的设置方案，其中 P+R 为 10 个，K+R 为 8 个。优化结果如表 10-15 和图 10-25 所示。

最优方案优化结果   表 10-15

枢纽类型	设置站点	满足 P+R 需求(辆)	满足 K+R 需求(辆)	是否达到承载力上限
P+R level 1	1	771	161	否
	4	800	178	否
	6	800	398	否
	8	800	303	否
	16	473	99	否
	17	590	123	否
P+R level 2	2	1200	546	否
	14	1200	418	否
	10	1200	482	否
	15	1200	600	是
K+R level 1	5	—	87	否
	18	—	89	否
	20	—	90	否
K+R level 2	7	—	170	否
	9	—	290	否
	11	—	167	否
	13	—	169	否
	12	—	300	是

目标函数值：133889　　　　　　截流车公里数：82889 辆公里
换乘效用：170003　　　　　　　P+R 溢出需求满足率：82%

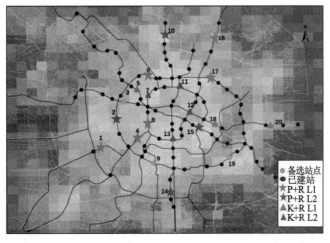

图 10-25　最优方案布局图

如表 10-16 所示，与初代优化方案相比，增加设施数量的优化方案目标函数值提升了 91%，截流车公里数提升了 67%，换乘效用提升了 148%，P+R 需求满足率提升了 17%。

初代方案与改进方案优化效果对比　　　　　　　　　　表 10-16

指　　标	初代优化方案	改进优化方案	提　　升
目标函数值	70000	133889	91%
截流车公里数(辆公里)	49700	82889	67%
换乘效用	68299	170003	148%
P+R 需求溢出满足率	65%	82%	17%

在设施结构方面，改进方案新增了 K+R 换乘枢纽，为停车换乘需求较低、不足以建设 P+R 枢纽的站点提供了一个新的出行方式选择，引导他们能够采用这一方式，完成停车换乘的行为。

在 P+R 设施的设置方面，发现最优方案的 P+R 点位覆盖了初代方案的 P+R 设置点位，这反映了模型的延续性和稳定性，说明选址模型能够优先满足高需求点位的设置要求。

优化方案与初代方案的不同点在于，优化方案将原来的站点 2、10 的一级 P+R 枢纽，升级为二级 P+R 枢纽，解决了之前提到的设施已饱和的问题。在最优的选址方案中，达到承载力上限的点位只有 1 个。

在 P+R 需求的溢出方面，发现 7 个 P+R 站点的 P+R 需求产生了溢出现象，但是溢出需求都在 K+R 设施中得到了满足，说明 P+R 与 K+R 的联合配置模式确实能够实现泊位的弹性供给，提高整个停车换乘系统的服务水平，符合本研究的初衷。

本章参考文献

[1] 朱昊,冯淑媛,刘涛.上海停车换乘系统发展状况评估和推广应用建议[J].交通与运输(学术版),2012(1):95-98.

[2] 寇甜甜.城市轨道交通站点 P+R 停车场票制票价研究[D].北京:北京交通大学,2019.

[3] 滴滴媒体研究院,第一财经商业数据中心.智能出行大数据报告——成都篇[R].北京:滴滴研究院,2016.

[4] 刘月.多模式交通网络下 P+R 与 K+R 设施布局优化与配置[D].南京:东南大学,2020.

[5] SPILLAR R J. Park-and-Ride Planning and Design Guidelines[M]. New York：Parsons Brinckerhoff Inc.1997.

[6] FAGHRI A,LANG A,HAMAD K,et al. Integrated knowledge-based geographic information system for determining optimal location of park-and-ride facilities[J].Journal of urban planning and development,2002,128(1):18-41.

[7] 刘有军,晏克非.基于 GIS 的停车换乘设施优化选址方法的研究[J].交通科技,2003(4):85-87.

[8] FARHAN B,MURRAY A T. Siting park-and-ride facilities using a multi-objective spatial

optimization model[J].Computers & Operations Research,2008,35(2):445-456.

[9] CORNEJO L,PEREZ S,CHEU R L,et al.An approach to comprehensively evaluate potential park and ride facilities[J].International Journal of Transportation Science and Technology, 2014,3(1):1-18.

[10] HORNER M W,GROVES S.Network flow-based strategies for identifying rail park-and-ride facility locations[J].Socio-Economic Planning Sciences,2007,41(3):255-268.

[11] 方青,吴中.城市停车换乘设施选址模型研究[J].河北交通科技,2009,6(3):52-55.

[12] 邹彤.考虑个体异质性的网络约租车选择行为研究[D].成都:西南交通大学,2017.

第11章 城市地面快速与常规公交资源配置优化方法

本书涉及的城市多模式网络主要面向轨道网、道路网和地面公交网。其中,地面公交网络根据客流服务能力、通行条件等不同,又可分为快速公交和常规公交等供给模式。为保障快速公交通行效能,通常设置独立的专用车道和站点,但也引发了专用设施资源利用率低、影响其他方式整体运行效率等问题。本章重点研究常规公交与快速公交的车道、站点资源共享模型方法,建立两类地面公交模式的资源协同优化方法。

本章的主要内容包括:①地面快速公交与常规公交的车道共享运行特性及影响因素分析;②共享路段、交叉口及站点运行分析模型;③车道共享阈值条件计算方法及算例分析。

11.1 快速公交与常规公交专用道共享特性分析

11.1.1 专用道与公交车运行特性分析

1) 快速公交专用道运行特性

专用道路空间实际上是特定车辆的专有路权,指为特定车辆提供的独立运行不受干扰的车道或者道路,能够使特定车辆畅通地运行,提高其服务质量。

专用的道路空间,是保证公交优先的重要手段。而本节研究的快速公交专用车道与一般常规公交专用车道有所不同,具体表现在以下两个方面:

(1) 快速公交要求独立的运行空间,快速公交专用道一般要求在整个快速公交线路上连续设置,而常规公交专用道一般在特定路段设置,常规公交仅在该路段内享有专用路权,一般不可能在整条线路上都连续设置。

(2) 快速公交专用道只服务于快速公交线路,快速公交线路不多,而常规公交专用道服务于经过该路段的常规公交,因此快速公交的线路较多。

2) 快速公交与常规公交运行特性差异

(1) 速度特性

公交线路最关键的指标就是运送速度,即线路长度和单程载客时间之比。

根据目前国内的快速公交系统运送速度统计资料,其运送速度为 20~30km/h。根据《快速公共汽车交通系统设计规范》[1],各级快速公交系统运送速度分级见表11-1,国内典型城市快速公交运送速度见表11-2,国外典型快速公交系统运送速度见表11-3。

第11章 城市地面快速与常规公交资源配置优化方法

各级快速公交系统运送速度　　　　　　　　　　　　　　　表 11-1

特征参数	级　别		
	一级	二级	三级
运送速度(km/h)	≥25	≥25	≥20

国内典型城市快速公交运送速度　　　　　　　　　　　　　表 11-2

城　市	快速公交运送速度(km/h)	城　市	快速公交运送速度(km/h)
北京(南中轴)	26	常州(快速公交1号线)	22.5
杭州(快速公交1号线)	28	济南(快速公交1号线)	21
昆·明	20	—	—

国外典型快速公交系统运送速度　　　　　　　　　　　　　表 11-3

城　市	快速公交运送速度(km/h)	城　市	快速公交运送速度(km/h)
波哥大、库里蒂巴	30	南美站站停中央巴士	18~22
洛杉矶	22	高速公路公交线路(直达)	64~80
纽约限站公交	22	高速公路公交线路(站站停)	40~56

由表 11-3 可知,快速路公交车道运送速度为 40~80km/h,城市主干道速度为20~30km/h,这与国内的快速公交运送速度基本一致。

对比常规公交,一般城市常规公交的运送车速为 10~15km/h。在某些城市,公交运送速度甚至低于10km/h,例如,在昆明市的公交专用道实施前,公交的运送速度仅为9.6km/h。国内典型城市的常规公交运送速度见表 11-4。

国内典型快速公交系统运送速度　　　　　　　　　　　　　表 11-4

城　市	常规公交运送速度(km/h)	城　市	常规公交运送速度(km/h)
北京(市中心)	15	哈尔滨(市中心)	12
上海(市中心)	12~15	西安(市中心)	10

分析发现,快速公交的运送速度比常规公交要高 60%~100%,具有显著优势。

(2)运能特性

公交的运载能力与专用道的类型、运营情况、停靠方式、车型、收费方式等多种因素有关。表 11-5 是典型快速公交系统高峰客流量,在可以一定程度上体现其运能。一般来说,快速公交的运载能力接近轻轨。

典型快速公交系统高峰客流量　　　　　　　　　　　　　　表 11-5

线　路	高峰断面客流(人/h)	线　路	高峰断面客流(人/h)
波哥大特朗斯	33000	北京南中轴1号线	8500
巴西贝罗霍利桑特线	21100	杭州快速公交1号线	6400
渥太华快速公交线	10000	—	—

《城市道路交通规划设计规范》[2]中明确给出了各种公共交通方式的运能指标,见表11-6。而《快速公共汽车交通设计规范》[1]中规定了各级快速公交系统的单向客运能力,见表11-7。对比分析,快速公交的客运能力远高于常规公交,处于常规公交和轨道交通之间。

国内公共交通方式的运能指标　　　　　　　　　　　　　　　　表11-6

种类	发车频率(车次/h)	单向客运能力(万人/h)
常规公交	60~90	0.8~1.2
中运量轨道交通	40~60	1.5~3.0
大运量轨道交通	20~30	3.0~6.0

各级快速公交系统单向客运能力　　　　　　　　　　　　　　　表11-7

级别	单向客运能力(万人/h)	级别	单向客运能力(万人/h)
一级	≥1.5	三级	≥0.5
二级	≥1.0	—	—

(3) 舒适度特性

舒适度指公交企业为乘客提供的乘坐环境的舒适程度,是居民选择交通方式时所要考虑的重要因素之一。舒适度越高,乘客吸引量一般越大。舒适度可以体现在多个方面,表11-8对比了快速和常规公交若干项舒适度指标。

快速公交与常规公交舒适度对比　　　　　　　　　　　　　　　表11-8

方式	满载率	正点率	车内环境			换乘便捷性
			设施	噪声	平稳性	
快速公交	45%~70%	85%以上	较好	较低	较好	高
常规公交	70%~85%	低于80%	差	视站点而定	较差	视站点而定

由表11-8可知:

(1) 在满载率方面,快速公交低于常规公交,因此快速公交车内的拥挤程度要低于常规公交,服务水平更高。这主要是因为快速公交车型比常规公交更大,车内空间更为宽敞。

(2) 在正点率方面,快速公交系统的正点率更高,其发车频率和发车时间有严格的安排表,公交运行时间受外界因素如交通灯、交通状况的影响小。

(3) 在车内环境方面,快速公交的车内环境明显优于常规公交。快速公交系统在设计时充分考虑了乘客的需求,噪声振动减少,水平登车系统使乘客能够方便地登车,尤其对于携带包裹的乘客和行动不便者。

(4) 在换乘便捷性方面,快速公交也优于常规公交。快速公交线路一般设置在城市的主要交通走廊上,其站点与轨道交通、支线公交等其他交通方式衔接紧密,便于换乘。此外,快速公交系统的信息化程度更高,能实时显示公交车运营信息,为乘客提供大量的实时交通信息。

综合各个方面,快速公交系统的乘客舒适度要比常规公交高。一般来说,其服务水平接近于轨道交通。

3) 专用道共享适应性分析

根据上文分析,快速公交的运送速度一般高于常规公交,这主要是由于快速公交的车外收费以及水平登车等因素,使得乘客上下车效率提升,减少了车辆在站点的逗留时间。快速公交运能明显高于常规公交,因为其车型更大,运送速度更高,乘客登乘效率更优。如果将常规公交引入快速公交专用道,借助快速公交专用道和专用站点的优势,常规公交的运能也能有所提升。此时,常规公交受路段社会车辆的干扰也会减少,准点率将显著提升。而与快速公交共站,也能使得常规公交的换乘更加便捷。

此外,根据《快速公共汽车交通设计规范》[1],快速公交的发车间隔为高峰期间1~3min,则专用道上快速公交最高流量不超过60veh/h,远小于快速公交专用道的路段通行能力,存在严重的道路资源浪费问题。因此,在保证快速公交沿线运行效率的前提下,可以考虑通过引入常规公交来提高资源利用效率。综合各方面比较,快速公交和常规公交共享专用道具有诸多优势,有很高的实践价值。

11.1.2 专用道共享调查方案设计

1) 调查目的和对象

本节以典型的共享模式和非共享模式为调查对象,提取共享前、后的公交车运行特性信息,对两者进行比较,明确共享策略产生的影响及其影响程度,挖掘影响共享决策的相关因素,为共享阈值条件的研究提供基础。专用道共享模式和非共享模式如图11-1所示。

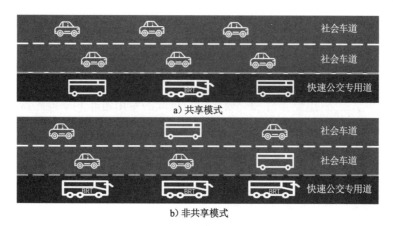

图11-1 专用道共享模式和非共享模式

2) 调查内容和方法

公交在道路上的运行,主要经历三类地点:①交叉口;②公交站点;③交叉口之间、站点之间的路段。因此,对共享路段和非共享道路的调查也从这三类地点入手。由于交叉口影响因素复杂,调查难度较大,故本节不做调查。对于路段的调查,需要获取的主要是速度特性和流量特性,为便于获取精确的数据,本节采用录像视频法调查;对于站点的调查,主要获取公交的到站特性、停靠特性和排队特性等,为便于获取数据,采用人工调查的方式。调查数据内容和方法见表11-9。

调查数据需求　　　　　　　　表 11-9

调查地点类型	调查方式	调查特性	获取数据类型
路段	录像视频调查	路段上车辆的运行速度特性、流量特性	速度、流量
站点	人工调查	公交的到站特性、停靠特性、排队特性等	公交到达时刻、上下客服务时间、排队时间、上下客人数

3）调查方案

（1）调查时间

为了更好地反应交通特性，调查具有典型性和代表性的时段，通常选择在天气良好、视野清晰、交通和道路状况均正常的时间段进行调查。由于本节的研究目的是确定快速公交与常规公交协调共享的阈值，应考虑的是交通状况最差的阶段，调查时间主要选取一般工作日的早晚高峰时段，兼顾短时的平峰时段。

交通数据的收集工作时间跨度为 2017 年 9 月 26—28 日，工作日周二至周四。录像视频调查选取的时段为早晨 7:00—9:00（高峰）、9:00—10:00（平峰）和下午 15:00—16:00（平峰）、16:00—18:00（高峰）；人工站点延误调查时段为早晨 7:00—9:00（高峰）和下午 16:00—18:00（高峰）。

（2）调查地点

调查地点选取原则如下：

①录像视频调查地点选取原则。

a.专用道共享道路：典型快速公交和常规公交共享道路，专用道上具有至少一条快速公交线路和多条常规公交线路。

b.专用道非共享道路：道路条件和交通区位与选取的专用道非共享道路接近，专用道上仅有快速公交线路。

c.远离交叉口、建筑物出入口。

d.视野良好，无遮挡。

e.摄像机架设位置要能够拍摄至少一个方向上的所有车道。

②站点人工调查地点选取原则。

a.共享站点：停靠站点的线路有一条以上快速公交线路和多条常规公交线路。

b.非共享站点：仅有快速公交线路停靠，站点的附近的道路条件和交通区位与选取的共享站点较为相似。尽可能保证除共享以外，其他影响因素的差异较小。

对常州市开展相关调查，其快速公交系统采取的是主支线的形式。主线快速公交与一般意义上的快速公交相同，全线路在中央专用道上行驶，只在快速公交站点停靠。而支线快速公交类似于一般意义上的常规公交，既停靠于快速公交站点，也停靠于常规公交站点，在与主线快速公交共线的路段，则行驶于专用道上，停靠在快速公交站点，其他时候则与一般常规公交相同，实际上就是本章所研究的与快速公交共享专用道的常规公交。调查选择的道路和地点如图 11-2 和表 11-10 所示。

图 11-2 专用道共享模式和非共享模式

调查道路信息　　　　　　　　　　　　　　　表 11-10

类　型	位　置	备　注
共享道路	延陵中路	天宁寺站、人民公园站之间
非共享道路	东方西路	丽华路站、东方路站之间和东方路站、横塘河路站之间
共享站点	人民公园站	B2 线
非共享站点	丽华路站—关河路站	B2 线

其中,共享站点人民公园站有 1 条快速公交线路(B1 线)和 4 条相当于常规公交的支线线路(B12、B21、B11、Y1);非共享站点丽华路站—关河路站只有快速公交线路(B1 线)。

11.1.3 专用道共享调查方案设计

1) 无交叉影响路段的运行特性

常规公交线路引入快速公交专用道后,在交叉口之间的路段上所造成的影响主要是专用道上车辆增多,饱和度增大,导致车辆行驶速度降低,延误增加。

为了分析共享策略对快速公交的影响,选取常州两条含快速公交专用道的路段,进行对照实验,其中一条实施共享,另一条不共享,统计专用道上的速度,对比结果如图 11-3 所示。

由图 11-3 可知,对专用道实施共享策略后,快速公交的运行速度有所下降,平均速度降低了约 5km/h。速度降低增大了运行延误,如果对运行速度影响较大,将消除快速公交准时、快捷、高效的优势。因此,在之后研究专用道的共享阈值条件时,要重点考虑这一因素。

2) 交叉口的延误特性

控制延误是指存在道路交通控制设施时,车辆通过道路交叉口所需的时间,与其以自由行驶速度通过的行程时间之差。

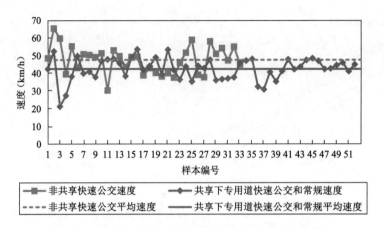

图 11-3　专用道上共享与非共享情况下快速公交运行速度对比

各类延误的关系为：

$$d_{con} = d_{sp} + d_{acc} + d_{dec} \tag{11-1}$$

式中，d_{con} 为控制延误，veh/h；d_{sp} 为停车延误，veh/h；d_{acc} 为加速延误，veh/h；d_{dec} 为减速延误，veh/h。

各类延误及其关系如图 11-4 所示。

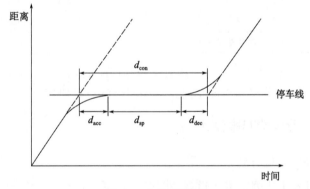

图 11-4　各类延误示意

若对快速公交专用道实施共享，将导致其流量增加，饱和度增大，引起控制延误增大。但是在一般情况下，快速公交专用道上的流量较小，交叉口基本不会出现过饱和的情况，所有车辆都能在一个绿灯周期内通过。因此，共享专用道的车辆延误虽然会有所增大，但较为有限。

11.1.4　公交站点共享运行特性

1）到达特性

理想情况下，若公交车以固定的频率发车，公交车也是以固定的时间间隔到站的。然而实际中，公交车在运行途中会受到道路条件、交通流、交叉口以及其他偶然因素的影响，导致其到站时间具有随机性，同一个站点内，先后到达的两辆车之间的时间间隔服从某种随机分布。表 11-11 列出了的高峰期间共享站点和非共享站点以 5min 为间隔统计的车辆到达情况。

共享站点和非共享站点车辆到达情况　　　　表 11-11

共享站点		非共享站点	
车辆到达数	频数	车辆到达数	频数
0	6	0	27
1	11	1	35
2	14	2	15
3	14	3	3
4	20	>4	0
5	23	—	—
6	24	—	—
7	5	—	—
8	2	—	—

用泊松分布拟合共享站点和非共享站点的车辆到达情况：

$$p(k) = \frac{(\lambda t)^k e^{-\lambda t}}{k!} \tag{11-2}$$

式中，$p(k)$ 为在统计时间间隔 t 内到达 k 辆公交车的概率；λ 为单位时间的平均到达率，pcu/h；t 为每个计数间隔持续时间，s。

非共享站点的拟合情况见表 11-12。从表中可以看出，检验没有拒绝原假设，说明非共享站点的公交车辆到达符合泊松分布规律。

共享站点公交到达拟合情况　　　　表 11-12

χ^2	DF	$\chi^2_{0.05}$
1.7969	1	3.84
观测		[27 35 18]
泊松分布		[31.7225 29.3433 17.7558]

共享站点的拟合情况见表 11-13。从拟合检验结果来看，尽管站点的到达规律与泊松分布存在一定差异，但是通过了 χ^2 检验，因此可以认为共享站点车辆到达仍符合泊松分布。

非共享站点公交到达拟合情况　　　　表 11-13

χ^2	DF	$\chi^2_{0.05}$
7.8399	5	11.07
观测		[17 14 14 20 12 13 7]
泊松分布		[11.6018 16.6933 20.3840 18.6680 13.6772 8.3505 7.1856]

2)停靠特性

（1）停靠时间和上下客人数情况

统计共享站点和非共享站点的停靠时间和上下客人数，如图 11-5 和图 11-6 所示。

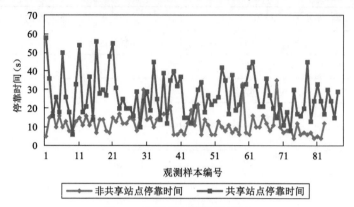

图 11-5　两类站点停靠时间对比

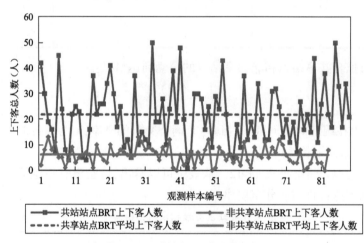

图 11-6　两类站点上下客人数对比

对比发现，共享站点的平均停靠时间远高于非共享站点，且共享站点的上下客人数也远高于非共享站点。由此说明共享站点平均停靠时间远大于非共享站点，主要是因为共享线路更多、站点客流更大。

（2）单人登乘时间

统计两类站点每位乘客的平均登乘时间，并进行对比，如表 11-14 和图 11-7 所示。停靠时间可以分为开关门时间和上下客时间，既有的研究通常认为开关门时间较为稳定，在 2~4s 之间，因此本节取开关门时间为 3s，在停靠时间中扣除开关门时间再计算平均每位乘客的登乘时间。

两类站点的单人登乘时间对比　　　　　　　　　　表 11-14

共享站点		非共享站点	
均值	标准差	均值	标准差
1.51	1.72	1.70	1.146

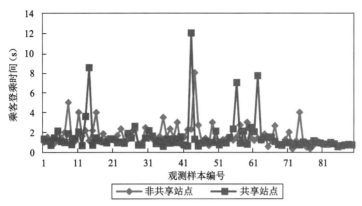

图 11-7 两类站点单人登乘时间对比

由图 11-7 可知,两类站点的乘客单人平均登乘时间总体较为接近。调查样本中,共享站点的乘客平均登乘时间为 1.51s,非共享站点为 1.70s,无明显差异。但尽管如此,也不能说明共享站点对乘客上下车没有影响,因为在上下客人数较少时,存在一些难以估计的边际效应和干扰因素影响了平均单个乘客的登乘时间;而人数较多时,乘客上下车较为急迫,登乘效率相对更高,边际效应也相对更弱。

在上下客人数较少(15 人以下)的情况下,对比共享站点和非共享站点的平均登乘时间,见表 11-15,在同样的上下客人数水平,共享站点的乘客登乘效率相对非共享站点更低,说明共享不但吸引了更多的客流,同时对乘客的登乘效率也存在影响。

同等上下客人数水平下两类站点单人登乘时间对比(单位:s)　　表 11-15

共享站点		非共享站点	
均值	标准差	均值	标准差
2.64	2.7	2.64	2.7

(3)停靠时间与上下客人数关系

图 11-8 和图 11-9 分别是非共享和共享站点的停靠时间和上下车人数的关系。可以看出,无论在非共享还是共享站点,公交的停靠时间和乘客上下车人数表现出正相关的关系。上下客人数越多,停靠时间越长。

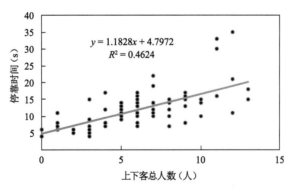

图 11-8 停靠时间与上下客人数关系(非共享)

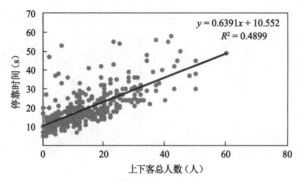

图 11-9　停靠时间与上下客人数关系(共享)

在上下客人数较少的时候,共享站点存在部分停靠时间很长的情况,如图 11-9 所示。在调查中发现,共享站点有少数乘客没能及时上车导致公交车二次停车等待,而这种情况在非共享站点很少见。这主要是由于共享站点停靠线路较多,站内人数也较多,部分乘客需要一定时间确认自己所乘坐的公交,或者是因为站内人数较多行走受到阻碍,所以没有能够第一时间上车。这表明快速公交站点共享后,存在一定影响乘客登乘效率的因素。

综上可知,公交车在共享站点和非共享站点的停靠时间与上下车乘客数量关系并不一致,难以采用统一的关系模型描述。因此,在实践中,建议通过实际调查来获取公交车到站时间这一参数。

3) 停靠特性

(1) 排队延误与排队比例情况

调查中发现非共享站点不存在排队情况,共享站点存在排队情况,其排队延误如图 11-10 和表 11-16 所示。从统计情况可以看到,排队时间的波动性很大,且主要集中在 5~40s 附近。

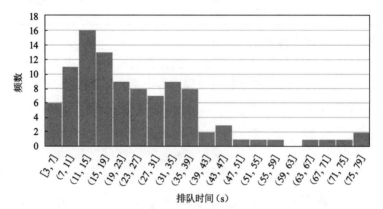

图 11-10　排队时间分布

排 队 延 误 情 况　　　　　　表 11-16

平均排队时间(s)	最大排队时间(s)	最小排队时间(s)	排队时间标准差(s)
25.24	76	3	15.79

从所有车辆的角度来看(表 11-17),排队车辆的比例高达 30% 左右,排队车辆占比较高。所有车辆的平均排队时间约为 7.36s,这说明排队使得每辆公交车的平均站点延误时间增加 7s

左右。从排队现象严重程度分析,1车排队和2车排队占比都超过10%,比例较大,3车及以上排队比例也达到8.4%,排队现象的频率过高导致排队延误的增大,影响站点的通行效率。

排队延误情况　　　　　　　　　表11-17

排队车辆占比(%)	1车排队占比(%)	2车排队占比(%)	3车及以上排队占比(%)	所有车辆的平均排队时间(s)
29.1%	12.3	10.4	8.4	7.36

因此,有必要对排队现象加以控制。通过运营管理的优化减少排队现象,可以降低共享站点对快速公交站点通行效率的影响。

(2)排队时间与车辆位置关系

图11-11所示为排队时间与车辆在排队队列中的位置关系。分析发现:

①在到站车辆形成的队列中,第三和第四位置(即排队车辆中的第一辆和第二辆)的车辆排队时间较为接近。分析公交车辆的到站情况发现,由于站台仅有两个泊位,而且是直线式站台,站内允许两辆车同时上下客,之后的车辆都需在站外排队,而队列中的第二辆车上下客完成后,必须等待第一辆车驶离站台,才能驶离。因此,在这种队列情况下,一旦站台可以进入新的车辆,必然是两个泊位同时可以使用,第四辆车可以紧跟在第三辆车后面进入站内上下客而不用等第三辆车驶离,因此第三辆车和第四辆车排队时间较为接近。

②第五辆车以后的车辆排队时间波动很大,有可能产生较大的排队延误。因此,在站点公交的线路协调和管理运营中,要避免产生过长的排队情况。

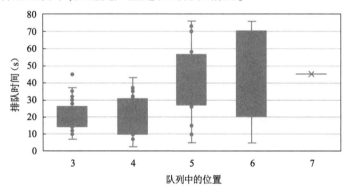

图11-11　排队时间与排队车辆位置的关系

11.1.5　影响专用道路共享的因素分析

1)关键指标

(1)路段人均行程时间

路段人均行程时间是通过某一长度的路段所有车辆的总时间除以通过路段的总人数得到的,能够表示断面运送客流的效率。若实施共享策略后,人均行程时间能够减少,就意味着共享具有一定的效益,具备了实施的意义。

(2)通行能力

通行能力是道路一定时间内所能通过的最大车辆数,限制了车流量的上限。共享后,专用道上流量增加,有可能会超过通行能力。在专用道上,通行能力最小的地方就是站点。如果站点通行能力不足,难以满足公交车停靠和乘客上下车的需求,会造成站点附近的拥堵,形成路段交通的瓶颈。

(3) 站点排队时间与概率

当常规公交被引入快速公交专用道,由于两类公交共站的原因,可能会产生排队的现象。由上文调查结果可知,当共站线路数量较多的时候,个别车辆排队的延误最高可达近 80s,使得到站公交可能会延误很长的时间。而车辆因为在站点排队,不但可能需要花费额外的时间在站外等待,还会多经历一次甚至多次重新启动又停止的过程,因此站点排队时间与概率同公交运行的舒适度紧密关联。

(4) 运行时间

常规公交被引入快速公交专用道,会对快速公交的运行产生影响,主要体现在常规公交影响了快速公交的运行速度,这会降低快速公交的准点率和便捷性。常规公交引入后,快速公交的运行时间延误需要控制在可以接受的范围内。

2) 影响因素

上文分析了 4 个决定共享与否的关键指标,以下因素与关键指标相关联而对专用道是否进行共享产生了间接影响。

(1) 快速公交与常规公交发车量

在本章研究中,将线路数和发车频率的乘积定义为公交发车量,表示单位时间内在特定道路上运行的公交的车流量。快速公交与常规公交发车量与最终运行在专用道上的公交车流量直接相关,流量与时间延误和公交在站点的排队概率直接相关。

(2) 站点间距

站点作为公交运行的瓶颈,是制约公交运行效率的关键节点。公交车辆在靠近站点时需要减速停驻,在乘客完成上下车后再次启动加速至正常行驶速度,存在加减速延误。因此,当站点间距过小时,公交车辆频繁停靠,专用道的通行能力将显著降低,这时如果再引入常规公交,就有可能产生拥堵,此时不宜将常规公交引入快速公交的专用道。

(3) 交叉口间距

交叉口是路网中所有车流通行的瓶颈,制约了通行能力。交叉口间距越小,交叉口数量越多,就会造成公交车辆在交叉口的更大延误,导致通行能力降低。所以当交叉口间距较小时,快速公交专用道通行能力受限,不宜再引入常规公交与快速公交共享。

(4) 社会车辆流量

将常规公交引入快速公交的主要优点在于使得常规公交和快速公交拥有了同样的路权,并且使用相同的站点,这提升了常规公交的运行效率。因此,如果这种效率提升并不明显,实施共享就没有了意义。在社会车辆流量较大的时候,常规公交的运行速度受到很大影响,在这种情况下进行共享,常规公交的运行将会大大提升;相反地,在社会车流量不大的时候,常规公交的运行速度受到的影响不是特别明显,进行共享并不能显著地提升其运行效率,在这种情况下进行共享的效益并不高。

(5) 公交上下客服务时间

无论快速公交还是常规公交,公交在站点上下客的服务时间决定了站点花费时间的总体水平。如果上下客服务时间低,泊位的周转率高,那么公交到站排队的可能性低,在共享模式下,就有更多的常规公交可能被引入专用道。因此,两类公交的站点上下客服务时间对于共享也有很大影响。

(6)站台形式

根据公交站台选型的不同,公交站台可分为直线式、港湾式和多站台式3类(图11-12)。直线式公交站设置形式简单,公交车辆直接停靠在车道上。优点是节约用地,公交车辆停靠精确。缺点是公交车辆占用车道停靠,易形成瓶颈路段,站台通行能力较小。适用于上下车的乘客数量较少且公交到达率较小的情况。

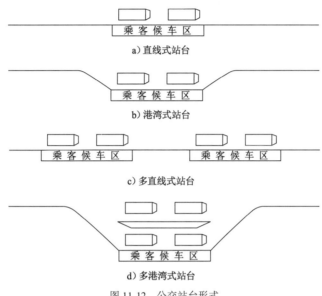

图 11-12 公交站台形式

港湾式公交站为了在公交站台处扩宽道路,公交车辆停靠在机动车道之外的站台泊位上。优点是预留超车道,停靠公交车辆对其他公交进出站台的影响较小,能保证公交专用道畅通,站台通行能力较大。缺点是不利于公交车辆精确停靠,对道路宽度有一定要求。

多站台式分为多直线式站台与多港湾式站台。多站台式可分散站台的服务区域,有效减少车辆的排队长度,在公交线路很多时可降低乘客候车位置的盲目性,减少站台上的行走时间。但同时对道路空间有较高要求,且不利于乘客换乘。

由上述分析可看出,从站台的通过能力和延误角度分析,站台形式从优到劣依次为:多站台式、港湾式、直线式。站台形式影响了公交在站点的通行效率,对时间延误、站点的排队概率都有影响。

由于站台形式的不同,公交的运行效率也有所不同,将会影响能够引入的常规公交数量。当前多站台式应用较少,实际道路上以直线式站台和港湾式站台为主,因此本节主要考虑直线式站台和港湾式站台两种形式。

(7)站点泊位数

泊位数与站点通行能力直接相关,泊位数越大,站点的通行能力一般越大,允许共享的常规公交数量也就越多。同时泊位数越大,公交到站时有泊位可供停靠的可能性也就越大,排队概率越小。

(8)公交到站规律

在总发车量相同的情况下,公交的到站规律不同,公交在站点通行的效率也会有所不同。

理想情况下,每辆公交都保持一定的车头时距,每隔一段特定的时间到达站点,这时候公交在站点的排队效率是最优的,不会出现排队的情况造成额外延误;而如果公交呈现车队到达,即多辆公交保持着很小的车头时距,在很短的间隔内先后到达站点,由于站点泊位数量有限,车队后面的公交车可能会排队等待,降低系统运行效率。因此,专用道能否实施共享受到特定的道路及交通条件的影响。

11.2 专用道共享分析模型

11.2.1 无交叉口影响路段的速度-流量模型

由于本节路段考虑的是不受交叉口间断流设施直接影响的纯路段(图11-13),运行特性类似于高速公路连续流情况,所以可以在美国公路局的BPR模型[3]的基础上进行改进,用于分析城市道路。

图11-13 不受交叉口影响的路段示意图

图11-14所示为在常州典型路段调查的速度-流量情况调查结果。

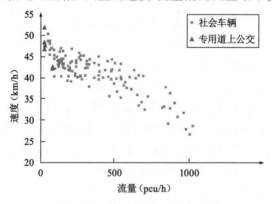

图11-14 典型路段速度与流量关系

调查路段为三车道,观察到的最大流量还远未达到道路通行能力,且变道情况较少。为了研究速度与流量的关系,对每条车道以5min间隔统计了不同流量水平下车道上车辆的速度(一条专用车道和两条社会车道)。在一般道路上,公交因为车型原因,速度会略低于社会车辆,但这种差异较小,为便于进行研究,假设社会车辆和公交的速度与流量特性是相近的,一并进行分析。

从图中可以看到,当流量增加时,车辆总体运行速度下降。但在流量较低时(0~100pcu/h),

观察到有一小段明显的速度下降。

Blunden认为关于交通量的行程函数应当满足如下3点理论特征[4]:

①假如流量足够小,则此时行程时间和平均"零流"行程时间是接近的。

②如果对比道路通行能力,流量是远远小于前者的,则随着流量发生的变化,行程时间也将发生缓慢变化。

③如果在"稳态"系统状态下,那么此时的曲线将会成为饱和流量纵坐标的渐近线。

因此,在理论上,当流量较低时速度应该接近于自由流速度,但实际调查结果却与理论存在差异。原因在于,调查地点远离交叉口,交叉口没有直接影响车辆运行速度。但交叉口将上游路段内连续的车流分割为多股间断流,车流整体的速度有所下降。此时,尽管一段时间内的路段整体饱和度不高,但是因为车头时距比这段时间内的整体饱和度的车头时距更小,所以车辆实际的运行速度已经相当于更高饱和度情况下的速度。随着饱和度的不断增大,跟驰车队中的实际车头时距与一段时间内整体的饱和车头时距的差距减小,且这种效应的影响随着饱和度的增加而不断降低。

为了能够考虑这一效应的影响,考虑对BPR模型进行改进,引入一个交叉口间接影响修正系数ζ。由于这一影响在流量小时很弱,随着流量增加,影响急剧增大,之后流量继续增加,影响又逐渐减弱,因此构造ζ的形式如下:

$$\zeta = 1 - \frac{q}{aq^2 + b} \tag{11-3}$$

式中,q为流量,pcu/h;a、b为待定系数。

建立的改进BPR模型形式如下:

$$v = v_0 \left[1 + \alpha \left(\frac{q}{C} \right)^\beta \right]^{-1} \left(1 - \frac{q}{aq^2 + b} \right) \tag{11-4}$$

式中,v_0为自由流速度,km/h;C为道路通行能力,pcu/h;α、β为待定系数;其余符号意义同前。

根据在常州的实际调查数据,对本章提出的针对无交叉口影响的路段BPR改进模型进行标定(图11-15),标定结果为:

$$\alpha = 1.536, \beta = 2.195, a = 0.02256, b = 659.7$$

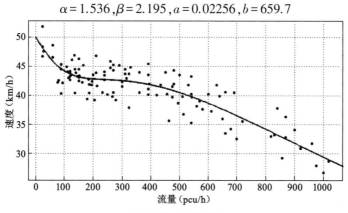

图11-15 标定曲线

最终路段速度模型为：

$$v = v_0 \left[1 + 1.536 \left(\frac{q}{C} \right)^{2.195} \right]^{-1} \left(1 - \frac{q}{0.02256 q^2 + 659.7} \right) \tag{11-5}$$

11.2.2 交叉口延误分析模型

根据上文的分析,交叉口对共享策略的影响主要体现在进口道饱和度增加引起的总控制延误增加,尽管专用道饱和度很低,共享导致的额外延误不高,但是当一条公交线路上的交叉口数量较多时,形成的累计延误不可忽视,因此需要对交叉口进行延误分析。

1941 年,Clayton 提出了最早的道路交叉口交通延误计算模型,为后来其他交通延误分析模式提供了基础[5]。1958 年 Webster 提出了信控道路交叉口交通延误计算模型[6]。1972 年 Hutchinson 修改了 Webster 计算公式,在第二项随机性交通延误中加入修正系数 I[7]。Akcelik 于 1988 年对各类模型进行了汇总和整合,设计了一个普适的信号道路交叉口交通延误模型[8]。《道路通行能力手册(HCM)》1985 版提出的信控交叉口交通延误研究过程被广泛采用[9]。在随后的版本中,更多的是分析车辆受到的来自信号交通控制的影响,利用模型对交通干扰影响条件可能产生的影响进行分析,还充分考虑了包括交通特性、信号联动等因素对交通延误具有的影响。

本章考虑采用 HCM2000 的模型来分析专用道共享前后专用道上车辆的延误变化。对于没有初始排队的交叉口,控制延误为[10]:

$$d = d_1 \cdot \text{PF} + d_2 \tag{11-6}$$

$$d_1 = \frac{0.5C(1 - g/C)}{1 - [\min(1, X)]} \tag{11-7}$$

$$d_2 = 900T \left[(X - 1) + \sqrt{(X - 1)^2 + \frac{8kIX}{cT}} \right] \tag{11-8}$$

式中,d 为控制延误,s/veh;d_1 为均匀延误,s/veh;d_2 为增量延误,s/veh;PF 为信号联动修正系数;X 为车道组的 v/c 值;C 为信号周期长度,s;c 为车道组的通行能力,s/veh;g 为车道组的有效绿灯时间,s;T 为分析持续的时间,h;k 为感应控制的增量延误修正;I 为按上游信号灯车辆换车道和调节的增量延误修正。

信号联动修正系数 PF 表征信号联动对通行效率的影响,理想的信号联动可以使绿灯时间内到达的车辆比例增大,不理想的信号联动导致绿灯时间到达的车辆比例减小。信号联动主要影响均匀延误,只用于校正 d_1。根据本节中研究的专用道的特性,PF 取值为 1。

感应控制的增量延误修正值 k 体现了控制器对延误的影响。对于定周期信号,k 值一般取 0.50。本节中研究的交叉口类型默认都为定周期信号交叉口,故 k 值取 0.50。

增量延误修正值 I 考虑到来自上游信号过滤后到达的车辆的影响。对于独立交叉口,I 值取 1.0。由于专用道上的车辆饱和度一般很低,所以本节中模型的 I 值应取 1.0。一般取 15min 时段进行分析,即 $T=0.25$h。

因此,本节中的单个交叉口延误分析模型为:

$$d = \frac{0.5C(1 - g/C)}{1 - \min(1, X)} + 225\left[(X - 1) + \sqrt{(X - 1)^2 + \frac{4X}{0.25c}}\right] \tag{11-9}$$

11.2.3 站点公交到达分析模型

1) 公交到站过程分析

(1) 进站过程

进站过程一般包括横向和纵向两个过程,横向过程是指变换车道,纵向过程是指减速进站,两个过程是同时进行的。本节所研究的是快速公交专用道,公交车始终在专用道上行驶,故到站时无须变换车道,因此进站过程即减速进站过程。

(2) 停靠过程

公交车辆在减速完成后,停在泊位上静止不动的过程为停靠过程。停靠过程又可以分为3个阶段:车门开启、乘客上下车、车门关闭。

因此,停靠时间可以表示为:

$$t_s = t_{open} + t_{b\&a} + t_{close} \tag{11-10}$$

式中,t_s 为停靠时间,s;t_{open} 为开门时间,s;$t_{b\&a}$ 为登乘时间,s;t_{close} 为关门时间,s。

其中,开门时间表示车辆停止后到门开启之间的时间;乘客上下车时间为车门开启到车门关闭之间的时间;车门关闭时间为车门关闭到车辆启动的时间。

(3) 出站过程

出站过程是指公交车在关闭车门后,从静止开始加速直至离开车站的过程。公交车在不同形式的车站表现出不同的出站特征,实际应用中需要单独分析。

2) 到站排队模型

在分析公交站处的公交车辆的停靠情况时,可视公交站台为排队系统,结合排队论对此停靠站过程进行分析。公交车辆在实际运行过程中受到多种因素影响,导致其到站时间具有较强的随机性,由上文可知,无论共享站点还是非共享站点,公交车到达规律均服从泊松分布。对于单泊位公交站台,可以视为单通道服务系统。对于多泊位的公交站台,可以视为多通道服务系统。因为排队位置在道路上,一般可以认为系统容量为无限。排队规则为先到先服务,即可以用多服务窗口的排队系统模拟快速公交和常规公交共享站台的运行情况。

(1) 港湾式站台

当快速公交与常规公交共站时,两类公交的车流混合,互相影响,所以应该作为一个整体来考虑。由于泊松分布具有可加性,因此公交车流的总到达率为快速公交和常规公交到达率之和,平均服务时间为快速公交和常规公交服务时间的加权平均值。

记 λ_A、λ_B 分别为快速公交和常规公交的到达率(辆/h),t_A、t_B 分别为快速公交和常规公交的平均服务时间(s),λ 为等效公交车流的到达率(辆/h),t 为等效公交车流的平均服务时间(s),u 为等效公交车流的服务率(辆/h),$\rho = \lambda/su$ 系统的服务强度,s 为混合停靠站台的泊位数,则快速公交和常规公交的等效混合车流为[11]:

$$\lambda = \lambda_A + \lambda_B \tag{11-11}$$

$$t = \frac{\lambda_A t_A + \lambda_B t_B}{\lambda_A + \lambda_B} \tag{11-12}$$

则对于公交站这一排队系统来说,服务率和服务强度分别为:

$$u = \frac{3600}{t} = \frac{3600(\lambda_A + \lambda_B)}{\lambda_A t_A + \lambda_B t_B} \tag{11-13}$$

$$\rho = \frac{\lambda}{su} \tag{11-14}$$

公交车在专用道内行驶时,对于港湾式站台,当站内泊位有空闲时,到达的车辆可以随时进入泊位进行停靠;当服务完毕后,可以随时离开,而不必考虑前车是否完成服务,也不需等待车流间隙。因此,以 0 状态表示站内所有泊位均空闲,1 状态表示整个公交站的排队系统内有一辆车,…,n 状态表示整个公交站的排队系统有 n 辆车(n = 站内占用泊位的车辆+站外排队的车辆)。其系统状态流图如图 11-16 所示。

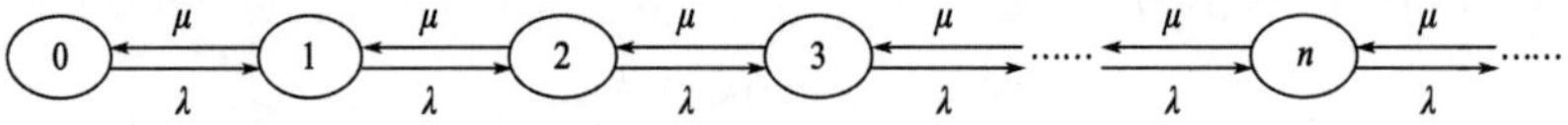

图 11-16 港湾式站台系统状态流图

针对该系统状态流程图,可以用 M/M/n 排队系统的公式计算其指标,如下所示:

① 排队概率。

$$p_p = \sum_{j=n}^{\infty} p_j = \sum_{j=n}^{\infty} \frac{n^n}{n!} \rho^j p_0 = \frac{p_n}{1 - \rho} \tag{11-15}$$

② 平均公交数量。

$$L_s = \sum_{j=0}^{\infty} j p_j = \frac{\rho p_0}{n!(1-\rho)^2} \left(\frac{\lambda}{\mu}\right)^n + \left(\frac{\lambda}{\mu}\right) \tag{11-16}$$

③ 平均排队长度。

$$L_q = \sum_{j=0}^{\infty} (j-n) p_j = \frac{\rho p_0}{n!(1-\rho)^2} \left(\frac{\lambda}{\mu}\right)^n + \left(\frac{\lambda}{\mu}\right) \tag{11-17}$$

④ 平均服务时间。

$$W_s = \frac{L_s}{\lambda} = \frac{p_0}{\mu n \cdot n!(1-\rho)^2} \left(\frac{\lambda}{\mu}\right)^n + \left(\frac{1}{\mu}\right) \tag{11-18}$$

⑤ 平均排队时间。

$$W_q = \frac{L_q}{\lambda} = \frac{p_0}{\mu n \cdot n!(1-\rho)^2} \left(\frac{\lambda}{\mu}\right)^n \tag{11-19}$$

(2) 直线式站台

对于直线式站台,以两泊位站台为例,公交到站进站可能有以下 4 种可能:

① 两个泊位都空闲,此时到达的车辆进入靠近出站方向的泊位停靠。

② 靠近出站方向的泊位被占用,靠近进站方向的泊位空闲,此时到达的车辆进入靠近进站

方向的泊位停靠。

③靠近进站方向的泊位被占用，靠近出站方向的泊位空闲，此时到达的车辆只能在站外排队。

④两个泊位都被占用，此时到达的车辆只能在站外排队。

以上各种情况如图11-17所示。三泊位及以上的情况以此类推。

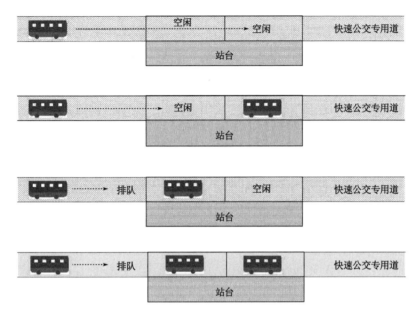

图 11-17　直线式站台公交到站 4 种情况

因此，对于泊位的占用状态，将会有以下 5 种情况：

①两个泊位都空闲。

②靠近进站方向的泊位上有车辆正在进行上下客服务，另一个泊位空闲。

③靠近出站方向的泊位上有车辆正在进行上下客服务，另一个泊位空闲。

④两个泊位上都有车辆正在进行上下客服务。

⑤靠近出站方向的泊位上有车辆正在进行上下客服务，而靠近出站方向泊位上的车辆已经完成上下客服务，但是因为受到前车阻挡，无法出站，因此仍然在泊位上。

记到达率为 λ，服务强度为 μ。以 00 状态代表两个泊位均空闲，0b 状态表示靠近出站方向的泊位被占用，b0 站台表示靠近进站方向的泊位被占用；cb 状态表示两个泊位均被占用，但是靠近进站方向泊位上的车辆已经完成上下客服务，靠近出站方向泊位上的车辆正在进行上下客服务；bb 表示两个泊位上均有车辆正在进行上下客服务；$cb+n(n=1,2,\cdots)$ 表示两个泊位均被占用，但是靠近进站方向泊位上的车辆已经完成上下客服务，靠近出站方向泊位上的车辆正在进行上下客服务，且站外有 n 辆车在排队，无法进站；$bb+n(n=1,2,\cdots)$ 表示两个泊位上均有车辆正在进行上下客服务，且站外有 n 辆车在排队；$b0+n$ 表示靠近进站方向的泊位被占用，站外有 n 辆车在排队。

直线式站台的系统状态流图如图 11-18 所示。

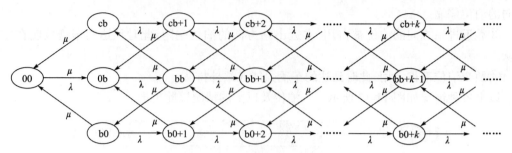

图 11-18 直线式站台状态流

可得 K 氏代数方程组：

$$\lambda p_{00} = u(p_{b0} + p_{cb} + p_{0b})$$
$$(\lambda + u)p_{0b} = u(p_{cb+1} + p_{b0+1}) + \lambda p_{00}$$
$$(\lambda + u)p_{b0} = up_{bb}$$
$$(\lambda + u)p_{cb} = up_{bb}$$
$$(\lambda + 2u)p_{bb} = u(p_{cb+2} + p_{b0+2}) + \lambda p_{0b}$$
$$(\lambda + u)p_{b0+1} = up_{bb+1} + \lambda p_{b0}$$
$$(\lambda + u)p_{cb+1} = up_{bb+1} + \lambda p_{cb}$$
$$\cdots\cdots$$
$$(\lambda + 2u)p_{bb+k} = u(p_{cb+k+2} + p_{b0+k+2}) + \lambda p_{bb+k-1}$$
$$(\lambda + u)p_{b0+k+1} = up_{bb+k+1} + \lambda p_{b0+k}$$
$$(\lambda + u)p_{cb+k+1} = up_{bb+k+1} + \lambda p_{cb+k}$$
$$\cdots\cdots \tag{11-20}$$

又由正则性条件，有：

$$p_{00} + p_{0b} + \sum_{i=0}^{\infty} p_{cb+i} + \sum_{i=0}^{\infty} p_{bb+i} + \sum_{i=0}^{\infty} p_{b0+i} = 1 \tag{11-21}$$

由于求解上述方程组较为困难，当 k 趋于无穷时，p_{cb+i}、p_{bb+i}、p_{b0+i} 收敛于 0，而当 k 大于一定值的时候，p_{cb+i}、p_{bb+i}、p_{b0+i} 已经非常小了。因此，可以考虑进行以下近似：认为这是一个损失制系统，当排队数量大于或等于 k 的时候，后续车辆到达直接离开。而实际上，系统排队数量大于一定值时，该情况下的排队概率非常低，系统的损失率可以忽略不计，则计算得到的整个系统各状态的概率与非损失制非常接近。

相应系统状态流图变为如图 11-19 所示。

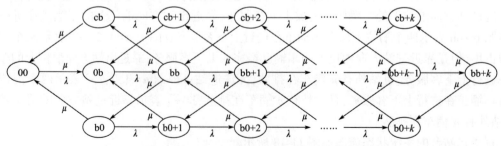

图 11-19 损失制情况下直线式站台状态流

则原 K 氏代数方程组变为：

$$\lambda p_{00} = u(p_{b0} + p_{cb} + p_{0b})$$
$$(\lambda + u)p_{0b} = u(p_{cb+1} + p_{b0+1}) + \lambda p_{00}$$
$$(\lambda + u)p_{b0} = up_{bb}$$
$$(\lambda + u)p_{cb} = up_{bb}$$
$$(\lambda + 2u)p_{bb} = u(p_{cb+2} + p_{b0+2}) + \lambda p_{0b}$$
$$(\lambda + u)p_{b0+1} = up_{bb+1} + \lambda p_{b0}$$
$$(\lambda + u)p_{cb+1} = up_{bb+1} + \lambda p_{cb}$$
$$\cdots\cdots$$
$$up_{b0+k} = up_{bb+k} + \lambda p_{b0+k-1}$$
$$up_{cb+k} = up_{bb+k} + \lambda p_{cb+k-1}$$
$$2up_{bb+k} = \lambda p_{bb+k-1} \tag{11-22}$$

求解上述方程组,可以得到各个状态的概率值的近似解。得到各个状态的概率值后,则系统的各指标如下：

①排队概率。

当公交车辆到达系统时,如果需要排队的话,那么所有窗口都正在服务或者无法进站。因此,排队概率为：

$$p_p = \sum_{j=0}^{k}(p_{cb+j} + p_{b0+j} + p_{bb+j}) \tag{11-23}$$

②平均公交车辆数。

$$L_s = p_{0b} + p_{b0} + (k+2)p_{cb+k} + \sum_{j=1}^{k}(j+1)(p_{cb+j-1} + p_{b0+j} + p_{bb+j-1}) \tag{11-24}$$

③平均排队队长。

$$L_q = k(p_{cb+k} + p_{b0+k}) + \sum_{j=1}^{k-1}j(p_{cb+j} + p_{b0+j} + p_{bb+j}) \tag{11-25}$$

④系统公交车辆平均花费时间。

$$W_s = L_s/\lambda \tag{11-26}$$

⑤排队平均时间。

$$L_q = k(p_{cb+k} + p_{b0+k}) + \sum_{j=1}^{k-1}j(p_{cb+j} + p_{b0+j} + p_{bb+j}) \tag{11-27}$$

三泊位及以上的站台均可按类似思路进行分析和求解。

(3) G/M/n 排队模型

对于一个公交站点来说,公交到达的规律往往是随机的,对于某些站点,其公交的到达规律不是服从泊松分布的。此时,假定车辆到达服从泊松分布的模型不再适用。因此,有必要研究车辆到达不是泊松分布情况下的公交到站模型。

对于排队系统,顾客到达系统的时间间隔是一般分布 G；服务时间为负指数分布,系统内设 n 个服务窗口,顾客到达间隔是相互独立且同分布 $G(t)$,相应的分布密度为 $g(t)$,而且到达间隔时间与服务时间相互独立,这样的排队系统称为 G/M/n 排队模型。

记 C_m 为第 m 个到达系统的公交车辆,到达时刻为 t_m,X_m 为第 m 个公交车辆到达系统的瞬间系统内已有的公交车辆数。又记 $T_m = t_m - t_{m-1}$ 为第 m 次到达间隔,Y_m 为在第 m 次到达的

间隔时间 T_m 内 n 个泊位可能服务完成的公交车辆数。

$\{X_m, m \geq 1\}$ 是齐次马尔可夫链，其转移矩阵为：

$$P_{ij} = P(X_{m=1} = j \mid X_m = i) = \begin{cases} P(Y_m = i+1-j) & (j \leq i+1) \\ 0 & (j > i+1) \end{cases} \quad (11\text{-}28)$$

对于 $j \leq i+1$ 的情况，需分以下 3 种情况考虑。

① $j \leq i+1 \leq n$。

这种情况是系统中公交车辆数小于泊位数量。由于服务时间为负指数分布，在 T_m 时间长度内，$i+1$ 个公交车辆中有 $i+1-j$ 个公交车辆被服务完的概率是：

$$C_{i+1}^{i+1-j}(1-e^{-\mu t})^{i+1-j}(e^{-\mu t})^j \quad (11\text{-}29)$$

所以：

$$p_{ij} = \int_0^\infty C_{i+1}^{i+1-j}(1-e^{-\mu t})^{i+1-j}(e^{-\mu t})^j g(t)\mathrm{d}t \quad (11\text{-}30)$$

② $n \leq j \leq i+1$。

这种情况是系统中公交车辆数大于泊位数量。此时系统所有泊位均被占用，对于每个泊位来说，其服务过程都属于泊松过程，故所有窗口的总输出流是 n 个独立泊松过程的叠加。因此，在 T_m 时间长度内，$i+1$ 个公交车辆中有 $i+1-j$ 个公交车辆被服务的概率是：

$$\frac{(n\mu t)^{i+1-j}}{(i+1-j)!}e^{-n\mu t} \quad (11\text{-}31)$$

所以：

$$p_{ij} = \int_0^\infty \frac{(n\mu t)^{i+1-j}}{(i+1-j)!}e^{-n\mu t} g(t)\mathrm{d}t \quad (11\text{-}32)$$

③ $j \leq n \leq i+1$。

对于这种情况，需要将公交车辆变化的过程分成两段时间进行分析：系统内公交车辆数由 $i+1$ 变为 n，以及系统内公交车辆数由 n 降为 j。

设系统内公交车辆数由 $i+1$ 变为 n 的时间为 $\varepsilon(<T_m)$，在此时间内最多可服务完毕 $i+1-n$ 个公交车辆。由于服务时间为负指数分布，所以 ε 服从 $i+1-n$ 阶爱尔朗分布，分布密度为：

$$\frac{n\mu(n\mu\varepsilon)^{i-n}}{(i-n)!}e^{-n\mu\varepsilon} \quad (11\text{-}33)$$

在时间 $(\varepsilon, T_m]$ 内，服务完毕 $n-j$ 个公交车辆，类似 $j \leq i+1 \leq n$ 的思路，其概率为：

$$C_n^{n-j}[1-e^{-\mu(T_m-\varepsilon)}]^{n-j}(e^{-\mu(T_m-\varepsilon)})^j \quad (11\text{-}34)$$

上述两部分时间出现的事件是相互独立的，所以在 T_m 时间内，系统中公交车辆数从 i 转移到 j 的概率为：

$$h(n,i,j,t) = \int_0^t C_n^j[1-e^{-\mu(t-\varepsilon)}]^j e^{-\mu j(t-\varepsilon)} \frac{n\mu(n\mu\varepsilon)^{i-n}}{(i-n)!}\mathrm{d}\varepsilon \quad (11\text{-}35)$$

所以：

$$p_{ij} = \int_0^\infty h(n,i,j,t)g(t)\mathrm{d}t \quad (11\text{-}36)$$

综上，其状态转移矩阵为：

$$\boldsymbol{P} = \begin{bmatrix} p_{00} & p_{01} & 0 & 0 & 0 & \cdots & \cdots & \cdots & \cdots \\ p_{10} & p_{11} & p_{12} & 0 & 0 & \cdots & \cdots & \cdots & \cdots \\ p_{20} & p_{21} & p_{22} & p_{23} & 0 & \cdots & \cdots & \cdots & \cdots \\ \cdots & \cdots & \cdots & \cdots & \cdots & \cdots & \cdots & \cdots & \cdots \\ p_{n-2,0} & p_{n-2,1} & \cdots & \cdots & \cdots & p_{n-2,n-1} & 0 & 0 & 0 \\ p_{n-1,0} & p_{n-1,1} & \cdots & \cdots & \cdots & p_{n-1,n-1} & \beta_0 & 0 & 0 \\ p_{n0} & p_{n,1} & \cdots & \cdots & \cdots & p_{n,n-1} & \beta_1 & \beta_0 & 0 \\ \cdots & \cdots & \cdots & \cdots & \cdots & \cdots & \cdots & \cdots & \cdots \end{bmatrix} \quad (11\text{-}37)$$

其中：

$$\beta_k = \int_0^\infty \frac{(n\mu t)^k}{k!} e^{-n\mu t} g(t) \, \mathrm{d}t \quad (11\text{-}38)$$

当 $\dfrac{\lambda}{n\mu}<1$ 时，该马尔可夫链必存在平稳分布，记为 $\{\bar{p}_i\}$，这是系统平衡时的 X_m 的分布。其平稳方程为：

$$(\bar{p}_0,\bar{p}_1,\bar{p}_2,\cdots,\bar{p}_j,\cdots) = (\bar{p}_0,\bar{p}_1,\bar{p}_2,\cdots,\bar{p}_j,\cdots)\boldsymbol{P} \quad (11\text{-}39)$$

设解向量为：

$$\bar{\boldsymbol{P}} = (\bar{p}_0,\bar{p}_1,\bar{p}_2,\cdots,\bar{p}_j,\cdots) \quad (11\text{-}40)$$

即：

$$\bar{\boldsymbol{P}} = \bar{\boldsymbol{P}}\boldsymbol{P} \quad (11\text{-}41)$$

当 $j \geqslant n-1$ 时，有：

$$p_{ij} = \beta_{i+1-j} \quad (11\text{-}42)$$

所以有：

$$\bar{p}_{j+1} = \sum_{i=0}^\infty \bar{p}_i p_{i,j+1} = \sum_{i=0}^\infty \bar{p}_i \beta_{i-j} = \sum_{k=0}^\infty \bar{p}_{k+j} \beta_k \quad (11\text{-}43)$$

令：

$$\bar{p}_j = m\alpha^j \quad (j \geqslant n-1) \quad (11\text{-}44)$$

则：

$$\alpha^j = \sum_{k=0}^\infty \beta_k \alpha^{k+j} \quad (11\text{-}45)$$

即：

$$\begin{aligned} \alpha &= \sum_{k=0}^\infty \beta_k \alpha^k = \sum_{k=0}^\infty \alpha^k \int_0^\infty \frac{(n\mu t)^k}{k!} e^{-n\mu t} g(t) \, \mathrm{d}t \\ &= \int_0^\infty e^{-(n\mu t - n\mu\alpha)t} g(t) \, \mathrm{d}t \\ &= G^*(n\mu - n\mu\alpha) \end{aligned} \quad (11\text{-}46)$$

式中，$G^*(x)$ 为 $g(t)$ 的拉普拉斯变换。$\alpha = G^*(n\mu - n\mu\alpha)$ 在单位圆内有唯一解。平稳解可以写成：

$$\begin{aligned} \bar{\boldsymbol{P}} &= (\bar{p}_0,\bar{p}_1,\bar{p}_2,\cdots,\bar{p}_j,\cdots) \\ &= M(\gamma_0,\gamma_1,\cdots,\gamma_{n-2},1,\alpha,\alpha^2,\cdots) \end{aligned} \quad (11\text{-}47)$$

其中，$M = m\alpha^{n-1}$。

因为当 $j > i+1$ 时，$\bar{p}_{ij} = 0$，所以当 $j \leqslant n-1$ 时，有：

$$\bar{p}_j = \sum_{i=j-1}^{\infty} p_{ij} \bar{p}_i \tag{11-48}$$

又 $\bar{p}_i = M\gamma_i$，可以得到：

$$\gamma_j = \sum_{i=j-1}^{n-2} p_{ij}\gamma_i + \sum_{i=n-1}^{\infty} p_{ij}\alpha^{i-n+1} \tag{11-49}$$

通过该式，从 $\gamma_{n-1}(=1)$ 开始，运用下式可求出所有的 $\{\gamma_i\}$：

$$\gamma_{j-1} = \frac{1}{p_{j-1,j}} \left(\gamma_j - \sum_{i=j}^{n-2} p_{ij}\gamma_i + \sum_{i=n-1}^{\infty} p_{ij}\alpha^{i-n+1} \right) \tag{11-50}$$

又由正则性条件，有：

$$\sum_{i=0}^{\infty} \bar{p}_i = 1 \tag{11-51}$$

可得到：

$$M = \left(\sum_{i=0}^{n-2} \gamma_i + \frac{1}{1-\alpha} \right)^{-1} \tag{11-52}$$

基于上述分析，则各项指标公式如下：

① 排队概率。

当公交车辆到达系统时，如果需要排队的话，那么所有窗口都正在服务。因此，排队概率为：

$$p_p = \sum_{j=n}^{\infty} \bar{p}_j = M\alpha \sum_{j=0}^{\infty} \alpha^j = \frac{M\alpha}{1-\alpha} \tag{11-53}$$

② 平均公交车辆数。

$$L_s = \sum_{j=0}^{\infty} j\bar{p}_j = M \left(\sum_{j=0}^{n-2} j\gamma_j + \sum_{j=n-1}^{\infty} j\alpha^{j+n-1} \right)$$

$$= M\sum_{j=1}^{n-2} j\gamma_j + M\alpha^{2-n} \left(\frac{\alpha^{n-1}}{1-\alpha} \right)$$

$$= M\sum_{j=1}^{n-2} (j-n)\gamma_j + M\left[\frac{n-1}{1-\alpha} + \frac{\alpha}{(1-\alpha)^2} \right] \tag{11-54}$$

③ 平均排队队长。

$$L_q = \sum_{j=n}^{\infty} (j-n)\bar{p}_j = \sum_{j=n}^{\infty} (j-n) M\alpha^{j-n+1}$$

$$= \frac{M\alpha^2}{(1-\alpha)^2} \tag{11-55}$$

④ 系统公交车辆平均等待时间。

$$W_s = \frac{1}{n\mu\alpha} \left\{ M\sum_{j=1}^{n-2} (j-n)\gamma_j + M\left[\frac{n-1}{1-\alpha} + \frac{\alpha}{(1-\alpha)^2} \right] \right\} \tag{11-56}$$

⑤ 排队平均时间。

$$W_q = \frac{M\alpha}{n\mu(1-\alpha)} \tag{11-57}$$

11.2.4 站点通行能力分析模型

公交站点通行能力指特定的道路交通条件下,单个公交停靠站一定时间内所能服务车辆数的最大值。通行能力是反映公交站所能提供的公交停靠能力大小,是公交设施提供公交服务的供应量[12]。

对于通行能力模型,TCQSM[13]模型是较为通用的经典方法,本章考虑采用该模型分析停靠站点的通行能力。在 TCQSM 中,单泊位站点通行能力计算模型为:

$$C_l = \frac{3600(g/c)}{t_c + (g/c)t_d + Z_a c_v t_d} \quad (11-58)$$

式中,C_l 为单泊位站点通行能力,辆/h;g 为有效绿灯时长;c 为信号周期时间;t_d 为平均停留时间,即车辆在站内平均的停靠时间;t_c 为消散时间,即车辆到站与前车离站的车距时间,等于从前车开始离站到下一辆车进站到达同一位置所需的时间;Z_a 为设计失败率,服从标准正态分布;c_v 为停留时间的偏差系数。

其中,设计失败率是指公交车辆由于前车超时占用而无法停靠,即停靠失败的概率。不同失败率对应的 Z_a 值见表 11-18。

失败率和 Z_a 取值 表 11-18

失 败 率	Z_a	失 败 率	Z_a
1.0	2.330	15	1.040
2.5	1.960	20	0.840
5.0	1.645	25	0.675
7.5	1.440	30	0.525
10	1.280	50	0.000

Z_a 值随失败率的增加而减小,因而通行能力也随之增大。失败率越大,车辆在停靠站形成排队的概率就越大,公交运行的可靠性就会降低。为了在通行能力和可靠性之间取得平衡,推荐取值为 25%。

停留时间变化系数 c_v 等于停留时间的标准差与其均值的比值,主要用于表示停留时间对停靠站通行能力的影响。因此,$c_v=0$ 表示公交车的停留时间是相同的[13],c_v 一般取推荐值 0.6。

对于多泊位停靠站,各个泊位对整个停靠站通行能力的贡献并不相同。主要原因有两点:①下游泊位的使用频率比上游高。②当下游泊位有车停站时,上游泊位的车辆服务完成后无法超车驶离,导致停站时间增加。

所以,上游泊位对整个站点通行能力的贡献总是比下游低。表 11-19 所示是 TCQSM[13] 给出的多泊位公交站台的泊位利用率。

多泊位站点的泊位利用率 表 11-19

停靠车位(个)	利用率(%)	累计有效车位(个)
1	100	1.00
2	75	1.75
3	70	2.45

续上表

停靠车位(个)	利用率(%)	累计有效车位(个)
4	20	2.65
5	10	2.75

不同位置的泊位利用效率不同，因此多泊位站台通行能力并不是通过单泊位停靠能力乘以泊位数求得，而是乘以有效泊位数。多停靠位停靠站通行能力的计算模型如下：

$$C_s = n_{el} C_1 \quad (11\text{-}59)$$

式中，C_s 为多泊位站点停靠能力，辆/h；n_{el} 为泊位累计效率。

在本节中，对于难以获取的参数取建议值，且认为共享站点不宜设置在交叉口处。因此，单站点的通行能力计算模型为：

$$C_s = n_{el} \frac{3600}{10 + 1.405 t_d} \quad (11\text{-}60)$$

11.3 专用道共享阈值确定方法及算例分析

11.3.1 阈值控制指标及其参数取值

1) 阈值控制指标

根据上文的分析，影响快速公交专用道实施共享策略的因素有站点间距、交叉口间距、快速公交与常规公交发车量、社会车辆流量、公交上下客服务时间、站台形式、公交到站规律、泊位数等。其中，站点间距、交叉口间距、站台形式、泊位数都是确定的，而公交到站规律、公交上下客服务时间、社会车辆流量具有随机性，无法精确控制。因此，仅能通过快速公交和常规公交的发车量来确定快速公交专用道能否实施共享。

在实际应用中，由于快速公交专用道主要服务于快速公交线路，因此要优先考虑快速公交的运行效率，不应为了共享而调整快速公交线路的发车量，所以本节以特定快速公交发车频率下的常规公交发车量作为共享判别指标，即单位时间内通过的常规公交数量。在其他因素确定的情况下，根据实际情况分析适合共享的常规公交发车量阈值，即引入快速公交专用道的常规公交车数量。

2) 基本假设及关键参数取值

(1) 根据研究对象特征，在以下 7 个基本假设下进行共享阈值的研究：

①共线段上设置有连续的快速公交专用道。

②道路上行驶的公交的运行时间由三部分组成，即路段上的运行时间、交叉口的延误时间和站点的停靠总时间。其中，路段的运行时间通过共线段道路的总长度和路段上的运行速度求得。不考虑实际车辆行驶中在靠近交叉口的路段以及在靠近站点时，速度低于在路段上的运行速度的情况。

③分析交叉口延误时，交叉口都为定固定周期交叉口。以单个交叉口的延误乘以交叉口个数计算总延误，其中的交叉口管理运营参数如绿信比用所有交叉口的平均值代替。

④站点都建立在离交叉口较远的地方,不受交叉口信号的影响。

⑤站台形式为直线式或者港湾式,不考虑多港湾式站台。

⑥所有共享站点均认为是中途站点,计算所有站点的停靠时间总和时,以单个站点乘以站点个数计算,站点的相关参数以所有站点的平均参数代替。

⑦港湾式站台认为停靠在泊位上的相邻公交车辆之间有足够的间距,完成服务的公交车辆出站时不受相邻停站公交车的影响。

(2)根据上文的共享分析模型方法,在进行阈值分析时,需要明确许多因素。根据研究对象特点,将这些因素的合理取值范围归纳如下:

①共线段长度:《快速公共汽车交通设计规范》[1]规定快速公交线路长度宜为10~25km。共线段长度根据实际情况长度往往变化很大,共线情况一般发生在市区,中等城市的市区半径为4~8km,则估计共线段合理长度应在8~16km之间。

②快速公交发车量:根据《快速公共汽车交通设计规范》[1],快速公交线路数不应超过3条,根据实际情况,快速公交发车量范围为10~60辆/h。

③根据《快速公共汽车交通设计规范》[1],平面交叉口间距宜大于500m。由于本章中对较小的非信号交叉口不作考虑,因此交叉口的平均间距取值为500~1000m。

④由于快速公交线路一般设置在干路上,绿信比一般大于0.4,最高也不会超过0.6,因此,平均绿信比的取值范围为0.4~0.6。

⑤共享站点需要同时停靠常规公交和快速公交,一般来说,单泊位站台无法满足这种需求,站台泊位数大于4的站点也非常少见,因此,共享站点的泊位数量范围应为2~4个。

⑥根据《快速公共汽车交通设计规范》[1],平均站距宜为600~800m,因此站间距的取值为600~800m。

⑦由上文可知,共享站点平均停靠时间为28s,考虑车辆在加减速阶段与以正常速度行驶阶段之间有时间差,且时间差应计算在服务时间内,因此平均服务时间取值为30~35s。

11.3.2 约束条件

1)约束条件假定值

为便于研究,在本节阈值约束条件的分析中,如果没有特别说明,则相关参数假定取值如表11-20所示。

相关参数假定值 表11-20

因　　素	假　定　值
快速公交和常规公交线路共线段长度	12km
快速公交发车量	30辆/h
交叉口平均间距	800m(分析间距影响时为600~800m)
交叉口平均绿信比	0.6
站点平均间距	800m(分析间距影响时为600~800m)
快速公交和常规公交平均服务时间	35s

因 素	假 定 值
站台形式	直线式(分析站台形式影响时还包括港湾式)
站点泊位数	2个(分析泊位数影响时为2~4个)
公交车辆到站规律	泊松分布

2) 路段运行效率约束条件

在决定专用道是否共享的时候,应首先考虑共享后预期获得的效益,确保共享有实施的意义。让常规公交和快速公交共享专用道,可以提高常规公交的运行效率,但会导致快速公交运行效率降低。因此,从路段断面整体运行的效益考虑,实施快速公交进行专用道共享的条件是能提高所有车辆的运行效率。运行效率中最关键的指标就是行程时间,因此,以断面人均行程时间为指标,提出专用道共享的路段运行效率条件:

$$t'_{avg} < t_{avg} \tag{11-61}$$

式中,t'_{avg}为共享后人均行程时间;t_{avg}为共享前人均行程时间。

对快速公交专用道实施共享后,可能会对快速公交线路的运行效率产生较大的影响,此时即使道路断面整体的运行效率有所提高,也不应进行共享。因此,引入效率优先系数ξ,当人均行程时间减少,运行效率提升到一定程度时,认为能够考虑少量牺牲快速公交的运行效率,将常规公交引入快速公交专用道,以提高断面整体的运行效率,即:

$$t'_{avg} < \xi t_{avg} \tag{11-62}$$

式中,ξ为效率优先系数;其他符号意义同前。

ξ应根据具体实际情况确定,取值范围为0.8~1.0。

①专用道共享前人均时耗。

专用道共享前,快速公交在专用道上行驶,常规公交与社会车辆在其余车道上共享,断面人均行程时间为:

$$t_{avg} = \frac{q_{BRT}t_z p_{BRT} + q_{cg}t_{hx}p_{cg} + q_{sh}t_{hx}p_{sh}}{q_{BRT}p_{BRT} + q_{cg}p_{cg} + q_{sh}p_{sh}} \tag{11-63}$$

式中,q_{BRT}为快速公交流量,pcu/h;q_{cg}为常规公交流量,pcu/h;q_{sh}为社会车辆流量,pcu/h;t_z为共享前专用道上车辆行程时间,pcu/h;t_{hx}为共享前社会车道上车辆行程时间,pcu/h;p_{BRT}为快速公交载客数,人/辆;p_{cg}为常规公交载客数,人/辆;p_{sh}为社会车辆载客数,人/辆。

②专用道共享后人均时耗。

专用道共享后,快速公交与常规公交在专用道上行驶,社会车辆行驶在其余车道上,断面人均行程时间为:

$$t'_{avg} = \frac{q_{BRT}t'_z p_{BRT} + q_{cg}t'_z p_{cg} + q_{sh}t'_{hx}p_{sh}}{q_{BRT}p_{BRT} + q_{cg}p_{cg} + q_{sh}p_{sh}} \tag{11-64}$$

式中,t'_z为共享后专用道上车辆行程时间,pcu/h;t'_{hx}为共享后社会车道上车辆行程时间,pcu/h;其他符号意义同前。

根据实际情况,假设快速公交平均载客数为$p_{BRT}=60$人/辆,常规公交平均载客数为

p_{cg}=30人/辆,社会车辆p_{sh}=2人/辆。取效率优先系数ξ=0.95,即认为专用道共享后,如果人均行程时间能降低5%,则可以少量牺牲快速公交的运行效率,以保证断面的通行效率。快速公交和常规公交的标准车换算系数为2。对于一条三车道(含一条快速公交专用道)城市道路,将快速公交专用道进行共享,不同社会车辆发车量下常规公交下限约束值见表11-21。

三车道城市道路快速公交专用道共享流量下限约束值　　　表11-21

社会车流量[pcu/(h·ln)]	共享常规公交发车量(辆/h)	社会车流量[pcu/(h·ln)]	共享常规公交发车量(辆/h)
200	109	450	18
250	76	500	16
300	52	550	14
350	35	600	12
400	25	650	11

从不同社会车流量下常规公交约束下限值可以看出,当社会车辆较少时,对引入的常规公交数量要求较高,且敏感性比较大;当社会车辆由200pcu/(h·ln)变化到300pcu/(h·ln)时,常规公交下限约束由109辆/h降到52辆/h;当社会车辆由400pcu/(h·ln)变化到500pcu/(h·ln)时,下限约束仅由25辆/h变化到16辆/h。这表明当社会车辆流量较低时,将常规公交引入专用道和快速公交进行共享产生的效益很低,此时并不适合共享,而当社会车辆流量超过一定的数量时,进行共享从路段整体的运行效率角度来说是合适的、可行的,即使引入的常规公交数量不多,也能够很大程度提升路段运行的整体效率。

3)运行时间约束条件

由于常规公交与快速公交共享专用道,导致专用道上车辆密度增加,运行速度下降,交叉口和站点延误时间增大,且常规公交数量越多,这种负面影响越大。为保证快速公交的运行效率,应控制进入专用道的常规公交数量,即限制常规公交的发车量。因此,有以下约束条件:

引入常规公交后,专用道上的公交(快速公交和常规公交)在路段、交叉口、站点总的花费时间不应大于最低等级下的快速公交系统运送速度对应的运行时间:

$$T_{\text{total}} \leqslant T_y \tag{11-65}$$

式中,T_{total}为共享后共享段专用道公交车辆路段、交叉口、站点总运行时间;T_y为共享段最低等级快速公交运送速度对应的运行时间。即:

$$T_{gz} + T_{gj} + T_{gl} = t_{gz}n_z + t_{gj}n_j + \frac{L}{v_{gl}} = t_{gz}\frac{L}{l_z} + t_{gj}\frac{L}{l_j} + \frac{L}{v_{gl}} \leqslant \frac{L}{v_y} \tag{11-66}$$

式中,L为共享段长度,km;T_{gz}为共享后专用道上所有站点延误时间;T_{gj}为共享后专用道上所有交叉口延误时间;T_{gl}为共享后专用道路段运行时间;t_{gz}为共享后专用道上平均单个站点延误时间;n_z为站点个数;n_j为交叉口个数;t_{gj}为共享后专用道上平均单个交叉口延误时间;v_{gl}为共享后专用道路段运行速度;l_z为站点平均间距;l_j为交叉口平均间距;v_y为最低等级的快速公交系统运送速度下限。

其中,不同等级快速公交的运送速度要求见表11-22,最低等级的快速公交系统运送速度为20km/h。当运送速度下限为20km/h时,共线段的运行时间不应超过36min。

不同等级快速公交系统运送速度[1]　　　　　　　　　　　表11-22

级　别		
一级	二级	三级
≥25	≥25	≥20

取表11-21的假定值,分析不同站距、不同交叉口间距、共线路段总运行时间与常规公交发车量的关系,如图11-20和图11-21所示。

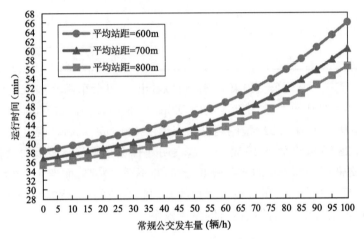

图11-20　站距对运行时间的影响

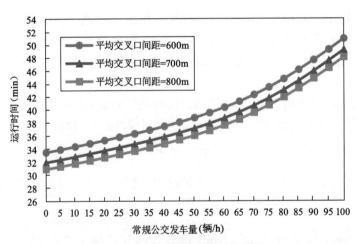

图11-21　交叉口间距对运行时间影响

从图中可以看出,站点间距和交叉口间距越小,运行时间越大。站距对于运行时间的影响略高于交叉口。这主要是因为公交在站点的花费时间略高于交叉口的延误。

取表11-21的假定值,分析在不同泊位数下共线路段总运行时间与常规公交发车量的关系,如图11-22所示。

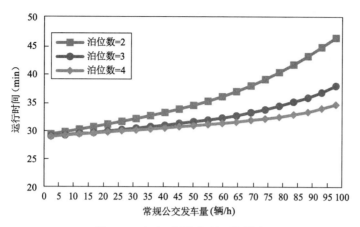

图 11-22 交叉口间距对运行时间影响

由图可知,当常规公交发车量较小时,不同泊位数的运营时间差异很小,即泊位数量对于运行时间的影响很小;当常规公交发车量较大时,站点泊位数的影响急剧上升。这说明当常规公交发车量较大时,站点设施条件对运行时间的影响较大,而当发车量较小时影响较小。

由于运行时间条件主要用于约束常规公交发车数量的上限,因此,当该条件得到的常规公交发车量约束值上限较低时,可以通过增大交叉口间距和站点间距来提高上限值;当常规公交发车量的约束上限值较高时,可以通过改进站点的设施条件(增大泊位数)来进一步提高上限值。

4) 站点通行能力约束条件

快速公交专用道与常规公交共享,要保证共享后专用道上的公交流量不能超过站点通行能力,否则,公交将在站点处形成拥堵。因此,专用道共享时还必须满足通行能力的约束条件:

$$v_c + v_k \leq C_z \tag{11-67}$$

式中,v_c 为常规公交流量,veh/h;v_k 为快速公交流量,veh/h;C_z 为共享站点的通行能力,veh/h。

根据上文中站点通行能力的计算模型,取表 11-21 中的参数值,计算在不同停站时间和不同泊位数下,满足通行能力条件的常规公交约束上限值(图 11-23)。

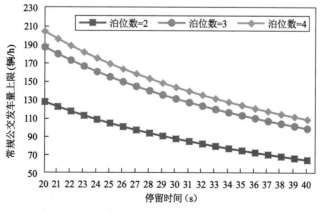

图 11-23 不同泊位数约束值上限与停留时间关系

从图中可以看出，泊位数越多，站点通行能力越大，允许的常规公交约束上限值也就越大。而随着停留时间的增大，站点通行能力越低，允许的常规公交发车量约束上限值就越小，而且这种下降趋势随着泊位数增大而更加明显。因此，确定泊位数和准确的停留时间对于确定阈值条件十分关键。减少停留时间、增大泊位数可以提高通行能力约束条件限定的常规公交发车量上限。

此外，随着泊位数的增大，常规公交发车量的增长率呈减小趋势，这主要是由于新增的泊位数利用率更低，泊位数基数越大，新增泊位带来的常规公交发车量增长值越小。所以通过增加泊位数来提高通行能力约束条件限定的常规公交发车量上限的方法，在泊位数越高时收益越低，应根据实际情况灵活使用。

5）站点排队概率约束条件

对于快速公交与常规公交站点共享，引入的常规公交会增大站点的车辆到达率，增加快速公交排队的可能性，这会降低共享站点的服务水平。如果车辆排队比例很高，即使总体延误在可接受范围内，公交的运行也会受到很大的影响。

对公交在站点排队的可能性有以下约束条件：

$$P \leq P_{\text{permit}} \tag{11-68}$$

式中，P 为快速公交与常规公交排队概率，km；P_{permit} 为容许的排队概率上限。排队概率容许上限根据具体工程的需要选取，建议取 10%~25%。

根据表 11-21 的假定值，分析不同形式站台的排队概率，如图 11-24 和图 11-25 所示。

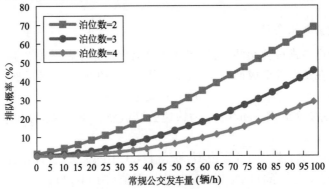

图 11-24　直线式站台不同泊位数排队概率

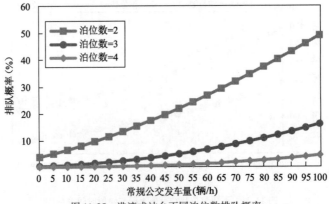

图 11-25　港湾式站台不同泊位数排队概率

从图中可以看到,无论何种形式的站台,泊位数对于排队概率都有很大影响。泊位数越多,公交在站点的排队概率越小。当常规公交发车量越大时,不同泊位数的排队概率差异就越大。若取排队概率容许上限为10%,直线式站台的泊位数为2、3、4的排队概率约束上限值分别为4辆/h、22辆/h、39辆/h。泊位数量对这一约束条件约束的上限有较大影响。

对比相同泊位数不同形式站台,港湾式站台的排队概率小于直线式站台。例如,若取排队概率容许上限为10%,泊位数为2时,直线式和港湾式站台的约束上限值分别为4辆/h和23辆/h。港湾式站台约束上限值远高于直线式站台。

同样地,随着泊位数的增加,提高泊位数对排队概率降低的效益也呈现出下降趋势。

因此,可以通过将直线式站台改造成港湾式站台、增大泊位数来降低排队概率,从而提高排队概率条件约束上限值,但增大泊位数时仍需要考虑其建设成本和收益的关系,本节暂不做讨论。

6)约束条件与相应计算模型

几类约束条件中的参数需要利用上文提出的分析模型进行求解计算,约束条件与计算模型的对应关系如图11-26所示。

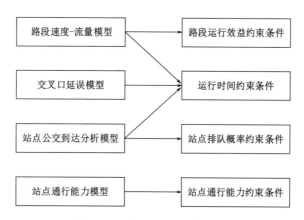

图11-26 约束条件和计算模型关系

11.3.3 阈值确定流程

1)影响因素的数据获取

快速公交与常规公交专用道的共享阈值条件与多个因素相关,因此在实践中,需要先确定部分因素的取值,才能确定出符合要求的阈值条件。需要获取的相关因素数据如下:

(1)快速公交线路发车量

快速公交的运行效率是决定共享与否的重要因素。在建成运营阶段,快速公交发车量是确定的,可以直接观测获取;在规划设计阶段,快速公交发车量依据规划先行确定。

(2)平均交叉口间距和站点间距

交叉口间距和站点间距也是影响是否共享的重要因素,间距决定了交叉口和站点的数量。

在公交线路已经建成运营阶段，交叉口数量和站点数量是确定的。在公交线路规划阶段，如果道路已经建成，则交叉口间距和数量是确定的，站点数量和间距按规划确定；如果道路尚处于规划阶段，则交叉口和站点数量和间距按规划取值。

(3) 站点的服务时间

由上文分析可知，公交车在站点的服务时间具有很大的随机性，难以通过上下客人数进行准确估计，所以仍应通过调查或其他方式确定。如果在已经建成运营阶段，站点服务时间可以通过实际调查得到。如果在规划阶段，公交在站点的服务时间无法通过调查得到，可以考虑类比同城市相似线路的站点，取其服务时间作为参考。

(4) 社会车流量

社会车流量应取交通条件最差时候的流量，即交通高峰期间的流量。在建成运营阶段，社会车流量可以通过实际调查得到；在规划设计阶段，社会车流量可以参考相似路段的车流量或者取规划时预测的车流量。

(5) 站台形式和泊位数

一般在建成运营阶段，站台形式和泊位数可以确定。如果站点还处于规划阶段，尚未修建，则应根据规划来定。如果站台形式和泊位数尚未确定，则可以求解不同泊位数不同站台形式下的阈值，根据最终的阈值结果和规划的需要反过来确定该选用何种形式的站台和泊位数。

(6) 站点公交的到达规律

车辆的到达规律可能有多种情况，本章考虑了泊松分布以及任意分布下的情况，分别提出了适用的模型方法。在实际工程中，如果在建成运营阶段，可以通过调查得到车辆到站的规律；如果在规划阶段，可以假设到站规律服从泊松分布，选用相应的模型方法。

(7) 阈值判断指标取值

需要根据实际工程具体确定取值的阈值判断指标主要有两个：效率优先系数和排队概率容许上限值。对快速公交的服务质量要求低时，效率优先系数和排队概率容许上限值可以取高值；反之，对服务质量要求高时，则取低值。

(8) 其他数据

其他数据包括共线段长度、道路的车道数、交叉口绿信比等，根据现状调查获取或按规划取值。

综合以上分析，在进行阈值条件判定时需要明确的因素和指标列于表 11-23。

阈值判定所需相关因素数据　　　　　　表 11-23

类　　别	具 体 因 素
道路物理因素	共线段长度、车道数、交叉口间距、站点间距、泊位数
交通管控因素	交叉口绿信比、快速公交发车量
交通状态因素	高峰期间社会车流量、站点服务时间、站点公交到达规律
阈值判别指标	效率优先系数、排队概率容许上限值

2)约束条件判定

根据几类约束条件的特性,约束条件与阈值区间的关系如图 11-27 所示。

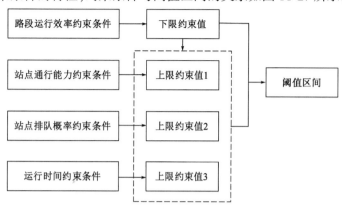

图 11-27　约束条件与阈值区间关系

(1) 路段运行效率约束条件判断

路段运行效率约束条件涉及共享前后的速度差异,需要结合模型进行求解,因此,该约束条件的阈值可以通过调整常规公交的发车量进行确定。根据上文分析,可以知道该约束条件确定的是引入的常规公交下限值,所以令常规公交线路发车量为 0 辆/h,求解共享前后的人均行程时间,判断路段约束条件是否成立,如果不成立,则加大常规公交发车量,最终满足该约束条件的常规公交发车量即为该条件确定的常规公交发车量下限约束值。

(2) 站点通行能力约束条件判断

由于快速公交发车量已经确定,所以通过站点通行能力条件的不等式可以明确求出引入的常规公交发车量上限约束值,引入常规公交的常规公交线路发车量不能超过该上限值。

(3) 排队概率约束条件判断

对于排队概率条件,同样可以通过调整常规公交发车量,直到符合约束条件时确定排队概率条件。首先设定常规公交发车量为一个较高的初始值,本章取 200 辆/h,因为根据实际共享路段调查和国内的公交情况来看,即使在分站设置的情况下,也基本没有断面公交车流超过 200 辆/h 的情况。然后根据站点公交的到达规律和站点泊位形式,使用对应模型计算排队概率,判断是否符合排队概率条件,如果不符合,则调低常规公交发车量,直到符合条件为止,则不断调整后符合约束条件的上限值即为该条件确定的常规公交的发车量上限约束值。

3) 运行时间约束条件判断

同样设常规公交发车量为较高的初始值 200 辆/h,根据路段速度-流量模型和交叉口延误模型计算路段和交叉口的花费时间,根据前面确定选用的站点公交到达分析模型计算排队延误,判断是否符合总运行时间条件,如果不符合,则调低常规公交发车量,直到符合条件为止,则符合约束条件时的常规公交发车量即为运行时间约束条件限定的上限值。

设 y_1、y_2、y_3、y_4 分别为路段运行效率约束条件、站点通行能力条件、站点排队概率约束条件、运行时间约束条件确定的约束值,设最终求得的阈值为 S,则:

$$S \in (y_1, \min(y_2, y_3, y_4)) \tag{11-69}$$

以上常规公交发车量阈值确定方法流程如图 11-28 所示。

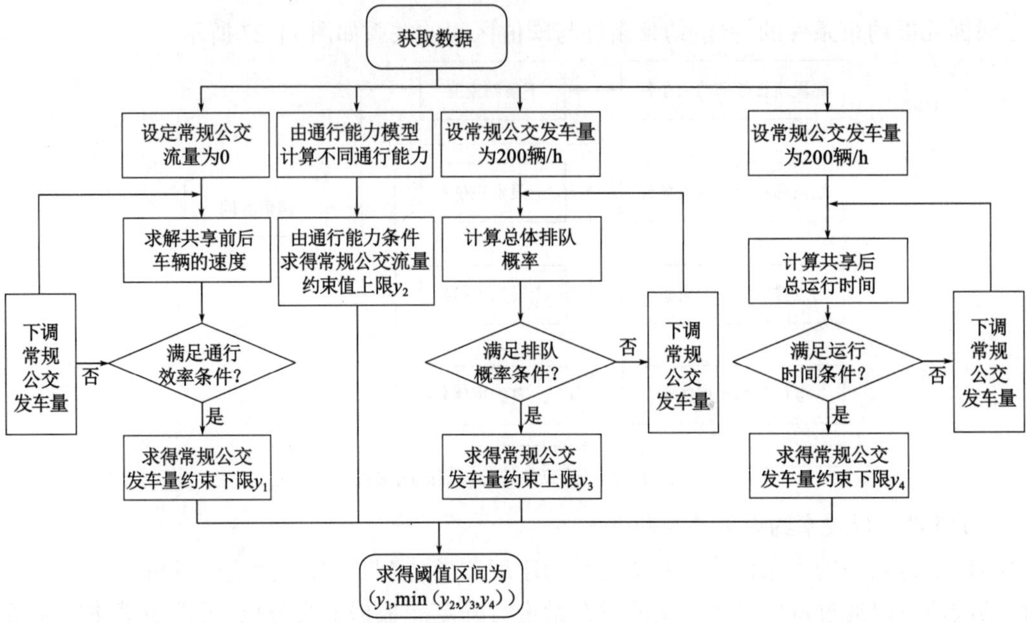

图 11-28 共享阈值确定方法流程

在几种约束条件的判定中,也可以通过计算不同常规公交发车量下对应的判断指标,从图形中求解每个约束条件确定的阈值。

11.3.4 阈值计算方法

设某条快速公交专用道考虑引入与快速公交线路共线的常规公交,需明确引入常规公交数量的阈值。为了便于展示阈值确定方法,在本算例中,在进行约束条件判断时,采取的不是调整常规公交发车量判断是否符合约束条件的方式,而是将不同常规公交发车量下的指标计算出来,通过分析图形来判断阈值。

1) 相关参数数据

根据调查和工程需要,相关参数见表 11-24。

实例相关参数值　　　　表 11-24

参　数	取　值
共线段的长度	10km
车道数	双向六车道,单向三车道
快速公交发车量(高峰)	30 辆/h
平均交叉口间距	800m
平均交叉口信号绿信比	0.6
平均站点间距	800m
站点泊位数	3 个
站台形式	直线式
站点公交到达规律	泊松分布

续上表

参 数	取 值
站点公交平均服务时间	30s
平均社会车流量(高峰)	400pcu/(h·ln)
车道通行能力	1500pcu/h
快速公交平均载客数	60人
常规公交平均载客数	30人
社会车辆平均载客数	2人
效率优先系数	0.95
容许排队概率上限值	20%

2) 路段效率约束条件判断

根据上文中建立的流量-速度模型,求解共享前后不同常规公交发车量下专用道上的公交的速度、社会车道上的车辆的速度。再带入速度,求得不同常规公交发车量水平下共享前后的人均时耗。计算得到共享前的人均时耗(乘以效率优先系数以后)和共享后的人均时耗与常规公交发车量的关系,如图11-29所示。

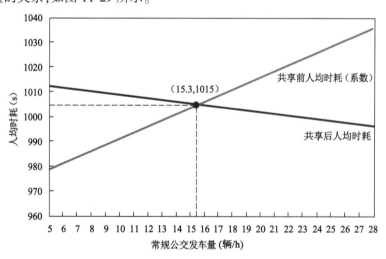

图 11-29 不同常规公交发车量路段人均时耗

观察到当常规公交发车量为16辆/h时,共享后人均时耗小于共享前人均时耗,因此,满足路段效率优先条件的常规公交发车量下限为 $y_1=16$ 辆/h。

3) 站点通行能力约束条件判断

停留时间取服务时间为30s,则计算对应的通行能力为:

$$C_l = \frac{2.45 \times 3600}{10+30+0.675 \times 0.6 \times 30} = 169(辆/h)$$

由于快速公交发车量为30辆/h,则常规公交的上限应为 $y_2=139$ 辆/h,即当引入的常规公交数量不超过139辆/h时,能够满足站点通行能力约束条件。

4) 排队概率约束条件判断

由于是直线式站台,且服从泊松分布,因此选用到站分布服从泊松分布的直线式站台分析模型进行计算。计算不同常规公交发车量下专用道上的总流量,以及两类公交的服务时间,代入上文的排队模型中求解各个状态 p 值,再求解几类指标。

计算不同常规公交发车量下的排队概率,如图 11-30 所示。由于容许排队概率上限为 20%,则该条件确定的常规公交发车量上限为 $y_3 = 56$ 辆/h。

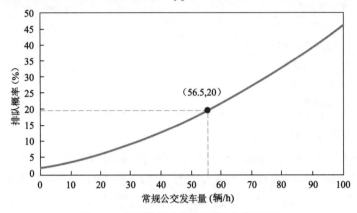

图 11-30　不同常规公交发车量站点排队概率

5) 运行时间约束条件判断

根据上文的路段速度-流量模型计算不同常规公交发车量下专用道上公交的速度,根据 11.2.2 节交叉口延误分析模型计算不同常规公交发车量下交叉口的延误时间,通过直线式站台分析模型计算不同常规公交发车量下公交到站的平均停靠时间,结合几类模型计算的结果可以得到不同常规公交发车量下共享段的总运行时间,如图 11-31 所示。

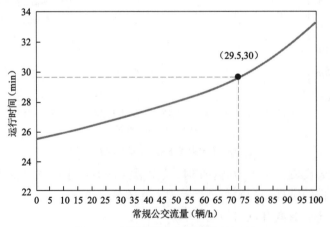

图 11-31　不同常规公交发车量运行时间

运送速度下限为 20km/h,则长度为 10km 的路段运行时间不能超过 30min,由图 11-31 可以得到对应运行速度下运行时间约束限制的常规公交发车量上限约束值为 $y_4 = 72$ 辆/h。

综合以上步骤,最终可以确定适合进行引入快速公交专用道与快速公交共享的常规公交发车量 $S \in (y_1, \min(y_2, y_3, y_4)) = (16, \min(139, 56, 72)) = (16, 56)$,即阈值区间为 16~56 辆/h。也就是说,在该共线道路的交通条件下,和快速公交共享专用道的公交数量范围为 16~56 辆/h。

为了进一步验证方法的有效性,本节选取了几种代表性情景,分别确定不同站点和交叉口间距、泊位数、站台形式的阈值范围,见表11-25。

不同条件下的阈值范围 表11-25

相关参数取值:
共线段10km,双向六车道,单向三车道,
快速公交发车量为30辆/h,平均交叉口信号绿信比0.6,
站点公交平均服务时间:30s,社会车流量(高峰):400pcu/(h·ln),
快速公交载客数:60人,常规公交载客数:30人,
社会载客数:2人,效率优先系数:0.95,
容许排队概率上限:20%

情景1:平均站点间距=600m,平均交叉口间距=600m

泊位数(个)	站台形式	运行效率条件约束下限(辆/h)	通行能力条件约束上限(辆/h)	排队概率条件约束上限(辆/h)	运行时间条件约束上限(辆/h)	阈值区间(辆/h)
2	直线式	16	90	28	—	—
2	港湾式	16	90	68	13	—
3	直线式	16	139	56	8	—
3	港湾式	16	139	147	17	(16,17)
4	直线式	16	152	79	13	—
4	港湾式	16	152	>200	19	(16,19)

情景2:平均站点间距=700m,平均交叉口间距=700m

泊位数(个)	站台形式	运行效率约束下限	通行能力约束上限	排队概率约束上限	运行时间约束上限	阈值区间
2	直线式	16	90	28	17	(16,17)
2	港湾式	16	90	68	66	(16,79)
3	直线式	16	139	56	47	(16,47)
3	港湾式	16	139	147	127	(16,127)
4	直线式	16	152	79	63	(16,63)
4	港湾式	16	152	>200	163	(13,152)

情景3:平均站点间距=800m,平均交叉口间距=800m

泊位数(个)	站台形式	运行效率约束下限	通行能力约束上限	排队概率约束上限	运行时间约束上限	阈值区间
2	直线式	16	90	28	43	(16,28)
2	港湾式	16	90	68	107	(16,68)
3	直线式	16	139	56	78	(16,56)
3	港湾式	16	139	147	192	(16,139)
4	直线式	16	152	79	101	(16,79)
4	港湾式	16	152	>200	>200	(16,152)

从表11-25中可以发现,站点通行能力条件、运行效率约束条件、站点排队概率约束条件分别在不同的情况下限制了阈值的上限。

①在路段交叉口、站点数较多(平均交叉口间距较小)时(情景1、2),专用道上的公交运行受

交叉口、站点的影响频率较高,总体运行时间较长。运行时间条件是限制能够共享的常规公交数量的主要约束条件。如表 11-25 中当站点和交叉口平均间距为 600m 时,直线式站台阈值上限值为 0 辆/h、8 辆/h、13 辆/h,港湾式为 13 辆/h、17 辆/h、19 辆/h,均由运行时间条件约束得到。

②在路段交叉口、站点数量较为合理,站点设施的条件(泊位数、站台形式等)较差时,站点的排队情况对共享的常规公交数量起主要限制作用,排队概率条件成为主要限制条件。如表 11-25 中站点和交叉口平均间距为 800m 时(情景 3),两泊位直线、港湾式站台的站点阈值上限为 28 辆/h、68 辆/h;三、四泊位直线式站台的站点阈值上限为 56 辆/h、79 辆/h,由排队概率条件约束。

③在路段交叉口、站点数量较为合理、站点设施的条件较好时,通行能力条件对共享的常规公交数量起主要的限制作用。如表 11-25 中当站点和交叉口平均间距为 800m 时(情景 3),三、四泊位站点阈值上限分别为 139 辆/h、152 辆/h,受通行能力限制,阈值上限等于该条件限制的约束上限值。

本章参考文献

[1] 中华人民共和国住房和城乡建设部.快速公共汽车交通系统设计规范:CJJ 136—2010[S].北京:中国建筑工业出版社,2010.

[2] 中华人民共和国建设部.城市道路交通规划设计规范:GB 50220—1995[S].北京:中国计划出版社,1995.

[3] MANUAL T A.Bureau of public roads[J].US Department of Commerce,1964.

[4] 杨佩昆,钱林波.交通分配中路段行程时间函数研究[J].同济大学学报(自然科学版),1994(1):27-32.

[5] ALLSOP R E.Delay at a fixed time traffic signal—I:Theoretical analysis[J].Transportation Science,1972,6(3):260-285.

[6] WEBSTER V.Traffic signal settings[J].Road Research Technical Paper,1958,39.

[7] HUTCHINSON T P.Delay at a fixed time traffic signal—II:Numerical comparisons of some theoretical expressions[J].Transportation Science,1972,6(3):286-305.

[8] AKCELIK R.The highway capacity manual delay formula for signalized intersections[J].ITE journal,1988,58(3):23-27.

[9] MANUAL H C.Special report 209[J].Transportation Research Board,1985,1:985.

[10] MANUAL H C.Transportation research board[J].National Research Council,2000,113:10.

[11] HUTCHINSON T P.Delay at a fixed time traffic signal—II:Numerical comparisons of some theoretical expressions[J].Transportation Science,1972,6(3):286-305.

[12] 李娜,陈学武.公交车中途停靠站停靠能力及设计站长计算初探[J].土木工程学报,2003(7):72-77.

[13] KITTELSON & Associates, Federal Transit Administration, Transit Cooperative Research Program,et al.Transit capacity and quality of service manual[M].Washington:Transportation Research Board,2003.

第12章 城市多模式交通网络协同规划的技术流程设计与实证分析

城市综合交通规划是将城市对外交通和城市内的各类交通与城市发展和用地布局结合起来进行系统性综合研究的规划,是各交通分项规划、地区性交通规划、交通设施建设项目建议书及工程可行性研究、建设项目交通影响评价的依据。随着当前城市交通呈现出供给多元化及出行组合化的趋势,城市综合交通一体化已成为未来城市交通发展的重要方向。为此,本章在总结当前城市综合交通规划流程的基础上,结合上文对多模式网络及枢纽供给、组合出行效用分析、交通分配理论、资源协同配置优化的相关研究,提出了广义枢纽和多模式网络协同规划技术流程,并对规划内容和技术要点进行了阐述,设计多模式交通网络仿真环境的构建技术,提出仿真的基础流程和仿真环境构建过程,并选择南京市作为典型城市进行仿真平台搭建和实证案例分析。

本章的主要内容包括:①城市综合交通规划流程与分析;②广义枢纽与多模式网络协同规划设计流程;③多模式网络仿真环境构建。④典型城市应用于实证案例分析。

12.1 城市综合交通规划流程

城市综合交通规划的主要任务是分析不同城市用地产生的不同性质的交通,按照其特点和功能要求,把它们组织到不同的运输系统中去,并通过城市用地和交通系统的互动调整,合理地组织城市交通,使城市用地布局、交通需求与交通系统的功能和能力相互协调,做到城市交通快捷、方便、安全、经济,取得城市建设和运转的最佳社会效益、环境效益和经济效益。城市综合交通规划必须以城市总体规划为基础,满足土地使用对交通运输的需求,发挥城市交通对土地开发强度的服务和引导作用。城市综合交通规划一般分为3个层次:

(1)城市交通发展战略规划。
(2)城市中长期交通体系规划。
(3)城市交通近期治理规划。

城市综合交通规划技术流程主要是在对城市交通现状进行分析的基础上,结合城市发展趋势研究未来城市交通发展所面临的机遇和挑战,在此基础上制定城市交通发展战略,并以交通发展战略为指导进行城市交通需求预测分析和综合交通系统规划,确定近期重大交通设施建设计划和交通治理方案。具体流程如图12-1所示。

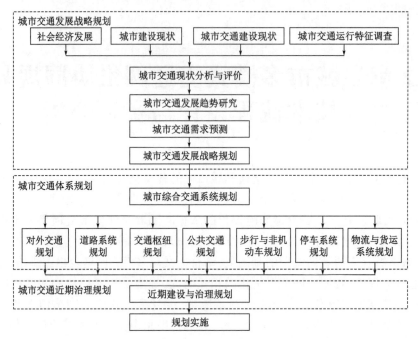

图 12-1　现状城市综合交通规划工作流程

12.1.1　城市交通发展战略规划

城市交通发展战略规划是在城市总体发展战略的大背景下，在对城市交通发展历程和现状总结分析、对未来发展趋势总体预测和判断的基础上，宏观把握城市交通发展的方向，关注城市交通发展的大局，制定科学合理的交通政策和规划措施。它的基本任务是：

(1)分析城市交通发展的背景、条件、制约，鉴别城市未来发展的各种模式，预测城市远期发展规模、水平、结构，特别是城市的经济水平、产业结构、人口规模、就业岗位等。

(2)明确城市交通发展战略的指导思想和基本原则。

(3)综合估测规划期城市交通发展的客货运输总需求的数量、构成及主要流向分布。

(4)确定城市主要道路结构，纵、横、环、径及对外交通干道与快速干道的综合体系。

(5)确定各种交通运输方式在现代化城市交通系统中的地位和作用。

(6)确定城市主要对外交通站场及运输枢纽的布置与规模。

(7)提出城市总体布局规划的修正与调整方案。

(8)制定全市性主要交通用地、交通走廊的发展规划与主要交通方式的选定。

(9)拟定有关城市交通基本政策与法令及实施的建议。

(10)拟定城市交通运输的营运和管理体制。

城市交通发展战略规划着重于对土地利用与交通系统之间的互动关系的宏观分析，因此，也可以称为战略的土地利用-交通规划。具体过程如图 12-2 所示。

城市远期交通供需分析是为城市发展战略规划提供研究基础的一项重要工作。与为城市中长期交通体系规划的中长期交通供需分析不同，城市远期交通供需分析采用简化的四阶段交通预测分析方法。在交通分区、建模方法、预测详细度等方面简化的四阶段交通预测分析方

法侧重于宏观的数据分析,主要包含以下 5 个内容:

(1)城市远期交通发生预测:城市客运需求总量是指城市区域范围内每天发生的客流总量,即总的一日客流 OD 量。城市客运需求总量预测可采用总体预测法、仿真法及类比法等简化的方法进行。

(2)城市远期交通分布预测:对于交通发展战略规划,交通分布的预测通常采用双约束重力模型计算,以确定不同 OD 对之间的全方式出行客流。

(3)城市远期交通方式结构预测:用以预测各 OD 对间不同出行方式的客流数量,通常采用方式转移曲线法或概率选择法进行预测。

(4)城市道路交通设施需求宏观预测:在根据上述步骤得到的各出行方式客流的基础上,以城市交通个体时空消耗和交通网络广义容量理论为依据,推算城市未来各类交通设施的需求规模。包括非机动车道面积需求、机动车道面积需求、公交网络总容量或公交车辆数以及静态交通设施需求等。

(5)城市远期通道与枢纽设施预测:包含城市交通通道预测、城市综合交通枢纽预测等,一般采用定性与定量相结合的综合分析方法,或采用动态聚类、系统聚类、模糊聚类及灰色聚类等常用的聚类方法。

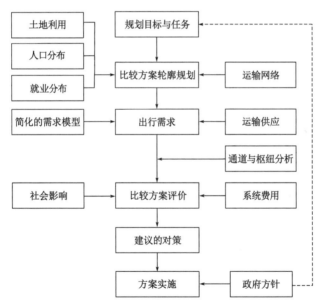

图 12-2　现状城市交通发展战略规划流程

12.1.2　城市中长期交通体系规划

城市交通体系由城市道路网、城市道路网辅助设施(如公共停车场和加油站)以及以城市道路网为基础的公共汽(电)车、轨道交通、小汽车、货车、非机动车、步行等道路交通组成。城市中长期交通体系规划以城市交通发展战略为指导,结合城市交通发展趋势,以解决未来城市交通面临的挑战为导向,通过定量分析与定性分析相结合的方法对城市交通体系作出中长期的引导性规划,保证城市交通的一体化、可持续发展。城市中长期交通体系规划年限一般为

5~20年,规划用地范围与城市总体规划用地范围一致。主要内容包括城市对外交通规划、城市道路网规划、交通枢纽规划、公共交通规划、步行与非机动车规划、停车规划、物流与货运交通规划等。各子系统的规划内容如下：

(1)城市对外交通规划:确定对外交通系统组织与发展策略,提出重要公路、铁路、航空、水运和综合交通枢纽等设施的功能等级与布局规划要求,以及城市对外交通与城市内部交通的衔接要求。

(2)城市道路网规划:确定城市干线道路系统和集散道路的功能等级、网络布局、红线控制要求、断面分配建议,以及主要交叉口的基本形式、交通组织与用地控制要求,提出城市不同功能地区支线道路的发展要求。

(3)交通枢纽规划:提出城市各类客货交通枢纽规划建设和布局原则,确定各类交通枢纽的总体规划布局、功能等级、用地规模和衔接要求。

(4)公共交通规划:确定城市公共交通优先措施,规划有城市轨道交通的城市应提出轨道交通网络和场站的布局与发展要求;确定公共汽(电)车网络结构与布局要求,确定城市快速公交走廊。

(5)公共交通专用道的布局:确定公共汽(电)车车辆发展规模、要求与场站布局、规模,提出其他辅助型公共交通发展的要求,确定公共交通场站设施黄线划定要求。

(6)步行与非机动车规划:确定步行与非机动车交通系统网络布局和设施规划指标,确定步行与非机动车交通系统的总体布局要求。

(7)停车规划:论证城市各类停车需求,提出城市不同地区的停车政策,确定不同地区停车设施布局和规模等规划要求。

(8)物流与货运交通规划:确定对外货运枢纽及其集疏运交通、城市内部货运、过境货运和特殊货运交通组织与发展策略,确定城市物流园区、物流中心、配送中心总体布局要求。

12.1.3 城市交通近期治理规划

城市交通近期治理规划是城市交通的近期建设计划,一般为3~5年,规划用地范围为适当扩大后的建成区。城市交通近期治理规划以远期战略规划和中长期综合交通规划为指导,在现状交通调查的基础上,通过定性和定量分析,同时结合城市近期的发展动态,了解城市道路交通系统中存在的主要问题,明确城市交通中的主要矛盾及其发展趋势;在合理引导城市土地开发的基础上,对现有的道路交通网络进行进一步的完善;通过对城市道路交通、公共交通、静态交通、非机动车和行人等一系列分系统的规划建设和合理的组织,充分挖掘道路交通设施的潜力,达到缓解城市交通紧张状况的目的,并引导城市交通的可持续发展。

城市交通近期治理规划的内容包括分析评估现状城市交通系统,制定全面综合的治理计划,涉及城市道路网的治理、交叉口治理、城市公共交通治理、城市停车治理、城市行人交通治理、城市交叉口治理、城市交通管理改善等。主要方法如下：

1)城市道路网治理

(1)打通断头路,形成完整的道路交通网络,使道路网络整体效率得到发挥,对一时无法打通的,要提供指示路线的标志,指明通向集散点的方向。

(2)对特别拥挤的双向车道,酌情组织单向交通。

(3) 对于存在交通问题的出入口道路须给予高度重视和妥善治理。

(4) 完善城市的环路系统。

(5) 在相对狭窄的路段上游,要设置道路交通标志给过往车辆以提示,对严重影响道路交通的瓶颈路段,要充分利用分隔带等可拓展空间来消除瓶颈。

(6) 加强管理,客运主干道在高峰时段内或者全天禁止货车通过,限制或者禁止部分外地车辆进入城市中心区。

2) 交叉口治理

(1) 在几何构造上,拓宽交叉口,增加必要的左转专用或者右转专用车道。

(2) 根据交叉口实际情况,合理施划机动车停车线和人行横道,如阶梯形机动车停车线,通过将左转(或右转)机动车停车线提前(或退后)设置,在减少相互冲突的基础上尽量使车辆对转弯半径的要求得到满足。

(3) 对于服务水平较低且直行交通量占主体的交叉口,可在高峰时段或者全天限制车辆转弯(如禁止左转或者右转)。

(4) 对交叉口内部空间进行合理渠划,通过必要的物理分隔设施和科学的信号配时,从时空上将机动车、非机动车、行人三种不同特性的交通流分离,避免各种交通方式的冲突。

(5) 改进道路信号控制系统,城市主干道沿线交叉口可根据实际情况考虑进行线控,优化各信控交叉口的配时,减少延误提高交叉口服务水平。

(6) 高效利用交叉口时空资源,合理设置机动车和非机动车左转待行区。

3) 城市公共交通治理

(1) 协调土地利用与公交发展,实行公交优先政策,设置公交专用道,利用快速公交、公交专用道提高路段运行速度,建立可以与小汽车竞争的公交体系。

(2) 落实公交规划,完善公交线网,增加公交运载能力,建立层次分明、配合良好的公交线网,加强接驳换乘设施建设,提高公交整体效率。

(3) 改造停靠站缩短停靠站内运行时间,改善乘客的步行环境和候车环境。

(4) 研究改进票价政策,理顺各种公交方式的票价结构和比价关系。

(5) 优化公交方式结构,合理分配公交大巴、中小巴的比例。

(6) 利用高科技手段建立科学高效的公交调度系统;研究改进公交管理体制,引入适度竞争体制,加强公交监管。

4) 停车系统近期治理

(1) 进行停车规划建设管理政策研究,以明确的交通政策为指导,制定系统配套的停车政策与法规,规范及协调相关部门的管理工作,鼓励停车场的市场化运作。

(2) 出台机动车停放管理的相关条例,加强停车管理。国外常用的方法是通过招投标授权相关专门的停车管理公司进行停车违章的管理,最大限度地杜绝违章停车,以改进交通秩序、维护停车场库正常经营。

(3) 按照相关规定要求城市新建和改建项目提供足够的配建停车位以适应小汽车进入家庭的趋势,但车位应逐步实行市场化或实施自备车位政策。

(4) 加强停车问题集中区域的车位供应,主要包括新建停车场和既有设施的挖潜改造。

(5) 进行路边停车规划研究。加强社会公共停车场使用管理和路边停车管理,禁止改变配建停车场使用性质行为和路边违章停车。

(6) 大型购物中心、娱乐中心、公共活动中心要为顾客提供方便的自行车停车场地,在保证停放容量的同时,提高自行车使用者的可达性。

5) 行人交通系统近期治理改善方法

(1) 提供完善的步行通道直达交通枢纽、轨道交通车站等,减少公交转乘次数,并使公交系统发挥最大的效益。

(2) 改善人行过街设施,结合轨道站点、重要公交节点发展园林化地下过街设施;进一步改善平面交叉口的行人过街设施,增设路段上行人过街信号设施,保证行人过街安全。

(3) 城市中心区内,需要建立完整的、连续的行人交通网络系统。

(4) 对沿街摆放的报亭、摊点等做系统的规划和整治;在人行道与机动车道无分隔设施的道路增设护栏,以减少人车冲突。

6) 自行车交通系统近期治理改善方法

(1) 加强非机动车道的管理,适当增加自行车道的宽度,增加隔离设施,有条件的地方组织专用自行车道。

(2) 根据自行车交通量的大小,研究合适的自行车通过交叉口的方式。

(3) 加强自行车停车场地的建设与管理。

(4) 加强对骑车人的管理。

12.2 广义枢纽与多模式网络协同规划设计流程

12.2.1 当前城市综合交通规划的不足

经过改革开放以来的快速发展,我国城市各类综合交通设施已经具备相当的规模,20世纪90年代提出的"还欠账"时代已经基本结束,这也要求城市综合交通规划方法需与时俱进,提出具有超前性的规划理念,以引导城市综合交通的发展。2010年,住建部发布《城市综合交通体系规划编制导则》[1](以下简称《导则》),规定了城市综合交通体系规划编制基本要求、主要编制内容、规划成果组成等,对城市综合交通体系规划工作的指导意义与效果显著。2018年提出的《城市综合交通体系规划标准》[2](以下简称《标准》)优化调整了交通规划的目标和内容,从以指导建设为主转向建设与管理并重,根据安全、绿色、公平、高效的要求,从指标和规划方法上,加强了绿色交通优先发展的指引;按照以人为中心和宜居城市建设要求,从公共交通服务、居民出行时间等方面对城市交通服务水平提出了要求;根据城市增量与存量不同发展阶段,因地制宜地提出了不同发展地区的规划内容、方法与指标要求。

近年来,随着城市交通的发展,城市交通系统出行呈现出方式多元化、出行组合化、系统信息化、服务智能化等特征,这对城市综合交通体系规划的编制工作也提出了新要求。《标准》[2]指出我国综合交通进入了必须协同不同交通方式、不同类型设施的发展,才能使城市综合交通体系对城市的服务效益最大化的时期,单一交通设施、交通方式的快速发展不仅不能提升城市交通体系的综合服务水平,甚至可能导致下降,如个体机动交通的高速发展带来的诸多交通问题。因此,城市综合交通体系必须对综合交通体系中的交通方式、交通设施发展进行协调,以使城市综合交通体系以最小的资源消耗获得对城市服务的最大化。然而,当前城市综合交通规划一体化尚处于起步阶段,也致使城市综合交通在进行一体化衔接规划时尚存在以下问题:

1) 忽视了组合出行在城市多模式网络的作用

随着城市平均出行距离的增加,新技术和新出行方式的不断引入,组合出行方式已成为城市出行结构的重要组成部分。在战略规划阶段,当前城市综合交通在进行出行预测时,仍着重于单一方式的客流分布,忽视了各交通方式之间的客流转换。其中一个重要原因是,缺乏在多模式网络环境中的组合出行获取及效用的分析手段。复杂的多模式网络构成及产生的用户方式选择演变规律,很难用单一的数学模型或表达式来描述,传统的转移曲线法或概率选择法,难以确保在预测组合出行时的精度。本书第3章和第4章分别介绍了组合出行需求特性的获取方法以及组合出行效用的构建,以评估多模式网络环境下单方式及组合出行方式客流分布,指导城市综合交通的一体化规划。

2) 缺乏多模式交通分配评估手段

当前,在城市中长期交通体系规划中,道路、公共交通、慢行及枢纽等各子系统的规划仍然相对独立,根据交通方式预测结果,在主要交通走廊布设集约型公共交通以及高等级道路,并通过支线进行网络加密,而枢纽以及静态交通设施则通过宏观标准控制规模。根据不同城市的建设目标及应用环境,不同的城市综合交通规划方案,会通过交通分配模型所得到的结果进行比选。但正如上文战略规划中忽视了组合出行对多模式网络的影响,对各单一网络进行交通分配也难以评估整个多模式网络的整体使用情况,本书第5章和第6章分别介绍了多模式网络环境下动态的逐日交通分配和静态的全方式选择交通分配方法,得到的结果能够有效获取不同方案的使用情况,能够从全局角度评估不同的综合交通规划方案,以确定城市综合交通的基本框架。

3) 缺乏城市交通一体化衔接优化技术流程

随着近年来国家提倡的多模式网络协同融合,统筹存量和增量发展的理念,多模式网络一体化已经成为当前规划的重点方向。而当前城市综合交通规划由于忽视了各交通方式之间的衔接,难以实现各出行方式、设施的高效互补以及资源充分利用。城市内部各交通方式的枢纽,即本书中的广义枢纽,是发挥不同功能、方式交通的优势,实现不同方向、功能的交通线路之间转换的核心。《标准》对城市内部枢纽的布局进行了定性和定量相结合的规定,指出城市公共交通枢纽的布局选址应充分考虑城市客流主要发生吸引源,方便各级活动中心的居民出行。同时根据高峰小时集散和转换客流规模,采用人均用地指标确定城市公共交通枢纽的用地规模。但《标准》并未对公共交通枢纽进行规模分级,而是以控制规模为主,即既保障有一定的规模,同时规模又适中,使城市公共交通枢纽的布局均衡。

本书第7~11章从面、线、点3个层面介绍了广义枢纽与多模式网络资源协同规划以及枢纽及周边设施的配套设计方法。为实现多网协调发展,广义枢纽衔接与多模式网络资源协同规划流程在原有城市综合交通规划流程基础上:

(1) 增加多源交通出行数据获取与组合交通需求预测;

(2)在综合交通系统中各子系统(如道路、公交、停车等)规划的基础上,强化了广义交通枢纽的协同布局,以及多模式交通分配的评估和反馈,使各出行方式之间能够通过合理的枢纽布局高效衔接,实现网络资源的充分利用;

(3)强化枢纽与多模式网络在节点资源的一体化衔接优化配置,提升协同服务效能。

12.2.2 多模式交通网络协同规划内容

结合目前的城市交通规划内容与流程,本章提出广义交通枢纽与多模式交通网络协同规划流程,如图 12-3 所示。

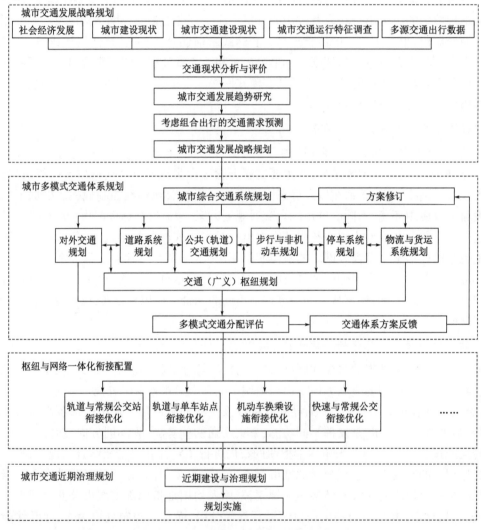

图 12-3 广义枢纽与多模式网络协同规划流程

主要包含以下步骤:

1) 多模式交通发展战略规划

多模式交通发展战略规划的核心,在于优化模式、明确关系、确立目标、制定政策四个层面。在制定多模式交通发展战略时,要统筹协调,处理好区域、城市与交通发展的关系;坚持可持续发展战略,大力发展公共交通,优化交通结构,体现人本理念;突出交通枢纽在交通发展战略中的地位,确定对外交通枢纽与城市内部交通枢纽的发展定位和目标,高水平规划建设城市交通枢纽,构建科学合理的、能够适应新环境的对外交通枢纽与城市内部交通枢纽体系。

(1) 现状调研

在现有城市交通规划现状调研的基础上,结合本书第3章的内容,获取多模式网络各出行方式的多源交通数据,并对以下交通枢纽相关资料进行补充调研收集:①交通枢纽规划范围内或者枢纽交通影响范围内的经济、土地利用、人口、城市化发展情况;②交通枢纽布局、功能、等级规模、运量;③交通枢纽换乘特征;④交通枢纽发展规划、近期枢纽项目建设计划;⑤枢纽交通组织和管理政策;⑥现状及规划交通枢纽系统图。

(2) 交通调查

为科学合理规划建设交通枢纽,在原有调查的基础上,根据 RP/SP 调查内容,对居民组合出行与意愿进行调查,对影响换乘的因素包括自身变化的属性(出行者特性)和随出行方式变化的属性(出行特性和出行方式特性,如性别、年龄、收入、拥有小汽车数量、出行目的、出行时间、换乘时间、步行接驳时间、公共交通等待时间等),调查出行者在不同情景下的出行方式选择。同时根据多源数据获取内容,对各出行方式使用现状数据如各子网络基础设施数据、各出行方式刷卡数据以及 GPS 定位数据进行收集,以分析用户的单方式以及组合方式出行情况。

(3) 现状分析

以现状资料收集和调查数据为基础,分析城市多模式网络供给和组合出行分布情况,分析交通枢纽类型、分级、规模,交通枢纽运行与组织管理现状,交通枢纽与城市内外交通衔接情况,与城市土地利用的适应性,以及存在的问题等。枢纽的换乘类型主要包括同方式换乘和多方式换乘两类,枢纽的层级划分,首先从枢纽区位的宏观层面对枢纽进行分层,再根据周边用地属性和换乘客流量的微观层面对枢纽进行分级,通过对枢纽现状进行分析,提出交通枢纽发展的思路。

(4) 需求分析

综合运用交通调查数据、统计数据、相关规划定量指标,建立交通分析模型,对城市多模式交通网络进行需求分析。同时对城市交通枢纽进行需求分析,主要基于社会经济发展预测和客运交通需求预测进行。在经典方法的基础上,引入现状组合出行数据,预测城市单方式及组合出行方式的客流结构和分布。需要特别说明的是,考虑到交通枢纽具有换乘时间与费用消耗,因而需要考虑交通枢纽的阻抗,以更真实地体现交通枢纽设置方案对交通需求的影响。

2) 城市中长期交通体系规划

在城市道路系统规划中,充分考虑枢纽节点对道路交通系统影响,按照与道路交通需求基本适应、与城市空间形态和土地使用布局相互协调、有利公共交通发展、内外交通系统有机衔接的要求,合理规划道路功能、等级与布局。

在公共交通系统规划中,依据公交系统构成和客运系统总体布局框架,优先明确关键公交枢纽设施布局,统筹规划公共交通系统设施安排和网络布局。

在步行与自行车系统规划中,按照安全、方便、通畅的原则,结合城市功能布局,明确步行与自行车设施布局规模,优化步行与自行车系统与其他交通系统间的衔接互通。

在城市停车系统规划中,选择部分方便与公交系统换乘的停车设施作为广义交通枢纽,纳入交通枢纽规划范畴,并从空间限制与停车换乘需求双向角度确定停车系统规划方案。

在交通管理与交通信息化规划中,推动交通枢纽信息化发展,提高交通枢纽运营管理效率。

在广义交通枢纽规划中,按照人性化、一体化、节约用地的原则,优化布局广义交通枢纽,统筹协调各种交通方式的衔接,建立具有多平面、多方式间无缝衔接换乘系统的以公共交通为主体、融合个体交通(步行、自行车、小汽车等)为一体的、多元化协调发展的城市多模式交通网络体系。

在进行方案比选时,利用城市多模式交通网络分配对网络的出行时间、各出行方式路段、枢纽的服务水平进行系统化的评估,对方案进行比选,同时找到不同出行方式拥堵的关键路段和枢纽,对线网基础结构进行修订,得到初始综合体系规划方案。

3) 城市交通一体化衔接规划

根据城市中长期交通体系规划得到的具体内容,对城市广义交通枢纽及多模式网络资源进行协同规划,分析评价枢纽对于多模式网络的交通运行影响,优化确定不同等级枢纽的布局、功能和规模。并结合实际需求,针对特定区域、不同交通方式之间的换乘衔接设施进行优化配置,如轨道站点周边自行车及慢行设施、公交站点、公交专用道、停车换乘设施等。将枢纽组织融入对外交通系统、客运交通系统、公共交通系统、城市道路系统等体系中,由枢纽串联起各个部分,构建以枢纽为核心、多级协同的城市综合交通体系。

4) 城市近期治理规划

结合目前城市综合交通规划近期治理的内容,补充城市交通枢纽的治理手段,优化枢纽间换乘步行空间,确保用户换乘体验。通过合理设置票制以及运营时刻表,降低用户换乘费用以及等待时间,以实现客流更好的转换效率。

12.3 多模式交通网络仿真环境构建

12.3.1 多模式交通网络仿真流程设计

多模式交通网络仿真在传统仿真模式的基础上,面向城市内广义交通枢纽展开,将广义枢纽及由其串联的多模式交通出行纳入仿真环境的构建之中,并将其作为关键部分,形成以数据采集、模型设定、方案设计、结果分析四大部分为主线的总体仿真流程(图12-4)。

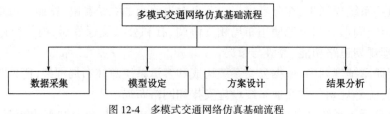

图12-4 多模式交通网络仿真基础流程

其中,①数据采集部分是仿真流程的基础和载体,在数据库整体架构下,采用集成构建方法整合多元数据,形成服务于多模式交通网络虚拟仿真的基础数据库,为其他部分提供数据支撑。②模型设定部分是仿真流程的算法核心,特定算法调用基础数据库并结合拟实施方案,计算得到多模式交通系统的需求分布、运行分配结果等一系列动态指标,供结果分析模块调用。③方案设计部分是用户使用仿真系统的切入点,对应于现实中的交通规划、交通分析等实际业务场景。④结果分析部分是仿真流程的目的和落脚点,结果分析算法综合调用仿真模型输出的动态指标,得出多模式交通网络的运行状态指标,形成可供规划决策者参考的数据信息。

1) 数据采集

多模式交通网络仿真数据库由若干基础数据库组成,主要包含空间数据与属性数据两大类。从数据库结构来看,可以分为结构数据层与属性数据层两部分,构成统一且内在联系的二级数据库结构,如图12-5所示。

结构数据层主要用于描述多模式交通网络与广义枢纽的基础结构。其中,①多模式交通网络结构数据描述多模式路网的物理结构信息;②广义枢纽系统基础数据描述广义枢纽的构成、类型与内部阻抗等信息。

属性数据层包括交通管理信息基础数据、交通供给设施基础数据和交通需求信息基础数据。其中,①交通管理信息数据描述交通管理措施和策略;②交通供给设施数据包括公共交通信息基础数据和换乘设施基础数据;③交通需求信息数据包含交通需求分析所需的数据文件。

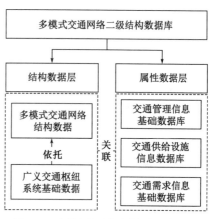

图12-5 多模式交通仿真数据库整体框架

2) 模型设定

基于经典交通仿真理论思想,融合广义交通枢纽在多模式交通网络中的关键性功能,在交通需求分析与运行分析基础上,运用适用于多模式出行需求分析与交通分配一体化仿真模型,实现对多模式交通系统的仿真。此部分包括"城市交通需求分析"和"多网融合一体化交通分配模型"两部分。

(1) 城市交通需求分析

基于交通需求分析基础数据,首先构建交通小区。与以往的交通小区划分的差异在于,对于交通量较大的广义交通枢纽,可以将其与周边关联道路单独划分为一个交通小区,便于后续的分析工作。完成交通小区构建后,分析交通小区交通需求与区域社会经济、土地利用、人口等重要技术指标之间的定量关系,估计各小区交通生成情况,并将其转换成各小区之间的空间OD分布矩阵。

(2) 多网融合一体化交通分配

以往在进行交通仿真分析时,方式划分和交通分配往往相互独立,即交通出行仅能在单一网络上表达与分析,无法体现广义交通枢纽的转换与联结作用,与实际的交通运行间差异很大。

有别于此,在以广义枢纽为核心的仿真过程中,多网融合一体化交通分配过程将空间OD分布矩阵直接加载到多模式交通网络上,通过交通需求在多模式网络上的自由流动,实现方式与路径的同步选择与分析。

3) 方案设计

方案设计的目的是把待分析的交通业务方案与基础数据相结合,通过仿真过程获取该方案下的交通系统运行状态。在多模式交通网络仿真中,方案设计包括两大部分:基本方案设计和广义枢纽方案设计。两大部分以及其中的具体对象支持并行设计,并可以组合运行,如图12-6所示。

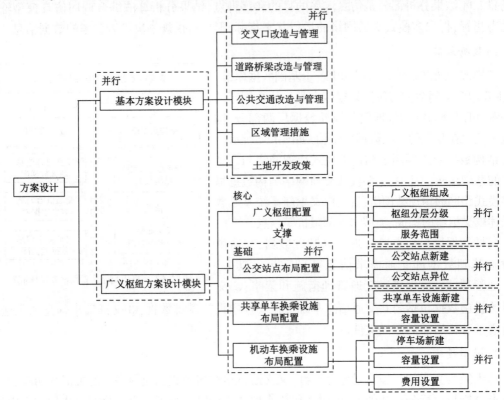

图 12-6 方案组织设计模块划分

(1) 基本方案设计

基本方案设计模块包括交叉口改造与管理、道路桥梁改造与管理、公共交通改造与管理、区域管理措施和土地开发政策五部分。用户可并行调整现有路网结构、管制措施以及公共交通线路和土地开发的相关参数,并将其影响体现在数据库中。

(2) 广义枢纽方案设计

广义枢纽方案设计从功能上分为核心功能和基础功能两部分。

广义枢纽组成配置是广义枢纽方案设计的核心,具有广义枢纽生成、拆分、重构三项功能。广义枢纽生成即用虚拟路径将轨道交通站点、公交站点、共享单车换乘设施、机动车换乘设施等交通供给设施组合,并将其定义为新的广义枢纽。广义枢纽的拆分与重构,对应于修改现有广义枢纽组合方案的功能。

公交站点布局配置、共享单车设施布局配置、机动车换乘设施布局配置是广义枢纽方案设计的基础,用于支撑核心模块的功能。

① 公交站点布局配置。

在公共交通改造与管理方案的基础上,针对公交站点的设置提供改造选项,用户可改变公交站点的位置、类型等信息,以改变其在广义枢纽中的作用。

②共享单车设施布局配置。

在基于换乘骑行特征对轨道站点进行分类的基础上,用户可在对应轨道交通换乘影响区内新建共享单车换乘设施,并设置此设施的服务对象、服务类型、容量以及初始投放车辆数等参数。

③机动车换乘设施布局配置。

通过设施周边空间分析、停车换乘方式选择预测、多目标选址优化三项流程,得到机动车换乘设施备选点及其类型、容量、费用等具体配置方案。通过对换乘设施方案的设计,完成设施布局配置。

4)结果分析

分析的目的是将多模式交通网络仿真系统储存、生成的基础数据和运行分析结果转化为交通系统运行状况信息,对拟分析方案的表现进行定性与定量的评价,为决策提供理论依据。

(1)基础分析

基础分析针对仿真网络的静态性能进行评价,按路网结构的组成,基础分析包括路段和节点分析、枢纽基础分析、多模式网络分析三部分。

路段与节点分析为路段与节点阻抗的计算提供支持,输出非负荷网络中路段与节点的通行能力,包括基于静态参数计算的路段和交叉口通行能力以及考虑交通管制措施影响的通行能力。

枢纽基础分析输出非负荷状态下理想和实际的虚拟路径通行能力和其他重要指标,为枢纽换乘阻抗分析和枢纽承载力分析提供支持,得到广义枢纽静态评价指标。

多模式网络分析输出多模式网络系统中,各子网络的集配、单一网络连通性、组合网络连通性、多模式网络最优组合(最短路)等指标,用于评价多模式交通网络的运能和承载力,为一体化分配模型提供支持。

(2)交通需求分析

交通需求分析结果主要包括在业务方案下基于交通需求数据以及交通网络、枢纽阻抗计算的交通需求预测结果和出行分布特征等。

(3)交通运行分析

交通运行分析是仿真系统结果分析的核心,用于输出多网融合一体化分配的结果,包括出行分担率分析、交通设施负荷及服务水平分析两部分。出行分担率分析模块返回组合出行方式分担率和绿色出行分担率信息。负荷及服务水平分析模块返回路段、交叉口和广义枢纽上分配的流量负荷以及对应的服务水平。

12.3.2 多模式交通网络仿真环境构建

多模式交通网络仿真环境的构建分为两大部分:首先是仿真数据库的构建,解决多模式交通网络仿真从无到有的过程;其次是仿真环境的标定,解决多模式交通网络仿真从有到准的过程。

1)仿真数据库构建

(1)仿真数据组织

在多模式交通网络仿真数据库二级架构设计的基础上,以广义枢纽为核心,提出四层式仿真数据组织结构,串联城市多模式交通网络、城市内外交通网络,实现多模式交通网络仿真数据的分层组织,具体如图12-7所示。

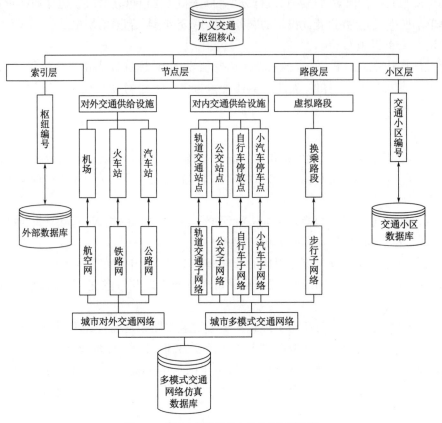

图 12-7 以广义枢纽为核心的数据组织框架

索引层:以交通枢纽的编号为关键参数构建枢纽索引,与外部数据库构建关联。

节点层:将枢纽节点分为对内交通和对外交通两类。其中,对内交通供给设施包括轨道交通站点、公交站点、自行车停放点、小汽车停车设施等节点,分别与城市内部多模式交通网络结构下的各交通子网络关联;对外交通供给设施包括机场、火车站、长途汽车站等节点,连接城市内外交通网络。

路段层:考虑枢纽内各交通方式间换乘可行性,以步行子网络为基础建立枢纽节点间的虚拟换乘路段。

小区层:记录枢纽影响范围内的交通小区编号,与小区数据库关联。

(2)仿真数据获取

城市多模式交通网络由小汽车、自行车、公交及轨道交通等子网络组合而成,具有远超常规城市道路网络的复杂性,对应数据库的构建难度也更大,传统的人工数据获取方法无法满足数据库构建需求。对此,提出以交通大数据快速获取与融合技术为核心、以基于已有数据转换和人工校核技术为辅助的仿真数据获取与集成构建方法,在提升多模式交通网络仿真数据库构建效率的同时,保障数据信息的精确度。仿真数据获取与集成构建方法流程如图12-8所示。

第 12 章　城市多模式交通网络协同规划的技术流程设计与实证分析

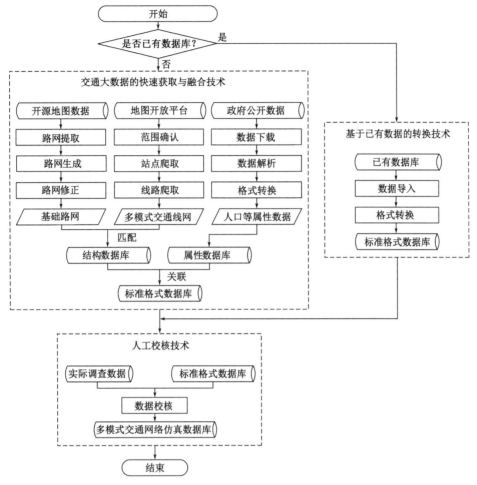

图 12-8　多模式交通网络仿真数据获取与集成构建方法流程

基于已有数据的转换技术:对于城市已有数据库,按照多模式交通网络仿真数据库规范,导入并转换为标准格式的多模式交通网络仿真数据库。

交通大数据的快速获取与融合技术:针对没有数据库的城市,下载并解析在线开源地图数据,从而快速生成指定区域范围内的基础路网;基于在线地图开放平台 API 获取公共交通线网信息和枢纽信息,并与基础路网匹配,完成结构数据库的构建;根据其他开源数据或政府公开数据,完成交通需求(如人口、土地利用)、交通管理信息等属性数据库的构建。

人工校核技术:考虑不同城市的多模式交通网络仿真需求,通过图形编辑系统提供的可视化人机交互方式,基于实际调查数据校核基础数据库。

2)仿真环境标定

(1)仿真模型参数标定

多模式交通网络仿真的关键模型包括交通生成模型、交通分布模型和多网融合一体化交通分配模型。仿真模型参数及设定方法体系如图 12-9 所示。

351

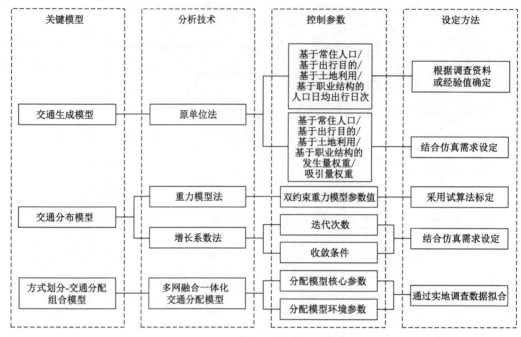

图 12-9 多模式交通网络仿真模型参数及设定方法体系

下面分别介绍各个模型的参数及设定方法。

交通生成模型：模型的主要参数为基于小区人口、出行目的、土地利用、职业结构 4 类影响因素的日均出行次数、发生量权重及吸引量权重。其中，日均出行次数根据相关城市的调查资料或经验值确定；发生量权重和吸引量权重则结合城市多模式交通仿真需求主观设定。

交通分布模型：若采用重力模型进行交通分布分析，则可以通过试算法确定重力模型的参数，无须先验 OD 矩阵；若采用增长系数法，则需要提供先验 OD 矩阵，并采用多次迭代确定相关参数。

多网融合一体化分配模型：待标定的参数主要包含两大类。第一类为分配模型的核心参数，包含分配的路径选择参数、分配方法确定及其控制参数。其中，路径选择参数需要通过实际的路径选择行为拟合得到，而分配方法确定及其控制参数则由仿真用户输入。第二类是分配模型的环境参数，主要为广义出行费用（即阻抗），分为多模式网络路段阻抗和枢纽换乘阻抗，通过调查数据拟合得到。

（2）仿真方案环境设定

多模式交通网络方案环境分模块配置，涵盖方案组织设计、交通需求分析、交通运行分析、广义枢纽分析、方案综合评价一整套仿真流程。

下面依次介绍各个模块及方案配置。

方案组织设计：方案组织设计模块包含数据库建立和方案设计两种具体方案，可实现基础数据库的导入，并根据实际仿真需求向现有数据库添加拟实施方案，为进一步的交通需求分析及预测工作做数据准备。

交通需求分析：交通需求分析依托于方案组织设计，以多模式交通网络仿真模型为基础，对交通需求进行预测，分析拟实施方案对需求的影响。交通需求分析模块包含交通生成分析和交通分布分析两种具体方案。其中,交通生成分析根据交通出行量与人口、出行目的、土地利用等因素的定量关系,预测各个小区的交通发生量与吸引量;交通分布分析结合交通生成分析结果和现状 OD 表预测未来交通分布。

交通运行分析:交通运行分析是多模式交通网络仿真流程的核心,模拟组合出行模式下的居民出行路径选择行为,预测并分析拟实施方案下的城市交通网络运行状态。交通运行分析模块包含多网融合一体化分配、多模式交通网络运能分析和多模式交通网络承载力分析 3 种具体方案。其中,多网融合一体化分配结合方式划分模型和交通分配模型,在城市多模式交通网络上分配交通量;多模式交通网络运能分析以节点和路段为对象,计算负荷、节点延误以及排队信息;多模式交通网络承载力分析目的是计算既定网络在任何指定时间段内所能承载的最大交通量,以反映网络潜在的运输能力。

广义枢纽分析:广义枢纽分析模块包含枢纽换乘阻抗分析和枢纽负荷及承载力分析两种具体方案。其中,枢纽换乘阻抗分析旨在评价枢纽换乘便捷程度;枢纽负荷及承载力分析则反映枢纽的服务水平。

方案综合评价:方案综合评价旨在对形成的规划方案进行定量评价,对应模块包含居民出行效率评价、多模式交通系统评价、环境与能耗评价与城市经济性能评价,可应用于城市多模式交通网络的现状分析、不同规划方案的量化比选、城市交通节能减排及经济效益分析等多个方面。

基于上述模块及对应方案的多模式交通网络仿真方案环境体系如图 12-10 所示。

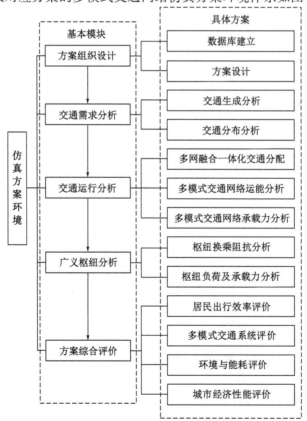

图 12-10 多模式交通网络仿真方案环境体系

12.4 典型城市应用与实证案例分析

12.4.1 南京市城市发展简介

江苏省南京市位于长江中下游,是东部地区重要中心城市、辐射带动中西部发展的国家重要门户城市,也是全国性综合交通枢纽。南京市下辖 11 个区,市域总面积 6587km²,其中建成区面积达 823km²,常住人口超 850 万人,城镇化率达 83.2%。

近年来,南京市城市交通规划建设与发展迅速。在交通供给侧,社会经济的平稳增长,促进了南京市交通基础设施投资步入新常态;作为综合交通枢纽,南京市的枢纽地位进一步强化,城市交通尤其是枢纽相关重点工程有序开展;作为首批公交都市建设示范城市,南京市公共交通优先发展,地铁运营里程居于全国前列;城市路网全面提升,路网连通度进一步优化,城市内关键通道建设有序推进。在交通需求侧,南京市居民出行需求常年保持稳定,机动车拥有量持续增长;与公交发展相对应的,南京市公共交通客流持续增长,地铁客流占增长主体;此外,由于交通枢纽的快速发展,南京市对外客运量稳定增长。

对于城市的未来交通发展定位,最新一轮的《南京市城市总体规划(2018—2035)》[3]提出,将南京打造为绿色畅达的枢纽都市,强化南京市国际综合交通枢纽、国家综合交通通道、区域复合交通走廊地位,提升禄口机场、南京南站等国际综合客运枢纽功能,完善交通廊道上的综合客运枢纽,并依托轨道枢纽站、公路客运站设置城市综合客运枢纽。

未来,随着南京市城市规模不断扩大、社会经济向好发展,以及顶层规划设计对交通系统特别是交通枢纽的重视,南京市城市综合交通体系建设成效将愈发显著。南京市交通系统将向着更绿色、更便捷的方向发展,交通枢纽在城市交通发展过程中的地位将越来越重要。

从南京市交通发展数据来看,截至 2018 年底,南京市机动车保有量达到 272.8 万辆,增速仍维持较高水平(图 12-11)。其中小型客车仍为增长主体,当前全市小型客车保有量为 239.5 万辆,私人汽车保有量为 207.2 万辆,按常住人口计算,私人汽车千人保有量为 246 辆/千人;非机动车保有量达到 724.9 万辆,其中自行车 321.0 万辆,电动自行车 403.6 万辆(图 12-12)。

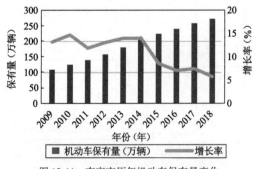

图 12-11 南京市历年机动车保有量变化

在城市交通系统快速发展的同时,由于交通出行需求数量及品质要求的日益提升,旧城区既有交通基础设施不断老化,南京市交通发展仍然面临诸多问题,交通供需间的矛盾存在进一步激化的趋势,具体表现在:

图 12-12　南京市历年非机动车保有量变化

（1）交通出行方式结构不尽合理，公交出行分担率不高，多方式出行的换乘不便捷。南京市主城区各交通方式出行结构中，公共汽（电）车比例为 15.0%，轨道交通比例为12.9%，出租车比例为 1.6%，公共交通[公共汽（电）车+轨道交通+出租车]比例合计29.5%，而私人汽车出行比例为 17.7%，如图 12-13 所示。公共交通出行总体比重与欧洲、日本等发达国家相比仍存在不小差距。同时，公交站点设置有待优化，关键换乘站点周边停车位资源不足，导致多方式交通组合出行不便捷，交通枢纽无法激活南京市综合交通网络的整体运行效能。

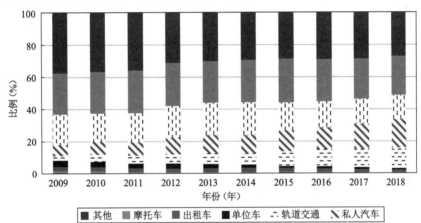

图 12-13　南京市历年主城区出行结构

（2）交通网络结构不尽合理，多种出行方式之间缺乏有效衔接，交通枢纽地位有待提升。南京市道路网络等级结构仍不够完善，各等级道路职能不清晰，城市快速路未能有效发挥快速疏导作用，主要干线运输负荷过重，而城市支路、次干道的分流作用有限，导致部分路网功能未得到有效利用。此外，各种运输方式虽然都得到了长足的发展，但各自为政的现象仍然突出，综合运输体系尚未完全确立，多种运输方式之间缺乏有效衔接，交通枢纽的核心地位未得到充分重视，功能未能完全发挥，整个交通运输系统的结构和质量等较难适应现代化的客运和物流的发展要求。2018 年南京市主城区道路级配结构如图 12-14 所示。

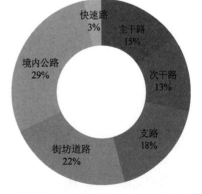

图 12-14　2018 年南京市主城区道路级配结构

12.4.2 南京市交通枢纽分析

随着南京城市化进程加快,交通发展面临的困难和挑战愈发成为掣肘经济社会可持续发展的重要瓶颈。庞大复杂的网络结构、日益增多且复杂多样的交通需求、逐步老化的道路设施和落后的运输管理理念等都可能为交通的正常运行带来安全隐患和严峻考验,如何提升交通管理部门的决策能力和有效疏解城市交通难题,是城市交通管理亟须解决的问题。结合前文所述理论模型,从广义交通枢纽入手,梳理南京市交通问题,并有针对性地提出交通规划与管控方案,显然具有重要意义。目前,根据枢纽承担的交通功能和规模大小,综合客运枢纽、公共交通枢纽和停车换乘枢纽是南京市较为重要的 3 类广义枢纽。

(1) 综合客运枢纽

南京市综合客运枢纽主要包括南京南站、南京站、禄口国际机场和南京北站(规划)综合客运枢纽等,主要承担对外衔接功能,整体上得到了交通管理部门的更多重视。以南京南站为例,南京南站综合客运枢纽在南京乃至全省对外交通中扮演了重要角色,目前,超过八成的公铁客流均由南京南站综合客运枢纽承担。南京南站片区内除绕城高速公路、机场高速公路、宏运大道等主要道路交通需求较大外,其余内部道路基本畅通,这与南京南站综合客运枢纽便捷的换乘设施密不可分。尽管如此,南京南站综合客运枢纽仍然存在内外衔接不到位等问题,考虑到客流的自然增长,中长期道路交通需求增长压力仍客观存在。南京南站综合客运枢纽如图 12-15 所示。

图 12-15　南京南站综合客运枢纽

(2) 公共交通枢纽

南京市公共交通枢纽主要包括轨道交通车站和地面常规公交站等。截至 2018 年底,南京市共有 231 个公交场站,总面积为 177.78 万 m^2。其中停保场 28 个,占地面积 88.16 万 m^2;枢纽站 85 个,占地面积 60.02 万 m^2;首末站 118 个,占地面积 29.60 万 m^2。可以看到,公交站点的分布不尽合理,城市外围地区分布过于稀疏,同时公交枢纽站点的地位不够明显,层级不够清晰,换乘设施的服务水平较低,利用率不高。截至 2018 年底,南京市轨道交通线网的服务范围已基本覆盖全城,重要换乘节点的分布基本合理,居民换乘相对方便,但也存在施工前后差异和线路设施等逐渐老化等问题,换乘站点与公交站点之间的联系不够紧密。

(3) 停车换乘枢纽

南京市停车换乘枢纽主要包括机动车停车换乘(P+R)枢纽和自行车停车换乘(B+R)枢纽等。截至 2018 年底,南京市共有公共停车场 1029 个,停车泊位 152 万余个,公共停车泊位仍然缺口巨大;全市共设置公共自行车服务网点 2739 个,停车桩 85462 个,公共自行车 98715

辆,全年客运量达到4086.38万人次。由于早期城市规划的不合理和用地限制等原因,南京市机动车停车换乘枢纽的功能发挥受到了极大阻碍,居民换乘不够便捷。而自行车停车换乘枢纽的选址和建设规模相对灵活,与公交等其他交通方式间的衔接性较强,在居民绿色出行、便捷出行中发挥了重要作用。

12.4.3 南京市交通仿真平台搭建

考虑到交通仿真技术对广义交通枢纽的决策支持作用,本书以南京市为例,构建多模式交通网络仿真平台对南京市典型交通枢纽进行分析。

南京市多模式交通仿真平台系统的具体功能应当包含基础数据库导入、总体方案设计、城市虚拟交通系统基础架构、图形编辑与显示基础模块、交叉口管控方案仿真评估模块、路段交通管控方案仿真评估模块、区域交通管控方案仿真评估模块、交通管理政策仿真评估模块、交通综合评价模块等部分。通过全流程仿真集成开发,可实现交通仿真预测、交通仿真建模、交通仿真分析、交通仿真评价、结果反馈优化等"一键式"功能,应用于常态或突发事件下的交通枢纽仿真分析,为相关部门提供必要的决策支撑。下面从基础数据库构建和基础方案介绍两个部分完成对南京市虚拟交通系统仿真平台的设计和构建。

1)基础数据库构建

(1)综合交通网络数据

选取南京市建邺区、栖霞区、江宁区、玄武区、秦淮区、雨花台区和鼓楼区等作为研究区域,通过基于OSM的交通网络基础数据库快速构建技术,对研究区域内的交通网络进行提取和快速解析,如图12-16a)所示,生成仿真系统所能识别的基础交通网络数据库,如图12-16b)所示,包含8427个交通节点及23295条路段,每个网络对象均包含完备的交通特征信息,如节点类型、道路等级、道路名称、(非)机动车车道数、车道宽度等。

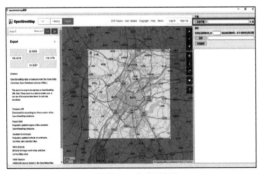
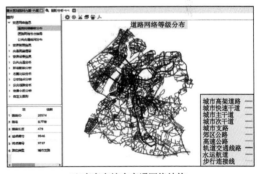

a)基于OSM的路网提取　　　　b)南京市综合交通网络结构

图12-16　综合交通网络数据

(2)广义交通枢纽数据

依托综合交通网络数据,提取研究区域内的综合客运枢纽、公共交通枢纽和停车换乘枢纽等广义枢纽节点,并与综合交通网络数据中的相应节点和路段建立连接。同时,以广义枢纽数据为核心,整合包括公共交通信息、交通小区信息、交通需求信息等在内的多个数据,构建综合交通网络数据-广义交通枢纽数据-公交信息/交通管理/交通需求数据的三级数据结构。

(3) 公共交通信息数据

通过解析百度或高德地图等网络开源平台中的南京市公共交通线路位置和属性信息,利用公交线路与道路网络匹配技术将其导入仿真平台中。依据道路网自动生成包括常规公交线路和轨道交通线路在内的公共交通网络,并利用广义交通枢纽数据中的枢纽信息自动完善公交线网的换乘站点等信息。每条公交线路均包含完备的线路信息,如线路数据、站点数据、车辆数据以及枢纽换乘节点数据等。所生成的公交网络如图 12-17 所示,包含 7162 个公交站点以及 668 条公交线路(其中常规公交线路 654 条,轨道交通线路 14 条)。

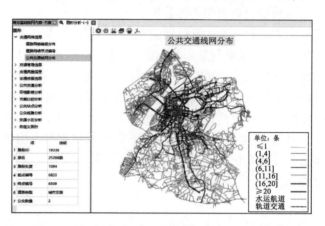

图 12-17　公共交通信息数据

(4) 交通管理信息数据

在南京市交通仿真平台的综合网络数据和广义交通枢纽数据构建完成后,需要建立一套匹配的交通管理信息基础数据库,如针对综合交通网络中的节点而生成节点类型、转向限制等,针对交通网络中的路段而生成公交专用道、路侧停车、交通绿波、限速、禁行等,针对广义交通枢纽数据库中的枢纽节点而生成枢纽服务范围、停车泊位数以及收费策略等。此外,通过开源网络平台或者实际调查可以进一步收集相应的交通管理信息,并利用图形编辑系统提供的可视化人机交互渠道将其添加到基础数据库中。以路侧停车管理信息为例,图 12-18 所示为南京市路侧停车管理分布的详细情况。

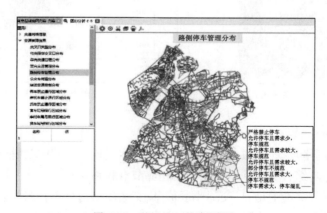

图 12-18　基于 OSM 的路网提取

(5) 交通需求信息数据

根据交通小区的一般划分方法,首先将不同的枢纽分布在不同的交通小区,同时按照从市中心到市郊区交通小区规模逐渐增大的原则,最终将南京市城区划分为 332 个交通小区,并通过南京市交通系统仿真平台所提供的图形编辑系统,通过可视化的人机交互模式,将交通小区信息添加到基础数据库中,如图 12-19 所示。

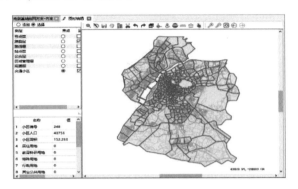

图 12-19　南京市综合交通网络结构

2) 基础仿真方案介绍

(1) 基础路网编辑

在上述构建的南京市基础数据库的基础上,建立基础仿真方案,同时在南京市虚拟交通系统中,用户可以根据需要单独对枢纽周边节点和路段进行编辑以优化枢纽结构,或对整个基础路网进行重新设计,以形成更符合实际且体现枢纽功能的新方案。本次构建的南京市基础路网方案共有路段 32907 条,节点(包括枢纽) 11997 个,交通小区 332 个,OD 点对 110224 个。图 12-20a) 和 b) 分别从节点层和路段层对南京市基础路网方案加以展示。

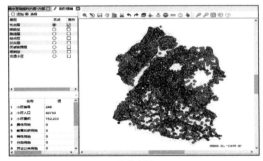
a) 节点层

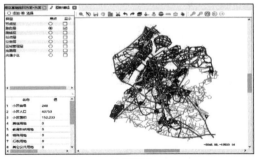
b) 路段层

图 12-20　南京市基础路网编辑

(2) 分析模型配置

分析模型窗口总共包括方案组织设计、综合枢纽设计、交通需求分析、交通运行分析、公共交通分析、方案综合评估和分析结果展示等模块,每个模块在对应根节点的基础上通过树状结构涵盖若干子模块,用户可根据自定义的方案需求,通过右键选择配置或删除某些子模块,配置窗口的默认内容,如图 12-21 所示。

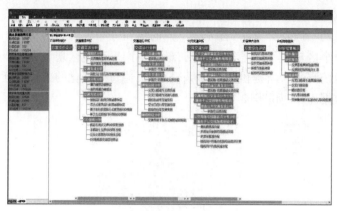

图 12-21　分析模型配置

(3) 模型参数设置

模型参数设置包括枢纽的可达程度、平均换乘时间、慢行交通方式的可达性、城市机动化程度、出租车日均载客量、公交站点覆盖率、交通工具拥有情况等。为了使仿真效果达到预期的目标,用户可以针对南京市城市发展和交通现状情况,对一些影响交通分析结果的模型参数进行调整。图 12-22 给出了交通仿真分析模型参数调整示意,其中建成区面积是本次构建的南京市数据库 332 个交通小区包含的面积。

图 12-22　模型参数设置

12.4.4　南京市实证案例仿真分析与评价

1) 案例一:南京南站交通枢纽仿真分析

(1) 现状问题

由前文所述,南京南站客运综合枢纽在南京交通系统中的地位十分突出,不仅承担着全市超过 80% 的对外客流,而且是一个重要的地铁换乘枢纽,对疏导城市内部的客运需求也十分重要。内外客流的混杂在一定程度上导致了南站交通压力的过分集中,考虑到客流的自然增长,中长期范围内南站本身及周边道路的交通需求增长可能引发重大交通拥堵。为此,本节借助南京市交通系统仿真平台对南京南站周边的交通运行状况进行仿真与评估,同时以规划建设中的南京北站作为广义枢纽研究对象,对南京北站建成及发挥最大枢纽效用后的城市交通状态进行仿真预判和分析,以期引导南站的改进优化和北站的规划设计。

(2) 改善策略

① 从现状管控层面而言,改善南站枢纽的交通组织。

南京南站拥堵的主要原因,一方面是缺乏有效的交通组织设计,落客平台运行效率低下,另一方面是缺乏对车流的合理诱导,造成了南北平台流量的不均衡分布,加重了北落客平台拥堵的程度。因此,可以考虑优化南站片区的交通组织设计,提高落客平台的运行效率,对上下落客平台的车流的进行合理诱导,均匀分布南、北平台的流量、完善片区内道路网络建设,减少车辆额外绕行,规避未来地面车流拥堵的风险等。

②从未来规划建设而言,新建北站枢纽对南站客流进行分流。

尽管通过一定的交通组织优化,南站的拥堵现状可能得到缓解,但考虑到客观存在的交通需求巨大,以及内外客流混杂等情况,新建北站枢纽对南站客流进行分流是应对中长期客流增长的必然选择。规划中的南京北站位于浦口区舟桥旅地块,毗邻沪陕高速公路及地铁3号线林场站。预计北站建成后,将分流南站及南京站部分客流,影响南站片区交通状况。

(3)仿真分析

首先,借助南京市虚拟交通系统仿真平台,基于现阶段的真实道路网络、公交线网、人口分布、方式选择等标定仿真参数,数据全部采用现状(2018年)的实测数据,构建虚拟仿真环境,并以此作为基础方案。同时,在此基础上新建方案,打开图形编辑窗口,选中节点层,新建北站枢纽节点,并将其与相邻的公交和地铁网络等相连接,采用一体化交通分配技术,实现对新建换乘枢纽的设计。为了探究新方案的实施效果,借助南京市交通系统仿真平台进行方案编辑与设计,配置仿真模块参数,对基础方案和新建方案进行仿真并加以对比,从而为方案改进和辅助决策提供数据支撑。

根据南京市仿真平台的一体化运行和仿真结果,南京市道路流量较大的路段有内环线、绕城高速公路、机场高速公路以及各副城间连接性道路等,主要路段高峰流量最大为5000~10000pch/h;南站片区内,地面道路流量较大的路段为宏运大道西段,该路段衔接机场高速公路,为片区内主要通勤道路;北落客平台日均高峰流量1891pcu/h,南落客平台日均高峰流量1605pcu/h,落客平台流量与实测数据相符,总体运行结果如图12-23所示,基本符合南京市交通运行现状。

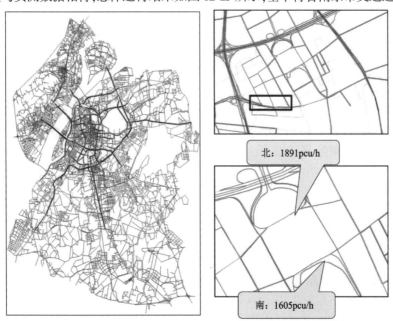

图12-23 仿真分析结果

另一方面,北站客运枢纽的建成总体上造成了铁路客流的分流,影响了南站片区的交通状况,一定程度上降低了南站片区的道路交通流量,图12-24用流量差值图的形式表现了北站客运枢纽的建成对道路流量产生的影响。在南站片区内,多数地面道路流量减少,其中宏运大道西段流量减少最为明显,而受到前往铁路北站客流的影响,南京片区外围的绕城高速公路、机场高速公路流量增加;北落客平台日均高峰流量减少330pcu/h,降幅17.5%,南落客平台日均高峰流量减少551pcu/h,降幅34.3%。

 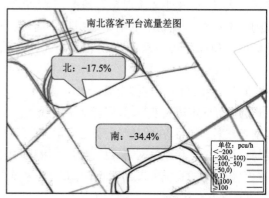

图12-24 交通流量差值图

2)案例二:地铁6号线交通枢纽仿真分析

(1)现状问题

当前,南京市轨道交通线网还未完全成型,运能无法满足需求,地铁站枢纽对乘客的换乘和方式转换功能无法完全发挥。因此,2019年南京市政府正式启动了对地铁6号线工程的规划和建设工作,预计6号线的建成通车有利于南京市整体交通结构的完善,有利于城市改造、开发和发展,具有显著的社会效益、经济效益和环境效益,可以较大地缓解南京城市中心区的交通压力,缩短主城区与外围组团的时间距离,进一步提升南京轨道交通网络化运营能力。

然而,地铁6号线广义枢纽效率的发挥,在很大程度上依赖于枢纽的规模与服务范围。若枢纽的规模过小,则换乘客流将产生拥挤效应,枢纽内部阻抗过大,效率得不到有效发挥;若枢纽规模过大,则容易造成资金和土地资源等的浪费,枢纽层级不清晰,效率同样无法得到保障。

(2)改善策略

借助南京市交通系统仿真平台对规划建设中的南京地铁6号线各车站客流量进行分析和预测,并考虑开通前后相关公共交通线网的客流变化情况,以期对地铁6号线各车站的设计规模提供一定的参考。

地铁6号线的设计线路走向如图12-25所示,大致为南北走向,北起栖霞区,向西经过南京经济技术开发区后进入主城,南至南部新城。线路总长32km,建成后将与南京地铁1号线、2号线、3号线、4号线等线路对接换乘。

第12章 城市多模式交通网络协同规划的技术流程设计与实证分析

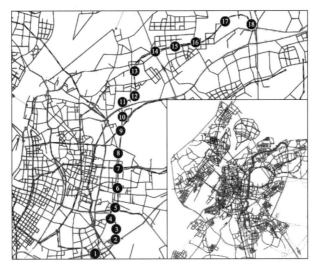

图 12-25 地铁 6 号线及其站点分布

(3) 仿真分析

基于真实现状的实测数据标定仿真模型,构建虚拟仿真环境,并以此作为基础方案。在此基础上,考虑地铁 6 号线换乘站点作为广义枢纽研究对象,在南京市虚拟交通系统仿真平台中,打开图形编辑窗口,选中节点层,新建若干枢纽节点,并将其与相邻的道路网络节点或路段相连接,实现对新建地铁线路和换乘枢纽的设计。为了探究新方案的实施效果和预测各个车站的客流量,借助南京市虚拟交通系统仿真平台进行一体化运行和分配功能,对基础方案和新建方案进行仿真和对比,从而支撑后续设计工作。

根据仿真结果,南京市地铁 6 号线各车站高峰时段预测的上下车客流如表 12-1 所示。其中,站点 1 和 13 上车客流量较多,站点 8、11 和 14 下车客流量较多,以上结果能够为地铁站站点选址与每站停站时间等提供参考。

地铁 6 号线各车站上、下车客流量仿真结果(单位:人次/h)　　表 12-1

站点编号	1	2	3	4	5	6	7	8	9
上车流量	14405	2620	5467	7319	3049	5670	6955	4409	6530
下车流量	0	2304	2972	2688	2071	6772	1726	22365	5214
站点编号	10	11	12	13	14	15	16	17	18
上车流量	2552	5287	3729	12956	1556	795	5563	5052	0
下车流量	4258	9750	5054	5542	10073	2110	664	6755	3595

参照《城市轻轨交通工程设计指南》[4]和《城市轨道交通运营组织》[5]中的轨道交通站点分类标准,以及 2.3 节中定义的枢纽等级类型,为了最大限度地保障枢纽效率的发挥和节约土地、资金等,以及适当考虑超前需求,建议优先考虑将站点 1 和站点 8 设置为综合换乘枢纽,将站点 11 和站点 13 设置为地铁换乘主导型枢纽,便于提升地铁 6 号线主要站点的枢纽服务效率。

本章参考文献

[1] 中华人民共和国住房和城乡建设部.城市综合交通体系规划编制导则[R].[出版地:出版者不详],2010.
[2] 中华人民共和国住房和城乡建设部.城市综合交通体系规划标准:GB/T 51328—2018[S].北京:中国建筑工业出版,2018.
[3] 南京市规划局.南京市城市总体规划(2018—2035)[R].[出版地:出版者不详],2018.
[4] 何宗华.城市轻轨交通工程设计指南[M].北京:中国建筑工业出版社,1993.
[5] 何宗华.城市轨道交通运营组织[M].北京:中国建筑工业出版社,2003.